통합적 성[性]과 커플 치료

근거중심 기반 다학제적 커플 성치료

Tammy Nelson 편저 | 최정은 · 채규만 공역

INTEGRATIVE SEX & COUPLES THERAPY

A Therapist's Guide to New and Innovative Approaches

학지사

Integrative Sex & Couples Therapy:
A Therapist's Guide to New and Innovative Approaches
by Tammy Nelson, PhD

Published by:
PESI Publishing & Media
PESI, Inc.
3839 White Ave., Eau Claire, WI 54703, USA

역자 서문 1

역자에게 '성(sex)이란 무엇인가?'라고 묻는다면, 사랑하는 부모님과 생명체로서 연결, 그것은 '빛과 사랑', 하나님의 축복이라고 하겠다. 우리는 일생을 살아가면서 한번쯤 성에 관한 문제를 누군가와 솔직하게 공유하고 해결하기 위한 진지한 노력을 얼마나 해 봤을까? 이처럼 우리는 자신의 성 문제를 제대로 인식하기도 어렵겠지만, 성을 전문가와 상담한다는 인식조차 부족한 시대를 살고 있다. 이러한 인식의 부재에는 많은 원인이 있겠지만, 그중 하나는 개인이 가진 성 문제를 잘 들어 주며 적절하게 도움을 줄 수 있는 성치료 전문가의 부재일 수 있다. 이에 역자는 의료, 상담 및 치료, 재활, 건강 관리 분야에서 개인과 커플의 성 문제를 제대로 이해하고 다학제적 접근 및 통합적으로 잘 치료할 수 있는 한국형 성치료 전문가를 배출해야 할 때라는 숙고에서 이 책을 공부하며 번역하기로 했다.

역자는 2004년 가을, 산부인과 개원의가 출산율 저하의 자구책으로 기획하여 신설했던 성클리닉에서 상담사로서 부부들만의 숨겨진 성 이야기를 여과 없이 듣게 된 것을 계기로 20여 년이 지난 지금 다시 연결되어 이 책을 탄생시켰다. 이 책은 미국의 여러 분야의 전문가들이 성 문제를 해결하기 위한 다학제적 이론을 근거로 실제 상담했던 사례를 담았다. 그러나 우리나라에서는 성 문제에 다학제적 접근을 할 수 있는 치료 환경 및 네트워크와 역량이 충분한 치료자를 만나기 어려운 현실이다. 하지만 '늦었다고 생각할 때가 가장 빠른 것이다'라는 역설처럼 이제부터라도 이 한 권의 책이 세상에 알려짐으로써 우리 사회에 고질적이고 병리적으로 얽혀 있는 성 문제를 외면하지 않고, 치유공동체적으로 인식하는 정치인, 법조인, 의료인, 상담사, 치료자, 교육자, 종교지도자들이 많이 나오시기를 희망한다.

이 책은 어떤 분야에서 일을 하든지 자신의 성 문제를 인식하는 것에서부터 출발해서 소중한 파트너, 그리고 우리의 성 문제를 해결하는 데 도움이 될 수 있는 성치료 전문가로 거듭나는 데까지 최고의 훌륭한 교과서가 될 수 있으리라 장담한다. 다만, 이 책과 함께 한국형 통합적 성치료 전문가 과정을 체계적이고 실제적으로 훈련해야 할 것이다. 앞으로 이 한 권의 책이 우리나라에서 나날이 범람하는 성범죄 및 성 문제를 해결하는 데 있어 영성과 마음 치유에 '빛과 사랑'으로 연결되어 악순환에 놓여 있는 개인, 부부, 가족, 조직체의 성 건강 문화와 치료, 교육에 앞장서는 통합적 성치료 전문가들이 우후죽순처럼 늘어나고 그들이 연대하여 안전하고 건강한 치유공동체가 되기를 간절히 기도드린다.

마지막으로, 이 책이 치유공동체에 '영혼을 치유하는 약상자'가 되도록 허락해 주신 학지사 김진환 대표님, 그리고 편집부 박지영 과장님, 영업부 한승희 부장님과의 소중한 인연에 깊이 감사드린다.

이 책과 함께 통합적 성상담 및 치료, 교육 전문가로 비상하는

최정은

역자 서문 2

역자는 현장에서 섹스리스 부부, 성기능 장애를 위한 부부 치료, 성폭력 피해자, 성폭력 가해자, LGBTQ의 성향을 지닌 사람들을 지난 30년 넘게 상담한 경험이 있다. 이들을 위한 상담을 할 때, 가장 중요하면서도 도전이 되는 것은 나와 성적인 취향과 태도가 다름에도 불구하고 이들 내담자의 세계를 수용하고 이들의 관점에서 문제를 이해하고 듣고 해결해 주도록 돕는 것이었다.

'성관계'라는 말이 있는데, 이 말의 의미는 인간의 성에는 성과 관계적인 요소가 공존하고 있다는 것이다. 관계를 이용해서 성의 만족을 추구하면, 상대방을 자신의 성적인 목적을 위해서 이용하거나, 심할 때는 가스라이팅을 통해 자신의 성적인 만족을 추구하게 된다. 이러한 관계의 극단은 성폭력으로 이어질 수 있다. 그러나 성이 관계를 유지하고 강화하는 데 사용되면, 이는 서로가 인격적인 관계를 맺고 안정적인 성관계와 만족을 느낄 수 있다고 생각한다.

현재 우리나라에서 성 문제에 접근하는 방법은 주로 의료계를 중심으로 성기의 기능을 향상하기 위한 약물 처방, 수술 등 의학적인 접근이 주를 이루고 있다. 성에 대한 생물학적이고 의학적인 접근은 생물학적인 요인으로 성기능에 문제가 있는 사람들에게는 중요하지만, 관계 문제 때문에 성기능이 저하되는 부부나 섹스리스 커플에게는 효과가 제한적이다. 역자의 경험에 의하면, 관계 안에서 성적인 만족과 쾌감을 못 느끼는 이유는 신체적인 기능보다는 부부의 갈등 관계, 성장 과정에서 받은 상처,

외상 경험, 부부들이 서로 주고받는 대화를 통한 상처, 가정 내 정서 폭력, 정서적 방치 등의 관계 문제가 성적인 접촉이나 성관계 자체를 시도하는 데 걸림돌이 되고 있었다.

이 책의 저자는 성에 대한 신경생물학적인 문제와 해결책에 관한 정보를 제공해 주고, 성에 대한 인지적, 정서적, 이마고 관계, 내적 가족 치료, 예술 치료, 마음 챙김 등의 통합적인 접근을 시도하고 있다. 이 책이 우리에게 주는 교훈은 우리나라에서 성 문제에 통합적인 접근을 위해서는 비뇨기과, 산부인과, 정신건강의학과 의사들이 심리 전문가인 임상심리 전문가, 상담 전문가나 간호사 또는 예술 치료자들과 협업해야 성 문제를 효과적으로 도와줄 수 있다는 것이다.

이 책의 다른 측면을 살펴보면, 성에 관련된 문제를 다루는 면에서도 통합적으로 포괄적인 주제를 다루고 있다. LGBTQ의 성관계에서 일어나는 성기능 문제와 접근 방법을 다루고, 결혼의 형태인 모노가미와 폴리가미 등 미국 사회에서 변해 가는 추세 역시 자세히 다루고 있다. 결혼의 관념도 남녀 사이에 일부일처제는 고전적인 결혼관에 속한다. 개방적인 결혼 관계와 다양한 형태의 AI 기술의 발달, 사이버 공간에서의 성적인 활동 등 발전해 가는 기술이 남녀 성의 관계 만족에 다양하게 영향을 주고 있는 점을 다루고 있는데, 이렇게 빠르게 변하는 추세가 혼란스럽고 성적인 만족의 변화에서 끝이 어디일까 하는 의문도 들게 한다.

역자로서 분명히 밝히고 싶은 것은, 성은 남에게 영향을 주지 않고 서로 동의하에 서로가 성적인 만족과 쾌락을 누릴 수 있으면 어떠한 형태나 방법, 기법, 관계를 이용해서 성적인 만족을 추구해도 문제가 되지 않는다는 이 책의 저자의 생각과는 다른 견해를 가지고 있다는 것이다. 성은 관계를 위해서 사용할 때 건강한 성이라고 할 수 있다.

시카고에서

채규만

저자 서문

통합적 성과 커플 치료-새로운 분야

•

타미 넬슨 박사(Tammy Nelson, PhD)

"우리는 성적인 존재(sexual beings)이며, 성행위는 몸과 마음, 영혼을 통해 삶에 역동적인 에너지를 불어 넣는 행위 중 하나이다."

-하빌 헨드릭스(Harville Hendrix)

그동안 심리치료 분야에서는 수년간 개인의 심리치료에 집중해 왔다. 심리치료는 대상관계, 가족의 역사, 내면의 심층적인 욕망과 꿈, 두려움에 대한 분석을 포함한 개인의 형태(게슈탈트, gestalt)에 집중했다. 최근에 가족 치료와 커플 치료는 부수적인 치료 기법으로 추가되었지만, 인간의 성행위는 인생 전반에서 관련성이 있음에도 불구하고 아직도 치료 과정에서 존재감을 드러내지 못하고 제외되거나 작은 비중을 차지하고 있다.

하지만 오늘날 사회에서 성행위와 인간의 상관관계는 개인의 인생에서 중요한 경험이 되고 있다. 우리의 성적 발달 및 성적 정체성과 지향성, 성적 관계에 대한 교육은 에로티시즘, 트라우마, 죄책감, 환희가 뒤섞인 복잡한 이야기를 포함하고 있다. 우리가 요가나 명상에 전념하는 과정을 보면 평생 동안 실습하기 위해 노력하는 것과 같이, 우리의 성행위에도 어려움이 따르고, 노력이 필요할 수 있지만, 그 과정에서 말로 표현할 수 없는 어떤 즐거움과 쾌감을 느낄 수도 있다. 현대의 심리치료사들은 이러한 이야기에 귀를 기울이고 그들의 성행위 이야기와 경험, 어려움에 공감할 수 있어야 한다. '성치료 전문가'라 하면 모든 내담자가 가지고 있는 성적 문제의 원인을 밝히고, 커플 관계를 회복하는 데 도움을 주고, 서로에게 안전하고 신뢰감을 느낄 수 있도록 안내할 수 있어야 한다. 나아가 내담자가 인생에서 신체적 · 정서적으로 기쁨과 즐거움을 누릴 수 있게 해 줄 수 있는 성적인 기술과 해결책, 말하자면 마법 같은 능력을 제시해 주어야 한다. 따라서 성치료를 하고 있는 우리 전문 분야에서는 그 어느 때보다 통합된 성과 커플 치료가 절실히 필요하다.

내가 처음 심리치료자(psychotherapist)로서의 교육을 받고자 했을 때는 커플 간의 관계뿐만 아니라 모든 종류의 파트너십과 관련된 인간관계에 관심이 있었다. 이것은 심리학에서 가장 흥미로운 분야라고 생각되었기 때문이다. 나는 인간의 삶에서 가장 기본적인 부분이 다른 사람과의 친밀감과 연결성이라고 믿고 있는데, 이 부분을 등한시하고 집중하지 않는다면 상담은 무의미하다고 생각한다. 내가 참여한 석사 프로그램에서도 인간관계의 복잡성을 집중적으로 다루긴 했지만 성에 대한 얘기는 없었다. 이 점이 이상하다고 생각했다. 성인 결혼 관계나 파트너와 책임 있는 관계를 유지하는 것은 단순한 룸메이트 관계가 아니다. 하지만 그 석사 과정에서는 우리 존재의 기본 요소인 성행위를 다루는 방법에 대한 교육은 없었다.

그래서 나는 결국 인간의 성학 박사 학위를 취득했고 인증받은 성치료 전문가가 됐다. 또한 치료사들이 내담자에게 성행위에 관해 이야기하도록 교육하고 『당신이 원하는 섹스하기(Getting the Sex You Want)』라고 하는 이마고 관계 치료(Imago Relationship Therapy: IRT) 기법과 접목해 성행위를 설명하는 책을 쓰기도 했다. 나는 수천 쌍의 커플이 관계를 개선하고 더 나은 성생활을 즐길 수 있도록 안내하려고 노력했다. 이후로도, 점점 더 많은 커플이 성생활을 개선할 뿐만 아니라 성적인 관계 문제를 해결하고 회복하기 위해 나를 찾아 주었다. 외도 및 불륜이라는 사건을 통해 부부의 배신감으로 인한 부부 관계 단절을 목격하면서 『새로운 일부일처제: 외도 후의 관계 재정립(The New Monogamy: Redefining Your Relationship After Infidelity)』이라는 책도 쓰게 됐다. 나는 전 세계 커플과 의사들에게 어떻게 하면 성생활을 회복하고, 친밀한 관계를 다시 맺으며, 새로운 희망을 보고 앞으로 나아갈 수 있는지에 대해 목소리를 내기 시작했다.

치료사들은 내가 제기한 목소리를 통해서 교육의 중요한 부분인 커플 치료와 성치료를 통합해야 한다는 사실을 등한시하고 있다는 것을 계속해서 깨닫게 되었다. 성치료 전문가 교육을 받는 사람 수는 늘어나고 있지만 관계 체계라는 맥락에서 성 문제를 다루는 교육은 받지 않고 있는 것이 현실이다. 성치료 전문가들은 성기능 저하, 성적 부적절성 및 성기능 장애를 다루는 교육은 받지만 커플 관계 치료에 대한 교육은 받지 않는다. 이전의 가족 치료 과정에서 성행위에 대한 내용은 거의 가르치지 않았는데, 이와 같이 현재 성치료 프로그램에는 커플 관계의 기술에 대한 내용을 거의 다루지 않고 있다.

심리치료를 통해 사람들을 지속해서 잘 도우려면 대인관계와 커플 성행위를 집중적으로 다루어야 한다. 우리의 전문 분야가 인간의 성장을 돕고 성숙하도록 도와주려면, 성적 관계에 대한 대화를 더 이상 회피해서는 안 된다. 이제는 의사들도 개개인과 커플들이 건강한 관계를 맺는 방법을 가르치는 데 필요한 기술을 연마해야 한다. 성과 커플 치료의 통합은 어려운 과제일 수 있지만, 건강하고 친밀하며 조화로운 파트너십을 원하는 사람들을 치료할 유일한 방법이다.

이 책에서는 새로운 심리치료 분야인 통합적 성과 커플 치료 분야 최고 전문가들을 모았다. 저자들은 각 장에서 자신들의 고유하고 창의적인 심리치료 작업을 통합하는 데 사용하는 전략과 기법을 설명한다. 성치료사들은 기존에 커플 치료와 관계 체계에 대해서는 잘 배우지 못했고, 커플 치료사들은 성치료에 대해서 거의 교육을 받은 바가 없다. 이 책에서는 의사, 치료사, 상담사들이 새롭게 통합된 기술을 실천할 수 있는 무수한 방법들을 소개한다. 다음과 같이 이 책의 여러 장에서는 이제 막 치료를 시작하는 현역 의사나 치료사, 상담사에게 자신의 지식 분야를 확장하는 데 도움을 줄 뿐만 아니라 더 경지에 오른 의사나 치료사, 상담사들도 새로운 통합적 기술을 업데이트 하여 자신의 내담자에게 바로 적용할 수 있는 단계별 지침과 사례를 확인할 수 있다.

1장에서는 성치료의 기초와 인지행동치료의 기본에 대해 설명한다. 이 장에서는 커플 관계 내 성적 문제와 심리적 요인이 자존감과 커플 사이에 관계를 유지하는 능력에 어떻게 영향을 주는지 살펴본다. 또한 치료사들이 커플의 상호 관계를 어떻게 조율하고 특정 성기능 장애에 관련해 어떻게 개입해야 하는지도 검토한다. 커플 간의 '댄스(dance)'를 풀어내고 커플이 그들의 관계적 공간에 대해 치료적 대화를 나누는 데 도움이 될 만한 특정 권고 사항을 제시한다.

2장은 성치료 자격증을 받은 성치료 전문가와 성의학 의사인 부부가 저술해 주었다. 이들이 함께 커플 상담 체계 내 의료적 · 사회적 · 문화적 · 정신역동적 양상을 통합하여 성기능 부전, 성기능 장애, 불안 및 관계 문제를 결합한 **협력적 성 건강 모델**(collaborative sexual wellness model)을 제시했다. 이 부부 협력 모델은 커플 상담, 성치료 및 성의학을 모두 아울러 성적 문제를 갖고 있는 커플을 위한 포괄적인 한 인간을 전체적으로 다루는 치료를 제공해 준다.

3장에서는 **섹스리스 커플 치료에 정서중심치료**(Emotionally Focused Therapy: EFT)를 접목하는 방법에 대해 다룬다. 애착 이론에 따른 EFT의 목적은 커플이 성행위와 성적 쾌락을 누릴 수 있는 데 초석이 되는 안정적인 관계를 서로 간에 형성하도록 돕는 것이다. 하지만 성행위와 애착 간의 관계에는 다양한 면이 있고, 성 문제를 해결하기 위해 이 복잡한 관계성을 다루는 데는 애착 이론의 활용을 넘어서는 치료가 필요한 경우가 많다. 어떤 커플은 안정 애착과 정서적 연결성을 높여 주는 것이 긍정적인 성적 관계를 달성하도록 도와줄 수 있지만, 다른 커플에게는 애착과 성행위가 긍정적으로 연결되지 못하고, 서로 반대 차원으로 존재하는 것처럼 보일 수 있다. 따라서 치료사들은 커플들이 가진 문제나 눈높이에 맞는 맞춤식으로 접근해서 그들의 욕구와 과거력에 따라 여러 가지 가능성과 방안을 고려하여 만족스러운 성생활을 누릴 수 있게 도와야 한다.

4장에서는 **이마고 관계 치료**(IRT)와 **성**을 집중해서 다룬다. IRT는 『당신이 원하는 사랑 얻기(Getting the Love You Want)』의 저자 하빌 헨드릭스와 헬렌 헌트(Helen Hunt)가 개발한 치료법이다. IRT의 기본 전제는 연인이나 부부가 경청하기, 반영하기(미러링, mirroring), 공감하기와 인정하기 과정에서 서로 대화를 나누며 각자 어린 시절의 상처를 치료해 줄 가능성이 있다는 개념이다. 이 장에서는 성치료와 IRT를 결합하여 열정이 식은 연인이나 부부 사이에 판타지를 불러일으키고 성적 욕구를 끌어올려 한마디로 하면, '성적 욕구 회복(erotic recovery)'을 쉽게 도와주는 방법을 설명한다.

또한 이 장에 추가로 기여해 주신 분들은 우리의 독자에게 성치료란 부부나 연인에게 기계적이거나 물리적 개입을 제공하는 것만이 아니라 그들이 연애 감정을 되찾고 긍정적인 성적 분위기를 조성하여 다시 성생활을 즐길 수 있는 기회를 회복하도록 돕는 것이라고 전한다.

5장에서는 **내면적 가족체계**(Internal Family Systems: IFS) **치료와 성치료**를 통합하여 망명자, 보호자, 소방관으로 정의되는 부분을 포함하여 한 사람의 다양한 부분적 인격체들이 작용하는 방식을 살펴본다. 이러한 부분적 성격체들을 분리해 주면 개인이 보다 성취감을 주는 성관계로 나아가는 데 도움이 될 수 있다. 이 장에서는 개인의 내면에 있는 방어적이고 취약한 내면(아이)을 드러내어 말할 수 있게 도움으로써 연결된 느낌과 공감을 주는 '용기 있는 대화(courageous communication)'라는 기법에 대해서도 이야기한다.

6장에서는 **성적 트라우마를 극복하는 데 도움을 주는 커플과의 그룹 치료**를 진행하는 방법에 대해 제시한다. 커플은 그룹 치료에서 주요 대상이 되고 그룹 커뮤니티는 커플들이 용기 있는 마음과 열정으로 서로를 믿을 수 있도록 지지하는 방법과 힘들어도 트라우마 상황을 견딜 수 있는 방법을 배우는 치료적 환경의 기능을 한다. 그룹으로 이루어진 치료적 환경에서는 개개인이 다른 커플의 상황을 관찰하고 활용할 수 있는 기회가 제공되어 모두가 더 건강한 관계를 형성할 수 있다. 그룹 구성원이 다른 커플의 치료 과정에서 공감을 느끼고 지속해서 참여함으로써 더욱 건강하게 상호 의존하며 정서적으로 연결된다.

7장에서는 **교차성**(intersectionality)**의 개념과 그것이 소수집단에 속한 내담자들에게 미치는 영향**을 살펴본다. 성과 커플 치료 분야에서는 교차성에 대한 이해가 부족하다. 치료사가 교차성 교육을 받는 경우는 거의 없고 기존의 지배적 문화에 속하는 것으로 판단되는 내담자(예: 백인, 신체가 건강한 사람, 중산층, 남성, 이성애자)를 대하는 방법만 교육받았기 때문이다. 포용성이 부족하고 제한되고 좁은 시야의 치료 모델은 치료를 원하는 사람들에게 부정적인 영향을 줄 수 있다. 효과적인 통합적 성과 커플 치료를 진행하기 위해서 기존 의사들과 치료사들은 자신의 다문화적 배경과 성 역할(gender role)에 대해, 그리고 이러한 요소가 내담자 치료에 어떻게 영향을 줄지, 주지 않을지에 대해 잘 인식할 수 있어야 한다.

8장에서는 **특이한 성적 취향을 가진 내담자를 위한 성과 커플 치료**를 중점적으로 다룬다. 이 장의 공동 저자는 '평범한' 범주를 벗어난 커플을 위한 효과적인 치료를 수행하는 방법에 대해 설명한다. 내담자들은 대개 치료사들이 그들의 변태적인 성적 취향을 이상하게 평가할까 봐 두려워서 밝히는 것을 꺼린다. 변태적인 성적 취향을 다루는 데 능숙한 치료사가 되기 위해서는 치료실에서나 내담자의 파트너 앞에서도 내담자 이야기를 잘 들어주고, 안전하고, 수용적이라는 느낌을 받도록 해야 한다. 이 장에서는 변태적인 성적 취향을 가진 내담자와 협조적인 치료 분위기를 만들기 위한 기본 사항에 대해 검토하고 특이 취향을 능숙하게 대처하는 치료를 위한 근거를 제공한다.

9장에서는 **성과 커플 치료를 위한 신체 중심 개입**에 대해 논의한다. 이 장에서는 커플이 말없이 의사소통하는 방법을 중점으로 다루며, 성치료는 커플만의 공간에서 취하는 자세와 제스처에서 내재된 긴장을 발견하는 데 사용된다. 신체 치료와 성과 커플 치료를 결합하여 긴장감을 해소하고 과거 어린 시절 트라우마를 해결해 주는 지시적 기법과 개입을 제시한다. 이러한 통합적 개입은 신체 트라우마 성장을 이루는 자원이 될 수 있다. 연인이나 부부간에 신체적 변화에 대해 서로 대화로 공유하는 것은 마음이 서로 연결되어 서로를 이해하도록 안내하는 중요한 연결점이다.

10장에서는 **영양-성 건강 모델**(nutri-sexual health model)에 관한 내용을 제시한다. 이 치료 모델은 성과 커플 상담에 영양소의 역할을 접목하여 개인의 식생활과 생활습관이 성생활에 영향을 준다는 사실을 인식하면서 커플 관계와 성적 어려움을 치료하는 데 도움을 줄 수 있다. 이 모델은 성생활에 더욱 건강한 음식을 제안하며 내담자가 체력을 증진시키고 즐거움을 주는 음식을 더 잘 알 수 있게 한다. 이 장에서는 성 건강 전문가(sexual health providers)가 영양소와 관련하여 이야기를 나누고 성적 기능과의 상관관계를 살펴보도록 한다.

11장에서는 **예술 치료와 성치료의 지식에 기반한 개입**에 초점을 둔다. 이 장에서는 창의적이고 통합적인 근거를 통해 커플을 치료하는 방법을 설명한다. 성치료 전문가는 커플에게 성치료와 접목한 예술 치료 도구를 사용하여 평가와 심리교육을 하면서 커플이 어떤 신체적·성적·정서적·영적·인지적 경험을 하는지 스스로 살펴보게 하여 성적 갈등을 해결해 나간다. 내담자는 성치료 전문가를 통해 문제나 갈등이 발생할 때 파트너의 경험도 함께 살펴 확인하고 친밀감과 창의적인 표현을 통해 치유하도록 안내받는다. 커플이 예술을 활용함으로써 자기 돌봄과 커플로서 연결된 우리 돌봄을 잘 돌아볼 수 있게 한다.

12장에서는 **성치료 전문가가 성소수자 커플을 상담할 때 다양한 성 친화적 접근 방식을 활용하는 방법**을 이야기한다. 트랜스젠더 내담자는 다양한 성적 지향성을 갖고 있을 수 있으며, 그들의 파트너도 성소수자 커뮤니티에 속할 수 있고, 아니면 시스젠더나 이성애자일 수 있다. 그들에 대한 차별과 핍박의 역사를 보면 트랜스젠더 내담자는 치료를 받으면서도 스트레스를 받거나 성적 문제에 깊은 오해를 받은 경우가 많다. 이 장은 전체적으로 의사나 치료자들이 트랜스젠더의 필요나 욕구를 더 잘 이해하고 성과 커플 치료에 보다 효과적인 개입 방법을 소개한다.

13장에서는 **성적 관계에서 나타나는 불안과 회피를 해결하기 위한 치료적 개입인 마음 챙김**(mindfulness)에 대해 살펴본다. 저자는 6주 성적 욕구 회복 프로토콜을 활용하여 관계에서 연결된 느낌, 자극, 친밀감, 욕구를 높이기 위한 성치료, 커플 치료, 마음 챙김 기법과 감각초점 훈련을 사용한다. 커플이 마음 챙김을 통해 온전히 성관계에 집중하고 자신들의 성적 기능을 향상해 나갈 때 비로소 더 많은 열정을 쏟게 되고 성적 만족감을 높일 수 있다.

14장에서는 **일부일처제**(한번에 한 사람과만 관계를 맺는 것, monogamy)**의 관점에서 보는 다자간 다처제**(다자간 애정관계, polyamory)**와 과학 기술**의 역할을 살펴본다. 또한 로봇이 미래의 성생활에 미칠 영향에 대해서도 살펴본다. 치료자가 현대적 치료와 차세대 심리치료에 대해 이야기할 때 이러한 새로운 성행위와 관계 모델을 고려하는 것은 매우 중요하다. 폴리아모리와 성적으로 개방된 관계 때문에 성과 커플 치료를 실시하는 방식에 변화가 생기고 있으며, 인공 지능과 가상 현실도 가까운 미래에 내담자에게 영향을 줄 것으로 생각된다.

결론적으로, 성과 커플 치료의 통합은 심리치료 영역에서 새롭게 펼쳐 나갈 창의적이고 혁신적인 치료 분야라고 할 수 있다. 결혼 및 가족 치료사이든, 사회복지사이든, 심리학자이든, 기존의 성치료사이든, 모든 치료사는 인간 심리를 이해하는 전문가로서 일을 하는 어떤 시점에 자신의 한계에 직면하는 경험을 종종 하게 된다. 우리는 이 책을 통해 현시대 커플을 대하면서 미래로 나아가는 데 필요한 도구, 기법, 지식을 습득할 수 있을 것이다.

차례

6장 | 그룹 커플 치료를 통한 성적 트라우마 치료 • 137

7장 | 성과 커플 치료사를 위한 교차성 101 • 163

8장 | 특이한 성적 취향을 가진(킹키한) 내담자를 위한 관계 상담과 성치료 • 181

1장

성과 커플 치료: 생물심리사회적 관계 치료

게일 거트먼(Gail Guttman) LCSW

전통적으로는 커플 치료와 성치료가 서로 통합되어 있지 않아서 일반적으로 한 분야의 성치료 전문가들은 다른 분야에 대한 교육을 받지 못했다. 이렇게 서로 분리되어 교육이 이루어진 데는 커플 치료와 성치료를 통합하기가 쉽지 않기 때문일 수도 있다. 대부분의 커플 치료는 **과정**을 도와주는 것에 초점을 두고 있다. 즉, 커플 치료자는 커플이 서로 관계를 맺는 패턴을 살펴보게 돕고, 상호작용 방식에 변화를 주도록 안내한다. 커플이 갈등하는 내용보다는 과정을 문제의 근원으로 여기고 치료에 중점을 둔다. 하지만 성치료는 주로 **내용**에 중점을 둔다. 성치료의 내용은 성적 기능의 생리학, 건강한 성행위에 대한 심리교육, 성적 행위와 상호작용에 변화를 줄 수 있는 수단으로 구성된다. 성치료 전문가는 어떤 내담자에게든 치료적으로 잘 활용할 수 있도록 이러한 지식을 중점적으로 갖추고 있어야 한다.

하지만 내담자가 관계에 기본적인 심리적 어려움이나 문제가 있으면 내용만 안다고 해서 도울 수는 없다. 커플 성치료 전문가는 관계를 맺고 있는 각 파트너의 눈높이에 맞춰 관계의 질에 민감해야 하며 성기능 장애에 얽매여 있는 것에서 벗어나 커플이 긍정적이고 건강한 성적 관계를 발전시킬 수 있도록 효과적으로 도와야 한다. 통합적 성과 커플 치료를 효과적으로 제공하기 위한 다른 필수적 요인으로는 관계 속 개개인이 자신의 성적 자존감과 성행위에 대한 신념에 영향을 주는 다양한 요인을 이해하도록 돕는 능력이다. 많은 경우에 개개인의 성적 자존감은 관계의 맥락에서 그리고 자기 내면에서 치유되어야 한다. 어떤 시점에서 과정에 집중할지, 또 내용에 집중할지 구별하는 것은 치료자가 갖추어야 할 기술적 역량이다.

이 장에서는 ① 성행위의 기본 지식, ② 관계 체계, ③ 성적 자존감, 정체성, 상호 연결성에 영향을 주는 정신내적 요인, 이 세 가지 관점을 통해 보는 성과 커플 치료 통합에 대한 이론과 실천 방법을 살펴본다. 또한 이러한 세 가지 중요한 영역에서 개입하는 방법도 제시한다.

성치료에 인지행동적 접근

커플의 성생활 문제를 해결하는 데 도움이 되는 필수적인 성기능 관련 기본 지식 정보 체계가 이미 있어 왔는데, 이러한 지식의 대부분은 1940년대 초부터 1960년대까지 알프레드 킨제이(Alfred Kinsey), 윌리엄 H. 마스터스(William H. Masters), 버지니아 E. 존슨(Virginia E. Johnson), 헬렌 싱어 카플란(Helen Singer Kaplan)의 연구와 업적을 통해 발전된 것이다(Kaplan, 1974; Kinsey, 1948, 1953; Masters & Johnson, 1966, 1970). 이들의 연구를 통해 우리는 먹는 것, 자는 것, 마시는 것과 같이 성행위도 신체에서 일어나는 자연적 생리 현상임을 이해하게 되었다. 사람들이 성행위를 바꾸거나 관리하거나 특정 방식으로만 표현하도록 통제하려고 시도할 경우 자연적인 신체 기능을 방해하여 생리적 불안을 겪을 수 있다. 실제로 성불감증, 발기 부전, 조루증, 성욕 감퇴 등 거의 모든 성기능 장애의 근본 원인은 불안이다. **대부분의 경우에 불안은 성적 반응과 양립할 수 없는 생리적 반응이다.**

사람이 불안을 느끼면 혈관이 수축되어 몸 전체에 피가 순환하는 것을 방해한다. 성행위 시 여성의 윤활과 남성의 발기와 같은 성기와 골반저(pelvic floor) 반응은 피가 해당 신체 부위에 유입되어 충혈되면서 발생된다. 성행위 도중에 그 성행위에 몰입하지 못하고, 성행위를 잘 수행할 자신감이 떨어지고 불안감을 느껴 성적 반응을 통제하려고 시도하면 피가 해당 성기 부위로 유입되지 않거나 멈춘다. 이러한 현상은 성행위 초기, 중간 또는 마지막, 언제든지 발생할 수 있다.

성기능 장애(sexual dysfuction)에 대한 최초 개입 중 하나인 PLISSIT 모델(Annon, 1976)은 인간의 성적 반응에 대한 이와 같은 지식 체계를 이용한 인지행동치료(Cognitive Behavioral Therapy: CBT) 실제를 통해 시행되었다. CBT가 불안장애 치료의 표준으로 인정되고 있는 점을 고려하면 성기능 장애 치료가 이러한 방식을 기반으로 했다는 것은 어찌 보면 매우 당연한 일일 것이다. 넓은 의미에서 보면 PLISSIT 모델은 다음 머리글자어를 기반으로 성기능 장애를 해결하는 접근 방식을 제공한다. P(Permission Giving)는 허용하기, LI(Limited Information)는 제한된 정보, SS(Specific

Suggestions)는 구체적 제안, 그리고 IT(Intensive Therapy)는 집중 치료를 뜻한다. 각 요소를 이해하게 되면 내담자의 불안을 해결하고 성적 기능을 향상시킬 수 있는 방식의 성치료를 실시하는 근거를 갖게 된다.

허용하기

'허용하기(permission giving)'는 내담자가 성적으로 가장 취약하고 비밀스러운 부분, 즉 자신의 성생활, 성적 신념, 성적 자존감에 대해 안전하고 편안하게 이야기할 수 있는 수용적인 분위기를 조성하는 과정을 말한다. 상담사가 내담자를 평가하지 않는 태도를 유지하는 것은 그리 어려운 일이 아니지만, 내담자가 자신의 성생활에 대해 개방적인 태도를 갖게 하려면 상담사도 성행위에 대해 편안하게 얘기할 수 있어야 한다. 성에 대한 표현이 편안하지 않은 상담사는 슈퍼바이저의 도움을 받거나, 성적 태도 재구조화 작업(Sexual Attitude Restructuring: SAR) 워크숍에 참석하면 도움이 된다. 이러한 워크숍은 미국 국가 공인 성교육자, 성상담사, 성치료 전문가 자격소지자 협회(American Association of Sexuality Educators, Counselors, and Therapists: AASECT)의 웹사이트에서 쉽게 찾을 수 있다. 성상담 전문가가 성과 관련된 이야기를 자연스럽고 개방적인 방식으로 할 수 있는 능력이 있어야, 내담자가 성적 고민을 허용하는 분위기에서 솔직하게 자신의 성 문제를 표현할 수 있다. 상담사의 성에 대한 개방적이고 허용적인 태도가 중요하다.

내 경험에 비추어 보면 성과 커플 치료를 받기 위해 나에게 오기 전에 이미 다른 상담사를 만난 커플이 약 50% 정도였다. 이 커플들은 가끔 과거 상담 시 이전 성 상담사가 상담 중에 서로 말다툼을 하고, 서로를 깎아내리고, 비난하는 것을 허용했던 경험을 했다고 한다. 하지만 상담실에서 상담을 이끌어 갈 권한을 갖는 것은 내 책임이고, 치료 과정에 개입해야 한다. 상담사는 커플 두 사람 모두가 안전하다고 느낄 수 있는 반응을 보일 수 있도록 관심을 가져야 한다. 내담자는 상담사가 상담실에서 자기 파트너의 반응을 적절히 통제할 수 있는 힘이 있는 사람이라는 것을 알게 되면 안전함을 느낀다. 내담자는 안전함을 느껴야 성행위에 대한 민감한 주제도 이야기할 수 있게 되는 것이다.

예를 들면, 존(John)과 줄리(Julie)가 커플 치료를 받으러 왔을 때 두 번째 상담에서 두 사람이 서로 욕구의 기대 차이로 발생한 갈등을 해결하려고 온 것이 명확해졌다. 줄리는 격앙된 목소리로 상대를 자극하고 비난하는 말을 마구 쏟아 냈다. "당신은 당신밖에 생각할 줄 모르잖아! 이게 다 당신 때문이야! 성관계를 먼저 시작하려고 한 적이나 있어? 대체 당신은 언제 성관계를 하고 싶은 때인데? 그런 일은 절대 안 일어나겠지? 이 나르시스트야!" 이 말을 듣고 존은 일어나서 휴지통을 발로 찬 뒤 상담실을 나가 버렸고 10분쯤 지나 다시 돌아왔다. 그때 나는 두 사람에게 표현해도 괜찮은 대화의 경계와 한계를 분명하게 알려 주었다. "대화 시 중요한 점은 긴장을 풀고, 차분히 시간을 갖고 자신의 감정을 표현하는 것입니다. 저는 두 사람의 치료를 위해 상담실을 안전한 공간으로 유지할 책임이 있습니다. 그래야 두 분이 침착성을 유지하고, 상대방의 말을 경청하는 데 도움이 될 테니까요. 자신의 생각을 한번 머릿속에서 점검하지 않고 떠오르는 대로 내뱉으면 상대가 그 말을 견디기 어려워요. 그리고 휴지통을 차는 등의 행동을 보이면 상대에게 위협이 될 수 있고 상담을 진행하는 데 적절치 못한 행동입니다."

나는 두 사람에게 상담실을 성적 관계에 대해 민감한 감정을 알아차리고 표현할 수 있는 안전한 공간으로 유지하기 위해서 이러한 약속이 반드시 필요하다고 이야기했다. 그리고 두 사람에게 구두상으로 이 약속에 동의할 것을 요구했다. 이후로도 상담 중에 어느 때이건 필요하다고 느끼면 이런 취지로 나와 이미 약속에 동의했음을 커플에게 다시 상기시켜 주었다.

상담사가 표현의 경계를 정하는 것 외에도 내담자가 성행위에 대해 안전하게 이야기할 수 있다는 느낌을 받도록 도울 수 있는 다른 방법은 다음과 같다.

- 성생활이 내담자의 문제와 관련이 있으면 내담자에게 그 점에 대한 교육을 제공한다. 내담자는 이러한 교육을 통해 자신감을 얻고 상담사가 자신을 도와줄 수 있다는 희망을 갖게 된다. 예를 들어, 성욕이 감퇴한 여성을 상담하는 경우에는

내담자에게 즉흥적 욕구와 반응적 욕구의 차이점에 대해 설명해 준다. 다시 말해, 성적인 욕구는 자극을 받은 후에 일어나는 경우가 많다. 여성들은 이러한 정보를 알고 나면 스스로 안심하고 자신의 욕구에 대해서 수용하는 태도를 가진다. 우리는 흔히 상대방의 성적인 욕구가 낮으면 성관계에 문제가 있다는 의미로 오해하는 경우가 많기 때문에 이러한 정보는 성적인 대상이 여성이든 남성이든 상대방을 안심하게 할 수 있다.

- 올바른 성행위 관련 용어를 사용한다. 예를 들어, 성기(penis), 질(vagina), 구강성교(oral sex), 성교(sexual intercourse)와 같이 신체 부위에 대해 올바른 단어를 사용하여 성적으로 개방적이고 분명하게 말한다.
- 지금까지는 낯선 사람이었던 상담사와 자신의 성관계에 대해 얘기할 때 불안을 느끼는 것은 지극히 정상이라고 말해 준다. 다음과 같이 말해도 좋다. "인생에서 가장 은밀한 얘기를 자세하게 이야기하는 것은 당연히 불편해요. 하지만 여기 상담실에 오시는 많은 분들이 자신들의 성에 관해서 모든 이야기를 대부분 솔직하고 편하게 이야기를 하십니다. 이야기에 대한 모든 비밀이 보장되니까 편안하게 이야기를 해 주세요."
- 상담사는 숙련된 경청 기술을 사용하고 내담자들의 경험을 인정해 준다.

제한된 정보

제한된 정보(limited information)는 관련 주제에 대해 기본 교육을 제공하는 과정이다. CBT에서 내담자의 인식을 바꿔 주기 위한 과정과 밀접한 관련이 있다. 문화적 · 가족적 · 종교적 · 사회적 규범은 대개 내담자에게 건강한 성적 태도와 신념에 대해 교육하지 않는다. 상담사가 내담자만의 고유한 성적 과거력을 충분히 이해할 때, 성적인 문제에 효과적으로 개입하고 긍정적으로 변화할 수 있도록 도울 수 있다.

성적인 문제를 논의하고 싶어서 찾아온 로렌(Lauren)과 론(Ron)의 경우를 생각해 보자. 두 사람 모두 매우 감정적이었다. 로렌은 론을 멀리하기 시작했다. 론은 그것에 대처하기 위한 방법으로 자기 스스로도 불편하다 느낄 정도로 자주 포르노를 봤다. 로렌은 이러한 론의 행동을 더 이상 자신에게 매력을 못 느껴 포르노 배우와 비슷하게 생긴 여성을 원한다고 오해했다. 로렌은 집에서도 상담 중에도 론이 포르노 배우에게 빠져 있다고 이야기하면서 자주 화를 냈고 끝내는 울음을 터뜨렸다.

이 상황에서 상담사가 할 수 있는 중요한 개입은 이 커플에게 해당 주제에 대해 제한된 정보를 주고 론의 포르노 사용에 대한 부정적인 인식을 변화시켜 주는 것이다. 중요하고 제한된 정보의 몇 가지 예는 다음과 같다.

- 포르노와 판타지는 가끔 더 강한 자극을 주는 방법이 될 수 있다.
- 포르노는 뇌가 성적 경험을 하는 것이라고 착각하도록 하는 데 도움이 될 수 있다.
- 대부분의 사람들은 동영상에 나오는 행위를 하는 데 관심이 없다.
- 편안한 수준 이상으로 자주 포르노를 보는 것은 자신이 가진 성적 문제에 대한 대처 방법일 경우가 많다.

하지만 초보 상담사는 내담자가 문제를 해결하도록 돕고 싶다는 충분히 숙련되지 못한 지나친 열정 때문에 해당 커플에게 맞춤식 정보 이상의 과잉 정보를 제공하는 경우도 있다. 상담사는 내담자가 갖고 있는 문제를 명확히 이해하고 내담자가 자신의 신념에 따라 필요한 감정을 살펴볼 여지가 있을 때만 상담 시 제한된 정보를 활용하는 것이 중요하다. 상담사가 상담 과정에서 이런 정보를 너무 일찍 주면 내담자는 마음속 깊이 갖고 있는 감정을 살펴볼 기회를 놓칠 수도 있다. 예를 들어, 로렌은 남편에게 신체적으로도 동반자로도 자신이 부족하다고 생각했다. 이는 상담사가 커플 치료에서 로렌과 론 두 사람 모두를 돕기 위한 중요한 지점이었다.

따라서 상담사는 내담자에게 필요하다고 생각되는 제한된 정보를 제공하기 전에 다양한 질문을 먼저 자신에게 던져 봐야 한다. 그 첫 질문은 '내가 이 정도 분량의 정보를 이 시점에 왜 주려는 거지?'가 될 것이다. 상담사가 커플에게 알맞게 맞추어진 제한된 정보를 제공할 때 상담사 자신에게 물어보아야 할 몇 가지 다른 질문은 다음과 같다.

- 나 자신의 너무 많은 감정을 쏟아 내서 치료의 흐름을 방해할까 봐 불안한가?
- 정보를 제공하기 전에 내담자를 완전히 이해했는가?
- 그들이 이야기 나누는 주제에 내가 불편함을 느끼는가?

제한된 정보가 통합적 성과 커플 치료 회기에서 어떻게 유용하게 쓰이고 인지적 구조 변화를 촉진할 수 있는지 보여 주는 사례는 많다. 도움이 되는 몇 가지 예는 다음과 같다.

- 대부분의 경우 불안과 성행위는 양립할 수 없는 생리적 반응입니다. 사람이 불안해지면 혈관이 닫히고 긴장을 풀면 열립니다. 피가 성기로 흘러드는 것은 골반(pelvic)과 성기(genital)[1] 부위에 일어나는 생리학적 자극의 주요 메커니즘입니다.
- 성행위는 선택하는 것입니다. 무언가가 잘 안 되면 같은 행위를 반복하여 상대를 지치게 하기보다 다른 것을 시도하세요. 알베르트 아인슈타인(Albert Einstein)이 남긴 다음과 같은 명언을 기억하시기 바랍니다. "정신 이상은 같은 것을 계속 반복하면서 다른 결과를 기대하는 것이다."
- 섹스는 하나의 여정입니다. 목적지에 도착하는 것(오르가슴 또는 성적 소통)을 걱정하거나 신경 쓰기보다는 그 과정에 집중하세요.
- 성적인 경험은 명상과 비슷합니다. 잡념으로 주의가 흐트러지면 상대가 알아챌 수 있습니다. 잡념은 그대로 흘려보내고 다시 돌아와 그 순간의 감각에 집중하세요.
- 의학적으로 문제가 없다면 성기능을 방해하는 주요 신체 기관은 뇌입니다.
- 여러 가지 종류의 다양한 외부 자극이 성적 자극을 일으키는 데 도움이 됩니다.
- 판타지(fantasy)를 이용하는 것은 본인이나 상대가 성적 자극을 받는지 확인하거나 걱정하기보다 좀 더 감각에 집중할 수 있게 도와주는 또 다른 형태의 자극입니다. 판타지를 이용하는 것이 반드시 상대가 매력적이지 않거나 다른 상대를

---

1) 역자 주: 성학에서는 생식기를 성기라는 용어로 사용한다.

원한다는 증거는 아닙니다. 판타지는 말 그대로 자유롭고 무한한 상상일 뿐이지 반드시 원하는 행위는 아닙니다.

- 성관계의 목적은 오르가슴의 성과를 올리는 것이 아니라, 성행위 과정에서 기쁨과 즐거움, 연결된 느낌을 공유하고 스트레스를 푸는 것입니다. 각자가 얼마나 수행을 잘하는지가 아니라 섹스의 여러 긍정적인 면에 집중하세요.
- 터치에는 두 가지 접촉 지점이 있습니다. 터치를 받는 사람은 터치된 특정 신체 부위에 집중하고, 터치를 한 사람은 터치를 하는 행위와 그 행위를 통해 파트너가 어떤 경험을 하는지 알아차리는 데 집중합니다. 기쁨은 두 가지 모두에서 느낄 수 있습니다.
- 성적 관계에서 다름을 인정하는 것은 더욱 깊은 성적 친밀감과 연결성을 느끼는 데 도움이 됩니다. 이에 대한 예는 다음과 같습니다.
  - 커플이 항상 같은 유형의 성적 행위로 흥분되는 것은 아닙니다. 그렇다고 해서 이것이 서로 맞지 않다는 증거도 아닙니다. 예를 들어, 개개인이 번갈아 가며 다양한 자극을 유도할 수 있습니다.
  - 상대의 성적 취향뿐만 아니라 본인의 취향도 받아들이세요. 파트너의 성적인 요구에 대해 수치심을 느끼게 하는 경우는 본인의 성적인 두려움에서 비롯되는 경우가 많으며, 이는 관계를 해칠 수 있습니다.
  - 많은 사람은 자신의 성생활을 즐기는 여러 가지 방법을 다양하게 가지고 있습니다. 그러한 차이에도 불구하고 상대방의 성적 흥미를 자극하는 것이 무엇인지에 주의를 기울이세요.

구체적으로 제안하기

구체적으로 제안하기(specific suggestions)는 성적 만족감이나 성기능을 향상하는 데 도움이 되는 행위 변화를 위해 내담자에게 자세하고 구체적으로 의견을 제시하는 것이다. CBT의 틀 내에서 불안을 치료하는 것과 유사한데, 불안을 야기하는 상황을 위계화해서 내담자가 점점 한 단계씩 극복하도록 하는 것이다. 예를 들어, 비행 공포증이 있는 내담자가 있다고 하자. 이 내담자를 위한 첫 번째 단계의 치료는 비행기 사진을 보는 것이다. 이 촉발 자극 사진에 유발되는 불안이 익숙해질 때까지 계속 사진을 보게 한다. 다음 단계는 공항에 가는 단계이고, 그다음은 공항으로 걸어 들어가는 것, 게이트로 가는 것, 비행기에 타는 것, 그리고 마지막으로 비행하는 것이 될 것이다. 이 치료 과정에서 체계적 둔감화 방법은 내담자가 불안을 점차적으로 극복하여 비행이 편안해지도록 도와준다.

내담자가 통합적 성과 커플 치료를 통해 변화하도록 돕는 것도 이와 같은 원리를 기반으로 한다. 성치료 전문가는 커플에게 성적 불안을 해소하도록 하여 보다 편안해지고 성적으로 상호작용을 할 수 있도록 돕는 활동 단계를 제시한다. 감각초점(sensate focus) 기법은 마스터스(Masters)와 존슨(Johnson)이 개발한 개입 방법으로 불안 위계를 활용하는 주요 사례이다. 마음 챙김의 한 형태인 감각초점의 목적은 사람들이 자신의 생각보다 몸으로 느껴지는 감각에 집중하여 성적인 즐거움을 느끼는 순간을 경험하도록 하는 것이다. 그렇게 하면 사람들은 상대를 성적으로 기쁘게 해 줘야 한다는 수행 불안을 낮춰 준다. 결국에는 보다 만족스럽고, 기쁘고, 감각적인 경험을 하게 된다. 이 과정의 계층적 단계별 연습은 다음과 같을 수 있다.

① 커플은 파트너의 신체를 전체적으로 만지면서 탐색하라는 첫 번째 지시를 받는다. 단, 첫 단계에서는 파트너의 성적 부위인 가슴과 성기를 만지지 않도록 한다.
② 커플이 파트너의 신체를 만지는 것에 양쪽 모두가 편안해지면 성적으로 민감한 부위인 가슴과 성기를 부드럽게 만지는 것도 같이 연습해 본다.
③ 커플은 파트너에게 긍정적인 언어적·비언어적 의사 전달을 추가하면서 파트너가 만져 주기를 바라는 성적 부위를 손으로 안내한다.
④ 마지막으로, 커플은 마음 챙김에 집중하면서 성관계에 몰입한다.

그러나 불안의 위계적 치료 방식이 항상 계획대로 잘 적용되는 것은 아니다. 성치료 전문가가 제시한 연습 내용을 커플이 '수용'하지 못하면 이를 실습하는 데 어려움이 생기기도 한다. 내담자는 실습 단계에서 초기에 너무 높은 단계의 행위부터 시작하도록 요청받는 경우도 있다. 예를 들어, 알몸을 만지는 연습을 시작할 준비가 되지 않은 커플이 있을 수도 있다. 이러한 커플의 어려운 상황을 피하기 위해 먼저 성치료 전문가가 감각초점의 전반적인 개념을 정의하고 감각초점의 목적을 알려 주고 난 후, 커플들이 서로를 만지는 실습을 시작할 때 어떤 단계가 이들에게 적합할지 물어보는 것이 보다 유용하다. 다시 말해, 커플이 함께 실습 과정을 계획해 나가면 '수용'하기가 더욱 쉬워지고 성치료 전문가는 커플의 첫 실습에서 그들의 성적 불안을 심하게 일으키게 만드는 부주의한 지시적 상황을 예방할 수 있다.

커플은 상담 회기 중간에 '실습을 실천하기'가 어려운 다른 이유도 있다. 이에 대한 설명은 성과 커플 치료의 복잡성에서 찾을 수 있다. 성치료 전문가는 커플에게 CBT가 효과가 없으면 한쪽 파트너가 가지고 있는 성행위에 대한 정신내적 신념이나 성행위에 영향을 주는 다른 요인과 두 사람의 관계를 살펴볼 필요가 있다. 이때 성치료 전문가는 PLISSIT 모델의 마지막 단계인 집중 치료로 관점을 바꾼다.

집중 치료

PLISSIT 모델의 최종 레벨은 **집중 치료**(intensive therapy)이다. 여기에서 성치료 전문가는 내담자들이 갖고 있는 성적 어려움에 기여하는 감춰진 문제가 표면화되도록 노력해야 한다. 이러한 문제를 해결하기 위해 성치료 전문가는 ① 커플 관계의 역동성 그리고 ② 각 파트너의 성적 자존감 형태라는 두 가지 중요한 요인을 모두 살펴봐야 한다.

관계의 역동성 탐색하기

성치료 전문가는 커플 관계를 능숙하게 다룰 수 있는 전문성을 필요로 한다. 개인 치료만으로는 성적 문제 또는 성기능 장애 등을 해결하기가 쉽지 않다. 특히 내담자가 관계를 유지하고 있다면 더욱 그렇다. 파트너가 자신도 모르면서 무의식적 수준 또는 인지하지 못하는 수준에서 성적 어려움에 영향을 주는 경우가 많기 때문이다. 일반적으로 성치료 전문가가 커플 상담을 더 빨리 할수록 치료의 효과는 더 높아진다.

커플 치료에서는 성치료 전문가가 관계를 다룬다. 사실 개개인보다는 관계 **자체**가 상담의 초점이 된다. 실제로 2인 커플의 관계에서는 세 가지 독립체가 존재한다. 바로 파트너 A, 파트너 B, 그리고 관계 자체 C[2)]이다. 여기에서 성치료 전문가의 역할은 내담자가 관계를 하나의 독립체계의 관점으로 보도록 돕는 것이다. 관계는 성치료 전문가가 커플 사이에서 관찰할 수 있는 에너지의 흐름이다. 처음에 이 개념을 이해할 수 있도록 하는 가장 쉬운 방법은 커플에게 서로 말다툼을 할 때 둘 사이에 어떤 기류가 느껴지는지 물어보는 것이다. 커플은 파트너가 말다툼을 하고 서로에게서 물러날 경우 그들 사이에서 부정적이고 긴장감 있는 기류가 흐른다고 설명한다. 파트너 A는 집 2층에 있고 파트너 B는 지하에 있는 상황이 생길 수 있다. 그러면 지하에서부터 2층까지 긴장감이 느껴지는 것이다. 대부분의 커플은 이러한 상황에 공감한다.

성치료 전문가는 커플이 그들 사이에 흐르는 에너지의 기류에 대해 두 사람 모두 각자의 책임이 있음을 이해하도록 도와야 한다. 커플 사이에 흐르는 이 기류, 즉 에너지는 이마고 관계 치료(Imago Relationship Therapy: IRT)와 정서중심치료(Emotionally Focused Therapy: EFT) 모두에서 '관계적 공간(relational space)' 또는 '사이 공간(the space in between)'이라고 설명한다. 마르틴 부버(Martin Buber)와 잘랄 알딘 무하마드 루미(Jalāl al-Dīn Muhammad Rūmī, 흔히 루미라고 함)와 같은 철학자도 이 공간에 대해 설명한 바가 있다. 마르틴 부버는 "두 사람이 진정으로 그리고 인간적으로 서로 관계를 맺을 때 신은 둘 사이를 서로 통하게 하는 전기와 비슷하다."라고 말했다. 마찬가지로 루미도 이러한 말을 남겼다. "잘한 일과 잘못한 일에 대한 생각에서 벗어나면, 거기에는 딴 세상인 푸른 들판 같은 곳이 존재한다. 나는 거기서 당신을 만나겠다. 영혼이 그 잔디 위에 누우면 세상은 이야깃거리로 가득하다. 생각, 언어, '서로'라는 말도 거기에서는 더 이상 의미가 없어진다." 성치료 전문가는 이 공간에 대해, 그리고 이 공간을 어떻게 다뤄야 하는지에 대해 커플에게 알려 줘야 한다.

---

2) 역자 주: 원서는 관계 자체를 독립체 C로 구분한다.

커플이 이 관계적 공간을 다루려면 파트너 각자가 이 공간에 균열을 낼 수도 있다는 사실을 이해해야 한다. 사람이 관계에서 안전하지 않음을 느끼면 본능적으로 자기 자신을 보호하는 방법으로 반응하고 안전함을 느끼려고 한다. 그런 행동이 관계적 공간에 균열을 만든다고 할지라도 그렇다. 예를 들어, 갈등이 발생하면 물러나거나 비난하거나 상대를 혼자 두고 그 자리를 나와 버릴 수 있다. 이런 적응성 대처기제는 신체의 본능적인 투쟁, 도피 또는 경직 반응을 반영한다. 이들은 위협을 받는 상황에서 신체적 반응이 수반된다. 그 위협이 실제이든 상상의 산물이든 관계없이 신체적 반응이 일어난다.

성치료 전문가의 상담실에서 나타나는 커플 간의 상호작용('댄스'[3]일 수 있음)은 이들 간의 단절을 나타낸다. 성치료 전문가의 상담실에서 관찰되는 관계적 갈등은 집에서 이들 사이에 일어나는 상호작용의 축소판이라고 할 수 있다. 이들의 적응성 대처기제가 발동하여 결국 단절로 이어지는 이 커플의 관계 패턴을 반영한다. 커플 성치료 전문가는 이러한 관계 패턴에 변화를 주어 각 파트너가 방어적 행동을 완화하고 마음속 깊은 곳에 있는 자신의 감정, 신념, 두려움, 가치를 표현하고 공유할 수 있게 도와야 한다. 이렇게 공유하는 행위는 개인의 '본질' '자아' '진정한 정체성' 또는 '중심적 자아'라는 것을 표현하는 것이다.

개인이 자신을 솔직하게 표현하면 할수록 관계적 공간은 더욱 연결되고, 안전해지고, 친밀해지며, 각 파트너가 더욱 차분함을 느끼고 온전한 존재로서 살아 있다는 느낌을 갖게 된다. 이때 각 파트너가 자신의 개성을 충분히 표현하면서 서로 연결된 상태로 유지되는 연결 속 차별화라는 관계 개념도 달성된다. 그러면 관계적 공간에서 두 사람이 비록 다르다고 해도 자신을 표현할 수 있는 공간이 생기고, 계속해서 서로 연결되어 있다는 느낌을 받을 수 있다.[4] 다음 그림은 관계적 공간에서 차별화가 생긴 상태를 나타낸다.

---

3) 역자 주: EFT에서는 두 사람의 관계에서 1명은 요구하고 1명은 물러나는 모양새가 춤과 같아서 이를 '댄스'라고 묘사한다.

4) 2인 파트너십 또는 다자간 관계에서도 같은 유형의 상호작용이 관찰된다. 더 많은 사람들이 관련되어 있기 때문에 다자간 관계에서의 댄스가 보다 복잡한 경우도 있지만 역동성은 유사하다. 따라서 이 장에 나와 있는 모든 정보를 다자간 관계에도 충분히 적용할 수 있다.

커플 치료의 목표는 갈등의 세세한 내용에 집중하기보다 관계 속에서 파트너 간에 갈등이 일어나는 과정에 변화를 주는 것이다. 성치료 전문가는 커플들이 자신들의 성적 댄스를 바라보고, 그리고 그 댄스의 기저에는 어떤 요소가 깔려 있는지에 대해 각자 말할 수 있게 도와줘야 한다. 하지만 통합적 성과 커플 치료에서는 성치료 전문가가 문제의 내용(성적 문제)에 대한 피드백을 제공하여 커플 간의 정서적 상호작용과 성적 상호작용에 변화를 줄 수 있게 돕기도 한다. 커플이 자신들의 댄스에 변화를 주고 관계적 공간을 잘 다루게 되면 서로의 성적 취향의 차이를 이해하고 수용하게 된다. 그리고 이러한 차이가 오히려 서로를 더 강하게 성적으로 연결할 수도 있다.

결과적으로, 성치료 전문가는 커플이 갈등 상황에서 자신들이 대처하는 기술을 융통성 있게 해결해 준다. 커플이 치료를 통해 각자의 내재된 감정, 신념, 두려움을 공유하며, 정서적 · 성적으로 연결되어 있고 안전하며 온전한 존재로서 살아 있다는 느

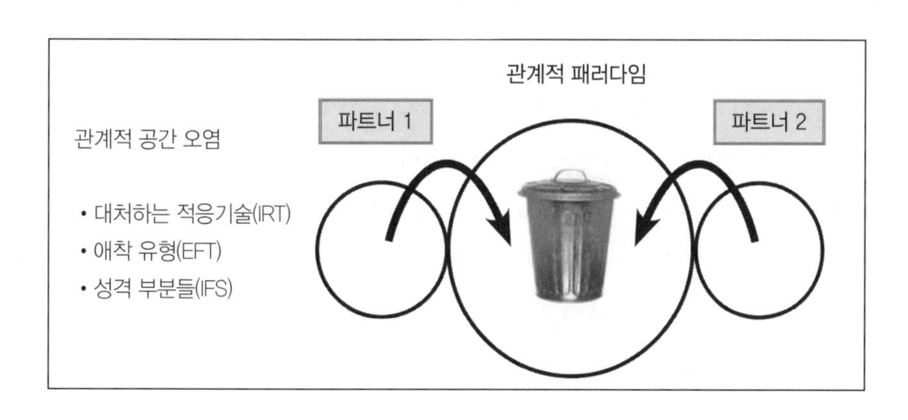

낌을 다시 찾는 데 필요한 것들을 말할 수 있게 된다. 다음 절에서는 이러한 대처기제와 이를 해결하기 위한 개입에 대해 IRT, EFT, IFS의 관점에서 논의한다. 각 이론의 주요 개념은 이러한 대처기제가 관계적 공간을 '쓰레기로 오염시켜' 단절을 만들어 낸다는 것이다.

이마고 관계 치료(IRT)

IRT의 관점에서 보면, 커플이 관계 안에서 안전하지 않다고 느끼는 경우 개인이 보이는 방어기제에 대처하는 적응기술(coping adaptation)이라고 한다. 이렇게 대처하는 적응기술은 에너지를 외부로 발산하는 적응기술(energy-out adaptations, 예: 투쟁, 과도하게 말하기, 언어적으로 상대방을 비난하기) 또는 에너지를 내재화하는 적응기술(energy-in adaptations, 예: 철수하기, 무응답, 도피, 경직)이 나타나는 행위를 통해 표현된다. 에너지를 외부로 발산하는 대처기제를 갖고 있는 사람을 맥시마이저(maximizer, 극대화하는 사람), '호랑이' 또는 '우박을 동반한 폭풍'이라고 하며 에너지를 내재화하는 적응 유형의 사람을 미니마이저(minimizer, 최소로 하는 사람) 또는 '거북이'라고 한다.

다음 예에서는 개인이 보이는 대처하는 적응기술이 관계적 공간에서 어떻게 균열이 발생하는지 보여 준다. 메리(Mary)와 조(Joe)는 성기능 장애 때문에 도움이 필요해 나를 찾아왔다. 조는 성교를 시작하고 얼마 안 되어 바로 사정을 해서 조루증 진단을 받았다. 그 결과, 이차적으로 발기 부전 증상을 보이기 시작했다. 다시 말해, 조는 너무 일찍 오르가슴을 느끼는 것에 대한 불안감 때문에 발기한 상태를 유지하는 능력에 대해서도 불안감을 갖게 되었다. 게다가 테스토스테론 수치도 낮아 성적 욕구도 낮아졌다. 조는 이러한 성기능 장애를 해결하기 위해 비뇨기과 전문의에게 처방받은 테스토스테론을 복용하고 있는 상태였다. 메리는 성기능적으로 문제가 없었지만 조가 성적 반응이 취약한 것에 대해 스스로 좌절하고 있는 것 때문에 성관계를 피하고 있었다.

네 번째 상담 회기에서 이들의 성적인 상호작용에 대해 자세히 알아보았고 특유의 성적 패턴(또는 '댄스')이 드러났다. 이들이 성적 상호작용이 시작될 때마다 어떤 지점에서 조는 발기에 어려움을 겪거나 메리의 질에 삽입하고 몇 분 내로 금방 사정해 버렸을 수 있다. 조는 좌절감을 더 느끼고 갑자기 화를 내며 침실을 나갔고, 메리는 기분이 안 좋아졌지만 자신의 감정을 표현할 수 없었고, 그 대신 그 상황에서 철수하거나, 최대한 섹스를 피하기 시작했을 것이다.

메리와 조가 자신들을 보호하는 패턴과 관계에 균열을 만든 방식은 명확하다. 조는 화를 내어 자신을 보호했다. 화를 내고 있는 동안에는 자신의 취약한 성기능과 성적 발기 부전 같은 현상을 알아차리지 못했다. 메리는 철수하는 방식으로 대응했고 자기 감정을 표현하지 않았다. 조는 '맥시마이저'로, '터뜨리는' 방식으로 대처하고 방을 나가 버렸다. 메리는 '미니마이저'로 조와의 상황에서 철수했고 섹스를 피했다.

메리와 조는 즉각적 반응으로 대응하던 악순환적 상호작용 패턴에서 '이마고 대화'의 미러링(반영하기), 인정과 공감을 포함하는 단계를 통해 즉각적으로 반응하는 대신 서로의 이야기를 적극적으로 경청할 수 있게 되었다. 두 사람은 반사적인 행동 없이 서로의 이야기를 적극적으로 들어 주는 상황에서 각자 어린 시절 겪었던 상처에 뿌리 깊게 내재된 어려움을 표현할 수 있었다. 조는 메리에게 화가 난 것이 아니었다. 다만, 메리에게 그렇게 보이고 느껴진 것이다. 조는 사실 자기 자신에게 화가 났다. 조는 '실패'를 창피하게 생각하는 가정환경에서 자랐다. 그래서 자신이 성적으로 반응이 없거나 실패했을 때 부끄러움과 무능함을 느꼈던 것이다. 치료 과정에서 조는 이런 이야기를 메리와 나눌 수 있었다. 메리가 조에게 온 신경을 집중하고 진심으로 경청했기 때문이다. 나는 메리가 자신의 방어기제는 잠시 내려놓고 조에게 집중하도록 도와주었고, 이를 통해 메리는 조에게 공감할 수 있었다.

메리는 이마고 대화를 통해 안전하고 편안하게 느끼고, 조가 화를 낼 때 촉발되는 자신의 대처 전략이 어디서 비롯된 것인지에 대해 이야기했다. 메리의 어머니는 자주 메리에게 감정 '폭발을 했는데', 그 방식은 메리 때문에 어머니가 화를 낸다고 느끼게끔 했다. 메리는 자신의 책임이 아닌 일에 대해 어머니가 자신을 혼내는 것에 화가 났다. 메리는 이런 이야기를 하면서 눈물을 터뜨렸고 조와 마찬가지로 자신을 원망하고 탓했다. 커플 관계를 망친 것도 자기 때문이라고 느꼈다. 메리는 조가 자신의 성적 어려움을 메리의 탓으로 돌리려 한다고 생각했다. 메리는 조가 자기를 탓하고 자기에게 화를 내는 것이 부당하다고 생각했고 그래서 일종의 벌을 주기 위해 그와의 섹스를 피했다. 그렇게 피하는 것이 메리에게는 어린 시절에 가져 보지 못했던 통제권과 권한을 갖는 것처럼 느껴졌다.

조는 상담 중에 메리의 이야기를 경청하면서 메리의 고통과 분노가 어디에서 출발하게 되었는지 알게 되었다. 조는 메리가 하는 말에 공감을 해 주었고, 메리가 느낀 감정과 이야기에 마음이 움직여 실제로 메리 쪽으로 몸을 기울이면서 깊이 경청했다. 결국 조는 메리에게 가까이 다가가 안아 주었다. 이런 조의 애정 어린 반응으로 메리 안에 맺혀 있었던 해묵은 상처가 치유되었다. 메리의 어머니는 메리에게 공감 어린 반응을 해 주지 않았다. 이 상담을 통해 이들의 관계에 놀라운 변화가 찾아왔다. 관계적 공간이 정서적으로도 성적으로도 두 사람 모두에게 더욱 따뜻하게 느껴지게 됐다. 두 사람은 모두 자신들 사이에 사랑의 에너지가 흐르고 더욱 강하게 연결된 느낌을 받는다고 이야기했다.

정서중심치료(EFT)

EFT는 커플의 관계적 패러다임을 이해할 수 있는 또 다른 유형의 치료법이다. EFT는 수잔 존슨(Susan Johnson)과 그의 동료들이 애착 이론을 토대로 개발한 커플 치료로, 커플이 서로에게 안전하고 안정적인 애착을 가질 수 있게 도와준다. 이 치료법은 커플이 자신들에게 내재된 취약점, 감정, 요구를 파트너에게 표현하도록 가르침으로써 상호작용의 악순환을 끊어 내도록 돕는다(Johnson, 2004, 2008). EFT에서 대처하는 적응기술은 사람들의 애착 유형에 반영된다.

유아기에 부모나 주 양육자가 일관되게 곁에 있지 않거나 그들에게 버림받은 경험이 있으면 불안정 애착–'불안 집착' 애착 유형으로 표현되고, 이는 성인이 될 때까지 이어진다. 이런 애착 유형을 가진 사람은 관계 속에서 자신의 정서적 욕구를 충족하기 위한 한 방법으로 파트너에게 집착하고 끊임없이 관심을 요구할 수 있다. 반대로, 곁에 있지 않고 분리되어 차갑게 대한 부모 밑에서 자란 사람은 회피형 애착–'거부 회피' 애착 유형이 발달된다. 이 애착 유형은 본인과 파트너 간에 정서적 거리를 두려고 한다. 마지막으로, 주 양육자가 학대하기/방치하기와 따뜻하게 대했다가 하는 식으로 변덕이 심한 가정환경에서 자란 아동은 '혼란형' 애착 유형을 보인다. 이들은 성인 시기에 일관되지 않은 관계성을 보이는 경우가 많다. "이리 와, 저리 가"라는 표현이 동시에 나타나는 변덕성을 보인다. 이러한 애착 유형은 모두 개인이 자신의 정서적 결핍을 충족하기 위해 노력하면서 고통과 불안에 대처하는 방식을 반영한다. 이러한 애착 유형은 성인 관계에 균열을 일으키는 댄스를 만든다.

메리와 조의 성관계 문제를 상담하면서 조는 쫓는 자('불안-집착')이고 메리는 거리를 두려는 자('거부-회피')임이 분명해졌다. 이러한 애착 유형 때문에 관계적 공간에 댄스가 생겼다. 두 사람이 서로에게 기대하는 자신의 욕구나 진짜 감정에 대해 말할 수 없었기 때문이다. EFT의 목적은 커플이 이러한 댄스를 알아차리고 함께 호흡을 맞춰 가도록 돕는 것이다. EFT를 통해 메리와 조는 자신들에게 내재된 감정, 즉 수치스럽거나 버려지는 것에 대한 두려움과 존중받고 연결된 느낌을 받고 싶다는 자신의 욕구에 대해 표현할 수 있었다. 그 이후에 성치료 기법을 활용하여 자신들의 성적인 욕구를 표현하는 것은 물론, 특정 성기능 장애도 해결하도록 도울 수 있었다.

내면적 가족체계(IFS) 치료

내면적 가족체계 이론은 가족 내에서와 마찬가지로 모든 사람이 자신의 내면에 서로 연결된 여러 성격 부분들(parts)[5]이 통합 체계를 이루고 있다고 주장한다(Schwartz, 2001). 이러한 부분의 일부는 보호적인 역할을 한다. 그렇기 때문에 IFS 치료에서 대처하는 적응기술을 '보호적 성격 부분(protective part)'으로 묘사하는 것이다. 이러한 보호적 성격 부분은 어린 시절 상처를 받은 내면 아이를 보호하는 역할을 한다. 이런 어린 성격 부분을 '망명자(exiles)'라고 한다. 사람들은 살아남기 위해 자신의 망명자를 보호하고 감춰야 한다. 예를 들어, 메리의 망명자 성격 부분은 다른 사람의 문제 때문에 부당하게 비난을 받는 것에 대한 수치심이었다. 조의 보호적 성격 부

5) 역자 주: 내면적 가족체계 치료의 관점에서는 인간 성격의 내면은 보호자 역할과 특히 급한 해결사 역할을 하는 소방관 역할, 상처를 받아서 망명자로 사는 아이 역할, 성격 부분들의 전체를 통합하고 조정하는 자아 역할이 있다고 가정한다. 부분(part)을 여기서는 성격의 일부분으로 번역한다. 단, 5장에서는 맥락에 따라 성격과 성격 부분을 혼용하였다.

분은 자신이 무능하다는 내재된 감정으로 인해 생겨났다.

모든 보호적 성격 부분은 자신을 보호하고 제대로 기능하도록 돕는 데 사용된다. 하지만 보호적 성격 부분이 모든 성격 영역을 대변하면 다른 사람들 눈에는 그 성격만 보이게 되는 경우도 있다. IFS 치료의 목적은 '성인 자아(adult-self)'(또는 자아 에너지)가 보호적 성격 부분을 알아차리고, 망명자의 상처를 치유하고 이러한 성격들을 통합하는 역할을 하도록 한다. 커플 치료의 맥락에서 IFS 치료 방법은 "내면에서 표현되는 친밀감(Intimacy From the Inside Out: IFIO)"(Herbine-Blank, 2015)이라고 하는 치료 기법을 통해서 이루어진다. IFIO에서 성치료 전문가는 파트너 간에 발생하는 순차적인 상호작용(sequence or dance) 패턴을 분석한다. 이 순차적인 상호작용 패턴은 보호적 성격 부분들의 상호작용을 잘 반영하기 때문이다. 이러한 패턴이 표면화되면, 각 파트너는 보호적 성격 부분과 망명자 성격의 '입'을 통해서 대화하는 것이 아니고, 그 부분들의 성격 부분들을 위해서 대화하게 된다. 성인 자아가 이러한 성격 부분들을 대변하기 시작하면서 상대방과의 대화가 더욱 진솔해지고, 열린 마음을 갖게 되며, 자신들의 취약점도 솔직하게 드러내게 된다. 이 '용기 있는 대화'를 통해 관계적 공간이 보다 친밀하고 안전해지며 생기가 돌게 된다.

메리와 조 관계 댄스는 IFS의 시각을 통해 보면 잘 드러난다. 조의 보호적 성격 부분은 분노로 반응했다. IFS에서는 이런 보호적 성격 부분을 '소방관'이라고 하는데, 이 성격 부분은 현재 비상 상황이 발생했고 위험을 피하기 위해 즉각적으로 반응해야 한다고 생각한다. 이 보호적 성격은 조의 망명자 성격 부분이 인지하고 있는 성적 무능감과 관련하여 창피함을 느끼지 않도록 보호하기 위해 작업을 하는 것이다.

이 댄스에서 메리는 이 상황을 회피하고 자신의 표현되지 않은 분노를 억압하는 것으로 대응했다. 이런 보호적 성격 부분을 '관리자(manager)'라고 한다. 이 성격 부분은 메리가 다른 사람의 감정에 대해 자신을 탓하거나 책임감을 느끼지 않도록 보호하려 했다. 메리는 부당하게 상처받고 창피를 당했던 자신의 어린 망명자 성격도 보호하고 있었다. 이들 간의 상호작용 패턴을 풀어내면서 메리와 조는 이들이 보호하고 있던 어린 성격 부분들뿐만 아니라 보호적 성격 부분도 대변해서 말하는 용기 있는 대화를 나눌 수 있었다. 메리와 조의 용기 있는 대화 내용은 다음과 같다.

메리: "내 안에는 '부당함에 대해 일어나는 분노'라는 여성 성격 부분이 있어. 부당함을 느끼면 분노 성격이 당신을 회피하게 만들어. 이 성격 부분은 당신이 화가 나서 방을 뛰쳐 나갔을 때 당신이 자기가 경험하는 성적 기능의 어려움을 내 탓으로 돌린다고 생각해서 화가 났어. '분노'의 성격을 가진 그녀는 당신이 내게 상처를 준 만큼 당신도 고통받기를 원하고 있어. 그녀가 분노하는 동안 나는 당신에게 상처를 받거나 수치심을 느끼지 않게 보호해 주고 있어."

조: "그랬구나! 당신이 그런 일을 겪고 있는지 몰랐어. 당신한테 상처 줘서 정말 미안해. 나한테는 화를 느끼면 아무것도 안 보이는 성격이 있어. 그 분노 성격이 나타나면, 다른 성격, 즉 '도피' 성격도 같이 나타나서 방에서 나가라고 해. 내 '도피' 성격은 나의 성적 수행 능력에 대해 수치심을 많이 느끼는 내 '무능' 성격을 보호해 줘. 내 분노와 '도피' 성격이 내 머릿속을 온통 차지하기란 아주 쉬워. 그렇게 하면 '무능' 성격이 유발하는 고통과 수치심을 느끼지 않게 돼."

메리: "당신의 분노가 그런 의미인 줄 몰랐어. 정말 고통스러웠겠다. 이제 이해가 돼. 우리 성 관계를 잘 생각해 보면서 서로가 더 긴장을 풀 수 있도록 함께 어떻게 노력해야 하는지 알아보자."

이러한 대화는 커플의 관계적 공간을 잘 대처하고 서로 연결성, 따뜻함, 친밀감, 생기를 되찾는 데 도움이 된다. 결과적으로 성치료 기법은 메리와 조가 성적인 욕구를 표현할 수 있도록 도움을 주는 데 사용되고 CBT 기법은 특정 성기능 장애를 해결하는 데 도움이 된다.

어떤 종류의 커플 치료를 활용하든지 간에 성치료 전문가는 커플이 그들의 댄스에 변화를 주고 신념, 두려움, 요구, 감정 등의 측면에서 자신의 속마음을 표현할 수 있게 도울 수 있는 방법을 사용하고 있다. 이런 대화는 커플이 연결된 느낌을 되찾고 관계적 공간을 잘 다루는 데 도움이 된다. 성치료 전문가는 커플이 댄스를 풀 수 있게 돕고 성에 대해 더욱 긍정적인 인식을 알려 주고 필요한 행동 변화를 일으켜 성기능이 향상되도록 한다. 하지만 사람들은 자신의 성적 취향과 관련된 정신내적 신념이 커플 간에 행복한 성적 연결성을 발휘하는 데 여전히 방해될 수 있다. 그럴 때가 바로 각 파트너의 성적 자존감을 살펴보는 것이 필요한 때이다.

성적 자존감의 형성 살펴보기

성적 자존감은 여러 가지 요인에 영향을 받는다. 문화, 종교 교육, 민족성, 성 역할, 가족의 영향력은 복잡한 방식으로 사람들이 성행위와 관련하여 갖고 있는 신념, 감정과 자존감에 영향을 준다. CBT 또는 관계 치료 기법이 충분하지 않을 때, 내담자는 성적인 존재로서 자신에게 갖고 있는 내적 신념을 탐색해 봐야 한다. 성치료 전문가는 관계와 성적 역동성에 영향을 미치는 과거의 문제를 찾아내야 한다. 내 경험상 이런 방식으로 보다 심도 있게 탐색하다 보면 특정 주제가 일관되게 나타나는 것을 알 수 있다. 바로 ① 세 가지 P[수행 능력(Performance), 기쁨 주기(Pleasing), 놀이(Play)]와 ② 수치심, 죄책감, 트라우마이다.

첫 번째 P는 퍼포먼스, 즉 **수행 능력**(performance)과 관련이 있다. 남자가 자신의 발기에 집중하면 스스로 이렇게 물어볼 수 있다. '딱딱한가?' 또는 '계속 딱딱하게 유지할 수 있나?', 아니면 '내 파트너가 오르가슴을 느낄 때까지 충분히 오래 딱딱한 상태로 있을 수 있을까?' 앞서 얘기한 대로 여기에 집중하면 수행 능력에 대한 불안감이 생기고 이 불안감은 성적 반응에 방해가 된다. 내담자가 이 불안감에서 벗어나기 어려워하면 어린 시절 수행 능력에 대한 압박감이 있었는지 그 경험을 살펴보는 것이 도움이 된다.

예를 들어 보자. 결혼한 부부인 잭(Jack)과 에이미(Amy)가 나를 찾아왔다. 잭이 발기 상태를 유지하는 데 어려움을 겪고 있었던 것이 이유였다. 잭은 발기 부전을 위한 CBT 프로토콜은 진행하지 않고 있었다. 어린 시절 수행 능력에 대한 압박감을 받았는지에 대한 그의 경험을 물었을 때 그는 학교에서 올 A를 받지 못하면 어떻게 혼이 났는지에 대한 수많은 에피소드를 쏟아 냈다. 잭은 운동을 할 때 실수를 해도 수치심을 느꼈다. 그의 아내 에이미는 이런 얘기를 듣고 그의 고통에 연민을 느꼈고 자신이 느낀 바를 잭에게 이야기했다. 에이미가 잭에게 손을 내밀었다. 에이미의 목소리는 부드러워졌고 눈에는 눈물이 차올랐다. 에이미는 이렇게 말했다. "당신이 어렸을 때

잘해야 한다는 부담감을 그렇게 느끼고 살았는지 몰랐어. 당신의 고통이 느껴지니 정말 마음이 아파." 에이미는 잭의 발기한 성기에 힘이 빠지는 것에 실망감을 느꼈을 때 자신도 같은 반응을 보인 적이 있다는 것도 깨닫게 됐다. 에이미는 잭에게 사과하면서 어린 시절의 경험에 대해 위로하려 애썼다.

에이미는 "어릴 때처럼 그렇게 압박감이나 부담감을 느낄 필요는 없어. 나한테 그런 식의 감정을 절대 느끼지 않았으면 좋겠어."라고 말했다. 자기의 이야기를 공유하면서 과거에 발생한 사건에 대한 주인의식을 느낀 잭은 에이미로부터 공감을 얻고 자신의 발기가 자연스럽게 잘 됐다가 안 됐다가 하는 현상을 인정하게 됐다. 잭은 발기가 잘 안 되면 다양한 방법을 시도할 수 있게 됐고 이것이 보다 사랑스럽고 긍정적인 방식으로 성적 연결을 이뤄 내는 데 도움을 주었다.

두 번째 P는 **기쁨 주기**(pleasing)이다. 성관계를 할 때 사람들은 자신보다 상대를 즐겁게 하는 것에 몰두하는 경우가 많다. 이것은 또 다른 형태로서 수행 능력을 억압하는 것이라고 할 수 있다. 상대를 기쁘게 하는 것이 자기 성적 감각을 즐기기 위해 충분히 긴장을 풀 수 있는 유일한 방법이 되기도 하지만, 여기에 몰두하다 보면 두 사람 모두에게 부담감이 된다. 상대에게 즐거움을 느끼게 해 주어야 하는 사람은 이것이 잘 안 되었을 때 자신에게 크게 실망감을 느껴 성적 자존감이 떨어지게 되고, 이러한 상황을 목격한 상대방은 파트너의 성적 자존감에 대한 염려로 부담감을 느낄 수 있고, 그러면 성적인 반응에 대한 불안감과 결핍이 생기거나 파트너를 기쁘게 하게 위해 가짜 오르가슴이나 의도적인 반응을 하게 된다. 성적 자존감과 관련된 문제를 해결하기 위해 다른 사람을 기쁘게 하려는 마음이 어디서 생겨났는지 그 근원에 대해 얘기해 보는 것이 중요하다.

한번은 레즈비언 커플인 수(Sue)와 베스티(Besty)를 상담한 적이 있다. 이 커플에게서 이런 역동성을 분명히 찾아볼 수 있었다. 수의 어머니는 기분에 따라 변덕이 심했다. 수는 자신을 보호하기 위해 엄마의 기분을 유심히 살펴 엄마가 폭발하지 않도록 기쁘게 해 주는 법을 스스로 터득했다. 수는 자신의 아내인 베스티에게도 똑같이 행동했다. 즐거움을 줘야 한다는 이런 부담감은 수와 베스티가 성적 분위기의 상황을 즐기는 것을 방해했다. 수는 자신의 즐거움이나 경험이 아닌 베스티를 즐겁게 하는 데 몰두했다. 수는 베스티를 즐겁게 해 주어야 한다는 불안감을 느끼게 됐다. 왜냐하면 베스티가 성적인 기쁨을 느끼는 일이 수에게는 매우 중요했기 때문이다. 베스티는 수가 베스티를 기쁘게 하려는 욕구에 부담을 느끼고 수의 노력에 의도적으로 반응을 보이지 않았다. 이 상황은 두 사람 모두의 불안감으로 생긴 것이며, 두 사람 모두 성적인 즐거움을 느끼는 일이 줄어들었다.

수는 자신이 베스티에게 너무 많은 부담감을 주고 있었다는 사실을 깨닫고는 즐거움을 주려는 자신의 욕구를 어떻게 완화할 수 있을지 알고 싶어 했다. 나는 수에게 성관계를 하게 되면 수의 다른 성격 부분을 집 안에 있는 별도의 공간에 머무르게 할 수 있을지 물었다. 수는 동의했고 섹스를 하기 전에 심리적으로 그러한 성격 부분과 분리하기 시작했고 자신을 스스로 안정시키는 연습도 했다. 수 내면에는 베스티가 성적 자극을 덜 느껴 두려워졌을 때 기쁘게 해 주려는 자신의 어린 성격 부분에 온전히 집중하고 연민을 느끼는 어른이 있었다. 수는 베스티가 다른 일에 대해 감정을 '폭발'시킬 수 있지만 성관계를 할 때는 그러지 않는다는 점을 스스로 기억하도록 했다. 이러한 과정은 수의 어린 성격 부분이 긴장을 풀게 하는 데 약간의 도움이 됐다. 베스티는 수의 두려움을 이해하기 시작했고 수를 더 안심시키고 사랑해 줄 수 있게 되었다. 이러한 베스티의 태도에 수는 섹스를 하는 동안 긴장을 풀 수 있었다. 베스티는 자신의 사랑으로 수의 곁에 있어 줌으로써 성적인 상황에 무슨 일이 일어나더라도 어린 시절 경험으로 인한 수의 내면의 상처를 치유해 주고 싶었다.

세 번째 P는 **놀기**(play)이다. 성인들은 신체적 즐거움(sensuality)과 성행위(sexuality)을 통해서 자신들의 놀이를 즐기는 방식을 드러낸다. 최상의 성행위는 참여하는 사람이 기쁨을 느끼는 재미있는 놀이인데, 안타깝게도 많은 사람들은 일을 성취한 후에만 놀이를 즐겨야 한다는 가르침을 받으며 자랐다. 예를 들어, 학교를 마치고 집에 돌아온 아이들은 부모나 양육자에게 놀기 전에 숙제를 다 마쳐야 한다는 소리를 자주 듣는다. 이런 메시지는 성인이 된 후에까지 영향을 미쳐 섹스는 일이기에 제일 뒷전으로 미뤄지는 경우가 허다하다.

내가 상담했던 커플 중에는 치료 중에 놀이에 대해 얘기하는 것이 왜 중요한지를 잘 보여 주는 한 커플이 있었다. 그런 논의를 할 당시에 나는 조지(Jeorge)와 리사

(Lisa) 커플을 1년 정도 상담하고 있었다. 이 커플은 섹스와 상관없는 수많은 문제를 해결했다. 하지만 조지는 리사가 성관계를 자주 하지 않는 것에 대해 화가 쌓여 있었다. 리사는 관계를 할 때 성행위를 즐기기는 했지만 성관계는 항상 리사가 할 일 중에 맨 나중의 일이었다. 리사는 직업적으로 많은 에너지를 요구하는 일을 하고 있었고 집에는 아이가 둘이나 있었다. 리사의 일은 영원히 끝나지 않을 것 같았다. 한번은 상담을 할 때 내가 리사에게 어린 시절에 대해 물어보게 되었다. 왜냐하면 리사는 집에서나 직장에서나 일을 열심히 해야 한다는 생각이 지배적이었기 때문이었다. 리사는 어린 시절 물음에 대해 다음과 같은 놀라운 이야기를 들려주었다.

리사가 다섯 살이 되었을 때부터 리사의 어머니는 집안 청소를 위해 토요일 오전 5시부터 리사를 깨웠다. 청소는 정오까지 계속되는 경우가 많았는데, 정오쯤에는 토요일 아침 텔레비전 만화가 이미 끝나 있었다. 리사가 어린 시절에 인지하게 된 "일을 마칠 때까지 놀면 안 돼."라는 메시지는 그렇게 성인이 된 후까지도 이어졌다. 과중한 일을 해야 한다는 강박관념과 좋은 엄마가 되려는 욕구 때문에 리사의 일은 끝이 나지 않았다. 따라서 노는 것은 절대 있을 수 없는 일이 됐다. 리사가 이러한 상황을 이해하고 자신의 경험에서 원인을 찾은 후에는 더 이상 놀이를 뒷전으로 미루지 않기로 했다. 리사와 조지는 모든 일을 마치기 전에도 성관계를 할 수 있는 방법을 찾기 시작했다.

이 세 가지 P 외에도 수치심, 트라우마, 그리고 문화적, 종교적, 성 역할 메시지와 관련된 경험은 성생활에 방해가 될 수 있다. 내담자가 성적 학대, 성폭행, 강간 또는 성희롱을 경험한 경우 다양한 성적 메시지가 내면화될 수 있다. "남자는 한 가지밖에 관심이 없어." "강간을 당한 건 내 잘못이야." "나는 이미 더럽혀져서 좋아질 수 없어." "내가 너무 야하게 입은 거야." 또는 "우리 아빠, 엄마, 성직자님, 가족, 친구가 날 선택해 주었기에 난 특별한 사람이야." 등의 메시지를 예로 들 수 있다. 이러한 부정적인 메시지는 끝이 없다. 성치료 전문가는 수치심을 느꼈거나 트라우마를 경험한 내담자를 만나면 항상 그 결과로 어떤 성기능 장애나 성적 행위가 발생했는지 파악하는 것이 매우 중요하다. 내가 상담했던 커플 중 앤디(Andy)와 수잔(Susan)이 이 두 가지 모두에 대한 좋은 예를 보여 준다.

앤디는 성 매매자와 유료 섹스를 한 경험이 있었다. 수잔과 결혼하기 전부터 시작된 일이었고, 25년 넘게 일주일에 한두 번 비밀스럽게 이 행위를 이어 갔다. 앤디는 아내와 함께한 지 20년 후에서야 마침내 이 강박적인 행동을 수잔에게 고백했다. 앤디의 이러한 성적 행위의 근본 원인을 더 심층적으로 파헤쳐 보니 앤디는 어린 시절과 청소년기에 성과 관련되어 그에게 트라우마가 된 두 가지 사건을 겪은 것이 드러났다. 앤디는 각 사건에서 자신의 자연스러운 성적 충동에 대해 여러 사람 앞에서 창피를 당하는 경험을 했다. 앤디가 5세였을 때 벌거벗고 같은 또래 아이의 성기를 만지면서 놀았는데, 그의 어머니가 그 사실을 알고는 다른 사람들 앞에서 혼을 내었다. 이때 앤디는 수치심이라는 감정을 느꼈고 '나는 나쁜 아이다'라는 메시지가 내면화되었다. 앤디가 17세 때는 어떤 여자애와 성교는 하지 않고 진한 애무를 즐겼다. 그런데 후에 그 여자 아이가 자신이 속한 종교 집단에 임신을 했다고 고백했다. 앤디는 무고했지만 자신의 행동에 대해 공개적으로 망신을 당했다. 그는 종교 집단에서 공개적인 사과를 강요당했고 그 죄로 인해 다시 세례를 받기도 했다.

또한 종교적 메시지는 앤디의 성적 자존감에 부정적 영향을 주었다. 특히 '혼전순결'이라는 메시지가 그에게 내면화되었다. 앤디가 겪은 일 중 최악의 일은 그가 하지 않은 일에 대해 종교 집단에서 공개적으로 망신을 당한 일이었다. 이런 공개적 수치심 때문에 앤디는 자신의 성행위에 수치심을 느끼게 되어 무의식적으로 성 매매자와 강박적인 관계를 맺는 행위를 하게 된 것이다. 앤디는 내면에 수치심과 무능함이 생길 때마다 성 매매자와 접촉했다. 그들과 함께하면 내면에 있는 끔찍한 감정이 일시적으로 사라졌기 때문이다. 하지만 성관계가 끝이 나면 수치심이라는 감정이 다시 밀려들었고, 수치심은 그전보다 심해졌다. 앤디의 인생에서 일어난 수치심과 트라우마의 경험을 이해하지 않으면 앤디 자신만이 갖고 있는 고통과 결혼생활에서 나타난 고통을 치유하는 것은 불가능할 것이다.

성적 자존감 발달과 관련하여 살펴볼 다른 요인은 한 개인의 민족성이나 문화적 환경에서 전달받은 메시지이다. 히스패닉계 내담자였던 한나(Hanna)가 바로 그 좋은 예이다. 한나는 가슴이 크고 엉덩이가 작았다. 한나는 자신의 문화에서 엉덩이가 큰 여성이 매력적이며 이를 중요하게 여긴다고 말했다. 한나는 자기 백인 남편이 자신의 작은 엉덩이 때문에 매력을 못 느끼게 되어 싫증 나서 자신을 떠날까 봐 두렵다고 했다. 우리는 차근차근 시간을 갖고 이런 메시지와 한나가 자신에게 중요한 사람을 잃을까 봐 두려워하는 마음을 탐색해 보았다. 한나는 자신의 믿음 그 밑바탕에는 버려지는 것에 대한 두려움이 깔려 있다는 것을 알게 되었다. 한나는 자존감을 회복했고 자신의 두려움에 대해서도 남편에게 열린 마음으로 말할 수 있게 됐다. 남편은 한나를 있는 그대로 사랑한다고 말해 주며 한나가 자존감을 회복할 수 있도록 도와주었다. 치료를 통해 한나는 자신을 향한 남편의 사랑과 책임감이 자신의 엉덩이 크기와는 아무런 관련이 없음을 알게 됐다.

성 역할 또한 성적 자존감에 영향을 줄 수 있다. 지난 40년간 성과 성 역할에 대한 인식에 엄청난 변화가 있었지만 여전히 성관계에서의 성 역할은 굳건하며 수행 능력에 대한 문제를 일으킬 수 있다. 남성들은 아직도 성적 관계에 영향을 주는 유해한 여러 관념을 갖고 있다. 예를 들면, “언제든 발기할 수 있어야 해.”라든지 “파트너가 남자든 여자든 만족을 주는 데 필요한 것이 무엇인지 반드시 알아야 해.”라는 믿음을 갖고 있다. 여성들은 또 이런 메시지를 내재하고 있을 수 있다. “내 파트너와 성관계를 할 때 오르가슴을 못 느끼니 나는 부족한 사람이야.” “내 욕구를 충족해 달라고 파트너에게 말하면 기분이 상할 거야.” 결국 성치료 전문가는 내담자의 내면화된 메시지와 그 원인을 밝혀내고 자신의 마음속에 있는 두려움을 확인하도록 도와야 한다. 성치료의 목적은 성행위에 관한 새롭고 더 긍정적인 내면의 메시지를 전달해서 내담자가 현재 성인의 성관계를 즐기면서 안전하다는 느낌이 들게 돕는 것이다.

결론

성과 커플 치료가 복합적으로 작용하는 것은 분명하다. 성치료 전문가는 통합적 성과 커플 치료를 통해 내담자의 건강한 성생활이 어떻게 이루어지는지 이해하고 효과적으로 잘 전달하는 방법을 알아야 한다. 또한 CBT 형태의 성치료에서 진전이 없는 듯한 느낌을 받으면 항상 커플 간의 댄스를 풀어내고 그들이 진심을 얘기하고 자신의 본질, 두려움, 열망, 욕구를 들여다보고 관계적 공간을 잘 다루도록 도와야 한다.

성치료 전문가는 내담자의 과거, 신념, 성적 메시지, 트라우마도 깊이 있게 살펴보아야 한다. 사람들이 자신에 대해 갖고 있는 성적 메시지와 신념은 마음속에 있는 상처, 낮은 자존감, 성적 트라우마, 자신과 타인과 혼동스러운 융합적 관계, 조종당하는 것, 버려지는 것에 대한 두려움으로부터 자신을 보호하기 위해 생겨난 것이다. 성치료 전문가는 내담자가 성과 커플 치료에서 진전이 없으면 내담자만의 고유한 방어적 신념을 잘 들여다보고 자신과 자신의 관계 모두를 위해 과거의 상처를 치유하도록 도와야 한다. 이러한 치유의 과정을 통해 더 나은 성적 자기 개념을 얻고 보다 연결되어 온전히 살아 있고 차별화된 느낌을 받는 관계를 발전시킬 수 있다. 내담자는 과거를 들여다보면서 낡은 신념은 버리고 새롭고 긍정적이며 건강한 성적 자기 개념을 발전시킬 수 있다.

커플 치료 전문가이든 이제 막 성치료에 대해 배우기 시작했든 내담자에게 성생활에 대해 묻는 것을 두려워하지 말아야 한다. 대부분의 사람들은 성생활에 대해 얘기할 안전한 공간이 주어졌을 때 안도감을 느낀다. 커플이 함께 추고 있는 댄스가 분명히 보이는 경우 이 댄스가 성행위에서도 나타나는지 물어봐야 하고, 가족에게 받은 영향에 대해 이야기할 경우 그 가족이 그들의 성생활에 어떤 방식으로 영향을 미쳤는지 물어봐야 한다. 또한 수행 능력에 대한 불안감이 있다고 이야기하는 경우에는 성생활에서도 그러한 불안감이 나타나는지 물어봐야 하며, 트라우마에 대한 얘기를 한다면 그러한 트라우마가 성생활에 어떻게 영향을 미쳤는지 물어봐야 한다.

가장 중요한 것은 “당신의 성생활은 잘 되어 가고 있나요?”라는 간단한 질문을 하는 위험을 감수해야 한다는 것이다. 내담자가 섹스에 대해 얘기하고 싶어 하지 않으면 얘기를 하지 않을 것이다. 이 질문은 성치료 전문가가 계획적으로 던지는 질문이 아니다. 성생활은 삶의 일부이며 온전히 살아 있고 연결되어 있음을 느끼기 위해 인생에 기꺼이 받아들여야 할 요소라는 사실 때문에 필수적으로 던지는 질문이다.

2장

성치료와 커플 성의학: 협력적 성 건강 모델

다니엘 로젠(Daniel Rosen) LCSW-R, CST
페블 크란츠(Pebble Kranz) MD, FECSM

성과 의학적 쟁점: 분야 간의 장벽

세계보건기구(World Health Organization)에서는 성적인 건강을 "성생활과 관련하여 신체적 · 정서적 · 정신적 · 사회적으로 건강한 상태"로 정의하고 있다(WHO, 2006). 하지만 개인이 성적인 문제에 대해서 종합적으로 전인 중심적인 치료를 받으려고 하면 아주 많은 장벽을 만나게 된다. 이러한 장벽은 역사적으로 커플 상담과 성치료, 두 분야 간에 교류가 적절하게 일어나지 않은 데서 온 결과이다. 마찬가지로 성적 문제에 대한 의학적 치료와 심리치료적 접근 방식 간에도 통합이 원활하게 이루어지지 않았다. 이러한 장벽과 서로 간에 단절은 의학적 질병이나 치료와 관련된 성적 문제를 다룰 때 많은 문제가 된다. 몇 가지 예를 들자면, 발기 부전은 의학적인 혈관 질환이나 당뇨병이 원인일 수 있다. 성불감증은 선택적 세로토닌 재흡수 억제제 치료를 받은 결과로 발생할 수 있다. 성교 통증은 암 때문에 방사선 치료를 받아도 생길 수 있다. 그 외에도 성적 문제의 신체적 특징은 심리학적 또는 관계적 요소와 양방향의 상호작용이나 역동적 상황을 갖고 있는 경우가 많다. 남성에게 흔히 나타날 수 있는 발기 부전은 신체와 심리, 관계적 상호작용으로 나타나는 증상이라고 볼 수 있다. 성교 통증은 심리적 불안감으로 악화될 수 있고 성교에 대한 불안감과 회피적 태도를 야기할 수 있다.

미국에는 성기능, 기능장애, 성행위의 심리적 측면을 다루는 다학제적 접근의 포괄적인 교육을 제공하는 의학 교육 프로그램이 드물다. 성적인 문제와 의학적 문제를 다루는 '성의학'이라 불리는 별도의 의학 전문 분야(Moser, 1999)가 있지만 이 의학 분야는 미국에는 잘 알려져 있지 않고 최근 유럽연합의 의학 전문 학회에서만 알려지고 있는 실정이다.[1] 그로 인해 많은 의사들이 성의학을 하나의 연구 분야로 인식하지

1) 유럽의 성의학 종합합동위원회(Europe's Multidisciplinary Joint Committee on Sexual Medicine: MJCSM)는 성

못하고 있으며 의과 대학에서 성적 기능에 대한 최소한의 교육만 받고 있다. 부인과, 비뇨기과, 1차 진료 등 대부분의 환자가 성적인 문제를 해결할 수 있을 것으로 기대하는 전문 분야의 석사 과정에서도 마찬가지이다. 대부분의 의사가 발기 부전 문제에 대한 의료적 개입 방법은 잘 알고 있지만 그 외 다양한 성적인 문제를 진단하고 치료하는 방법을 잘 알지 못한다.

결과적으로 내담자는 성적인 문제에 대해 의학적 도움을 받는 데 여러 가지 장벽을 만나게 된다. 자신의 성적인 문제에 대해 의학적 · 심리사회적 측면을 모두 아우르는 통합적인 평가나 진단, 그리고 치료 계획을 설정하는 치료자를 만나기가 어려운 것이다. 성치료 전문가는 커플 상담에 대한 교육을 받지 않았을 것이고, 커플 상담사는 성학(sexology)이나 성치료에 대한 교육을 받지 않았을 가능성이 높다. 마찬가지로 의료 서비스 제공자(medical providers)는 일반적으로 성과 커플 치료에서 사용하는 방법과 접근 방식에 대해 잘 알지 못한다. 하지만 커플 중 상당수가 의학적 그리고 심리치료적 개입 모두가 동시에 필요한 관계 문제와 성적인 문제 둘 다를 안고 있다.

따라서 치료에 성공하려면 각 개인 파트너와 커플 전체에 영향을 주는 의학적 · 정신역동적 · 사회적 · 문화적 요인을 모두 함께 고려해야 한다. 1970년대 말에 개발된 생물심리사회적(bio-psycho-social) 모델은 커플 상담 측면에서 성적인 문제를 다루는 데 매우 이상적인 모델이다. 신체적 · 정신적 · 사회적 요인을 고려하여 의학적 문제에 대해 전체론적[2] 접근 방식을 보이기 때문이다(Engel, 1977). 이 장에서는 커플의 성적인 문제를 다루는 좀 더 현대적인 생물심리사회적 모델의 기초를 발전시키는 데 이 전체론적 접근 방식이 어떻게 사용될 수 있는지 살펴보려고 한다.

의학을 인간의 성행위와 그에 대한 장애와 관련된 의학의 한 분야로 보고 다음 내용을 다루는 것으로 정의하고 있다. ① 성기능 및 기능장애, ② 성적인 파트너십 경험과 행동, ③ 성정체성, ④ 성적 트라우마 그리고 그로 인한 결과, ⑤ 개인 및 커플 모두, ⑥ 생물심리사회적 기반 문제. 성의학 임상의는 다양한 의학적 상태와 치료가 성적인 기능에 주는 영향에 대해 평균적이고 더욱 심층적인 지식을 갖추고 있다. MJCSM에서는 부인과, 비뇨기과, 1차 진료, 정신건강의학과, 내분비학과 등 다양한 전문 분야에서 성의학 전문 자격증(FECSM)을 제공한다.

2) 역자 주: 『체계이론의 실제: 개인 · 부부 · 가족치료에의 적용』(강은호, 최정은 공역, 학지사, 2019)는 체계론적 사고 및 관점을 기반으로 하는 전체론적 치료로서 통합적 성과 커플 치료에서도 적용될 수 있는 개념적 근거 기반을 제공한다.

협력적 성 건강 모델

성적인 문제를 안고 있는 커플에게 생물심리사회적 치료를 제공하는 데 많은 현실적이고 실제적인 구조적 장벽을 고려하여 이러한 장벽을 해소하기 위한 통합적인 문제 해결 능력을 개발했다. 공동 저자인 크란츠(Kranz) 박사는 성의학과 행동적 · 심리교육적 상담을 제공하는 한편, 또 다른 공동 저자인 로젠(Rosen)은 개인, 커플 및 그룹에 맞는 성치료를 피드백 정보에 입각한 치료(Feedback-Informed Treatment: FIT) 모델(Miller & Donahey, 2012)을 활용하여 제공한다.

성치료 전문가와 성의학 전문가가 동등한 위치에서 직업의 차별의식이 없이 통합적으로 협업을 진행함으로써 이 팀의 의학적 측면과 치료적 측면 사이에 건설적인 대화는 임상적 결정을 하고 신속한 임상적 변화를 극대화할 수 있게 된다. 다행히도 우리의 협업은 개인적인 친분 관계 덕분에 더 쉬웠다. 우리는 비즈니스적인 측면뿐만 아니라 생활 속 파트너로서 사람들이 성적인 존재로서의 건강과 기쁨, 만족을 찾도록 돕는 데 함께 열정을 쏟고 있다. 의학적 그리고 심리적 치료를 주력으로 하되, 한 인간이 경험하는 각자의 고유한 성적인 행위나 취향을 핵심 요소로 존중받을 수 있도록 개인의 성장을 인정하고 지지하고 격려하고 있다. 우리 두 사람 모두 안전하고 효과적인 치료를 제공하기 위해 최선을 다하고 있으며 개인, 커플 및 다른 가족체계와 관련하여 전인적(holistic)인 방식을 적용하는 것이 가장 효과적이라는 사실을 알아냈다. 우리는 이 모델을 협력적 성 건강(collaborative sexual wellness) 모델이라고 부른다.

새로운 내담자 분류

협력적 성 건강 모델에는 내담자 사례 관리를 위한 분류, 접수면담(intake), 치료 제공, 후속 조치와 같은 몇 가지 단계가 있다. 우리는 공통의 내담자 사례에서 협력하고 다른 사례에 대해서도 서로 의견을 주고받는다. 크란츠 박사와 로젠 씨는 처음에 짧은 전화 상담을 진행한 후 성치료 또는 성의학 측면에서 초기 치료에 대한 지시를 내담자에게 전달한다. 내담자가 원거리를 이동하는 중이라거나 두 서비스가 모두 필요해 보이거나 내담자의 요청이 있다거나 하는 일부 사례에서는 공동으로 사례 접수면담 절차를 진행한다.

다음 사례의 예에서는 협력적 성 건강 모델의 이 첫 번째 단계가 어떻게 실제로 적용되는지 보여 준다. 40대 후반인 발레리(Valerie)는 성교 통증(sexual pain)에 대해 도움을 받고 싶어서 크란츠 박사를 찾았다. 다발성 경화증(multiple sclerosis)과 자궁 내막증(endometriosis)을 앓고 있는 폐경기 여성 발레리는 ① 다발성 경화증으로 인한 근육의 경직이 골반저를 포함한 신체 부위에 영향을 주었을 가능성, ② 질 건조증 및 질 염증이 폐경기에 시작되었을 가능성, ③ 성교 통증(즉, 삽입으로 발생하는 성적인 통증)을 유발할 수 있는 것으로 알려진 자궁 내막증과 같은 다양한 이유로 성적인 통증을 겪고 있었다.

크란츠 박사와 평가 단계에서 전화 통화를 하는 동안 발레리는 자신의 남편 마이클(Michael)과의 관계에 몇 가지 문제가 있음을 알게 되었다. 하지만 발레리가 가장 시급하게 생각하는 걱정거리는 매년 점점 더 심해지는 성적인 통증을 완화하는 것이었다. 이 문제에 대해 산부인과 의사와 상담했지만 지금도 진행 중인 치료에서 그다지 차도가 나타나지 않는 것 같았다. 이때 발레리는 자궁 내막증을 치료하기 위한 호르몬제 피임약을 복용했고 어떻게 사용하는지에 대한 지침도 없는 확장기(dilators)를 권장받았다.

성의학적 접수면담 단계

크란츠 박사는 진료 예약 이전에 성적 문제의 접수면담 단계에서 내담자가 사전 면접 양식을 작성하게 하는 것으로 시작된다. 이 양식에는 개인의 신상 정보, 상담을 하려는 목적, 내담자 고유의 성별과 성정체성에 대한 정보, 그리고 일반적인 의학적 문제, 복용 중인 약, 수술 이력, 비뇨기과 또는 산부인과 치료 이력, 식습관, 운동, 그리고 유흥을 위한 물질과 관련된 습관에 대한 정보가 나와 있다.

우리는 몇 가지 이유로 이러한 서면 조사 절차 양식을 사용한다. 첫째, 초반 접수면담 절차에서는 내담자의 성기능에 영향을 줄 수 있는 광범위한 문제를 다루기가 어렵다는 것이다. 둘째, 어떤 문제는 내담자가 서면으로 공개하기가 더 편하고 또 어떤 문제는 상담에서 얘기하는 게 더 편할 수도 있기 때문이다. 내담자는 치료 동의서와 다른 의료 및 정신건강 제공자와 정보를 교환하는 것을 승인하는 양식들을 작성한다. 이렇게 정보를 교환하는 이유에 대해 첫 예약 상담 때 내담자에게 전달한다.

성적인 문제의 생물심리사회적 진단 모델

	생물의학 (예: 만성질환, 약물, 호르몬 관련 요인)	심리/정신의학 (예: 정신질환, 성격, 애착 유형)	사회/관계	문화
선행요인				
유발요인				
유지요인				

출처: Bitzer, Giraldi, & Pfaus (2013).

첫 번째 접수면담 단계는 90분간 진행되며 주로 내담자의 과거력(history taking)에 집중한다. 문제가 무엇이냐에 따라 신체 검사가 진행될 수도 있다. 신체 검사 시에는 내담자가 이해할 수 있도록 그 이유에 대해 충분히 설명을 하고 각 검사에 대해 내담자의 구두 동의를 이끌어 낸다. 성적인 통증이 있는 경우에는 두 번째 방문 시에 검사를 진행하여 불안감을 낮추고 검사 진행자에 대해 더 편하게 생각할 수 있게 한다. 성심리적 기능과 해부학적 교육이 제공되며, 성적 기능과 관련된 책을 추천하는 경우도 있다. 연구 및 화상진찰과 관련하여 내담자에게 협조를 요청할 수도 있다. 내담자의 허용하에 크란츠 박사는 다른 제공자로부터 정보를 수집하여 약물과 의학적 문제에 대해 접수면담에서 다룬 것이 완전한지 다시 한 번 확인하고, 현재 문제에 대해 이전에는 어떤 조치가 취해졌는지 알아볼 수 있다. 접수면담 절차 동안 크란츠 박사는 선행요인, 유발요인, 유지요인(앞의 표 참조)에 주의를 기울여 내담자의 성적인 문제를 더욱 체계적으로 정리한다.

몇 주 후에 두 번째 치료 계획 절차가 진행되며, 여기에서는 내담자에게 수집된 정보 및 생물심리사회적 진단을 검토하고 치료 계획을 제안하고 논의한다. 이 계획에는 의학적 또는 행동적 개입과 더불어 권장되는 커플 및 개인 치료,[3] 골반저 신체 치료[4] 또는 다른 개입이 포함된다. 선행요인, 유발요인, 유지요인의 범주 내에서 문제를 파악하면 어떤 개입을 대상으로 할지 제안하는 데 도움이 된다. 의학적 개입이 선행요인만 대상으로 하면 성적인 문제에 진전을 보이는 것이 어려워진다. 내담자의 문제가 지속적으로 나타나게 하는 요인을 치료 초기 단계에 해결해야 한다.

발레리의 사례로 돌아와서, 크란츠 박사와 첫 번째 상담을 진행하는 동안 발레리가 고통스러운 성적인 경험을 많이 겪었고 이로 인해 골반저 근육의 긴장감과 통증이 더욱 심해진 것이 분명해졌다. 또한 섹스 중 통증을 겪은 것과 섹스를 피하게 된 것 모두 관계에 영향을 주고 있었다. 발레리는 그녀의 남편 마이클의 성적 욕구를 충족하기 위해 합의된 비독점 결혼 관계(Consensual Non-Monogamy: CNM)를 시도했다. 하지만 이는 발레리에게 분노, 긴장감, 수치심을 남겼다.[5]

발레리의 과거 어린 시절 이야기도 드러났다. 이 이야기로 인해 발레리는 섹스에 대해 계속된 수치심과 두려움을 느꼈던 것이다. 발레리의 가족은 오래전부터 섹스는 더러운 행위이며 말하기 적합하지 않은 주제라는 인식을 갖고 있었다. 특히 성적 쾌감은 부끄러운 것이라고 배웠다. 초반 치료를 위한 두 차례의 방문에서 크란츠 박사는 발레리의 통증에 대해 그녀의 산부인과 의사와 이야기를 나눴다. 그 산부인과 의사는 발레리의 성적인 통증이 추가 치료가 반드시 필요할 만큼 심하지는 않다고 느꼈다. 왜냐하면 질경 검사를 견딜 수 있는 정도였기 때문이다. 하지만 신체 검사에

3) 역자 주: 커플 및 관계 치료 중, 개인 치료와 병행하기도 한다.

4) 역자 주: 골반저 신체 치료(Pelvic Floor Physical Therapy: PFPT) 및 재활은 골반 바닥을 이루는 골반저가 정상적으로 기능하지 않아서 배뇨, 배변, 성기능 장애와 같은 신체 증상들이 있을 경우, 기능장애 증상을 진단하고 개선하기 위한 치료적 접근이다. 즉, 골반저 근육 활동을 시각적으로 피드백하여 조절 능력을 향상시키는 바이오 피드백, 골반저 근육 강화를 위한 전기자극치료, 골반저 조직의 혈류 개선과 과민성, 조직의 신장 능력, 압통점 개선을 위한 근막이완술, 신경가동술, 관절가동술, 연부조직 가동술, 내장기 도수치료 등을 적용한다. 이 외에도 골반저 기능훈련으로 골반저의 근력, 근지구력, 이완 능력, 협응 능력을 개선시키기 위한 개별화된 운동 프로그램을 제공하여 통증 교육, 골반저 해부/생리/기능 교육, 가정운동 교육, 화장실 습관 교육, 성반응주기와 골반저 근육과의 연관성 교육, 생활 습관 교정/인지행동 수정기법으로 골반저 기능을 훈련시킨다.

5) 어떤 식으로든 이 커플의 경험이 합의된 비독점 결혼 관계(CNM)를 부정하는 것으로 해석해서는 안 된다. 남은 감정이 드러나긴 했지만 이 시도는 도움이 되었다. 이러한 시도를 할 당시에는 발레리의 성적 통증을 치료하고 그들의 성적인 관계에 변화를 이끌어 낼 다른 선택지가 없어 보였고 CNM은 어떤 커플에게는 합리적인 선택지가 되기도 한다.

서는 골반저 근육의 경직과 압통 외에도 외음부 전정(vulvar vestibule)에서 여러 압통점(tender point)이 발견되었다. 검사 중에 10 중에 3이라는 기준점을 두고 이 수준을 넘는 통증이 유발되면 멈추도록 했다. 연구실 평가에서는 에스트라디올(estradiol)과 프로게스테론(progesterone), 그리고 산정된 자유 테스토스테론(calculated free testosterone) 수준이 상당히 감소한 것으로 드러났고, 이는 발레리의 외음부 전정에서 나타나는 통증이 부분적으로는 낮은 호르몬 수준 때문일 수 있음을 나타내는 것이다. 발레리의 성적인 문제를 생물심리사회적으로 정리한 내용은 다음 표와 같다.

발레리의 초반 생물심리사회적 평가
진단: 호르몬 영향의 외음부전정통과 골반저 기능 부전으로 인한 성적 통증

	생물의학 (예: 만성질환, 약물, 호르몬 관련 요인)	정신의학 (예: 정신질환, 성격, 애착 유형)	사회/관계	문화
선행요인	자궁 내막증, 다발성 경화증	문제가 발견되지 않음	문제가 발견되지 않음	어린 시절 수치심을 느끼게 한 성적 메시지를 받은 이력 있음
유발요인	자궁 내막증을 완화하기 위한 장기 호르몬제 피임약 복용, 폐경기 호르몬 변화	문제가 발견되지 않음	성적으로도, 의학적 치료에서도 반복되는 질 삽입 고통을 겪음	
유지요인	고통스러운 삽입을 겪은 결과, 그리고 다발성 경화증 관련 경직으로 인한 골반저 기능 부전 발생, 폐경기 및 장기 호르몬제 피임약 복용 둘 다로 인해 성 호르몬의 생물학적 이용 가능성 낮음	계속되는 성적인 수치심, 일부일처제에 대한 분노, 억울함, 불안 등의 감정이 남아 있음	최고의 성적인 즐거움을 피함, 자신이 섹스를 견딜 수 없다는 이유로 결혼생활이 끝날지도 모른다는 걱정이 있음	의학적 치료 중에 성적인 고통에 대한 문제를 언급하지 않음

성과 커플 치료 접수면담 단계

로젠(Rosen) 부부의 접수면담 단계에서는 개인이나 커플이 함께 시작한다. 성치료 전문가에게 한 내담자만 오고 싶어 할 경우 커플 치료의 효과와 커플 두 사람 모두의 성치료 전문가임을 분명히 설명한다. 접수면담 단계는 1~3시간의 회기로 진행된다. 여기에서 일반적인 정신건강 평가, 성적인 과거력, 관계에 대한 과거력 확인이 이루어진다.

첫 번째 치료 회기에서는 FIT를 시행하는 이유와 측정을 어떻게 완료하는지에 대해 설명한다. 내담자는 각 회기의 시작과 끝에 회기평가서를 작성한다. 이 평가서는 회기를 시작할 때마다 개인적 · 대인관계적 · 사회적 · 전체적 웰빙을 측정하는 상담성과척도(Outcome Rating Scale: ORS)와 내담자가 성치료 전문가와의 치료 협력 관계를 평가하고 공통된 목표와 방법을 갖고 있는 정도와 전체적인 회기의 만족도를 측정하는 회기평가척도(Session Rating Scale: SRS)가 포함된다. ORS 점수가 증가하면(또는 초기 ORS 점수가 높아 최소로 감소할 경우) 긍정적이고 임상적으로 의미 있는 변화가 있다는 뜻인 한편, SRS 점수가 낮으면 달성해야 하는 치료 협력 관계가 원활하지 않음을 나타낸다. 결과적으로 두 점수표는 성치료 전문가와 내담자의 치료가 얼마나 잘 진행되고 있는지 이야기를 나눠 볼 기회를 마련해 준다.[6]

접수면담 단계, 그리고 초기 치료 단계에서 개인 또는 커플 모두 의학적 평가를 통해 도움이 될 수 있을지 여부가 분명해질 수 있다. 의학적 평가가 파트너에 대한 연민의 감정이 깊어지고 더 잘 이해하게 만드는 데 도움이 되는 경우가 있다. 예컨대, 두 당사자가 어떤 생리학적 요소 때문에 고충을 겪게 됐는지 알게 되기 때문이다. 내담자가 인터넷이나 다른 출처를 통해 잘못된 정보를 얻게 될 수 있기 때문에 성기능에 대해 신뢰할 수 있는 의학적 정보를 얻는 것만으로 치료가 될 수 있다. "완전히 정상입니다."라는 진단을 받더라도 마찬가지이다.

---

6) 피드백 정보에 입각한 치료(Feedback-Informed Treatment: FIT)와 점수표에 대한 자세한 내용은 http://www.centerforclinicalexcellence.com을 참조하면 된다. 여기에 나와 있는 지침과 해석은 축약된 내용이다.

치료자에게 자신의 과거 성적 경험을 공유하는 것이 내담자에게 깊은 만족감을 줄 때가 많다. 최소한 과거의 성적인 문제에 심리사회적 요인이 있는 경우에는 협력적 성 건강 접근 방식을 적용할 필요가 있다. 내담자의 치료가 진전이 있으려면 성치료 전문가는 내담자의 과거에 집중하여 성행위와 관련된 과거를 보다 완벽하게 이해하는 것이 필요할 수 있다.[7]

치료

커플의 성생활이 즐거우면 부부 생활에 긍정적인 만족감을 주는 한편, 성적인 문제는 부부 관계에 심각한 부정적인 영향을 준다(McCarthy, 2015). 많은 경우에 커플은 자신의 문제에 대해서 어려움을 느낄 때 아쉬운 마음을 가지고, 성적인 문제가 드러나기 전의 '그때로' 돌아가고 싶어 하는 경우가 많다. 우리 클리닉에서는 성기능의 변화는 장기적 관계에서 필연적으로 나타나며 '좋았던 예전'으로 돌아가려고 노력하기보다는 지금 순간과 현재의 성기능에 초점을 맞춰 성생활을 더욱 깊어지게 하고 개선하는 것을 목표로 할 때 더 좋은 결과가 나타난다는 믿음을 갖고 치료를 진행한다. 여기에는 새로운 의사소통 패턴을 형성하도록 도와주고, 다양한 성적 해결 선택 사항들을 늘려 주고, 더욱 깊게 정서적으로 연결되려고 하고, 성행위를 기능적으로 이해하고, 커플이 여유를 갖고 성적인 관심사를 탐색하도록 하는 것이 포함된다.

성적 통증을 관리하는 과정에서 그 치료에 집중할 때는 향후 고통스러운 성적 경험을 최소화할 수 있도록 도와주는 동시에 커플의 신체적 친밀감을 유지하고 긍정적인 성적 기대감을 갖게 하는 것을 목표로 삼는다. 성교 시 통증을 겪으면 고통이나 통

7) 의학 분야에서 '성적인 과거력'이라고 하는 것은 성치료 전문가가 '성적 문제 과거력'이라고 하는 것과 같은 개념이다. 성적인 과거력은 어린 시절 성적 경험, 판타지, 원하지 않는 터치, 성애물 사용, 도덕적 충돌, 가족 내 전통 메시지와 같은 정보를 포함해 성적 문제 과거력보다 더 자세한 정보를 담는다. 『성적 문제의 행동적 치료(The Behavioral Treatment of Sexual Problems)』에서 잭 아논(Jack Annon)은 성적 문제 과거력을 정의하고 있는데, 여기에는 설명, 발병 및 경과, 내담자가 갖고 있는 문제의 원인과 지속되는 상황에 대한 개념, 과거 치료(심리학적 그리고 의학적 치료 모두), 자조(self-help) 행동, 마지막으로 기대 사항이 포함된다. 아논은 성적 문제 과거력은 단기 성치료와 관련이 있고 전체 성적 과거력은 장기 집중 치료와 관련이 있다고 얘기한다.

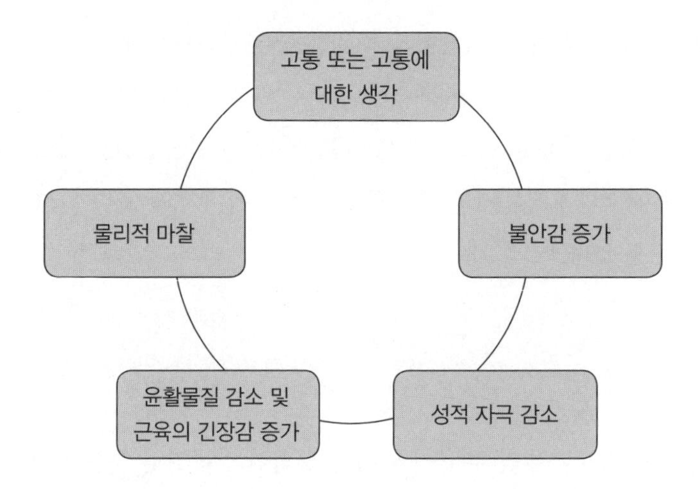

증에 대한 생각으로 불안해지고 지지해 줄 무언가가 필요하게 되고, 그로 인해 근육이 긴장되어 신체 조직에 혈액 공급이 끊기게 되는 악순환을 반복하게 된다. 혈액 순환이 잘 되지 않으면 윤활 작용이 약해지고 근육의 긴장감이 높아지며, 그 결과 더 많은 통증을 겪는다. 통증의 악순환은 반드시 단절되어야 한다. 통증의 근원을 완화하는 치료가 효과를 보기까지 대개 시간이 좀 걸리는데 최소 3개월, 때로는 그 이상이 걸리기도 한다. 이 시기에는 좌절을 겪더라도 개개인, 그리고 커플 모두 희망을 잃지 않고 성적으로 도움을 받을 수 있는 선택 사항들을 확장하고 다른 방식으로 친밀감을 유지하는 것이 중요하다.

크란츠 박사는 발레리의 통증을 완화하기 위한 치료를 시작했다. 일단 외음부 피부에 대해 자세히 설명해 주고 국소 호르몬제를 처방해 피부의 강도나 탄력성을 개선하기로 했다. 발레리는 다른 약물 처방뿐만 아니라 삽입을 위한 윤활 작용과 확장기와 바이브레이터 사용 방법에 대한 지침을 받았다. 또한 골반저 물리치료[8]도 권장받았다. 발레리가 확장기와 바이브레이터로 진전을 보여 삽입을 견디고 심지어 즐길

8) 골반저 물리치료(Pelvic Floor Physical Therapy: PFPT)는 전문적인 물리치료 분야로 추가 교육이 요구된다. PFPT는 비뇨기 및 장 기능 문제, 만성골반통, 성교 통증을 치료하는 데 도움이 될 수 있다. 질경련(구해면체 근경련이라고도 함), 자궁 내막증, 사정 통증, 조루증 치료에도 도움이 될 수 있다. PFPT 기술은 해부학과 골반저 기능, 케겔 등의 골반저 운동, 또 종종 더 중요하게 다루어지는 골반저 긴장 완화, 실습 마사지 또는 스트레칭, 골반저 바이오 피드백(여성의 질이나 남성의 항문에 프로브가 삽입되고, 그 결과가 컴퓨터 화면에 표시됨), 전기자극 및 질 확장기에 대한 교육을 아우른다.

수 있게 되었지만 계속 남편과의 성기 삽입에는 어려움을 겪었고 삽입 섹스를 회피하는 것 때문에 남편과의 성적 웰빙과 관계 모두에 나쁜 영향을 줄까 봐 걱정했다. 발레리와 그의 남편은 로젠의 성과 커플 치료에 참여하는 데 동의했다.

로젠의 치료적 접근 방식

성치료 전문가는 협력적 성 건강 모델에서 내담자가 의료/물리치료라는 개입을 통해 얻은 이점들을 모두 통합할 수 있도록 돕는다. 성적인 문제의 의학적 치료에 대해 중립적인 입장을 보일 수 있는 일반적인 심리치료와는 달리 성치료는 성기능 강화를 위한 의학적 치료를 적극 **지지한다**. 따라서 성치료 전문가는 내담자가 의학적 개입에 대해 거부감이 있을 경우 이를 극복하도록 돕거나 성기능에 대해 내담자에게 정확한 정보를 전달해야 한다. 성치료 전문가는 문제를 완전하게 해결하기 위해 성적인 문제의 관계적 그리고 정신내적(intrapsychic) 요소를 다뤄야 하는 경우도 있다.

특히 발레리와 마이클의 경우처럼 골반 통증과 연관된 관계적 요소에는 성교 통증을 겪는 여성 파트너가 갖는 세 가지 일반적인 입장, 즉 부정적(negative), 적응적(accommodating), 촉진적(facilitative) 입장이 있다(Goldstein, Clayton, Goldstein, Kim, & Kingsberg, 2018). **부정적**이거나 적대적인 반응은 당연하게도 성교 통증이 개인적 그리고 관계적 치료에 좋지 않은 영향을 준다. 마이클은 이전에 섹스를 아내에게 요구를 하지 않으면서 상황에 **적응**하려는 입장을 택했다. 그는 섹스와 심지어는 섹스를 요구하는 것만으로도 아내에게 부담을 준다는 믿음을 가지고 있었다. 상황에 적응하는 입장이 도움이 된다고 생각할 수 있겠지만 이 입장 역시 관계적 및 개인적 치료에 악순환하는 영향을 준다. 이 입장으로 정서적 친밀감은 유지될 수도 있겠지만 성교 통증이 개선되지는 않는다. 게다가 한쪽에서 성적 욕구를 억누르는 결과가 나타날 수 있다. 마이클은 성적인 욕구를 부정하고 억압하기 위한 자신과의 싸움 때문에 자기 혐오와 성적인 생각, 충돌, 행동에 대한 두려움이 생겼다.

촉진적 입장은 파트너가 계속 긍정적이고 희망적으로 생각할 수 있게 하며, 성교 통증을 겪는 파트너와 정서적으로, **그리고 물리적으로** 연결된 상태를 유지하는 데 도움이 된다. 촉진적 파트너는 친밀감을 유지할 뿐만 아니라 더 강화해 주는 동시에 통증을 해결하는 데에까지 도움을 준다. 마이클은 치료를 통해 발레리의 통증이 개선되면서 보다 촉진적이고 연결된 입장을 보이게 됐다. 마이클이 보다 촉진적인 양상을 보이자 발레리는 그를 향한 자신의 욕구를 보여 줄 수 있었고 처음으로 그들은 성교 없는 새로운 성적 관계에 흥미를 갖게 되었다.

성치료 전문가는 커플에게 성적으로 문제가 있는지 점검하는 것은 중요하다. 성적인 문제는 그냥 두고 관계적 문제만 해결하는 것은 내담자에게 불만족을 남기기 때문이다. 커플의 치료 과정 중에 치료 목표가 바뀔 수 있고 내담자가 웰빙이 개선되었다고 느낄 수 있지만 성적인 만족감과 성기능 모두를 개선하는 것이 그 목표에 여전히 포함되어야 한다.

상담사는 내담자가 성적인 문제에 대해 무엇이 잘 되어 가는지, 또 무엇이 잘 안 되고 있는지 이야기하도록 격려하고 여러 방법을 코치해 준다. 그렇게 하면 성적인 의사소통 능력을 높일 수 있기 때문이다. 경청하고 정보를 공유하는 방법을 직접 모델링해서 배우는 것이 도움될 때가 많다. 회기 중에 이들이 당면한 어려운 대화를 시도하면 인지적 · 정서적 학습과 행동적 학습을 통합해 주는 효과가 있다. 이러한 대화는 성적인 문제에 영향을 주는 익숙한 패턴, 개인의 깊은 고통, 충돌 및 기존의 요소를 더욱 심층적으로 드러내는 데 생산적으로 작용하는 경우가 많다.

발레리와 마이클이 의사소통 기술을 개선하는 노력을 시작하고 나서 발레리는 마이클이 자신에게 그의 성적인 문제를 표현하는 것이 점점 편안하게 느껴졌다고 확신 있게 말했다. 물론 마이클은 자신의 성적 좌절감이나 분노 등과 같이 섹스에 대한 부정적인 생각이 발레리에게 죄책감을 느끼게 할 것 같아 걱정했고, 어느 정도는 그렇게 되기도 했지만 발레리와 마이클은 다행히도 강인한 성격을 지니고 있었고 강한 영향을 받아도 이를 변화시킬 능력을 갖고 있었다. 다시 말해, 그들의 문제는 마음을 과하게 공유해서(oversharing) 생긴 것이 아니라 덜 공유해서(undersharing) 발생한 것이다. 처음에는 마이클의 불안감과 성적인 욕구로 인해 발레리가 죄책감을 느끼기도 했지만 대화를 계속하면서 발레리의 죄책감은 해결됐고 발레리에게 상처를 주는 것에 대한 마이클의 두려움도 완화되었다.

표면적으로 드러난 성적인 증상이 더 깊이 내재된 문제를 감추는 경우도 있지만 항

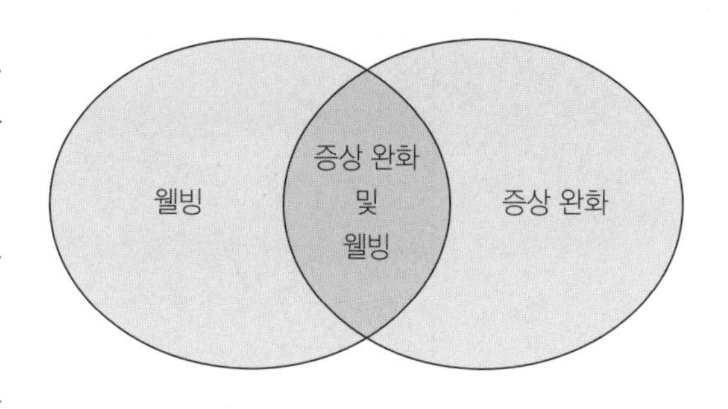

상 그렇지는 않다. 그러니까 성적인 문제가 있다고 해서 항상 그 이면에 다른 심리적 또는 관계적 문제가 있다고 생각하는 것은 오류이다. 예를 들어, 마이클과 발레리는 성적인 문제가 있음에도 관계가 끈끈했다. 이와 비슷하게 평생 조루증을 앓은 남성이 의학적 개입만으로 이 문제를 해결하여 찜찜하고 부적절하다고 느낄 때 이 감정을 숨길 수도 있다. 성적인 증상을 의학적으로 해결하여 개인의 정신건강과 관계적 웰빙에 깊은 영향을 주는 사례도 있었고 의학적으로는 해결되었지만 관계적 · 심리적 문제에는 영향을 주지 않은 채 남은 사례도 있었다.

우리의 협력적 성 건강 모델에서는 증상을 개선하고 전체적인 웰빙을 달성하고자 하는 목표가 겹치는 경우가 많지만 항상 그런 것은 아니다. 예를 들어, 상담만으로 성기능에 변화를 가져올 수 없는 사람(예: 치료 저항 우울, 성교 통증 또는 의학적 절차, 혈관 또는 신경 요인으로 인한 성기능 장애가 있는 사람)은 심리치료로 부분적인 증상만 개선될 수도 있다. 하지만 슬픔, 상실감, 불안감을 처리하는 법을 알면 웰빙을 달성하는 데 상당한 이점을 얻을 수 있다. 물론 다른 방식으로 전개될 수도 있다. 성기능 문제를 해결했더라도 웰빙은 크게 개선되지 않을 수 있다. 발레리와 마이클의 경우 ORS 점수를 나타낸 도표를 보면 둘 모두 웰빙 면에서 지속적으로 크게 개선되었다고 느꼈음을 알 수 있다. 하지만 마이클의 SRS 점수를 보면 치료 중간 시점에 이르기까지 크게 증가하지 않았으며, 이는 처음에 회기 활동에 완벽하게 연결된 느낌을 받지 못했음을 나타낸다. 로젠은 이를 확인하고 필요에 따라 치료 방식을 조절하여 마이클이 치료 과정에 완전히 집중할 수 있도록 도와줄 수 있었다. 마이클이 두 평가 점수표에서 지속적으로 진전을 보였다는 것에서 SRS를 통해 나타나는 피드백을 통해 로젠이 올바른 방향으로 그를 이끌어 커플 두 사람 모두에게 긍정적인 결과를 가져다주었음을 알 수 있다.

마이클과 발레리가 CNM을 통해 결혼 제도의 제한을 없애려고 시도한 것은 그들에게 오히려 혼선을 주었다. 기본적으로 그들은 함께 성교하기를 원했다. 하지만 우리

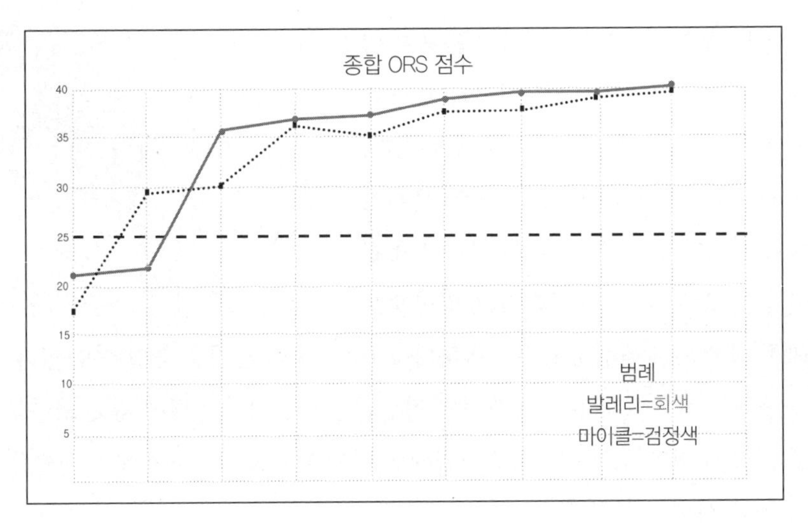

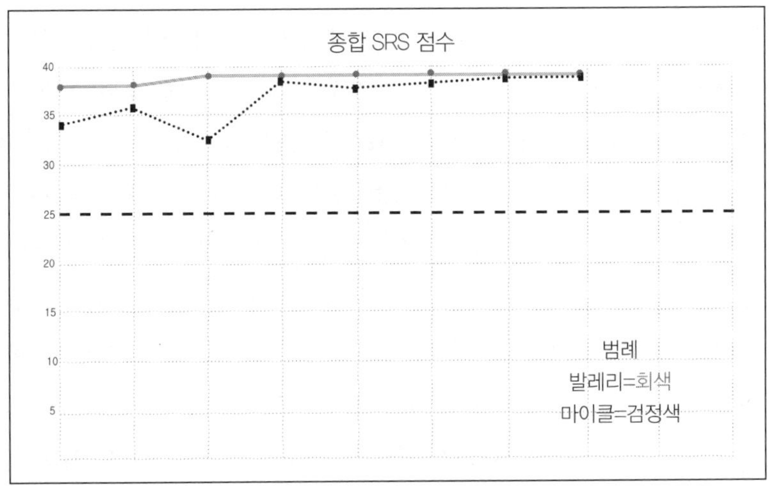

클리닉에서 치료를 받기 전에 두 사람은 성교할 상황은 앞으로 없을 것 같다고 생각했다. CNM을 시도한 것은 발레리에게 정서적으로 힘든 시간이었던 한편, 마이클은 그 경험을 통해 몇 가지 긍정적인 이점을 경험했다. 마이클은 희망 없이 성관계를 포기한 인생을 살 필요가 없다는 것을 깨달았고 성교가 자연스레 일어나는 일이고 즐길 수 있는 일이라는 감각을 다시 느끼게 되었으며, 성관계 시 파트너를 다치게 하지 않고도 섹스를 잘 해낼 수 있음을 알게 되었다.

마이클은 치료를 통해 성적 욕구를 표현할 수 있는 공간을 얻게 되었고 자신의 성적 욕구가 비난받을 대상이 아니라는 믿음을 갖게 됐다. 성적인 기쁨을 느끼기 위해 긍정적이고 공감적으로 분명하게 의사소통을 하도록 격려해 주었고, 성적인 기쁨에 대한 책임감은 한 쌍의 커플에 집중하는 것에서 개개인 각자의 책임으로 생각하게끔 장려했다. 발레리의 바이브레이터와 확장기를 사용한 물리치료는 골반저 근육에 긴장감을 풀어 주고 혈류를 개선하여 질 피부의 탄력성을 높여 주었다. 성치료 전문가는 치료 회기가 진행되는 동안 발레리가 바이브레이터와 확장기를 사용할 때 마이클에게 방에 들어가서 확장기와 바이브레이터 사용을 돕도록 했다. 그 목적은 마이클이 발레리의 치료 행위에 참여하고 두 사람의 성적인 욕구에 불을 붙이는 것이었다. 이런 과정은 마이클이 자신의 억눌린 성적 욕망을 극복하고 발레리에게 어떤 것이 편안하고 기쁨을 주는지 이해하는 데 도움이 되었다. 발레리의 물리치료 과정은 물론 발레리에게 자극을 주기도 했다. 마이클은 발레리가 자신의 치료 과정에 함께 참여했으면 하는 욕구를 확인하면서 자신을 원한다는 느낌을 받을 수 있었다. 이것으로 마이클과 발레리의 성적인 행위는 새로운 방식으로 재탄생했다.

이 커플의 경우 질 삽입 성교라는 목표는 부차적인 것이 되었고 거의 완전히 사라지게 되었다. 오히려 내면의 진정한 욕구, 즉 상대가 자신을 성적으로 원한다는 느낌을 받고 싶다는 갈망이 커플 치료를 하는 목적으로 변했다. 역설적이게도 성교가 성공할 것이라는 목표에는 더욱 가까워졌지만 그에 대한 필요성은 줄어든 것이다. 삽입 성교를 하지 않고 통증 없는 성적 접촉에 성공한 것만으로도 성공적인 치료라고 보는 것이 타당하다. 마침 발레리와 마이클은 이제 다시 성행위를 함께 나누는 성생활을 성공적으로 즐길 수 있게 되었다.

후속 조치

첫 번째 치료 과정이 끝나고 6개월 후 발레리와 마이클은 성적으로도 정서적으로도 친밀감을 계속 유지했을 뿐만 아니라 성교도 계속 시도했다. 발레리는 얼마간 일주일에 한 번씩 마이클과 성관계를 했다고 했다. 이 기간 동안 발레리는 확장기와 국소 약물을 중단했지만 통증이 다시 나타나지는 않았다. 이후에 이어서 건강 문제도 생기고 여행을 갈 일이 있는 바람에 몇 달간 성관계를 하지 않게 되었다. 그러는 동안 발레리는 확장기, 바이브레이터, 국소 약물을 다시 사용하지 않았고 발레리와 마이클이 다시 성관계를 시도했을 때 통증이 다시 돌아왔다. 치료 전으로 되돌아가는 듯했지만 크란츠 박사는 발레리에게 이런 경험이 도움이 되는 거라고 다시 말해 주었다. 다른 많은 사례에서와 마찬가지로 발레리의 사례에서 골반저 기능 부전으로 인한 성적 통증은 계속적인 주의가 필요하다는 것이 분명해졌다. 국소 치료와 계속된 확장기 사용, 그리고 다른 물리치료 개입이 다시 이루어졌고 증상이 다시 한번 완화될 수 있었다. 성적인 문제가 재발하는 것은 일반적인 일이며, 그렇기 때문에 후속 조치가 매우 중요하고 효과적인 치료 단계이다.

의료 서비스 제공자와의 협업을 위한 도구

우리는 치료 과정에서 내담자를 커플 상담에 참여시킬지, 언제 참여시킬지, 개별 상담은 언제 할지, 또는 내담자의 연인이나 배우자를 언제 참여시킬지 등 우리가 하는 치료적 선택의 장점과 단점에 대해 얘기할 기회를 자주 갖는다. 성치료 전문가가 의료 서비스 제공자와 같은 곳에서 일하지 않을 경우에는 성적인 문제에 대해 잘 알고 있는 다양한 의료 서비스 제공자와 관계를 발전시키도록 하는 것이 많은 도움이 될 수 있다.

내 경험상 성적인 문제에 대한 통합적인 치료에 관심을 가지고 투자한 의료인은 커뮤니티에서 성치료 전문가를 알아보고 협업하려고 한다. 우리는 미국성의학회(Sexual Medicine Society of North America: SMSNA), 국제여성성건강연구학회(International Society for the Study of Women's Sexual Health: ISSWSH), 세계성의학회(International Society for Sexual Medicine: ISSM), 암과 여성 성 건강에 대한 과학적 네트워크(Scientific Network on Cancer and Female Sexual Health) 또는 성학을 연구하는 다른 학회의 회원 중에 의료 서비스 제공자를 찾도록 권장한다. 북미 폐경 학회(North American Menopause Society: NAMS)도 폐경기 문제에 대한 이해를 갖고 있는 의료 전

문가를 찾는다면 유용한 자원이 될 수 있다.

의료 전문가와 정신건강 전문가 사이에 오래전부터 존재하던 소통 장벽으로 인해 성치료 전문가가 의료 서비스 제공자와 협업하기가 어려운 경우가 많다. 『협력하는 심리치료 전문가(The Collaborative Psychotherapist)』라는 책에서는 이렇게 소통을 어렵게 하는 체계적인 문화적 요인에 대해 언급하고 이를 극복하기 위해 권장되는 방법을 제시하고 있다(Ruddy, Borresen, & Gunn, 2008). 간단히 말해, 의료 전문가와 정신건강 전문가는 말을 할 때 다른 언어를 사용하고, 다른 시간대에 일하고, 방법론을 공유하지 않을 때도 있으며, 담당 건수에서 매우 큰 차이를 보인다. 서로를 이해하려면 직접 만나는 방법 외에는 다른 대안이 없지만 몇 가지 간단한 서면으로 주고받을 수 있는 도구를 사용하면 직접 만나지 못할 때 협력하는 데 도움이 된다.

1. **사후 의뢰 및 접수면담 서신**: 접수면담 단계 완료 후에 보내는 "추천해 주셔서 감사합니다."라는 형식의 간단한 서신을 보내는 것이다. 진단 내용과 치료 계획에 대한 간단한 설명을 적어 주면 도움이 된다. 내담자가 다른 분야의 치료 제공자에게 보내졌을 때는, 의학적 치료 면에서 진단과 치료 계획에 관해 '마무리 단계'를 기대한다는 점을 이해하는 것이 중요하다. 의료 서비스 제공자 입장에서는 내담자의 자세한 과거력을 필요로 하지 않거나 원치 않는 경우도 많다. 서면으로 의사소통하는 것은 다른 제공자나 보험사가 접할 수 있는 공식적인 내담자 의료 기록 중 하나가 된다는 점을 잘 인지하고 있어야 한다. 크란츠 박사와 로젠 모두 이 서신에 어떤 내용이 포함되는지 내담자에게 알리고 서신을 주고받을 때마다 구두로 동의를 구하는 것이 도움이 된다는 생각에 동의한다.

   어떤 경로로 협력 문의를 하게 됐는지에 대한 정보와 사례에 대한 논점을 기재하는 것이 좋다. 어떤 의료 서비스 제공자는 사례에 대해 논의를 하고 싶어 하는 반면, 어떤 제공자는 단순히 내담자의 치료가 잘 진행되고 있는 것에 안심할 수 있다. 이러한 서신을 보낸 후에 회신을 받지 못하더라도 나쁘게 생각하거나 걱정하지 않아도 된다. 의료 서비스 제공자, 특히 1차 진료 의사는 매일 수천 명의 고객에 대해 이와 같은 서신이나 메모를 셀 수 없이 많이 받는다. 대개 다른 의료 제공자로부터 서신을 받으면 답장을 기대하기는 어렵다. 서신은 정보 전달 목적으로 제공하는 것으로 이해하면 된다. 서신은 짧은 것이 좋다. 모든 서면 서신은 한 페이지 이내인 것이 가장 좋다.

답장으로 받아야 할 정보가 있으면 특정 정보를 명확히 요구하는 내담자가 서명한 정보 공개 양식을 첨부한다. 이 요청은 의료 서비스 제공자의 허가를 받아 해당 제공자의 직원 중 1명이 처리해 주는 경우가 많다. 따라서 특정 정보에 대한 분명하고 직접적인 요청이어야 한다. 요청한 정보를 받지 못한 경우 해당 의료 서비스 제공자 직원에게 전화를 걸면 바로 해결될 수 있다.

2. **종료 통지서**: 치료 관계가 종료되었다는 사실이 기재된 간단한 서식의 서신이다. 이 서신은 치료 종료 과정의 일환으로 내담자와 함께 작성할 수 있다. 추후 치료를 위한 선택 사항도 같이 기재하면 도움이 된다.

결론

우리는 운이 좋다. 쉽게 협력할 수 있는 환경에 있음에 감사함을 느낀다. 우리는 실제로 협력하는 업무 환경을 조성하고 목표를 분명하게 공유하고 있다. 우리가 여기까지 온 데에는 긴밀하게 협력할 기회를 얻기가 힘들다는 것을 둘 다 알고 있기 때문이라는 이유도 있다. 의료 및 정신건강 서비스 제공자는 모두 내담자를 상대할 때 혼자라는 느낌을 받는다. 짐을 같이 나누어질 어깨가 여러 개 있다면 참으로 위안이 될 것이다. 내담자도 이렇게 협업하는 접근 방식에서 이점을 얻을 수 있다고 생각한다. 왜냐하면 성적인 문제는 신체적 · 정서적 · 정신적 · 영적 · 관계적 · 사회적 · 문화적 건강 상태에 대한 여러 영역의 교차점에 있기 때문이다. 이러한 문제는 포괄적이고 통합된 접근 방식으로 다룰 필요가 있다. 치료 양상 및 접근 방식의 통합은 개인 한 사람, 그리고 협업하는 팀 내에서 이루어질 수 있다. 우리는 가능하면 어떤 방식으로든 커플 상담 기술, 성치료 기술, 성의학을 통합해서 바라보도록 격려하며 그러한 노력을 하는 전문가들에게 박수를 보내고 싶다.

3장

섹스리스 커플 치료: 정서중심치료와 성생활 상담의 통합

웬디 E. 밀러(Wendy E. Miller) PhD

제인(Jane)과 알(Al)이 차분하고 정서적으로 다정한 모습을 풍기며 내 사무실로 걸어 들어왔다. 아들 셋이 있는 중년의 커플이었다. 집안일을 함께 분담해서 하고 있었고 각자의 성격적 특징을 서로 존중하며 생활하고 있었다. 제인은 타입 A 성격의 여성으로 장시간 일에 몰두하고 꾸준히 운동하면서 집에 먼지 없이 깔끔한 환경을 유지했다. 제인은 어린 시절 물건을 쌓아 두고 정리를 잘 못하는 엄마 밑에서 자랐다. 알은 성공한 외과 의사였고 여유가 되면 그림 그리는 취미를 즐겼다. 알은 어린 시절 아픈 엄마 밑에서 성장 과정을 경험한 것이 원인이 될 수 있는 우울증에 시달리고 있었다. 알은 어린 시절 매일 엄마 곁에 앉아 시간을 보냈던 기억을 갖고 있었다.

제인과 알 두 사람이 처음으로 만났을 때, 새로운 관계에서 흥분을 느끼고 성적 욕구가 불타오른 적도 있었다. 알은 제인에게 완전히 빠져들었고 그녀와 함께 있는 것이 너무 좋았고 섹스는 형식적이라는 느낌이 있었지만 무시했다. 제인에게도 과거에 성적으로 관심이 있었던 시기가 있긴 했다. 관심 있는 대상과 몇 번의 교제를 했지만, 관계 지속의 어려움을 겪으면서 혼자 몇 년을 지내고 나니 성적인 호기심을 상자 안에 가두어 놓고 생활했다. 둘 중 어느 한 사람도 평생의 짝을 만나거나 가정을 꾸릴 수 있을 거라 상상도 못했다. 둘에게는 아이가 매우 빨리 생겼다. 하지만 성관계는 아이들이 태어난 후 즉시 없어졌다. 그럼에도 불구하고 둘 사이에는 깊은 사랑과 감사하는 마음, 서로를 생각하는 따뜻한 마음이 있었다.

제인과 알은 몇 년에 걸쳐 가정을 꾸리면서 세 아이와 함께 자신들을 위한 편안하고 조용한 공간을 마련했다. 둘은 주말 내내 아이들과 함께 여느 가족들처럼 다양한 활동을 하며 시간을 보냈다. 제인과 알의 관계는 '동료애적 부부 관계(peer marriage)'(Schwartz, 1994)라고 할 수 있다. 이러한 부부 관계에서는 만족스럽고 협력적인 관계를 경험하고 서로를 가장 친한 친구로 여기게 된다. 제인과 알은 놀라운 삶의 조화로움을 느꼈고 서로가 없는 삶은 상상도 할 수 없었다. 커플로서의 확고한 관계를 유지하고 있었지만 이는 자연스럽다기보다는 위험을 감수하고 있다는 느낌이었다.

동료애적 부부 관계는 한쪽 또는 양쪽 배우자 모두 성적인 욕구가 낮거나 없는 등 성생활에 어려움이 있는 경우를 제외하면 아주 원활하게 이루어지는 관계라고 볼 수 있다(Iasenza, 2006). 이는 제인과 알의 사례와 정확히 부합했다. 둘은 서로 엄청나게 가깝다고 느꼈지만 둘 사이에 성적인 에너지는 없었다. 성적으로 서로에게 친밀감을 달성하기 위해서 도달해야 하는 장소로 안내할 지도나 이정표도 없어서 그곳에 어떻게 닿아야 하는지 낯선 땅에 방문하는 것처럼 알 수가 없었고, 수년간 성적인 거리감을 갖고 살다 보니 이제 완전히 닿을 수 없는 미지의 세계가 된 것이었다. 두 사람 모두 신체적 친밀감과 연결감이 부족한 것에 대해 안타깝게 생각했지만, 이러한 현상이 알에게는 훨씬 더 아프게 느껴졌다. 둘이서 상담을 같이 받는 도중에, 알의 절망감과 좌절감이 가끔 폭발했고, 이럴수록 제인은 더 알에게서 멀어지고 제인은 마치 위험선상에서 걷고 있는 느낌을 받았다. 가끔 이러한 감정적인 폭발에도 불구하고 그들은 자신들의 결혼을 서로에게 만족스럽다고 보고했다.

제인과 알처럼 많은 커플이 수년간 행복하고 '만족스러울 정도'의 결혼 생활을 함께했지만 오랫동안(어떤 분들은 수십 년간) 신체적 친밀감을 갖지 못해 상담실을 찾아왔다. 어떤 경우에는 두 파트너 모두 섹스의 부재를 똑같이 느꼈지만, 특히 한쪽 파트너가 신체적 친밀감의 부재를 더 못 견디는 경우도 있다.

어찌 됐든 성생활에 결핍이 생기면 두 사람 모두에게 아픔이 된다. 성적인 연결감을 갈망하는 파트너의 입장에서는 이 중요한 한 부분이 상실된 상태로 상대에게 애착을 느낀다는 것은 항상 박탈감을 느끼면서 산다는 것과 같은 의미이다. 자기 자신과 자신의 성적 능력에 대해 만족감을 느끼기 어려운 경우나 상대가 관심 없어 할 경우 이것을 극복하기란 어려운 도전이 된다. 마찬가지로 섹스에 흥미를 잃었거나 성적으로 연결될 방법을 찾지 못하는 파트너도, 상대가 느끼는 고통을 확실하게 알고 있지만 어떻게 도울 수가 없어 무력감을 느낀다. 둘 다 큰 벽에 부딪혀 갇힌 기분일 것이다. 커플은 서로 애착을 느끼면서도 성적인 연결감이 결여되면 고통을 많이 받는다.

오랫동안 커플 치료와 성치료 영역에서는 이러한 성적인 단절 문제를 가장 잘 해결하는 방법에 대해 서로 반대되는 견해를 갖고 있었다. 커플 치료의 입장에서는 커플의 관계가 해결되면 섹스는 자연적으로 따라오게 된다는 맥락이었고, 성치료 입장에서는 성적 연결감이 생기면 커플의 관계가 해결된다는 커플 치료와는 반대되는 견해가 지배적이었다. 즉, 섹스를 해결하면 커플의 관계가 개선된다는 것이다. 커플에 따라 두 견해가 모두 진실일 수 있고 실제로 그렇게 해결되는 사례도 있을 수 있다. 그렇지만 수많은 다양한 커플의 특정한 문제나 요구를 해결하려면 두 견해를 통합적으로 적용해야 한다. 따라서 이 장에서의 목표는 성치료와 커플 치료의 고유한 장점을 함께 통합해서, 서로에게 깊이 헌신하면서 확실한 애착을 느끼기는 하지만, 성관계에는 흥미나 동기가 부족하여 극심하게 고통을 받거나 혼란을 겪는 커플에게 접근할 수 있는 풍부한 근거를 마련하는 것이다.

이 장에서는 성적 영역이 얼마나 복잡한지 이야기해 보고 고통을 겪는 커플을 치료하는 과정에서 매우 인기 있고 유용한 정서중심치료(EFT)(Greenberg & Johnson, 1988; Johnson, 2004)의 몇 가지 기본 사항을 보여 주는 것으로 시작하려고 한다. EFT가 커플의 성생활에 어떤 영향을 주는지 정리하고, 성행위를 꺼리는 문제를 가진 커플들을 대할 때 EFT의 도달 범위를 확장하고, 애착과 성행위 간의 복잡한 관계를 이야기하고자 한다.

성적 영역의 복잡성

인간의 성행위라는 것은 상상 이상으로 복잡하다. 생물학, 문화, 종교 및 가족 문제를 모두 아우르며, 과거와 현재, 정신내적 그리고 대인관계적 · 인지적 · 정서적 · 상징적 요인과 같은 수많은 요인이 존재한다. 이러한 모든 요인이 개인의 성적 자아를 형성하고 관계의 맥락에서 성행위에 기여한다.

와이너(Weiner)와 에버리 클라크(Avery-Clark)는 “성적인 기능과 그 의미는 매우 다차원적이기 때문에 생리학만, 또는 심리학만 이해한다거나 문화적 요인만 가지고서는 많은 성적 문제나 불만족을 설명하기에 턱없이 부족하다.”(2017, p. 1)고 말한다. 그보다는 개개인에게 개별적으로 그리고 커플에게 양방향으로 모두 영향을 주는 여러 가지 의미가 있다고 봐야 한다.

결과적으로 성적 연결감의 부재는 수많은 이유로 발생할 수 있는 것이다. 어떤 경우에는 인생 초기의 대상관계 경험 때문에 현재 성적 욕구를 억압하거나 성적 능력의 표현을 방해할 수도 있고, 개인의 무의식적 역동과 관련이 있을 수 있다. 아니면 성기능 저하를 어떻게 해결해야 할지 몰라서 나타나는 결과일 수도 있고, 부모의 친밀감 모델이 내재화된 경험이 동료애적 부부 관계의 성적인 표현을 방해하기 때문일 수 있다(Iasenza, 2006).

제인과 알의 경우에는 이전에 지적한 후자의 내용이 동료애적 부부 관계로서 그들의 성적 단절에 막대한 영향을 끼쳤다고 볼 수 있다. 왜냐하면 둘 다 발달과정에서 심리적 외상과 부모의 분노를 함께 겪으며 자랐고 둘 중 누구도 부모가 애정이 넘치거나 행복한 결혼생활을 하는 것을 보지 못했다. 그 결과, 둘 다 자신들이 성생활에 즐거움을 경험할 수 있다는 것에 어느 정도 죄책감을 느끼고 있었다. 실제로 행복하지 못한 부모 밑에서 자란 사람이 자신의 부모를 능가하는 행복감을 느끼는 것에 죄책감을 느끼는 경우가 많다.

성치료 전문가는 커플을 통해 알게 된 복잡하고 광범위한 정보를 어떻게 일목요연하고 유용한 지도처럼 정리하고 효율적인 개입으로 치료 목적과 방향을 제시하면서 영향을 줄 수 있을까? 자료를 정리할 때, 특히 섹스에 대해 매우 복잡하고 다면적인 부분을 너무 단순한 설명이나 하나로 뭉뚱그리지 않는 것이 매우 중요하다. 유명한 미디어 이미지나 지배적인 문화에서 널리 알려진 내용에 의하면, 심각한 성적 문제가 있음에도 불구하고 간단한 의학적인 처방으로 해결될 수 있을 것 같이 말하지만, 개개인의 특징이 모두 다르기 때문에 '모두에게 한 사이즈'로 통하도록 맞출 수는 없다.

이러한 복잡성을 탐색하는 데 유용하게 사용할 수 있고, 정리가 잘 되어 있는 하나의 치료 모델은 바로 EFT이다. 수 존슨(Sue Johnson)이 개발한 EFT는 커플이 단절되고 갈등을 겪고 있는 정서적 문제를 돕기 위한 훌륭한 시스템이다. EFT는 애착 이론을 체계적인 커플 치료와 성치료에 통합함으로써 성치료 전문가가 고통을 겪고 있는 커플과 마주 앉아 성생활과 관련된 문제를 다룰 때 그 방 안에서 어떤 일이 일어나고 있는지 정리하는 데 도움을 줄 수 있다.

정서중심치료

최근 성치료 분야의 일부분에서는 성기능에 생물학적 구성 요소를 우선으로 고려해서 성적인 문제에 대해 의학적 답을 찾는 추세가 증가하고 있다. EFT는 섹스를 생물학적인 면을 강조하는 것에서 벗어나, 성은 애착관계가 가장 중요하다는 것을 강조하면서 지나치게 의학적으로 접근하려는 입장을 수정하려고 노력한다. 성적인 문제가 처음에는 생리학적 상황에 대한 반응으로 시작되었을 수 있지만, 신체적인 요소가 있는 경우에도 정서적인 의미는 생물학과 밀접한 관련이 있다. 개인 또는 커플에게 성적인 문제를 유발하는 정서적 갈등이나 문제의 의미는 만성적이고 지속적인 성적 교착 상태의 주요 원인이 되는 경우가 많다.

EFT는 애착 이론을 근거 기반으로 하고 있다. 애착 이론은 다른 사람과 정서적 그리고 신체적 애착관계를 형성하는 개인의 능력이 정서적인 안정감과 안전감을 이루는 데 매우 중요하다고 주장한다. EFT에 따르면 개인이 자신의 파트너와 불안정 애착관계를 갖고 있을 때 대부분 관계적 갈등의 원인인 거부당하거나 버려진다는 두려움을 유발할 수 있다. 이런 불안정 애착관계에서는 한쪽 파트너가 정서적 요구를 충족하기 위한 시도를 할 경우 상대 파트너가 갖고 있던 두려움(예: 거부, 고립, 부적절한 감정)이 촉발되어 단절이 심화되고 결국 악순환을 만들게 된다. 이러한 반복적인 자기패배적 순환은 계속 학습되고 자동화되어 커플에게 화남, 절망감, 답답함이라는 감정을 유발한다.

EFT 관점에서 자주 확인되는 부정적인 패턴 중 하나로는 관계 추구–관계 철회의 악순환이 있는데, 이는 비난적 관계–방어적 관계 또는 책임전가–비위 맞추기와 같은 악순환과도 비슷하다. 이러한 부정적 연결 고리에서는 불안정(insecure) 또는 불안한(anxious) 애착을 느끼는 파트너가 상대 파트너에게 다가가려 하거나 상대방에게 안정 애착을 추구하는데, 그것을 추구하는 방식이 상대방에게 책임을 전가하거나, 거부 또는 비난하는 방식을 사용한다. 이러한 행동은 그 사람이 추구하는 지지와 위로 및 친밀감을 성취하는 데 도움이 되기보다는, 상대 파트너를 위축시키고 마음을 닫게 하고,

보복적인 반응을 부추길 뿐이다. 결과적으로, 상대방과 관계를 추구하는 사람은 상처를 받고 불안이 심해진다. 이러한 연결 고리는 계속 반복되고 강도가 높아짐에 따라 두 파트너가 소원해지고 희망을 잃게 되는 경우가 많다. 일반적으로 볼 수 있는 다른 두 가지 연결 고리로는 철회–철회 고리와 추구–추구(또는 공격–공격) 고리가 있다.

EFT의 목적은 안정 애착관계의 근간이 되는 '새로운' 정서적 경험을 느끼게 하는 것이다. 문제의 **내용**이나 그 이면에 있는 과거에 집중하기보다 EFT는 지금 여기에서 벌어지고 있는 **과정**에 집중한다. 특히 EFT 성치료 전문가는 커플이 자신들의 상호작용 패턴을 현재 치료 회기 동안 서서히 드러내 보이게 하여 스스로 들여다볼 수 있게 돕는다. 치료 회기에서는 각 파트너가 정서적으로 다가가고 표현하고 공감하게 도와 단단하면서도 신뢰할 수 있는 유대감을 형성하는 것에 집중한다. 이 과정을 진행하는 단계는 수 존슨이 요약한 것으로 다음과 같다.

첫 번째 단계에서 EFT 성치료 전문가는 커플들이 표면적으로 드러난 문제나 불만을 통해 드러난 깊은 내면의 문제를 경험을 통해서 알아차리게 한다. 커플이 자신의 내면에 있는 상처나 상대방에 대한 욕구라는 취약한 정서를 알아차리지 못하고 말다툼을 부추기게 만든 내면에 쌓인 분노와 좌절이 무엇인지 그 원인을 깊이 탐색하도록 도와준다. 그렇게 되면 그동안 알아차리지 못했던 부부 싸움의 이유들을 새로운 관점에서 이해하기 시작한다. 이후로 커플의 말다툼은 줄어들고 관계의 문제를 해결하려는 '공동의 적'을 가진 한 팀으로 느끼기 시작한다. 바로 자신들의 관계를 통제하고 있는 부정적 악순환이 공동의 적인 것이다.

1단계

평가, 부정적인 순환의 단계적 축소 그리고 안정화

1. 평가를 통해 각 파트너와 치료 동맹을 맺는다.
2. 핵심적인 애착 문제 및 갈등을 표현하는 부정적인 상호작용 순환을 식별하기 시작한다.
3. 상호작용 태도의 근간이 되는 의식하지 못한 감정과 애착관계에 대한 갈망에 다가가 분명히 표현한다.
4. 부정적 순환과 더 깊은 애착 욕구와 두려움 측면에서 문제를 다시 구성한다. 문제는 그 부정적인 순환이지 커플 중 한 사람이 아니다.

두 번째 단계에서는 파트너가 자신의 애착 욕구와 두려움을 살펴보고, 이해하고, 공유하도록 격려한다. 성치료 전문가는 치료 회기에서 커플의 정서적 순간과 상호작용을 추적하고 반영하면서 커플이 '지금 여기에서' 새로운 경험이 이루어지도록 유대감 형성을 촉진한다. 이 새로운 경험은 수년간 겪은 결혼생활의 불행과 박탈감을 해결하는 해독제와 같은 치료적 경험이다. 성치료 전문가는 내담자가 다른 대안이 없어 파트너를 탓하거나 회피하기보다 자신의 내면에 있는 감정을 분명하게 표현하도록 돕는다. 위축된 사람은 다시 참여하도록 하고, 추적하는 사람은 부드러워지도록 하는 것이 이 단계에서 중점으로 다루는 주요 포인트이다.

상호작용 패턴 재구성

1. 각 파트너가 자신에게 내포되어 있는, 그동안은 몰랐거나 거부했던 욕구, 두려움, 어떤 자아의 측면에 접근하고 이를 상대에게 용기 내어 표현할 수 있게 한다.
2. 각 파트너가 상대의 숨겨진 취약한 감정을 수용하도록 독려하고 새로운 상호작용 행동을 발전시킨다.
3. 회기 중 지침을 주면서 진행되는 유대감을 높이는 활동을 통해 각 파트너가 자신의 애착 욕구를 표현하도록 한다. 이러한 활동을 통해 새로운 상호작용 및 상호작용 태도를 형성해 나간다.

커플이 2단계에서 보다 심층적인 경험을 직면하고 이 경험이 성관계에 영향을 주는 것을 알아차리는 작업을 완료하면 3단계에서는 이를 통해 얻은 것을 굳건히 다지기 시작한다. 굳건히 다지는 것이란, 커플이 안정 애착을 추구하고 애착에 대해 어떤 가치를 각자가 갖고 있는지 서로에게 표현하는 관계적 내러티브를 형성하는 것이라고 볼 수 있다.

굳건히 다지고 통합하기

1. 커플 상호작용에 대한 새로운 태도와 새로운 순환을 발달시키도록 촉구한다.
2. 기존의 관계적 문제에 대한 새로운 솔루션을 굳건히 다진다.

이러한 단계들을 진행하면서 성치료 전문가는 항상 애착관계의 시점에서 경험적 측면의 상담을 진행한다. 1단계의 단계적 완화 활동을 진행할 때도 그렇고 2단계의 심층적인 경험적 활동을 진행할 때도 마찬가지인 것이다. 그렇게 함으로써 성치료 전문가는 커플이 서로 상호작용하는 방식을 바꾸고 취약점과 서로를 수용하는 자세에 대한 새로운 경험을 하면서 집에서도 똑같이 해 볼 수 있도록 돕는다.

EFT에서는 의도적으로 커플이 회기에서 꺼내 놓는 특정 내용에 집중하지 않는다. EFT 모델에서는 둘 사이의 상호작용 과정에서 취약점에 대한 반응이 해결되기만 하면 이러한 내용적인 부분은 커플이 알아서 다루게 될 것이라고 보기 때문이다. 그러나 섹스에 대해 설거지를 누가하고 개 산책을 누가 시키는 문제 등과 동일하게 취급해서는 안 된다. 그보다 성적인 부분은 자신의 자아 중 가장 취약한 부분을 공유하는 것이라서, 치료 회기에서 반드시 가장 중요하게 이해하고 치료되어야 할 부분이다. 개인의 성적 욕구와 성적 자극을 주는 것이 무엇인지를 공유하는 것은 엄청나게 개인적이고 민감한 부분이다. 의외로 커플들이 서로의 성적인 부분에 대해 어떻게 반응해야 할지 모를 때가 많다. 이로 인해 관계가 위태로워지고 결국은 대화가 단절되는 것을 흔히 볼 수 있다. 성치료 전문가는 성적인 부분에 어떻게 반응해야 할지 보여 주면서 커플이 서로에게 섬세하고 수용적인 태도로 반응하는 방법을 제시하는 모델로 삼을 수 있도록 해야 한다. 이를 통해 성적 자아를 포함해서 한 사람의 모든 부분을 수용하는 여유가 생기는 것이다.

궁극적으로 EFT의 목적은 파트너 간에 안정적인 정서적 유대감을 형성하는 것이다. 존슨은 이런 유대감이 생기면 건강한 성생활을 영위하는 데 가장 적합한 환경이 형성된다고 보았다. 이러한 커플의 유대감은 "놀면서 서로 즐길 수 있게 하고, 방어기제를 내려놓고 신체적 반응을 수용하고 자연스럽게 느끼고, 파트너에게 교감하고 자신의 성적 욕망과 욕구를 자연스럽게 표현할 수 있게 하고, 성적인 차이와 문제를 다룰 수 있게 하기 때문이다"(2017, p. 251). 또한 긍정적으로 강화된 피드백 고리를 형성하여 좋은 감정으로 성적인 행위를 지지하도록 하며, 성적인 행위는 좋은 감정과 연결감을 갖게 한다. 이것이 안정 애착의 체계이며, 이는 매우 적합한 성생활을 영위하게 하도록 해 주는 안정감을 갖는 데 매우 중요한 요소이다.

따라서 EFT 시점에서 보면 커플의 성생활을 해결하는 것보다 우선적으로 이들의 애착관계를 안정되게 하는 것이 반드시 필요한 과정이다. 성치료 전문가는 커플의 갈등을 단계적으로 해결하고 완화해야 더욱 깊은 정서적 유대감을 형성하게 되고, 이후 직접적으로 커플의 성적인 문제를 다룰 수 있다. 커플이 서로 정서적 교류를 요청하고 수용하는 방법을 배우고 익힐수록 그 새로운 관계 패턴이 성적인 관계에도 그대로 적용되어 서로가 서로에게 수용될 수 있다는 것을 기대하게 된다. 그렇게 되면 섹스가 안전한 모험적 행동으로 느껴지면서 그 안에서 애정과 친밀감이 형성되며 이는 성욕과 열정을 더 불태우게 한다. 상대에게 안정감을 느끼면 서로 잘 맞지 않거나 관계의 변화가 찾아오는 그런 불가피한 순간도 불안감이나 거부감이라는 부정적인 감정 없이 잘 헤쳐 나가며 견딜 수 있게 된다(Johnson, Simakodskya, & Moran, 2018).

많은 커플의 경우 서로 정서적 유대감이 깊어지면 성생활을 놀이처럼 즐기고 개발하고 영위할 기반이 형성된다. 이러한 커플이 보다 깊은 연결감을 느끼고 더 이상 갈등과 분노 감정의 수렁에 빠지지 않게 되며 마침내 만족스러운 섹스를 경험할 수 있게 된다. 하지만 항상 그런 것은 아니다. EFT의 애착관계라는 관점이 충분하지 않은 다른 커플들도 많이 있다. 커플의 애착관계를 강화하는 것이 항상 긍정적인 성관계를 가능하게 하는 것은 아닌 것이다. 이 경우에는 애착관계와 성행위가 전혀 다르고 반대적일 수 있는 관계적 차원에 속해 있는 듯 보인다.

실제로 볼비(Bowlby)는 애착관계를 개념화하면서 애착관계와 성행위를 별개의 영역으로 보되, 서로에게 영향을 주는 행동 체계는 겹친다고 보았다. 특히 애착관계 체계는 그 모든 형식 면에서 성생활이 발달하도록 도와주는 지지대 역할을 한다고 생각했다(Bowlby, 1966, 1988). 이 관점에 따르면 애착관계와 성행위가 개념적으로 별개라고 보는데, 그 이유는 발달 면에서 두 체계가 다른 지점에서 다른 방식으로 활성화되며 도달하는 대상도 다르기 때문이다.

애착관계와 성적 영역을 서로 하위 요소로 포함하지 않고 통합하는 것이 가능할까? 대신에 생애주기에 걸쳐 두 영역이 각자 어떻게 발달하는지 밝혀내기 위해 서로 교류하고, 통합하고, 때로는 나누는 데 집중할 수 있을까? 다음의 내용에서 애착관계와 성생활을 성과 커플 치료 맥락에서 통합하는 작업을 할 때 고려해야 할 이론적 ·

임상적 문제는 무엇이고, 성치료 전문가가 커플의 성적 · 정서적 욕구를 다루기 위해 어떻게 하는지 이야기해 보려고 한다.

사랑과 섹스의 통합

애착관계와 성행위는 두 가지 개념이지만 발달상 지속적으로 뒤얽혀진 실타래라고 개념화할 수 있다고 생각한다. 마치 나선형 유전자 조직처럼 이 두 실가닥은 서로를 휘감지만 별개의 것으로 구분된다. 이 개념으로 미루어 보면 성행위는 단지 애착관계의 행동적 표현으로 볼 수 없고 고유의 발달 궤도를 갖는 구분된 영역으로 봐야 한다.

애착관계와 성행위를 어떻게 개념화하느냐는 단지 이론적인 질문만은 아니다. 이러한 생각을 개념화하는 방식은 임상적으로도 매우 중요하다. 성치료 전문가가 성행위를 그 자체만의 주요하고 고유한 발달과정으로 본다면 치료의 맥락에서도 성행위에 믿음을 가지고 더 중점을 둘 것이다. 반대로, 성치료 전문가가 성행위를 애착관계의 연장선 또는 그에 대한 행동적 표현이라고 개념화할 경우 커플의 애착관계와 안정감에 대한 욕구를 주요하게 다루고 성행위는 필연적으로 그 뒤에 따라온다고 믿을 것이다. 하지만 많은 커플의 경우 이런 방식이 적용되지 않는다. 제인과 알의 경우에 여러 가지 측면에서 관계에 깊은 만족감을 느끼고 있었지만 성적 연결은 중단되거나 부재한 상태로 남아 있었다.

따라서 성행위는 고유한 발달과정으로 보는 것이 중요하다. 성행위를 촉발하고 촉진하는 요소는 애착관계를 발달시키는 요소와 같지 않을 수 있기 때문이다. 많은 내담자가 좋은 애착관계를 형성하는 요소를 갖췄다고 해서 이것이 만족스러운 섹스로 이어지지는 않는다고 말한다. 어떤 사람들은 여태껏 경험한 최고의 섹스는 가장 적절치 않은 최악의 상대, 즉 절대 삶을 같이 꾸려 나가고 싶지 않은 사람과 했을 때라고 말한다. 서로에게 강렬한 애착은 있지만 성적인 흥미는 거의 없을 수도 있고, 성적으로는 강하게 연결되어 있지만 정서적 애착관계는 부재할 수도 있다.

사랑과 욕망을 서로 통합하는 것에 어려움을 보이는 사람의 경우 '사랑/욕망'이 분열된 특성을 갖고 있을 수 있다(Morin, 1995; Perel, 2006). 특히 어떤 사람들에게는 사랑과 애착관계를 섹스 및 욕망과 통합하는 것이 어려운 일임이 증명되었고, 이는 서로의 내부에 틈을 만들며 이 틈을 꿰매어 붙이는 것은 불가능해 보일 수 있다. 이런 사람들에게 섹스와 사랑은 각기 다른 자아 상태로 연결되며 중요한 파트너와 사랑은 나누겠지만 섹스는 하지 않을 수 있다.

샘(Sam)과 나오미(Naomi)의 사례에서 분열된 사랑/성적 욕망이 미치는 파워를 잘 볼 수 있다. 샘과 25년을 함께한 아내 나오미는 마지막 기회라고 생각하고 성적인 관계를 다시 회복할 수 있을지 알아보기 위해 샘을 상담실에 같이 데려왔다. 첫째 아이가 지난 가을에 대학을 가기 위해 집을 떠났고 현재 결혼생활이 지속될 수 있을지 분명치가 않았다. 처음에는 식당이고 비행기 안이고 야성적으로 시작되었던 섹스가 결혼하기 전에 끝이 났다. 초기에 밀회를 나누던 흥분감과 대담함은 기계적인 성행위의 반복으로 변했다. 샘은 성적인 흥미를 잃으면 예전에는 모든 관계를 끝냈지만 샘과 나오미는 결혼을 했고 둘은 서로 이번에는 다르지 않을까 생각했다.

하지만 예상할 수 있었듯이 결혼을 하고 아이를 갖자 섹스는 중단됐다. 10년이 20년이 됐고 섹스 없이 지낸 지 거의 30년이 다 되어 갔다. 둘은 같이 늙어 갔고 서로 의지하면서 많은 삶의 어려움을 겪어 냈지만 성적인 영역에서 함께하는 일은 없었다. 샘이 성적인 흥미를 잃은 건 아니었다. 포르노를 보면서 자위 행위를 하는 것이 그 증거였다. 그보다 그는 왜 매일 보는 사람과 섹스가 하고 싶은지 이해할 수가 없다면서 이렇게 말했다. "어떻게 해야 성적인 흥미가 살아날 수 있죠?" 내성적인 성격의 샘은 사회적 상호작용이 의무처럼 느껴질 때가 많았다. 그에게 섹스는 모래에 선을 그어 놓고 넘고 싶지 않은 영역이었다. 나오미를 위해서라고 해도 마찬가지였다.

그렇지만 나오미는 남편이 자신에게 성적으로 접근하기를 무척 갈망했다. 나오미 자신은 성을 모험적으로 즐기는 사람이라고 생각했고 모든 종류의 성행위를 탐색하는 데 거리낌이 없었다. 어느 날은 군복 스타일의 코트만 입고 샘의 사무실로 찾아갔는데 샘은 짜증 내면서 나오미를 맞이했다. 나오미는 성적인 갈등이나 불안감을 거의 느끼지 않는 듯 보였고 25년 동안 섹스 없는 결혼생활을 유지할 수 있었다. 나오미는 바람을 피거나 외도를 통해서 다른 사랑을 찾고 싶지 않았다. 이 결혼생활이 끝날까 봐 두려웠기 때문이다. 나오미는 샘과 섹스를 하고 싶었지만, 샘은 자신이 사랑하고 연결감을 느끼는 누군가와의 관계에서 성적 욕망을 느끼는 것은 상상할 수도 없었다. 샘은 자기 자신에게 무뚝뚝했지만 취약한 부분도 있었고 나오미를 깊이 사랑했다. 샘은 많은 부분에서 관대했지만 성적인 영역에서는 그렇지 않았다. 이런 사례 같이 애착관계와 성행위가 완전히 별개의 세계에 존재하고 있을 때는 어떻게 해야 할까?

정신분석적 문헌에서 더 심층적으로 살펴보면 애착관계 욕구와 성행위 간의 복잡한 관계성을 이해하는 데 조금 도움이 될 수 있다. 정신분석학자이자 저자인 스티븐 미첼(Stephen Mitchell, 2002)에 따르면 우리는 장기적인 관계에서 안전함과 안정감을 느끼기 위해 우리의 열정을 포기한다고 주장했다. 그뿐만 아니라, 짜릿하고 흥분되는 친밀감에 내재된 불안감과 위험을 피하기 위해 성적 무력증을 선택한다고 한다. 이러한 관점에서 보면 장기적 관계에서 성적 지루함과 권태감을 느끼는 것은 실제로 가장 의존하는 사람과 함께 생동감 및 활기가 넘치는 친밀한 성적 관계를 하는 것을 거부하는 데서 기인한다. 우리의 삶에서 복잡하게 얽혀 있는 배우자가 실제로 친숙하지도 않고 예상할 수도 없고 낯설게 느껴질 수 있다면 정말 두려워진다. 그래서 대신에 장기적 파트너와의 로맨스와 열정을 식게 만드는 것이다. 우리는 무의식적으로 미스터리한 영역에 접근해서 얻을 수 있는 재미와 익숙한 것에 대한 안전감과 친숙함을 맞바꾸는 것이다.

다른 정신분석학 이론에서도 사랑/성적 욕망 분열에 대한 추가적인 설명을 찾아볼 수 있다. 예를 들어, 모리스 이글(Morris Eagle)은 우리는 새로움, 신선함, 금지된 것 등에서 성적 흥분을 얻는 한편, 확고한 애착관계는 친숙함, 예측 가능함, 이용 가능성에 기반하는데, 이러한 특징은 반드시 성적인 에너지의 재료가 되지는 않는 요소들로 이루어진다고 주장한다. 따라서 장기간의 일대일 독점관계를 이어 가게 되면 커플 사이에는 상호 연결되지만, 기능적으로 분리된 애착관계와 성적 시스템 사이에 상충되는 '끌림' 현상이 발생한다(Eagle, 2007). 이 두 시스템을 통합하는 것은 발달상 어려운 일이며, 초기 애착관계 대상과의 관계가 매끄럽게 해결된 사람은 쉽게 극복할 수 있다. 이 두 시스템을 통합하면 안정적인 애착 구조를 가질 수 있게 된다. 하지만 정신적 통합, 즉 자신의 초기 애착관계를 해결하고 자신에게 안정감을 주는 성격과 성적인 자아를 통합하는 일 모두가 불가능할 경우 이것이 사랑/욕망 분열을 초래할 수 있다.

나오미와 샘의 사례로 돌아와서, 이들은 치료를 통해 샘이 부모님 슬하에 있을 때 초기 애착관계 트라우마를 겪었음을 알 수 있었다. 이것은 안정 애착관계 발달을 방해했다. 샘은 외동아들이었고 다섯 살 때 부모님이 자신을 낳지 말았어야만 했다는 느낌을 받았다고 얘기했다. 엄마는 그가 사소한 잘못을 했다고 아플 정도로 자주 뺨을 때렸다. 그리고 아버지가 사고로 죽고 난 바로 직후에 낯선 남자가 어머니를 찾아오곤 했을 때 어린아이로서 혼란감을 느꼈던 기억을 얘기하기도 했다. 샘은 자신이 왜 연약함을 느끼고, 자신이 의존하는 관계인 여성 나오미에게 성적인 욕망을 느끼는 것을 허용하지 않았는지 이해하게 됐다. 하지만 이러한 내면의 역동을 깨달음에도 불구하고 처음에는 샘이 아내에게 보다 자유롭고 편안하게 애정을 느끼거나 성적으로 반응하는 것이 힘들었다. 나오미와의 애착관계 그리고 어머니와 가졌던 애착관계를 함께 받아들일 수가 없었기 때문이었다.

한 사람이 초기 부모와의 주요 애착관계를 현재 파트너를 대상으로 옮겨 갈 수 없으면 현재 파트너와 원래 자신의 양육자를 무의식적으로 동일시하여 근친 간의 성교 금지 의식이 강화되고 성적인 감정을 억제하는 일이 발생할 수 있다. 현재 가족 기반에 아이가 생기면(즉, 상대 파트너가 실제 부모가 되면) 이러한 감정은 더욱 커지게 되고 상대를 성적인 존재로서 대하기 어려워진다. 이런 일이 발생하면 애착 트라우마와 관련이 없는, 즉 삶에서 자신을 돌봐 주는 역할을 하지 않는 사람과 성적인 욕망을 갖는 것이 훨씬 쉽고 덜 복잡하게 느껴질 수 있다. 샘이 바로 그런 경우였다. 어쨌든 함께 빨래도 하고, 청구서도 지불하고, 아이들과 놀이 계획도 세우며 의지가 되는 사람에게 통제되지 않는 자기 욕망을 있는 그대로 보여 주고 공유할 수 있으려면 어떻게 해야 할까? 필요한 욕구가 있을 때 찾게 되는 사람보다는, 다른 누군가에게 자신의 통제력을 잃고 욕망을 드러내는 모습을 보이는 것이 훨씬 덜 위험하다고 느낄 수 있다. 함께 지난날을 공유하며 자신을 발전시키고 통제하면서 남편이나 아빠, 사회적인 역할로 정의하는 것과 전혀 관련이 없는 그 누군가와 성적으로 자유롭고 모험적인 관계를 맺는 것이 훨씬 쉬워 보일 수 있다.

하지만 다른 일각에서는 애착관계와 흥분이 공존할 수 있다고 주장한다. 예를 들어, 버지니아 골드너(Verginia Goldner)는 애착관계는 항상 고정적으로 안정된 상태로 있다기보다 모든 장기적인 관계에서 연결되었다 끊어지고를 반복하는 불가피한 기복이 있다고 주장한다. 이렇게 보다 연결되었다 단절되는 불가피한 변동성 때문에 동일한 상대방과의 관계에서도 계속해서 새로움과 흥분을 다시 찾을 수 있다고 한다(Goldner, 2004). 이와 유사하게 페기 클라인플라츠(Peggy Kleinplatz)도 정서적으로 위험성을 추구하는 것은 성적인 에너지뿐만 아니라 깊은 공감과 연결감의 필수적 요소이기도 하다고 주장한다. 페기의 연구에 따르면 상대와 현재 이 순간을 함께하고, 깊고 '조화롭게' 연결되고, 잘 맞다고 느낄 때, 그리고 특별한 소통이 함께 이루어지면 최적의 섹스를 나눌 수 있는 조건이 형성된다고 한다(Kleinplatz, 2003, 2012; Kleinplatz et al., 2009).

이러한 이론을 EFT의 관점에서 어떻게 조화시킬 수 있을까? 안정적인 애착관계는 섹스라는 모험으로 뛰어들게 하는 데 필요한 것인가? 욕망, 열정, 즐거움이 발현되도록 하는 데 필요한 전제조건은 안전하게 느껴지는 감정인가? 중요한 것은 얼마나 안전하게 느껴야 충분히 안전하게 느낄 수 있는가, 그리고 편안하게 안정감을 느껴서 안주하는 마음이, 강렬한 성적인 욕구를 느껴 대담하고 원색적으로 표현하고 싶은 욕망을 어떻게 감소하게 만드는가이다. 버지니아 골드너는 안전성과 신뢰성이라는 감정을 통해서도 성적 에너지가 잘 발현될 수 있다고 주장하며, 이는 "영구적으로 안락함을 느끼는 김빠진 안전성이 아니며, 위험을 감수하고 해결하면서 살아온 커플의 삶을 통해 단단해진 역동적인 안정성이다."(2004, p. 388)라고 얘기한다.

따라서 커플마다 각자 고유한 차이와 개성을 존중하고 서로가 누릴 수 있는 풍부한 성적 삶을 향한 여러 가지 개방적인 경로를 취할 수 있어야 한다고 제안한다. 성치료 전문가가 '적합한' 또는 최적의 섹스(예: 깊이 사랑하여 연결되는 섹스)만 고려한다면, 한 개인과 커플 모두를 위해 통합으로 향하는 다양한 경로, 또는 풍부한 탐색이 될 수 있는 요소를 배제하거나 차단하게 될 가능성이 높다.

또한 혼자 성적인 욕망을 사랑스러운 애착 상자에 꽁꽁 싸매 두지 말고, 성적인 흥분을 표현하는 데 창의적인 방법으로 공격성 사용하기를 허용할 여지를 만드는 것도 제안한다. 이렇게 허용적인 태도를 강조하면 한 사람의 공격적인 성적 욕구와 분리시켜서 해리 현상을 조장해서 은밀한 애정행각 또는 비밀스러운 행위로 표현할 위험성을 증가시켜 줄 수도 있다. 건강한 섹스는 자신의 감정에 충실하고 강렬하고 부담스러울 정도로 크고 정제되지 않은 갈망을 느낄 때 멋있게 이루어지는 경우가 많다. 이상적으로는 이러한 감정이 사랑하고 애착을 가진 관계 내에서도 존재할 수 있지만 서로 배려하는 애착을 가진 사람에게 이러한 감정을 느끼는 것이 부적절하다고 생각하기 때문에 억제하고 거부하게 되는 것이다.

애착관계와 성행위를 통합하기 위해서는 성치료 전문가가 줄타기 곡예사처럼 이 방향으로 조금 기울어졌다가 저 방향으로 조금 기울어지면서 커플의 정서적 삶과 성적인 삶 모두가 섬세하게 균형을 맞추도록 하는 것이 필요하다. 성치료 전문가가 커플이 안정적인 애착을 가질 때까지 성생활을 잠시 제쳐 둔다면 커플에게 섹스는 비교적 중요하지 않다는 메시지를 줄 수 있다. 이렇게 되면 커플의 연결감을 촉진하기 위한 효과적인 수단을 빼앗기게 된다. 어떤 커플은 성행위를 시도하는 데 생기는 불안감을 대처하기 위해 무의식적 저항을 갈등이나 대립하는 다툼으로 지속하고 있을 수도 있다.

성치료 전문가는 어떤 커플의 경우 성적인 관계를 향상하는 것을 치료의 주요 1순위 집중 목표로 두고 성적인 연결감을 다시 활성화하고 활기를 찾을 수 있게 도울 수 있는데, 이는 갈등을 줄이고 안정적인 유대감으로 이어지게 된다. 이러한 커플의 경우 성행위가 애착관계에서 비롯되는 것이 아니라, 오히려 더 강력한 애착관계를 형성해 준다. 또 어떤 커플은 섹스를 하기 전에 먼저 안정적인 연결감을 발전시키는 치료를 진행해야 원활하고 유용하게 문제가 해결된다. 또 두 문제를 모두 염두에 둬야 하는 커플도 있다. 어떤 경우에도 중요한 것은 성치료 전문가가 커플의 성적인 문제를 해결하기 위해 개인의 정서적 세계와 발달상의 이력을 간과하지 않는 것이다. 사랑과 섹스를 하나로 통합하는 데 어려움을 겪는 커플을 치료할 때 더욱 그렇다.

성적인 개인 배경을 살펴보는 것의 중요성

성 문제를 가진 커플을 상담하기 시작할 때, 성적인 개인 배경을 심층적이고 전반적으로 살펴보는 일은 매우 필수적인 요소이다(Iasenza, 2010). 성생활은 커플뿐만이 아니라 모든 개인에게 발생하는 일에 대한 이야기이다. 하지만 개인 한 사람, 그리고 그 사람의 자아 인식과 관련되어 자신들을 어떠한 성적인 존재로 여기는지 등이 성생활에 영향을 미친다.

성치료 전문가는 성적인 개인 배경을 통해 사적인 경험, 방어기제, 판타지 및 행동양식 간의 연결 관계를 밝혀낼 수 있고 이를 통해 어떤 치료 개입이 효과적일지 판단할 수 있다. 또한 성치료 전문가가 성적인 트라우마에 대해 심층적인 질문을 할 기회가 되기도 한다. 성치료 전문가는 가슴 속 깊이 묻혀 있는 수치심과 자아 비난에 대한 트라우마 경험에 대해 알아내는 첫 번째 사람이 되는 경우가 많다. 트라우마, 수치심, 성적인 갈등과 문화적 가치 모두는 한 사람의 고유한 성적 취향 형성에 기여한다.

커플의 성적인 개인 배경을 살펴볼 때는 한 사람씩 개별적으로 만나 이들의 성적 취향이 발달한 과정을 어린 시절부터 현재까지 살펴보는데, 이때 개인의 이러한 경험이 어떤 영향과 의미를 부여했는지 특히 주목해서 봐야 한다. 커플의 성생활에 영향을 줄 수 있는 의학적 및 생리학적 조건에 대한 부분적인 평가도 중요하다. 여기에는 모든 약물, 발기 문제, 성교 통증 및 기타 통증 문제도 모두 포함된다. 성적 취향 및 의학적 상태에 대한 개인의 발달상 경험을 검토하는 것 외에도 다음과 같은 몇 가지 질문을 해 봐야 한다.

- 어린 시절 가족에게 성과 사랑에 대해 무엇을 배웠는가?
- 부모님을 부부로서 관찰하면서 무엇을 학습했는가?
- 오늘날 이것이 본인에게 어떤 영향을 미쳤다고 생각하는가?
- 본인의 성생활에 대한 가족들의 반응은 어떠한가, 어떤 종류의 신체적 접촉(스킨십)이 있었는가?

- 본인의 몸에 대해 어떻게 느끼는가? 당신의 신체 이미지나 신체에 대한 불편한 마음이 현재에 집중하면서 성적인 쾌락을 경험하는 데 혼란을 주고 있나요?
- 쾌락에 대해 어떻게 느끼는가? 신체적으로 어떤 종류의 쾌락을 경험해 보았는가?
- 파트너가 본인을 만졌을 때 그 느낌에 몰입할 수 있는가, 아니면 온 정신을 집중해서 경험하기보다는 머릿속으로 스스로 평가하고 있지는 않은가?
- 섹스에 대해 또래 친구들에게 배운 것이 있다면 무엇인가? 또 미디어나 문화로부터 배웠는가? 섹스가 어떻게 일어나는지에 대한 본인의 생각은 무엇인가? 좋은 섹스를 하려면 무엇이 필요한가?

이러한 질문은 커플의 만족스런 성생활에 방해가 되는 편견, 즉 섹스는 즉흥적이고, 편안하고, 욕구가 강하고, 항상 오르가슴으로 끝나야 한다는 선입견을 풀어내는 데 유용하게 쓰일 수 있다. 섹스가 진행되는 동안 커플의 작동 모델은 무엇인가? 섹스를 마스터스와 존슨(Masters & Johnson, 1996)의 모델처럼 순차적 과정으로 이해하고 있는가, 즉 욕구가 자극으로 이어지고 그것이 오르가슴으로 이어진다고 생각하는가? 또는 로즈마리 바슨(Rosemary Basson, 2001)의 비선형적 모델처럼 복잡성을 받아들이는가, 즉 성적인 접촉의 어떤 지점에서 몰입하고 회피하는가? 필수적인 것은 아니지만 흥분과 오르가슴으로 이어질 가능성이 있는 여러 경로를 만들어 내는가? 대부분의 커플이 성교와 오르가슴이라는 단편적인 부분에 집중하는 것에서 벗어나, 섹스에 대해 더 확장된 이해로 전환하는 것이 도움이 된다고 느꼈다고 한다.

내가 상담했던 커플 중 매우 오랫동안 파트너와 성적으로 교감하지 못한 많은 커플과 마찬가지로 샘도 섹스는 자발적으로 발생하고 섹스가 이루어지기 위해서 무언가를 시도하거나 거기에 노력을 쏟는 것은 아니라고 생각했다. 샘은 성적인 욕구 없이 의지만으로 나오미와 성적인 상호작용을 할 수 있다고 생각해 본 적이 없고, 자신이 무언가를 시도하면 성적인 욕구로 이어질 수 있는 조건이 있다는 것도 생각하지 못했다. 샘의 이야기는 예전에는 욕구를 느껴서 했고 지금은 그렇지 않다는 것이었다. 이야기는 이렇게 끝났다.

섹스는 치료를 진행하는 중에도 마음을 열고 솔직하게 잘 이야기할 수 있는 주제가 아니기 때문에 쉽게 주제에서 벗어나고, 성적인 발달에 영향을 주었던 어린 시절 경험을 의식하지도 못한 체 통합되지 않고 걸림돌로 남아 있을 수 있다. 이러한 경험들은 보이지 않는 힘이 작용하여 한 사람의 성적인 이야기에 영향을 줄 수 있는 것이다. 우리는 어린 시절에 어떤 식으로 신체적인 접촉을 하면서 사랑을 받았는지와 부모님의 행동에서 관찰한 것에 근거해서 사랑과 친밀함에 대해 배운다. 인간의 성적 욕구와 신체적 경험(특히 섹스)에 대한 신뢰와 편안함은 어린 시절 양육자의 영향을 받으며, 이때 양육자의 신체에 대한 왜곡된 시선이나 불안감이 그대로 전달되었을 수 있다.

특히 성적인 개인 배경을 심층적으로 살펴볼 때 내담자가 모든 측면의 신체적 · 성적 경험을 이야기하도록 격려하면 통합적인 치료를 할 수 있는 길이 열린다. 성치료 전문가는 성적인 개인 배경 탐색을 통해서 얻은 정보를 취합하여 어떤 부분에 변화를 줄 수 있는지 구분하고 개개인의 취약점을 해결하고 커플이 각자의 고유한 개인 배경을 존중하는 이야기를 구성하도록 도울 수 있다. 내담자가 성적인 친밀함을 광범위하게 정의하고 오르가슴을 중심으로 생각하는 것에서 벗어나고 커플이 함께 성적인 공간을 다시 형성할 수 있는 조건을 만드는 데 노력을 쏟도록 돕는 것이 중요하다.

감각초점 기법의 활용

성적인 개인 배경을 살펴보는 것 외에도 감각초점(sensate focus) 기법을 활용하면 성생활에 문제를 겪고 있는 커플이 일정 수준으로 성적이고 정서적으로 연결되는 데 도움이 될 수 있다. 감각초점 기법은 각자가 흥미와 호기심의 감각을 깨워 상대를 만지고 탐색하도록 하는 지침으로 시작되는 일련의 애무 연습이다(Weiner & Avery-Clark, 2017). 성적 흥분과 쾌락을 느끼는 것에 중점을 두고 실습하는 것이 아니다. 어느 정도라도 성적인 흥분을 위한 의도적인 접근은 압박감으로 이어질 수 있기 때문이다. 쾌락은 무엇을 통해서 '만들' 수 있는 것이 아니고 자연히 느껴지는 것이다. 성적인 욕구를 충족하고, 흥분하고, 오르가슴에 도달하려고 노력할수록 오히려 성적인 반응은 감소하는 역설적인 면이 있다. 이러한 생각은 직관적으로 옳지 않은 것처럼 느낄 수 있다. 그러나 감각초점 기법은 성행위와 오르가슴이 자연적인 신체적 반응이며 온전히 현재에 머무르면서 현재 순간에 정신을 집중하고 자신의 감각에 몰입하게 되는 결과로 발생한다고 가정한다. 파트너가 성적으로 경험하는 것에 신경을 쓰지 않으면, 성행위에 대한 기대치, 걱정, 수행 능력에 대한 불안감이 대폭 줄어든다.

어떤 성취를 해야 한다는 기대 없이 애무를 시도해 보거나, 파트너가 어떤 성적인 경험을 하는지, 어떤 감정인지 걱정하거나 상대방의 기대에 맞춰 주지 않아도 되는 공간을 갖는다는 것은 성에 대한 새로운 경험을 할 수 있도록 해 준다. 어떤 커플은 이러한 실습을 통해 깊은 친밀감을 느끼게 된다. 이 과정에서 커플은 감각에 몰입하는 데 방해가 될 수 있는 감정이나 생각도 관찰할 수 있다. 이러한 관찰을 통해 해결되지 않은 갈등과 마음속의 불안감에 대한 중요한 정보를 얻을 수 있다.

예를 들어, 제인과 알은 각자의 성적인 배경을 살펴보는 치료 회기를 마친 후 감각초점 기법 실습을 시작했다. 처음에는 기대를 충족해야 한다는 조건 없는 신체 접촉 실습을 시도하면서 느낀 새로운 친밀감에 흥분감을 느꼈지만, 이런 흥분감은 이내 알의 분노로 이어졌다. 과거에 수년간 이 부분에서 성적인 박탈감을 느꼈기 때문이다. "지금 긍정적인 시도를 하는 중에 이런 부정적인 감정이 느껴지는데…… 제가 대체 어떻게 해야 하는 거죠?" 그는 화난 목소리로 물었다.

EFT의 관점에서 그 순간에 느낀 알의 고통과 오랜 좌절감은 제인과 공유할 수 있는 중요한 감정으로 확인되었고 제인은 그를 깊이 이해한다는 반응을 보여 줄 수 있었다. 하지만 시간이 지나자 이러한 감정 때문에 둘 사이에 새로운 변화를 시도하는 데 방해하는 저항감이 형성된 것을 관찰할 수 있었다. 표면적으로 알은 제인과 수년간 섹스 없이 지냈다고 얘기하지만 어린 시절 경험한 박탈감과 외로움도 품고 있었다. 이러한 감정은 감각초점 실습을 진행해도 사라지지 않았다. 알의 과거를 보면 자신의 방어기제를 내려놓고 제인이 자신의 곁에 이렇게 있어 줄 수 있다고 믿기 어렵다는 것이 이해가 되었다.

따라서 처음에는 감각초점 기법 사용에 긍정적인 반응을 보였지만 제인과 알은 실습 할 시간이 없다고 하며 이 실습을 중단했다. 이런 상황에 있는 커플은 과제를 수행하지 않는 공통적인 문제를 보인다. 이러한 현상은 부부가 수년이 지난 후에 성적인 변화를 시도하는 과정에서 발생하는 불안, 공포 및 불편함을 더 깊이 탐색하고 이해할 기회를 제공해 준다. 성치료 전문가에게 이러한 순간은 임상적으로 가치 있고 유용하다. 커플이 변화하는 과정에서, 인지하지 못했던 양가감정이 표면에 드러나기 때문이다. 사람은 마음속 깊이 변화를 갈망하지만 그와 동시에 다양한 이유로 두려움과 충돌을 느껴 회피하게 된다. 제인과 알의 경우 감각초점 훈련이 효과가 없었던 것이 아니다. 불안감이 높아서 실습을 할 수가 없었던 것이다.

이 문제를 해결하기 위해 관련이 있는 문제에 집중하는 적절한 상담이 필요했다. 우선 알이 약점을 드러내고 내면의 깊은 성적 갈망을 표현할 수 있도록 도와야 했고, 제인은 여기에 정서적인 반응을 보여 주도록 했다. 이렇게 하면서 이 둘 사이에 신체적으로 친밀감을 표현해 주는 행위가 늘어났고 과거의 대인관계에 따른 트라우마의 영향을 해소하는 데 도움이 되었다. 두 번째로 제인은 어린 시절부터 거의 정서적 친밀감이 없어서 부적응적이고 혼돈 상태였던 자신의 욕구를 알아차리고, 놀이나 즐거움을 주는 행동을 희생하면서, 과도하게 어떤 기능을 수행하려던 자신을 돌아보게 됐다. 또한 제인은 '나는 성적인 즐거움을 느끼는 사람이 아니다'라고 생각하는 자기 신념에 대해 다시 생각해 볼 필요가 있었다. 제인은 이러한 자기 신념에 이의를 제기하면서 엄청난 해방감을 느끼게 되었고, 희망적이라는 느낌도 갖게 됐다. 이와 더불어 알은 거절당할 것이라는 두려움 없이 필요한 요구를 말할 자격이 있음을 느끼는 것이 필요했다.

치료는 이들의 일상에 신체적 친밀감을 더하는 다른 방법을 찾는 데 도움을 주기도 했다. 예를 들어, 같이 개를 산책시키기 시작했고, 이러한 활동은 텔레비전 앞이 아닌 단 둘이 있는 시간을 만들어 주었다. 제인과 알은 손을 잡고 산책을 하면서 매우 긍정적인 변화를 찾을 수 있었다.

마지막으로, 같이 목욕을 한다는 생각이 떠오르게 되었는데, 목욕을 같이 하면 서로를 씻겨 주면서 감각적 접촉을 할 수 있고 동시에 여러 실습을 효과적으로 할 수 있어서 제인이 특히 마음에 들어 했다. 이렇게 같이 할 수 있는 활동을 하면서 알은 보다 정상적이고 희망적으로 생각할 수 있게 되었고 좌절감도 조금은 사라지게 됐다. 이러한 작은 변화가 긍정적인 영향을 주기 시작하면서 성적인 단절에 대한 고통과 혼란을 덜 느끼게 됐고 대신에 긍정적이고 만족스러운 성생활을 함께 만들어 갈 수 있다는 자신감을 갖기 시작했다.

결론

성적인 차원의 관계 문제를 해결하기 위해 적용하는 EFT의 효과는 성생활이 더 다양하고 복잡하며 최적의 성행위에 도달하는 데 여러 경로가 있음을 모두 아울러 이해했을 때 더 확장될 수 있다. 이제 섹스가 여러 목적을 성취할 수 있음이 명백하고 섹스는 오로지 한 가지가 아니고 또는 애착관계만도 아니다. 애착관계가 성행위의 기반이 되는 경우도 많지만 오히려 섹스라는 행위를 통해 위안을 주고, 기분 전환을 하고, 할 일을 뒤로 미루고, 서로에게 확신을 주고, 함께하는 것을 즐기고, 연결감을 느끼고, 보상을 주고, 어떤 때는 벌을 줄 수도 있다. 성생활을 영위하는 데 있어서 한 가지만 '옳은' 방법은 없다. 따라서 성과 커플 치료에서 성적 문제를 해결하는 데에도 한 가지 옳은 방법만 있는 것이 아니다.

어떤 커플은 안정성, 정서적 접근성, 반응성을 높임으로써 풍족한 성생활로 향하는 문이 같이 열리기도 하지만 또 어떤 커플의 경우 이것으로는 부족하다. 이런 경우 성치료 전문가는 해결책을 탐색하는 데 수많은 가능성과 방법이 있음을 염두에 두어야 한다. 개인 그리고 커플의 성생활과 정서적 삶 모두를 깊이 탐색할 수 있게 하며, 이를 지속적인 상호작용 상태 및 긴장감에 적용하는 다차원적 모델은 성치료 전문가가 매일 흔하게 만나는 복잡하고 다양한 커플과 상담할 때 가장 효과적인 접근 방식이 되어 준다.

4장

성과 이마고 관계 치료

타미 넬슨(Tammy Nelson) PhD
도움 주신 분: 오를리 워먼(Orli Wahrman) MSW
실비아 로젠펠드(Sylvia Rosenfeld) LCSW
소피 슬레이드(Sophie Slade) PhD

이마고는 라틴어로 '이미지'라는 뜻이며 '나비의 성숙기'라는 의미도 담고 있다. 이마고 관계 치료(IRT)는 어린 시절에 겪은 좌절과 갈등이나 감정이 어른이 되어서도 인간관계에도 영향을 주게 되며 어린 시절 내면화된 양육자 이미지를 가진 파트너를 찾게 된다는 이론을 기반으로 하고 있다. 즉, 우리가 자신의 파트너를 선택하게 되는 일에는 어린 시절 양육자로부터 받은 상처에서 오는 결핍을 채우기 위한 갈망이 반영된다. 우리는 마음속에 어린 시절 양육자로부터 거부당한 내면 아이의 아픈 기억을 치유하고자 하는 바람을 파트너가 알아주고 해결해 주기를 기대한다. 이마고 관계 치료 관점에서는 파트너 선택에 있어 우연이라는 것은 없다. 자신의 파트너는 부모와 닮아서 또는 다르기 때문이라는 이유를 근거로 선택하기 때문이다.

어린 시절을 유복하게 보낸 사람이라도 항상 자신이 바라는 대로 욕구가 충족되었던 것만은 아니다. 이러한 결핍은 개인을 독립적인 성인으로 성장하게 하고 자신을 스스로 돌볼 수 있게 하는 동기를 제공하기도 하지만 그렇게 어른이 되고 나면 과거에 충족되지 못한 욕구를 채워 줄 다른 사람을 찾고자 하는 이유가 되기도 한다. 커플 관계가 시작되는 연애 초기에는 이러한 충족되지 않은 욕구가 충족되면서, 서로 연결된 편안함과 안전함을 느낀다.

하지만 연애의 짜릿한 감정이 끝나거나 서로가 기대하는 성적인 욕구가 충족되지 않게 되었을 때는 서로를 비난하고 탓하거나 부정적인 감정에 휩싸여 관계에 어려움이 생긴다. 그래서 상대방을 회피하거나 공격을 한다. 둘 중 누구도 자신들의 정서적 애착관계의 욕구를 충족하는 방법을 알 수 없게 될 수도 있는데, 그렇게 되면 이 관계는 서로가 싸움에서 이기고 지는 권력 투쟁 또는 갈등 단계로 발전한다. 이렇게 되면 커플 관계는 효과적으로 관계를 이어 나갈 수 있기를 바라면서도 성적인 욕구를 외면하거나 분리할 수 있다.

IRT에서 성치료 전문가들은 커플들이 자신의 어린 시절의 상처를 치유하고 서로가 원하는 건강한 관계를 만들기 위해 이러한 역동을 잘 다룰 수 있게 돕는다. 이때 경청하기, 미러링(반영하기), 공감하기, 인정하기, 행동/변화 요청하기로 특정하는 대화법을 활용한다. 커플은 연결되는 동시에 서로 다름을 인정하는 방법을 배운다. 한 회기에서 다음 회기로 넘어가면서 새로운 긍정적인 인식이 시작되고, 점차적으로 커플은 이기려고 하는 권력 투쟁에서 각자 내면에 가지고 있었던 어린 시절 상처에 대한 깊은 이해와 연결을 통해 함께하는 여정으로 넘어갈 수 있게 된다.

조지(George)와 헬렌(Helen)의 사례를 들 수 있다. 이들은 성적인 문제에 대해 이야기를 나누고 싶어 치료실을 찾아왔다. 이들은 수년간 섹스가 없는 결혼생활을 이어 왔다. 둘 다 어려운 어린 시절을 보냈고 그 때문에 처음 만났을 때는 유대감과 깊은 정서적 연결감을 느꼈다. 이들의 아이들이 자라고 독립을 해서 나가게 되자 두 사람의 관계는 분열되었다. 조지는 포르노로 성적인 욕구를 충족했고 헬렌은 우울감을 느끼고 성생활을 회피했다. 이들은 자신들이 겪고 있는 섹스리스 문제와 관련하여 치료자인 나에게 이렇게 얘기했다.

헬렌: "이따금 조지가 섹스를 원할 때 제가 허락하면 우리가 더 행복해지는 것 같은데요. 제가 남편의 요구에 응하면 모든 게 잠시나마 괜찮아져요. 그러다 서서히 갈등 상황으로 다시 돌아가서 싸움이 시작되면 옛날 습관이 나오고, 그러면 싸움이 반복되는 악순환에 빠집니다. 우리는 최소한의 관계 유지를 위해 형식적으로 섹스를 하는 것 같고, 저는 결국 혼자이고 외로움을 느끼고 있어요."

조지: "저는 섹스를 그저 한 건 실적을 올리기 위해서 시도하는 것 같아요. 그런데 헬렌은 화가 나면 섹스를 거부해요. 헬렌이 화가 나면 섹스를 할 방법이 없어요. 우리가 싸우는 중에는 섹스를 할 수가 없잖아요."

조지와 헬렌은 섹스에 대해 서로 이야기하고 성적인 욕구를 공유하는 방법을 배우고 싶다고 이야기했다. 둘은 안전하게 서로를 다시 신뢰하고 싶다고 했다. 나는 상대를 인정하고 공감하는 방식의 대화법을 배우면 도움이 될 수 있다고 말했다. 대부분 우리가 상대 파트너와 대화를 할 때, 특히 갈등 상황에서 대화를 할 때는 상대방의 말을 잘 듣지 않는 경향이 있다. 상대가 말을 다 끝내기도 전에 반박할 말을 준비하고 있다. 즉, 상대가 자신의 생각을 전달하기도 전에 말을 잘라 버리고 대답을 한다. 심한 경우에는 상대의 생각을 내 마음대로 추측해서 묵살해 버린다.

헬렌은 자신과 조지 사이에 섹스에 관해 대화하는 것이 어렵다는 것을 인정했다. 헬렌이 섹스에 대해 이야기를 하면 서로가 감정적인 갈등 상황이 생기고 상처를 받곤 해서 결과적으로 피하게 되었다. 또한 서로가 상대방의 말을 잘 경청하지 않아 섹스 결핍에 대해 대화를 나누는 것이 특히 더 어렵다고 했다. 조지도 헬렌과 의사소통이 잘 이루어져서 성생활이 회복되었으면 좋겠지만 어떻게 해야 할지 그 방법을 잘 모르겠다고 얘기했다. 그에 대한 해답으로 나는 이들에게 이마고 대화법을 소개해 주었다.

이마고 대화법 진행 과정

이마고 대화법은 성치료 전문가가 커플들에게 나타나는 성적 좌절감과 갈등이나 어려움에 대한 이야기를 서로가 잘 나눌 수 있도록 돕는 데 유용한 구조적 기법이다. 이 대화법은 한 사람(화자, sender)이 자신의 생각과 감정을 솔직하게 이야기하여 상대방과 공유하고, 다른 사람(청자, receiver)은 그 이야기를 잘 듣고, 인정하고, "그랬겠구나."라고 공감을 하고 난 후 그 역할을 서로 바꿔서 이야기를 계속 진행해 보는 것부터 시작한다.

미러링, 인정하기, 공감하기를 활용하는 이 구조적인 형태의 경청 과정은 관계 속 갈등을 다루면서도 두 파트너가 공감해 주고 있음을 느낄 수 있는 특별한 대화 방법이다. 이 기법을 연습할 때는 성치료 전문가가, 각 파트너가 동의한 주제에 대해 자신들의 생각과 감정을 공유할 수 있게 해 주면 된다. 여러 복잡한 감정이 드는 그런 주제보다는 가벼운 주제부터 시작하는 것이 가장 좋다. 이 구조화된 대화법은 성치료 전문가가 주도하긴 하지만 커플이 이 과정에 완전히 몰입해서 참여하게 된다.

커플은 누가 화자가 되고 누가 청자가 될지 선택한다. 화자는 선택한 주제에 대해 자신이 느낀 한 가지 감정을 말하는 것부터 시작한다. 그러면 청자는 자신이 들은 대로 다시 미러링해서 말해 준다. 미러링은 단순히 듣는 것만이 아니라 누군가의 의견을 덧붙여 끼워 넣지 않고 적극적인 태도로 경청하는 것을 말한다. 이 과정에서 화자가 볼 때 청자가 이야기한 것을 잘 들었다는 생각이 들면, 화자는 이야기를 반복해서 다시 '보내면서' 확인할 수 있다.

성치료 전문가는 이 과정을 진행하는 동안 커플의 대화 내용을 안전하게 전달하고 커플이 대화 방식을 잘 숙지할 수 있도록 구조화함으로써 서로의 대화를 편안하게 이어 나갈 수 있게 도와주며, 필요한 경우에는 자신들의 감정을 더 깊이 들여다볼 수 있게 용기를 북돋아 주는 방식으로 진행한다. 화자가 자신의 감정을 표현함으로써 공유하고 청자가 들은 것을 다시 미러링할 때마다 성치료 전문가는 청자가 "좀 더 할 얘기 있어요?"라고 묻도록 격려한다. 이렇게 하면 화자는 자신이 어떤 말을 해도 받아준다는 편안함을 갖게 된다. 그리고 청자는 최대한 열심히 들을 수 있는 자세를 가지고 경청한다. 청자는 화자가 "지금은 이 정도로 충분해요."라고 말할 때까지 계속해서 미러링하고 "더 하고 싶은 얘기가 있어요?"라고 묻는다.

그런 다음 화자가 말한 내용을 받은 사람이 수용하게 한다(예: "내가 아는 당신을 생각해 보니 그럴 수 있겠네요. 그런 감정을 느꼈구나."). 그런 다음에는 화자가 자신이 표현한 내용을 느끼고 있는 것을 이해했는지 청자에게 확인하는 몇 가지 감정적인 말들을 공유하면서 공감하고 있음을 보여 준다(예: "내 생각에는 당신이…… 이런 감정을 느꼈을 것 같아요."). 그렇게 하면서 청자는 설령 거기에 동의하지 못하거나 같은 경험이 없었더라도 상대가 얼마나 힘들었을지 이해한다는 표현을 하려고 노력한다. 이 진행 과정 속에서 커플은 각자의 경험을 상대방과 공유하면서 공감과 이해를 얻을 수 있다. 이 과정의 목표는 동의가 아니라 단순히 듣고 공감하는 것이다. 다음으로 각 파트너가 역할을 바꾸어서 받는 사람이 해당 주제에 대해 자신의 생각을 상대방에게 전달한다.

다음에 제시하는 대화는 이러한 이마고 대화법 과정이 어떻게 진행되는지 요약해서 보여 준다.

화자: "이 주제에 대해 내가 얘기하고 싶은 한 가지는 ____________야."

청자: "그러니까 이 주제에 대해 당신이 얘기하고 싶은 한 가지는 **[들은 내용을 단순히 반복함]**

라는 얘기지. 좀 더 할 얘기 있어?" **[반영하기]**

화자: "응, 나는 ____________야."

청자: "더 할 이야기가 있어?" **[반영하기]**

화자: "아니, 지금은 이걸로 충분해."

청자: "내가 아는 당신을 생각해 보니 그런 감정을 느꼈을 수 있겠다. 왜냐하면 ____________. 내가 제대로 이해했어?" **[인정하기] [또는 이해가 잘 안 되면 "더 자세히 말해 줘."]**

화자: "그래, 이해했네."

청자: "내 생각에는 당신이 ____________ 이런 감정을 느꼈을 것 같아. 또 어떤 감정을 느꼈어?" **[공감하기]**

화자: "이해했네. 난 ____________ 이런 감정도 느꼈어."

청자: "얘기해 줘서 고마워."

결과적으로, 이마고 대화법은 각 파트너가 서로의 감정을 전달하고 공감해 주는 대화를 지속하도록 한다. 따라서 성치료 전문가가 대화를 통제할 필요가 없으며, 결국 이러한 대화는 커플이 온전히 주도적으로 진행하도록 해 준다. 또한 성치료 전문가나 부부가 대답하거나 중간에 끼어들 필요 없이 서로 대화를 주고받을 수 있는 시간을 허용해 준다.

이 과정 전체에서 성치료 전문가의 역할은 대화에서 미러링을 촉구하고, 화자와 청자 모두가 구조화된 이마고 대화법에서 이탈하지 않고 잘 진행할 수 있도록 돕고, 과열된 감정이 촉발된다면 관련 대화 주제에서 벗어나게 할 수도 있는 모든 주제를 잘 다룰 수 있게 돕는 것이다. 성치료 전문가는 커플이 대화를 나누는 분위기가 지나치게 긴장되거나 딱딱해져서 치료실에서 대화가 잘 진행되지 않는 상황을 예방하는 것이 목표이다. 미러링을 적절하게 하지 못할 경우 커플이 부끄러워하거나 당황스러워하는 상황이 생기기 때문에 지나치게 완벽한 기준을 세울 필요는 없다. 그와 동시에 커플이 일상의 루틴을 좀 내려놓고 서로 간의 갈등이나 이기려고 하는 권력 투쟁을 줄이도록 해서, 일상생활에서도 서로의 마음을 치료할 수 있도록 구조적 이마고 대화방법이 충분히 마련되어야 한다.

성치료 전문가는 커플의 대화가 어느 정도 편안하게 진행된다고 느껴지면 보다 더 어렵고 심층적인 대화를 나눌 수 있게 안내한다. 이는 많은 커플이 이마고 대화에서 감정적으로 더욱 과열될 수 있는 섹스나 친밀감, 즉 정사, 욕구 문제, 성기능 장애(sexual dysfuctions)에 대한 주제를 나누는 데 특히 좋은 구조적 수단이 된다(Nelson, 2008).

성과 커플 치료

커플은 성행위에 대한 의사소통 기술이 개선되면 더 오랜 시간 함께 있을 가능성이 커진다(Nelson, 2008). 실제로 커플 치료에서 성적인 분위기가 회복되도록 촉구하고 오랜 시간 열정을 다시 환기하는 과정에서 가장 먼저 시도하는 방법은 좋은 의사소통 기술을 가르치는 것이다. 성치료 전문가는 커플 치료 과정에서 IRT에 특화된 이마고 대화 기법을 통해 커플 각자가 내면에 간직하고 있던 성적인 환상과 욕구를 함께 탐색하고 서로가 공유할 수 있는 구조적 수단을 제공한다.

커플은 회기에서 이마고 대화 기법을 활용하여 서로에게 온전히 집중하고, 안전한 공간을 만들고, 자신의 생각과 감정을 표현했을 때 상대방에게서 진정한 공감을 얻고 가치 있게 여길 수 있는 방법을 연습할 수 있다(Masters, Johnson, & Kolodny, 1982; Nelson, 2008). 역설적이게도 커플 치료에서 서로 이야기하고 공유하는 것이 안전하다는 경험을 하게 되면, 그동안 서로에게 말하지 못하고 숨기고 있었던 비밀 때문에 생겼던 긴장감이 완화된다. 그동안 숨겨 온 비밀은 성기능 장애 및 성관계에서의 문제와 관련된 경우가 많다. 하지만 때로는 그 비밀 자체가 관계에서 성적인 에너지를 유지해 주기도 한다. 이러한 가능성도 역시 함께 살펴봐야 한다(Bader, 2002).

이마고 대화 기법은 성과 커플 치료의 초기 단계에 도입하여 진행할 수 있을 뿐만 아니라 치료의 두 번째 단계로 이어질 수도 있고 대부분 커플 관계의 전망이 확실하게 구축될 수 있는 마지막 단계로 이어지기도 한다(Hendrix, 1998; Nelson, 2008). 성치료 전문가는 커플이 치료실에서 사용한 이마고 대화 기술을 회기가 끝난 후에 집에서도 일상적인 대화로서 연습하며 활용하도록 안내한다.

감사하기 대화법

커플들은 회기의 대화에서 '감사하기' 단계를 시작할 때 파트너로부터 감사하는 말을 들으면 상대방을 향해 더욱더 마음을 열게 된다. 감사하기는 한 사람이 상대에 대해 평소에 느꼈지만 전달하지 못했을 수 있는 파트너에 대한 칭찬이나 긍정적인 말이다. (첫 3개월 이후) 관계 치료 후반 단계에서 많은 경우에 파트너가 긍정적인 내용의 말은 잘하지 못하고 대신 자신들을 불행하게 만든 원인에 집중하여 말하기 시작한다. 서로를 비난하기 시작하고 일상생활에서 자신이 불행하다고 느낀 것을 주로 말하거나 자신들이 원하는 것을 얻지 못하는 것을 상대방 탓으로 돌린다.

행동주의자는 부정적인 문제 행동을 변화시키기 위해서는 상대방이 바뀌도록 강압하기보다는 부정적인 행동을 무시하거나 오히려 반응하지 않는 것이 효과적이라고 한다. 이와 마찬가지로 긍정적인 행동을 강화하려면 우리는 그 행동에 대해 감사를 표현해야 한다. 파트너에게 어떤 점에 대해서 감사하는지 상기시켜 주면 그 행위를 더 많이 하도록 해 준다. 이러한 칭찬은 특히 상대에게 성생활에 대해 얘기할 때 더욱 효과가 좋다.

파트너와 성적인 욕구에 대해 대화를 나눌 때 서로 기능이 잘 되지 행동을 언급하지 않는 것이 중요하다. 만일 파트너가 잘 받아들이기 어려운 요구를 하면 부담감에 당황하여 상처를 받거나 수치심을 느낄 수 있기 때문이다. 커플이 이마고 기법의 세 가지 측면을 활용하는 감사하기 대화법으로 대화를 시작하면 파트너에게 상처를 주지 않을 수 있게 된다. 헬렌과 조지의 사례로 돌아와서, 여섯 번째 회기에서 우리는 어떤 점이 좋았는지에 대해 상세히 말하는 시간을 가졌다. 이들의 감사하기 대화법은 다음과 같았다.

성치료 전문가: "감사하는 방법을 실습하기 위해 이렇게 해 봅시다. 상대와 섹스할 때 어떤 점

이 고마웠는지 얘기해 봐요. 구체적으로요. 서로에게 어떤 점에 대해 감사한지 생각해 보고 이렇게 말해 보세요. '내가 당신에게 감사한 한 가지는……'."

조지: "헬렌, 오늘 아침에 침대에 같이 누워 있었을 때 시간을 내어 내 등을 마사지해 줘서 정말 고마워."

성치료 전문가: "그럼 헬렌, 조지가 헬렌에게 말한 것을 반영하는 대화를 해 주시겠어요?"

헬렌: "그러니까 조지, 당신 말은 오늘 아침에 우리가 사랑을 나눴을 때 당신 등을 내가 시간을 내어 마사지해 주서 정말 고마웠다는 거지." **[반영하기]**

성치료 전문가: "헬렌이 조지의 관점을 이해했음을 다시 알려 주기 위해 조지가 한 경험을 인정해 주시겠어요? 동의할 필요는 없습니다. 이런 식으로 말씀하시면 돼요. '조지, 그랬구나, 이해했어. 내가 마사지해 줄 때 당신이 정말 기분이 좋았구나.'"

조지: "응, 덕분에 정말 편안하게 긴장이 풀렸고 오늘 섹스하고 싶은 마음이 들게 됐어."

헬렌: "그랬구나, 조지, 내가 마사지해 줘서 기분이 좋았던 게 편안하게 긴장이 풀려서였구나." **[인정하기]**

헬렌과 조지가 첫 번째 이마고 대화법 반영하기와 수용하기 두 가지 요소를 활용해 보도록 도운 후 이마고 대화법의 세 번째 요소 공감하기에 대해 설명했고 헬렌이 청자로서 공감하기를 대화에 적용해 보게 했다.

성치료 전문가: "청자는 화자가 어떻게 느꼈을지 상상해 보고 그 사람 입장에서 생각해 보는 노력을 해야 합니다. 화자가 어떤 경험을 하고 있을지 생각해 보세요. 이렇게 말하면 됩니다. '그러니까 내가 당신한테 마사지를 해 주면 기분이 좋고 자극을 받을 것 같아.'"

헬렌: "그러니까 조지, 내가 마사지해 주는 것이 정말 고맙다는 거지. **[공감하기]** 그리고 당신이 자극을 받았다니 나도 기분이 좋아."

조지: "응, 진짜 좋아. 기분이 좋아져서 당신이랑 사랑을 나누고 싶어지게 돼."

성치료 전문가: "이제 다음 단계로 나아가서 성적인 욕구나 판타지를 얘기하는 데도 이 대화법을 사용해 볼 수 있습니다. 그저 두 분은 파트너의 말을 듣고 반영해 주기만 하면 됩니다. 유일하게 해야 하는 대답은 인정하기와 공감하기입니다. 상대의 욕구나 판타지에 대해

듣고 그걸 행동에 옮기겠다고 약속을 하거나 그 행위를 거절한다고 반응할 필요가 없습니다. 서로가 대화를 하며 여유를 가지기만 하면 됩니다."

나는 헬렌과 조지와의 대화 실습이 끝난 후, 이마고 대화법과 관련된 세 가지 중요한 사항에 대해 다시 한번 말해 줬다. 첫째로는 욕구에 대해 대화를 하고 싶을 때 지금 얘기해도 괜찮은지 상대에게 항상 물어보는 것이다. 시간적으로 여유가 없으면 실망스러운 결과를 얻게 되기 쉽다. 두 번째는 섹스에 대해 대화를 하고 싶을 때도 지금 얘기해도 괜찮은지 먼저 물어보는 것이다. 섹스에 대해 이야기할 시간 약속을 하는 것은 기다리는 시간이 길어질수록 성적인 기대감과 흥분이 더해지기 때문에 좋은 생각이라고 볼 수 있다. 파트너도 성적인 욕구에 대해 이야기할 더 안전한 시간이나 공간이 필요할 수 있다. 파트너가 날짜나 시간을 좀 미루더라도 허용해야 한다. 그리고 마지막 세 번째는 항상 감사하는 말로 대화를 시작하는 것이다.

성적 판타지 대화법

성치료 전문가는 헬렌이 마음을 열고 조지의 성적 판타지를 듣고 싶어 하는 지점까지 왔다. 헬렌은 과거에 일어났던 일 때문에 지금까지 조지에게 분노와 억울한 마음을 품고 있어서 조지의 욕구에 대해 이야기 나눌 마음이 전혀 없었다. 헬렌은 조지가 포르노를 본다는 사실보다 그걸 자신에게 숨겨 왔다는 것이 기분이 나빴다. 헬렌은 이마고 대화법을 진행한 결과로 이제 조지와 포르노에 대한 곤란한 대화를 할 만큼 충분히 편안함을 느꼈고, 자신의 성생활이 어떤 방향으로 흘러갔으면 하는지에 대해 이야기할 수도 있었다.

조지는 자신의 성적 판타지를 헬렌과 공유한 적이 한 번도 없었고, 헬렌은 조지가 어떤 얘기를 할지 다소 불안하면서도 기대감도 같이 들었다. 조지가 자신의 성적 판타지를 헬렌에게 말하는 것에 대해 느끼는 두려움은 그의 과거와 뿌리 깊게 연관되어 있었다. 조지는 수년간 자신의 성적 욕구 목록 중 일부로 동성애적 판타지와 감정을 갖고 있었다. 하지만 자신의 어린 시절 때문에 남성과의 섹스 판타지를 얘기하기가 두려웠다. 조지는 어린 시절 자신의 가족과 교회 사람들에게서 게이가 되는 것은 명백한 죄라고 듣고 자랐다.

나는 이번 회기에서 조지와 헬렌 모두에게 섹스에 대해 이야기하는 것은 성적 판타지를 실제로 행동에 옮기는 데 동의하는 것은 아니라고 이야기했다. 단순히 서로를 인정하는 것에 의미가 있는 것이다. 이들은 서로의 욕구에 대해 이야기하고 공감함으로써 서로를 진심으로 존중하고 이해하기 위해 노력하고 있음을 보여 주었다. 커플이 서로를 인정하고 감사하는 마음은 관계적으로 통합되는 하나의 징후였다. 나는 다시 한번 듣고, 공감하고, 인정하는 것만 잘하면 된다고 얘기했다.

헬렌은 아직 조지가 자신이 동의하고 싶지 않은 무언가를 요청할까 봐 불안감을 느꼈다. 헬렌은 어린 시절 엄마한테 '착한 아이'는 다른 사람들의 말을 잘 듣는 거라고 들으면서 자랐다. 그래서 남자들이 자신에게 뭔가를 요구했을 때 헬렌은 잘 수용했고 반박하며 논쟁을 벌인 적이 없었다. 나는 헬렌에게 잘 듣는 것이 무조건 그 말에 응한다는 뜻은 아니라고 했다. 단순히 그 사람의 경험에 공감할 수 있다는 뜻이며 공감이 결코 따른다는 뜻은 아니라고 말해 주었다.

두 사람은 감사하기 대화법을 활용하여 인정하기와 공감하기를 연습하는 여러 회기 이후에 자신감을 갖게 되었고, 서로의 진짜 욕구를 공유할 준비가 되어 있었다.

조지: "전에 비해 좀 자신감과 믿음이 생긴 것 같아요."

성치료 전문가: "헬렌에게 조지의 생각을 말해 보실래요? 헬렌에게 평가받을지 모른다는 걱정 없이 헬렌에게 잘 얘기할 수 있을 것 같은가요?"

조지: "네, 이마고 대화법을 사용하면 될 것 같습니다."

성치료 전문가: "헬렌에게 조지의 판타지에 대해 들을 준비가 되었는지 물어보실래요?"

조지: "헬렌, 지금 내 판타지를 예기해도 괜찮을까?"

헬렌: "응, 지금 괜찮아."

조지: "좀 불안하긴 하지만 당신에게 이 판타지에 대해 얘기하고 싶어."

헬렌: "그렇구나, 좀 불안하긴 해도 나한테 판타지를 얘기하고 싶구나. 그렇지?" **[반영하기]**

조지: "응. 그런 나를 평가하지 말아 줘……."

헬렌: "아, 그렇구나. 듣고 당신을 평가하지 말아 달라고 부탁하는 거지." **[반영하기]**

조지: "응. 내가 숨겨 온 성적 판타지 중 하나는 남자랑 하는 거야."

헬렌은 대답을 하지 않았다. 나는 헬렌에게 지금은 어떤 식으로 반응하는 대신 조지가 한 말을 시간을 갖고 그대로 반복만 할 수 있도록 격려해 나갔다. 헬렌은 조지의 성적 판타지에 충격을 받았지만 조지에게 수치심을 주기보다는 그저 조지의 말을 그대로 반복했다.

헬렌: "그렇구나. 당신이 숨겨 온 성적 판타지 중 하나는 남자랑 하는 거구나. 내가 제대로 이해했어?"

조지: "응, 오랜 시간 원했던 것 같아."

헬렌: "그렇구나. 그러니까 당신 말은 오랫동안 그걸 원했다는 거지. 더 할 얘기 있어?"

조지는 계속해서 동성애를 하는 것에 대한 자신의 생각을 조금 더 자세히 얘기했다. 헬렌은 조지가 계속해서 이야기하는 동안 그가 왜 그런 식의 감정을 느끼게 되었는지 더 자세히 들을 수 있었다. 그리고 나는 헬렌이 이만하면 충분하다고 느꼈을 때 그의 말을 멈추게 하도록 격려했다. 하지만 헬렌은 조지가 자신의 두려움에 대해 더 이야기하게 허용했다.

조지: "내가 게이인 것 같진 않지만 그냥 호기심이 드는 것 같아."

헬렌: "그렇구나. 게이는 아닌 것 같지만 호기심이 드는구나." **[반영하기]**

그러자 조지는 자신이 성적 판타지를 탐험하기 위해 포르노를 어떻게 활용했는지에 대해 이야기했다. 내가 헬렌에게 조지의 대답에 인정하고 공감할 수 있는지 묻자, 처음에는 그의 감정에 대해 어떻게 이해하고 표현해야 할지 힘들어했다.

헬렌: "당신이 섹스에 대해 관심이 많은 건 알고 있어. 당신이 그런…… 판타지를 갖고 있다는 것도 알겠어."

성치료 전문가: "네, 두 분은 다른 사람입니다. 그런 점에서 두 분은 서로 다른 생각을 갖고 있어요. 우리는 여러 가지 음식에 대해서도 각자 다른 입맛을 가진 것처럼 성적 판타지도 다를 수 있지요. 헬렌도 어떤 때는 다른 성적 판타지를 갖고 있을 수 있지 않나요?"

조지: "이제 당신한테 뭐든 말할 수 있을 것 같은 기분이야."

그 말을 듣고 헬렌은 회기 중에 울기 시작했다. 나는 조지에게 당신이 갖고 있는 동성애 판타지를 헬렌에게 말하기까지 얼마나 힘이 들었을지, 그리고 또 말하고 나니 얼마나 후련함을 느끼는지 상상이 간다고 반복해서 말해 주었다. 그리고 나서 두 사람에게 이 대화를 잘 이어 나간 서로에게 감사함을 전할 수 있겠냐고 물었다. IRT 및 성치료에서 감사 인사로 회기를 마무리하는 것은 매우 중요하다. 회기에서 경험한 것에 대한 긍정적인 인상을 남기고 어떻게 진행이 되었는지 되돌아보는 계기가 되기 때문이다.

조지: "헬렌, 나에 대해 평가하지 않고 내 얘기를 잘 들어 줘서 고마워."

헬렌: "조지, 나한테 솔직하게 말해 줘서 고맙고 그 점이 정말 좋았어. 고마워."

잃어버린 섹스를 찾아서

파트너와 사랑에 빠졌을 때는 서로의 차이가 느껴지지 않지만 그 사랑의 불꽃이 꺼지고 나면 우리가 얼마나 다른 사람인지 명확해진다. 성치료 전문가를 만나기 위해 치료실에 찾아오는 커플들은 대개 서로 다른 성적 모델을 갖고 있고, 각자의 성적 행위나 성적 분위기를 만드는 취향과 욕구 수준에 차이가 있어서 성적으로 서로 맞지 않는다고 얘기한다.

하지만 이런 차이를 알아차리는 것은 개인이 발달하면서 성행위에 영향을 받은 배경을 살펴보고, 성장 및 치유를 촉구할 수 있는 기회가 될 수도 있다. 사람들은 성적인 본질을 유지하는 것과 문화나 사회가 허용하는 범위 안에서 성적인 행동을 서로 조율하는 것 사이에서 균형을 찾으려고 시도하는 경우가 많다. 그 결과 자신의 성적 자아가 지나치게 발달하거나 부족하게 발달할 수 있다. 예를 들어, 섹스에 대해 적절한 교육을 받은 사람은 자신의 성행위를 포용할 수 있어야 한다. 자신에 대한 적절한 성적 메시지는 다음과 같다.

- 섹스에 대해 생각을 하고 판타지를 가져도 괜찮다.
- 내가 성적인 존재가 되어도 괜찮다.
- 성적인 감각을 포함한 모든 육체적 감각을 스스로 경험해도 괜찮다.
- 몸을 움직여도 괜찮다.
- 섹스와 성적인 문제에 대해 이야기해도 괜찮다.
- 성적으로 살아 있음을 느껴도 괜찮다.
- 성적인 감정을 느끼고 표현해도 괜찮다.
- 성적인 접촉을 시작해도 괜찮다.

하지만 어떤 사람들은 섹스에 대해 억압되거나 부정적인 메시지를 받으며 자라서 이것이 현재 관계에도 영향을 미친다. 이러한 메시지는 사고, 감각, 감정, 행동 영역에서 그들의 성생활에 부정적인 영향을 미칠 수 있다.

예를 들어, 성적인 사고와 관련하여 부정적인 메시지를 받은 사람은 성적 판타지 자체를 제한하거나 그러한 생활 자체를 하지 않을 수 있다. 이들은 자신이 성적으로 어떤 것을 좋아하는지 알지 못하거나 자신이 좋아하는 것을 파트너에게 말하지 못할 수 있다. 또한 성적인 경험을 하는 동안 머릿속에서 강박과 불안을 느낄 수도 있다.

성적인 감각에 대해 부정적인 메시지를 받은 사람은 성적인 경험을 서둘러 처리하고 섹스와 관련해서 목표나 성과 지향적으로 행동할 수 있다. 이와 유사하게 성적인 감정에 대해 부정적인 메시지를 받은 사람은 성적 기쁨을 억제하거나 친밀감이 없는 상대와 성적인 흥분을 갖게 되기 쉽다.

사고	감각	감정	행동
• 섹스에 대해 생각하지 말라. • 특정한 성적 생각을 갖지 말라. • 섹스에 대해 이야기하지 말라. • 특정한 생각을 표현하지 말라. • 섹스에 대해 호기심을 갖거나 알려고 하지 말라.	• 자신의 육체를 경험하지 말라. • 스스로를 만지지 말라. • 나쁜 냄새를 맡지 말라. • 자신의 모든 감각을 경험하지 말라.	• 자극이나 흥분을 느끼지 말라. • 성적 감정을 즐기지 말라. • 성적 감정이나 성적 환희를 보이지 말라. • 스스로 수치심을 느껴야 한다.	• 몸을 움직이지 말라. • 엉덩이, 허벅지 또는 골반저를 움직이지 말라. • 성적 접촉을 시작하지 말라. • 충동적으로 행동하지 말라.

마지막으로, 성적 행동과 관련하여 부정적인 메시지를 받은 사람은 성적 경험을 시작하는 데 어려움을 겪을 수 있다. 이들은 섹스 중에 긴장을 풀고 이완하지 못하고 굳어서 자세도 약간만 움직이도록 제한할 수 있다(Rosenfeld & Slade, 2019). 앞서 살펴본 표에 성적인 사고, 감각, 감정, 행동 등의 영역 각각에 자신이 영향을 받았을 수 있는 부정적인 메시지 몇 가지가 요약되어 있다.

커플이 안전하면서도 조화롭게 잘 이루어지는 관계를 형성하고, 서로 성적으로 이해하며, 보다 긍정적인 성관계를 갖도록 협력하기 위해서는 각 파트너가 자라면서 성관계에 대해 받은 메시지를 잘 살펴보도록 돕는 것이 매우 중요하다. 잃어버린 성적 자아 대화법(lost sexual self dialogue; Rosenfeld & Slade, 2019)은 이러한 메시지가 현재 성적 파트너십에 어떻게 영향을 주는지 살펴보고 커플이 보다 건강하고 이해받는 관계로 발전시키기 위해 사용할 수 있는 구조화된 기법이다.[1] 다음 문장을 사용하면 개인이, 그리고 커플이 자신의 어린 시절의 영향으로 현재 관계가 어떻게 결정되었는지에 대해 얘기할 수 있다.

1) 실비아 로젠펠드(LCSW), 그리고 소피 슬레이드(PhD)는 둘 다 '잃어버린 섹스를 찾아서(finding the sex you lost)'라고 하는, 성적인 문제에 이마고 이론을 적용하는 성치료 전문가를 위한 임상적 교육을 개발한 공식 자격증을 보유한 이마고 성치료 전문가이다. 잃어버린 성적 자아 대화법(lost sexual self dialogue)은 이마고의 잃어버린 자아 대화법(imago lost self dialogue)에서 채택된 것으로 이 훈련의 일부이다.

섹스에 대해 내가 어린 시절 받았던 긍정적인 메시지는…….

섹스에 대해 내가 어린 시절 받았던 부정적인 메시지는…….

이러한 메시지의 결과로 내가 내린 결정은…….

이것이 나의 과거 성적 경험에 어떤 식으로 영향을 미쳤냐면…….

이것이 나의 현재 (당신과의) 성적 경험에 어떤 식으로 영향을 미쳤냐면…….

내가 스스로에게 줄 수 있는 새로운 메시지는…….

새로운 메시지를 반영하기 위해 내가 연습해 볼 수 있는 행동은…….

이 과정을 마치고 나서 내가 경험하게 될 것은…….

이 대화법은 회기에서나 집에서도 활용할 수 있다. 각 파트너는 제시된 앞 문장을 기반으로 나머지 자신의 문장을 완성하는데, 파트너와 둘이서 하거나 성치료 전문가와 치료 회기에서 대화로도 할 수 있다. 파트너는 들은 내용을 반영하고, 인정하고, 공감하며 각 문장을 미러링할 수 있다. 이러한 문장으로 긴 대화가 이어져 심층적인 치료 회기가 시작될 수 있다.

이스라엘 클리닉에서의 섹스 치료와 이마고 치료

오를리 워먼(Orli Wahrman)은 커플 상담 측면에서 IRT와 성치료를 결합한 이스라엘의 성치료 전문가이다. 오를리는 성교 통증과 삽입장애를 치료하기 위해 미국에도 잘 알려진 대로 물리치료사 또는 골반저 치료 전문가와 협업한다. 이 협업적인 접근 방식을 통해 치료 중 물리치료 부분에서는 기계적 개입에 집중할 수 있고 성과 커플 치료 측면에서는 통찰력을 늘리고, 의사소통을 개선하며 커플이 성적인 관계를 향상하는 데 도움이 되는 분위기를 조성에 집중할 수 있다. 다음 사례를 통해 이 팀의 접근 방식이 문화, 종교 그리고 성교 통증 관련 문제를 모두 안고 있던 성치료를 어떻게 해결해 나갔는지 알 수 있다.

쇼사나(Shoshana)와 그의 남편 엘리에셀(Eliezer)은 삽입 시 쇼사나가 질경련과 통증을 겪고 있어 치료를 위해 클리닉을 찾았다. 현재 『정신질환 진단 및 통계 메뉴얼(DSM-5)』에 정의된 대로 질경련은 성기-골반 통증/삽입장애이다(American Psychiatric Association, 2013). 이는 질에 삽입을 하고 싶어도 할 수 없는 상태를 말한다. 그 결과, 실제 예상되는 통증 때문에 질 삽입에 대한 성적 및 비성적(예: 부인과 검사, 탐폰, 확장기) 거부감이 생긴다. 쇼사나의 성교 통증은 이들의 성관계에 부정적인 영향을 주어서 두 사람의 의사소통을 돕고 성기능 저하를 치료해 줄 성치료 전문가가 필요했다.

쇼사나와 엘리에셀은 둘 다 20대로, 여자는 일찍 결혼해 아기를 가지고 대가족을 유지하라는 압박감을 주는 폐쇄적이고 보수적인 집안에서 자랐다. 전통적으로나 종교적으로 많은 기혼 여성이 머리카락을 가리지만 쇼사나는 가리지 않았다. 이들은 교육을 잘 받았고 서로 사랑하는 관계였다.

쇼사나와 엘리에셀은 결혼한 지 1년이 되었는데, 거의 매일 섹스를 시도한 후, 성치료 전문가의 도움을 받기로 결정했다. 두 사람은 결혼생활과 어머니 때문에 압박감을 느끼기 시작했다. 성기 삽입 문제 외에도 '성공'적인 결혼생활을 할 수 있을지에 대해 매우 걱정이 되며 처음 관계가 시작됐을 때만큼 포옹이나 키스가 그리 '달콤하지' 않다고도 말했다.

두 사람은 사생활을 보호받기 위해 사는 동네에서 충분히 멀리 떨어진 곳에 위치하는 골반저 치료실을 찾았다. 커플은 물리치료사의 치료를 8개월 동안 진행하면서 성치료도 일주일에 한 번씩 받았다. 성치료 각 회기는 1시간 반 동안 진행되었다. 전반은 그들의 성적인 생활, 서로 삽입 없이 성과 상대방의 신체를 즐기는 방법을 배우는 데 시간을 보냈고, 나머지 반 정도는 이마고 대화법에 집중했다. 두 사람은 치료실에서 각자의 의자에 앉아서 서로의 눈을 마주 바라보며 한 번씩 차례대로 이야기를 했다. 구조화된 이마고 대화법으로 서로에게 완전히 집중하고, 이해하고, 인정하고, 동의할 필요 없이 공감하는 방법을 알게 됐다.

성치료에서 첫 번째 과제는 쇼사나가 자신의 불안을 완화하고 물리치료사와 신뢰관계를 형성하는 것이었다. 쇼사나는 성관계에 대해 부적절하다고 느끼고, 수치심과 죄책감도 심하게 느끼고 있었다. 치료 과정은 성치료 전문가와 물리치료사 모두와 동시에 진행되었다. 쇼사나는 성치료 전문가와 물리치료사 모두와 함께하는 것이 안전하다고 느낄수록 몸의 긴장이 풀렸고 치료를 받는 것에 대해 더욱 자신감과 만족감을 느끼게 됐다. 이따금 엘리에셀은 혼자 치료에 와서 문제를 이해하고 쇼사나를 공감하는 법을 배우고 본인의 과열된 감정을 다루는 데 도움을 받았다. 엘리에셀은 자신이 남자로서 부족하다고 인식하는 자신의 감정과 아내가 자신을 원하지 않는다는 인식, 그리고 자신을 탓하는 그런 감정(예: "아내가 나를 충분히 원했다면 문제가 없었을 거야." "내가 더 남자다웠다면 아내가 아마…….")을 해결해 나갔다.

치료 초기에 분명히 드러난 사실은 쇼사나가 커플 관계에서 매우 경쟁적인 면을 분명히 보여 주었다. 쇼사나는 어렸을 때부터 어떠한 실수도 용납되지 않는 가정환경에서 자랐다. 쇼사나는 남자들이 이끄는 사회에서도 독립적인 여성이었다. 어디에서 무엇을 공부할지를 포함해 자신이 스스로 의사결정을 했고 대학 입학 후 기숙사에서 살기로 선택하면서 집을 떠났다. 쇼사나는 엄마와 가까운 사이였지만 자신의 경계와 독립성을 확실히 지켜냈다. 쇼사나는 엄마에게 자신이 '실패'(즉, 질경련 '문제')한 것에 대해 말하는 것을 극도로 두려워했다.

엘리에셀은 여자가 많은 가정에서 자랐고 그의 누나는 항상 엄마처럼 그를 보살폈다. 엘리에셀은 '가장' 역할을 하고 싶었지만 그러한 기대는 흐지부지되었고 쇼사나의 강한 의지 때문에 힘든 시간을 보냈다. 어떤 때는 원하는 것을 얻기 위해 직접적으로 솔직하게 말하지 못하고 교묘하게 그런 상황을 만들기도 했다. 쇼사나는 이런 속임수를 알아차릴 때마다 화가 났고 엘리에셀을 회피했다. 이런 상황이 되면 이 커플은 며칠간 말을 하지 않거나 접촉을 피하곤 했다.

각 치료 회기에서 쇼사나와 엘리에셀은 두 사람 사이에 이렇게 오래 지속된 역동에 대해 이야기했다. 가족력, 어린 시절 상처, 방어기제, 그리고 이러한 문제들이 이들의 관계와 성생활에 어떻게 영향을 미쳤는지에 대해서도 다뤘다. 쇼사나는 이마고 대화법을 사용하여 사랑을 나눌 때 자신의 질경련과 삽입의 어려움이 계속 생각나서 성관계를 즐기는 것이 얼마나 어려운지 얘기했다. 엘리에셀은 쇼사나의 걱정을 듣고 이를 반영하고, 수용하고, 공감할 수 있었다. 엘리에셀이 이 대화법을 사용할 차례가 되자, 그는 쇼사나가 자신이 참고 공감해 주려는 노력을 알아주지 않아 섭섭하고, 자신이 어떻게 하면 기쁨을 느끼는지 알아보려는 노력도 하지 않는 쇼사나에게 불만감을 표현했다.

각 회기가 끝날 때마다 쇼사나와 엘리에셀은 서로 상대방에게 감사함을 표현해야 했다. 두 사람은 자신들의 상황이 완벽하지는 않아도 서로에게 감사하게 되었고 서로 즐길 수 있고, 정서적으로도 성적으로도 만족감을 느꼈다. 엘리에셀은 치료가 진행될수록 쇼사나가 자신을 좀 더 배려한다는 것을 느꼈고 그가 자신의 성적 욕구를 표현했을 때, 질경련 문제에 덜 사로잡히는 것을 알 수 있었다. 성치료 전문가는 엘리에셀에게 일상에서든 성생활에서든 더 많이 이야기하고 더 많이 제안하고 자신이 원하는 것을 요청하게 했다.

마찬가지로 경쟁적인 쇼사나는 일에만 너무 매진하지 않도록 하였고, 엘리에셀이 자신이 기쁨을 느낀다고 적극적으로 이야기할 때 감사해하도록 격려했다. 마침내 커플은 감각초점 훈련을 통해 점차적으로 다양한 신체 부위를 만지고, 탐색하고 즐기며 결국 성기까지 이르도록 함으로써 서로가 성적인 관계에서 누리는 기쁨을 주고받는 방법을 익히도록 도왔다.

쇼사나의 성치료는 먼저 몸에 힘을 빼고 신체를 이완하면서 신체를 접촉하는 방법을 배우고 최종적으로 질에도 이 방법을 적용하는 물리치료와 통합적으로 진행되었다. 그렇게 하면서 그녀는 자신을 지나치게 통제함으로써 성취하는 문제를 해결해 나갈 수 있었다. 치료 기간이 5개월이 지나자 커플은 삽입 없이도 보다 만족스러운 성생활을 갖게 되었다고 말했다. 두 사람 모두 오르가슴에 도달했고 서로의 몸을 만지고 탐색하는 것을 즐기게 되었다.

쇼사나는 8개월간의 치료가 매우 힘들고 어려울 수 있는 질경련 치료에서 긍정적인 답을 얻었다. 쇼사나는 질 확장기를 사용하여 질을 넓히는 방법 그리고 손가락과 탐폰을 삽입할 수 있는 방법을 배웠다. 쇼사나는 스스로 긴장을 풀고 몸을 이완하여 열기 위한 지식과 능력을 얻었음을 느꼈고 성적인 문제도 해결되었다.

결론

성치료는 기계적이거나 물리적인 개입, 그 이상의 치료이다. 커플이 자신들의 관계에서 더 많은 열정을 표출할 수 있도록 성관계를 이야기하는 것이 포함된다. 따라서 커플은 성적인 문제가 자신들의 성인 자아에 어떻게 영향을 미쳤는지 대화에 참여하고, 섹스가 자신들의 성생활에 어떤 물리적 영향을 미치는지 살펴보고, 관계에서 섹스에 관한 메시지가 어떻게 영향을 주는지에 대해서 이야기하게 한다. 그렇게 이마고 대화를 지속하면 어른이 되고서 맺은 관계에서 나타나는 내면 아이의 상처를 치료하는 데 도움이 되고, 그 결과 커플은 정서적 · 성적 만족감을 달성할 수 있다. 성치료 전문가는 이마고 대화법 및 『당신이 원하는 섹스하기(Getting the Sex You Want)』(Nelson, 2008)의 기법을 활용하여 커플 사이의 의사소통을 강화하고 성적인 연결을 이룰 수 있는 분위기를 조성하는 데 도움을 줄 수 있다. 사람의 욕망은 마음에서 시작되고, 커플이 그들의 성적 환상에 대해 소통하도록 격려하는 것은 에로틱한 관계 회복으로 이어질 수 있다.

5장

내면적 가족체계 성치료

게일 거트먼(Gail Guttman) LCSW

내면적 가족체계(Internal Family Systems: IFS) 치료는 리처드 슈워츠(Richard Schwartz, 1997, 2001)가 처음 창안한 치료 유형으로, 이후에 토니 허바인 블랭크(Toni Herbine-Blank, 2015)가 내면에서 표현된 친밀감(Intimacy From the Inside Out: IFIO)이라는 이론과 수단으로 변형시켰다. IFS 및 IFIO 둘 다 통합적 성과 커플 치료에 대한 체계를 제공한다는 점을 고려해 이 장에서 각 모델을 매우 상세히 살펴보려고 한다. IFIO는 관계적 그리고 성적 문제를 해결하는 커플 치료의 맥락에 IFS를 접목하기 위한 발판으로 사용될 수 있다.

내면적 가족체계

내면적 가족체계(IFS) 치료는 리처드 슈워츠가 자신의 내담자 모두가 각자 내면에 '부분(파트, part)' 또는 부분의 성격들이 있음을 알아차린 후 처음으로 발전시킨 개념이다. 그는 이러한 부분의 성격들은 각각의 목적을 갖고 어려운 상황이나 감정을 다룰 수 있게 돕는다는 것을 깨달았다. 다른 치료사들이 이전에 이러한 부분의 성격에 대해 설명한 적이 있지만(예: Berne, 1964; Jung, 1970; Rowan, 1990), 슈워츠는 이러한 성격 부분들이 서로 관계되어 있음을 발견했다. 가족 구성원들이 서로에게 영향을 미치는 그러한 관계와 유사하다고 볼 수 있다. 이것은 그 당시에는 혁신적인 개념이었다. 슈워츠는 가족들을 대할 때와 유사한 방식으로 이러한 성격 부분들을 대하기 시작했다. 슈워츠는 이러한 발견과, 그 발견의 결과로 이루어진 내담자와의 치료 과정을 통해 IFS 치료에 숨어 있는 이론과 방법론을 발전시켰다.

IFS 치료 중심의 개념 중 하나로 모든 사람들에게는 보호자 성격 부분이 있다는 개념이 있다. 이러한 보호자 성격 부분은 한 사람의 강함을 반영하는 경우가 많은데, 이들은 사람들이 실제 위험 또는 위험으로 인지되는 상황으로부터 보호하는 방식으로 삶을 다루도록 도우려는 의도를 갖고 있다. 특히 이러한 보호 성격 부분은 고통스러운 감정을 느낀 기억이나 어린 시절에 겪은 경험으로부터 사람들을 보호하기 위해 나타나는 경우가 많다. 이들은 '망명자(exile)'라고 알려진 어린 성격 부분을 보호한다. 이러한 어린 성격 부분은 종종 상처나 트라우마 경험과 관련하여 자신의 생각이나 감정을 표현할 수가 없다. 보호자 성격은 망명자가 상처, 두려움, 그리고 혼자라는 불편한 감정을 다시 경험하지 않도록 보호한다. IFS에 따르면 이러한 보호자 성격은 관리자나 소방관의 형태로 나타난다.

관리자

관리자(manager)는 실제 위험 또는 앞으로 일어날 수 있는 위험으로 인지되는 상황으로부터 개인을 보호하려고 하는 보호자 성격 부분이다. 하나의 사례로는 통제하는 관리자를 들 수 있다. 이 관리자는 잘못될 수 있는 모든 일을 통제하며 유해한 것으로부터 개인을 보호하려고 한다. 예를 들어, 폴라(Paula)라는 한 내담자는 안전하고 평안함을 느낄 수 있는 조직과 환경에 대한 강한 욕구가 있었다. 폴라는 스트레스가 많은 직업을 갖고 있었고 자녀가 둘 있었다. 폴라는 바쁜 삶을 잘 대처하기 위해 엄격한 일정표로 가족들의 활동을 관리하려고 했다. 이를 통해 폴라는 보다 평안함을 느꼈고 가족 전체가 촉박한 일정을 맞추어 적응하는 데 도움이 되었다.

하지만 관리자가 너무 통제를 하면 다른 면에서는 부작용이 있을 수 있다. 예를 들어, 관리자 성격 부분이 성적인 관계에서 문제를 일으킬 수 있다. 폴라의 내부 성격에서 통제하는 관리자가 작용할 때는 그녀의 아내 제인(Jane)이 융통성 없이 특정한 방식으로만 자신을 만지도록 요구하곤 했다. 폴라는 제인의 입장에서는 불편해도 제인에게 자신의 자극 방법을 제인이 즐기기를 강요하기도 했다. 이러한 상황에서는 이 관리자의 통제하려는 욕구가 폴라와 제인, 그리고 이들의 관계적 · 성적 친밀감에 부정적인 영향을 주었다.

하지만 또 어떤 때는 통제하는 관리자가 성적인 놀이를 확장하는 도구로 사용될 수도 있다. 합의하에 관리자는 두 파트너 모두가 자극을 발견할 수 있는 방식으로 성적인 상황을 통제할 수 있다. 예를 들어, 폴라는 그녀의 아내에게 실크 스카프로 묶어도 괜찮냐고 물어봤다. 아내 제인은 동의했고, 안전하게 할 수 있는 행동을 말로 전달했고, 둘 모두에게 환희를 가져다주는 만족스러운 성행위 방식으로 폴라의 통제대로 실행에 옮길 수 있었다.

또한 관리자 성격 부분은 내담자가 어린 시절 성적으로 학대를 받은 경우에도 도움을 줄 수 있다. 이러한 관리자는 정서적 고통으로부터 망명자를 보호하고, 학대받은 기억을 숨겨 주고, 성행위와 성적인 상황을 통제한다. 내담자 다이앤(Diane)은 어렸을 때 베이비시터로부터 성적으로 추행을 당했다. 다이앤에게는 외음부의 성적 감각을 둔하게 하는 보호 관리자 성격 부분이 있어 감각을 거의 또는 아예 느끼지 못했다. 다른 사람이 성기를 만질 때마다 그 관리자 성격은 외음부의 자극을 차단하여 내면에 있는 어린 망명자를 보호했다.

하지만 관리자는 성적 학대라는 트라우마 기억으로부터 다이앤을 보호하려고 자위 행위도 하지 못하게 막았다. 다이앤은 샤워할 때도 자신의 성기를 만지지 않았다. 샤워 타월로만 만질 수 있었다. 이는 성감을 '둔하게 하는' 보호자 성격이 물리적으로 신체 부위를 둔하게 하여 자신의 망명자가 성적인 자극을 어떻게 느끼지 못하게 보호하는지에 대해 다이앤과 이야기를 나누었다.

치료 과정에서 다이앤은 자신 내면에 있는 망명자에게 일어난 일을 포함하여 학대를 받은 어린 성격 부분에 대해 보다 상세하게 이야기하기 시작했다. 다이앤이 마음을 열고 얘기하자 학대 당시 다이앤 내면의 두 가지 다른 성격 부분이 작용하고 있는 사실이 밝혀졌다. 하나는 몸의 자극에 환희를 경험했고, 다른 하나는 고통, 모욕감, 그리고 두려움을 경험했다. 다섯 살의 아이가 경험하기에는 매우 혼란스러운 경험이었다. 성인이 된 다이앤의 관리자 성격은 이러한 경험을 다시 겪지 않도록 그녀를 보호했다. 이 성격은 다이앤의 망명자 성격이 트라우마 기억, 그리고 이와 관련된 수치심과 공포의 감정에 고통을 겪지 않도록 보호하는 기능을 했다.

소방관

관리자 외에도 IFS 이론에는 소방관(firefighter)이라는 다른 유형의 보호 성격 부분을 정의하고 있다. 유해한 것으로부터 개인을 사전에 보호하려는 관리자와 달리, 소방관은 실제 위험 또는 즉각적인 주의가 필요한 위험, 그리고 때로는 충동적인 행위를 인지하여 보다 취약한 자아의 망명자 성격을 보호한다. 소방관은 약물 남용, 과식, 도박, 성적인 행동 또는 강박으로 나타날 수 있다.

예를 들어, 마크(Mark)는 결혼생활의 스트레스와 성생활의 문제를 치료하고자 내 사무실을 찾았다. 그는 '자위 행위에 강박'이 있다고 설명했다. 아내와 말다툼을 하거나 직장에서 갈등을 겪는 등 불쾌한 감정을 느낄 때마다 그의 성격 중 하나가 자위를 할 수 있는 사적인 공간을 확보하는 즉시 강박적인 자위 행위로 그 상황을 대처하고 있었다. 마크의 소방관 성격(자위 행위에 대한 강박)은 그의 감각을 둔하게 만들고 현재 삶에서 불편하고 고통스러운 감정을 경험하지 않게 할 뿐만 아니라 다른 보호 성격과 망명자가 가져오는 수치심, 분노 또는 두려움의 감정을 느끼지 않게 한다. 그 당시에는 자신이 뭘 하고 있는지, 또는 그의 소방관 성격이 얼마나 지속적으로 자신을 자주 통제하는지 아무 생각이 나지 않았다. 하지만 자위 행위가 끝난 후에는 자신의 망명자 성격 부분은 수치심이라는 감정을 느끼고 있었다.

치료에서 우리는 마크의 소방관 성격과 이 강박적인 자위 행위자 성격 부분이 어떻게 그를 도왔는지를 포함하여 소방관 성격이 하는 기능을 살펴보았다. 마크의 소방관 성격이 좀 긴장을 완화된 상태에서 자신을 살피니, 마크는 서서히 어린 시절 정서적으로 학대당한 기억에 대해 자세히 떠올리기 시작했다. 그는 5세 때 엄마가 낯선 사람과 성관계를 하는 장면을 목격한 것을 기억하고 있었다. 어떠한 설명 없이 너무 어린 나이에 성행위를 목격하면 성적 발달이 이루어지지 않는 경우가 많다. 그 결과, 성적인 행위를 통해 목격한 사건과 유사하게 행동하는 보호 성격이 발달할 수 있다. 마크의 경우에는 아이일 때 자신을 진정하는 메커니즘으로 자위 행위를 활용하기 시작했다. 어린 나이부터 무서움, 외로움 또는 슬픔을 느낄 때마다 성기를 만지고 가지고 놀기 시작했다. 이런 이야기를 나눔으로써 마크는 어린 시절의 트라우마 기억으로부터 망명자 성격 부분을 보호하기 위해 소방 행위와 같은 이런 행동이 자신의 감각을 둔화했음을 인지하기 시작했다.

분리하기와 내려놓기

치료 과정에서 제기되는 의문은 '치료사가 어떻게 개인이 이러한 보호 성격과 망명자 성격을 다루도록 도와야 하는가?'이다. 보호 성격들은 유용한 목적을 갖고 작용하지만 때때로 다른 성격과 그들의 성적인 욕구에 민감하지 못하면서 지배할 수 있다. 이것 때문에 어려움과 실제 문제가 발생할 수 있다. 예를 들어, 다이앤의 관리자 성격은 다이앤이 트라우마를 극복하고 외음부의 자극에 대한 기쁨을 느끼지 못하게 했다. 마찬가지로 마크의 소방관 성격은 자신이 뭔가를 잘못했다는 책임감과 수치심의 감정을 날려 버리지 못하게 했다. 이러한 관리자와 소방관 성격을 돕기 위해 내담자는 이러한 성격들과 어떻게 관계를 맺어야 하는지 배워야 한다.

특히 치료에서는 보다 중심이 된 에너지에 접근하기 위해 내면적 가족체계로서의 시스템에 주력해야 한다. IFS에 따르면 모든 사람에게는 핵심 '자아'('성인 자아' 또는 '자아 에너지'라고도 함)가 있고 여기에는 평안함(Calmness), 호기심(Curiosity), 동정심(Compassion), 자신감(Confidence), 용기(Courage), 명료함(Clarity), 창의성(Creativity), 연결성(Connectedness)의 여덟 가지 C라고 하는 다양한 특성이 담겨 있다.[1) 2)] IFS 치료는 자아 및 자아 에너지가 이 체계를 관리하고 보호자와 망명자의 관계를 다루는 것을 목표로 하고 있다. 그렇게 하려면 치료사는 내담자가 관리자나 소방관 성격에게 압도당하지 않도록 이들을 '분리(unblend)'하도록 도와야 한다. 분리하기는 내담자가 보호 성격 부분으로부터 좀 떨어져 여유를 갖고 이러한 성격들이 중심 자아가

---

1) 따뜻함(warmth), 수용적임(acceptance), 존재함(presence), 일관적임(consistency)이라는 특성도 추가하고 싶다. 나의 상관인 존 팔머(John Palmer)도 자아를 '불안감으로부터 자유로운' 존재로 묘사한다.

2) 나는 내담자가 완전히 인지된 자아 개념을 이해하는 데 도움이 되도록 자아를 '성인 자아'로 얘기할 때가 많다. 자아, 자아 에너지, 성인 자아라는 용어는 이 장의 뒷부분에서 번갈아 가며 사용된다.

있음을 알아차리도록 하는 한 방법이다. 내담자가 보호 성격으로부터 분리될 수 있게 되면 자아(self)가 그 책임을 지고 통합하는 일을 하게 된다. 자아는 보호자가 어떤 면에서 도움이 되었고, 해로웠는지 알아차리고, 보호자가 지속적으로 어리고 상처받은 성격을 어떻게 안전하게 보호하려고 하는지 인식해야 한다.

분리 과정에서 첫 번째 단계는 보호자 성격 부분에게 이렇게 묻는 것이다. "자아 성격이 여기에 있다는 걸 알고 있나요?" 보호 성격이 자아의 개념을 이해하고 그 존재를 느낄 수 있게 되면 자아가 보호 성격 부분과 면담을 통해 그 성격의 역할에 대해 더 자세히 알아본다. 치료사는 내담자가 심호흡을 하고 긴장을 풀고 자신과 거리를 두고 또는 자신의 외부에서 보호 성격 부분을 계속 바라보게 함으로써 이를 달성할 수 있게 된다. 그런 다음 치료사는 다음 질문을 하고, 대답을 기다렸다가 다음 질문으로 넘어간다.

- 이 성격 부분은 몸에서 어디에 존재하고 있나요?
- 이 성격 부분의 감정은 어떻습니까?
- 당신('자아')은 이 성격 부분에 대해 어떻게 느끼나요? [이 질문으로 자아 에너지가 함께 있는지 알 수 있다. 내담자가 자아를 설명하기 위해 형용사(8개의 C)로 대답을 하면 치료사는 자아 에너지가 함께 있음을 알 수 있다. 예를 들어, 내담자는 이렇게 대답할 수 있다. "그 성격이 느껴지는데요." "저는 그 성격 부분에 동정심을 느끼고 있어요." 또는 "저는 그 성격 부분에 대해 호기심을 갖고 있어요."]
- 이 성격 부분이 갖고 있는 믿음은 무엇인가요?
- 무엇을 보호하고 있나요? 아니면 어떻게 이 성격 부분이 당신을 돕고 있나요?
- 그는 어떤 일을 하고 있나요?
- 어떤 희망을 갖고 있나요?
- 그 성격 부분에게는 사연이 있나요?
- 이 성격 부분이 잠시만 비켜서서 당신이 마음속에 있는 자아가 망명자 또는 다른 보호자 성격 부분에 집중할 수 있도록 할 수 있나요? 필요하면 언제든 돌아와도 됩니다.

• 보호자 성격 부분이 그렇게 해도 된다고 하나요? 그렇다면 고맙고 언제든 다시 돌아올 수 있다고 알려 주세요.

보호자 성격 부분이 물러서고 자아가 존재하는 상황이 되면 치료사는 망명자 성격 부분의 고통을 '내려놓거나' 날려 보내도록 도울 수 있다. 망명자가 자신의 짐을 내려놓으면 보호자가 긴장을 풀기 시작한다. 그러면 자아는 망명자가 갖고 있던 고통, 부정적인 메시지 및 신념을 내려놓을 수 있다. 이렇게 내려놓음으로써 망명자와 보호자는 자신들이 갖고 있던 유용한 특성을 마음 편하게 표현할 수 있게 된다. 망명자가 마음을 놓고 치유받았음을 느끼면 보호자가 긴장을 풀고 그 사람이 두려움을 느꼈을 때 사로잡지 않고 체계가 잘 돌아가도록 도울 수 있다.

다음은 모든 사람이 갖고 있는 내면 체계에 대해 설명하는 그림이다. 자아는 체계를 책임지고 있고 원의 중앙에 있다. 보호자(즉, 관리자와 소방관)와 망명자는 모두 자아와 관계를 맺고 있다. 소방관과 관리자는 망명자 바로 옆에서 망명자를 보호하는 역할을 하고 있다. 또한 소방관과 관리자는 서로 접촉하고 있어 서로 관계를 맺고 종종 서로를 돕거나 보호한다. 이 그림에서는 모든 성격이 서로 관계를 맺고, 서로를 돕고, 자아가 이끄는 내면 체계를 위해 작용하는 것의 중요성을 보여 준다.

개인치료를 통해서 다이앤과 마크 모두는 자신의 보호자 성격 부분과 분리되고 망명자 성격 부분을 내려놓는 경험을 할 수 있었다. 하지만 분리하고 내려놓는 과정은 직선적으로 이루어지는 경우가 거의 없고 복잡한 과정을 겪는 경우가 많다. 분리되고 내려놓는 일은 반복적으로, 또 어떤 때는 특히 트라우마가 있으면 여러 회기에 걸쳐 일어나기도 한다. 한 사람이 자아 에너지를 느끼고 머무르면서 망명자로부터 분리하기 시작하면 대개 다른 보호자가 나타나 망명자를 보호하려고 한다. 이러한 과정은 다이앤의 사례를 예로 들어 설명할 수 있다. 치료 과정에서 우리는 앞서 설명한 몇 가지 질문을 통해 다이앤이 자신 또는 다른 사람이 자신의 성기를 만지기를 원하지 않는 보호자 성격 부분으로부터 분리하도록 도왔다. 예를 들어, 다이앤에게 다이앤의 성기 부위를 둘러싸고 있는 보호자 성격 부분에 대해 어떤 감정을 느끼냐고 물었을 때 다이앤은 보호자 성격 부분이 여기에 있어 주고 자신을 보호해 주어서 고맙다고 대답했다. 이러한 감사의 표현은 다이앤의 자아 에너지가 있다는 신호이자 자아가 이 보호자 성격 부분과 관계하고 있다는 증거였다. 이 보호자 성격 부분은 자신이 거기에 없으면 사람들이 다이앤을 다치게 할 거라고 믿었다. 이 보호자 성격의 역할은 다이앤을 남자들로부터 안전하게 보호하는 것이었다. 남자들은 신뢰할 수 없는 존재라고 믿었기 때문이다.

이 성격에는 어떤 사연이 있는지 묻자 보호자 성격은 다이앤이 다섯 살에 베이비시터에게 성적 학대를 당한 이야기를 꺼내 놓았다. 이 시점에서 다이앤은 울기 시작했다. 다이앤은 보호자 성격이 뒤로 점점 사라지는 것을 느꼈고 그렇게 되자 혼자 두려움에 떨며 버려진 자신의 어린 시절 모습을 마주하게 되었다. 이것이 그녀가 보호하고 있었던 망명자였다. 치료 회기에서 여러 차례 보호자 성격은 어린 시절 버려진 것에 대한 두려움, 수치심, 분노의 감정으로부터 이 어린 소녀('어린 다이앤'이라고 칭함)를 보호하기 위해 돌아왔다.

어린 다이앤이 있을 때는 다이앤의 성인 자아에게 어린 다이앤에 대해 어떤 감정을 느끼냐고 물었다. 시간이 흐르면서 어린 다이앤은 어린 소녀인 자기에게 다이앤의 성인 자아(adult self)가 있음을 깨닫기 시작했다. 어린 다이앤은 다이앤의 성인 자아에게 자신의 사연을 더 공유하고 학대 당한 경험을 더 구체적으로 표현했다. 나는 어린 다이앤에게 새로운 이야기, 즉 다이앤이 가족에게 자신을 보호했어야 했다고 얘기하는 내면의 이미지를 만들어 낼 수 있는지 물었다. 그러자 어린 다이앤은 다이앤의 성인 자아가 가족에게 자신을 보호했어야 했고, 얘기를 들었어야 했고, 그 학대하는 베이비시터가 자신을 돌보러 올 때면 얼마나 무서웠는지 알았어야 했다고 얘기하는 장면을 상상하기 시작했다. 나는 다이앤의 성인 자아에게 어린 다이앤이 가족에 대한 분노를 말로 소리 내어 표현할 수 있게 도우라고 요청하기도 했다.

어린 다이앤은 다이앤의 성인 자아에게 물었다. "이런 일이 생긴 게 내 잘못인가요?" 그리고 다이앤의 성인 자아는 이렇게 알려 주었다. "어떤 아이도 이런 일을 당하면 안 되는 거야." 치료가 진행되면서 다이앤은 이 어린 여자 아이를 자신의 무릎에 앉히고 진정시키며 아이가 혼자가 아님을 알려 주는 상상을 하기 시작했다. 나는 다이앤이 어린 다이앤에게 이렇게 묻도록 했다. "안전한 곳으로 가고 싶니?" 이러한 치료 과정은 기본적으로 내면에서 진행되었지만 어린 다이앤은 성인이 된 다이앤의 집으로 가고 싶어 했다. 다이앤이 항상 안전하다고 느끼는 곳이었기 때문이다.

그런 다음 우리는 다이앤의 어린 망명자 성격이 갖고 있는 믿음이 무엇인지 알아내는 일을 시작했다. 내가 다이앤의 성인 자아에게 이 망명자가 가지고 있는 믿음에 대해 물어봐 달라고 물었더니 어린 다이앤은 "뭐라고 말씀을 하셔도 저한테 이 학대에 대한 책임이 있다는 거 알아요." 그리고 "저는 망가진 물건에 불과해요."라고 말했다. "제 곁에는 아무도 없어요."라고 느낀다고 했다. 우리는 다이앤의 성인 자아의 존재와 도움으로 어린 다이앤이 이런 믿음을 내버리고, 내려놓도록 돕는 과정에 들어갔다. 이 과정은 여러 가지 방식으로 진행되었다. 다이앤의 성인 자아와 함께 어린 다이앤은 베이비시터가 자신을 학대한 일에 대해 책임감을 느낄 필요가 전혀 없다는 사실을 깨닫기 시작했다. 다이앤의 성인 자아의 존재로 어린 다이앤은 자신이 '망가진 물건'이라는 메시지로부터 해방되는 의식을 상상함으로써 그런 믿음에 도전할 수가 있었다. 그러자 성에 대한 새로운 신념을 발전시킬 수 있는 문이 열렸다.

이제 자기의 몸을 만지고 성기를 만지는 경험이 없다는 것이 다이앤의 성적인 삶에 가장 큰 장애물로 남았다. 다이앤은 성인 자아에게 접근하여 자기 몸을 천천히 부드럽게 만지며 살펴보기 시작했다. 어린 다이앤은 다이앤의 성인 자아가 안전하고 자신을 평가하고 판단하지 않을 것이며 항상 자기 곁에 있어 줄 것임을 알아 가기 시작했다.

다이앤이 자신의 짐을 내려놓고 부드럽게 자기 몸을 만지는 연습을 시작하자 다이앤의 자아 에너지는 자신의 성기에 대해 더 호기심을 갖게 되었다. 이때 나는 인지행동기법과 성치료를 사용하기 시작했다. 다이앤이 자신의 성기를 제대로 알고 희열을 경험하도록 돕기 위해 성기를 손거울을 통해 보게 했다. 처음으로 다이앤은 바이브레이터를 구입했고 교육과 반복적인 실습을 통해 오르가슴에 도달할 수 있었다. 결국 다이앤은 자신의 파트너에게 어떻게 만지면 좋은지 얘기할 수 있게 되었다. 다이앤의 성인 자아는 서서히 자신의 몸에 대해 알고 희열을 경험하기 위해 발현되었다.

마크도 다이앤과 비슷한 과정을 거쳤다. 천천히 분리하고 내려놓는 과정, 그리고 관련 질문들을 활용했다. 개인치료에서 마크는 자신의 어머니가 누군가와 섹스하는 장면을 본 흐릿한 기억에 대해 자주 얘기했다. 마크의 소방관(즉, 강박적 자위 행위자 성격)에게 질문을 함으로써 소방관은 뒤로 물러서 보다 분리될 수 있었다. 그 결과, 마크의 자아 에너지가 더욱 많이 발현되었다. 마크의 성인 자아를 통해 그는 자신의 어머니와 다른 사람이 섹스를 하는 장면을 본 것에 대한 부끄러움과 이를 비밀로 숨겨야 한다는 압박감을 느끼고 있는 망명자를 소방관 성격이 보호하고 있었음을 알 수 있었다. 이 망명자, 즉 어린아이 성격은 이런 비밀스러운 사건을 목격한 자신이 '나쁘다'고 믿고 있었다.

이 망명자는 비밀을 간직하고 있다는 데서 느낀 수치심으로부터 보호하기 위한 하나의 방법으로 소방관 성격 부분이 강박적으로 자위 행위를 했음을 알게 되었다. 자아 에너지가 표면화되자 망명자는 부담을 내려놓고 '나는 나쁘다'라는 부정적인 믿음에서 해방될 수 있었다. 또한 수치심과 연결된 많은 감정들에서도 해방되었다. 이렇게 분리하고 내려놓는 과정을 통해 소방관은 자위 행위를 덜 강박적으로 하기 시작했다. 성치료 측면에서 CBT 연습을 통해 마크의 성인 자아는 성적인 연결이 아내와 가깝다고 느낄 수 있는 한 가지 방법이었음을 아내에게 설명하면서 아내에게 무엇을 원했던 것인지 물어보기 시작했다.

내면에서 표현된 친밀감

내면에서 표현된 친밀감(IFIO)은 토니 허바인 블랭크(2015)가 창안한 IFS 커플 치료 및 방법이다. IFIO는 성격 부분들 간에 일어나는 일련의 순차적 반응이 있다고 주장하며, 이러한 순차적 반응은 커플 치료 맥락에서 분석될 수 있는 보호자 성격 간의 상호작용을 나타낸다고 한다.[3] 이러한 순차적 반응이 표면화되면, 성인 자아가 '다른 성격들의 입장에서 표현하기'보다는 보호자 성격 부분을 위해 '대변'하게 된다. 이렇게 되면 개인은 보호자 성격 부분이 보다 취약한 다른 성격을 어떻게 도와주려고 노력했는지 설명하기 시작한다. 보호자 성격이 자신이 다른 성격 부분을 도와주려는 방식에 대한 인정을 받으면 이 성격은 보다 긴장을 풀게 되고 성인 자아는 내면에 숨겨진 망명자의 느낌, 믿음, 감정, 욕구에 대해 말할 수 있는 여유가 생긴다. 망명자를 자아가 치료하고 이 성격을 '대변'하는 것은 치료를 위한 필수 전제조건이다. 사람들이 자신의 성격을 대변할 경우 회복, 치료, 보다 깊은 연결이 가능해지고 개별화를 촉진하게 된다.

부부 상담에서 IFIO를 사용함으로써 성인 자아가 그 사람의 내면해 현존하면서 내면적인 치료에 책임을 다하게 된다. 다시 말해, 파트너가 다른 사람을 구하는 책임이 없다는 것이다. 이렇듯 자아가 책임의 소유 의식을 갖도록 발전하는 것은 매우 느리고 어렵게 진행되는 경우가 많다. 대부분의 부부는 자신의 내면보다는 파트너가 변하기를 바라면서 치료를 찾아오기 때문이다. 상대방에게 집중하기보다 자신의 내면을 들여다보는 것은 종종 학습 곡선의 형태로 나타난다. 이 과정은 성치료 전문가가 마침내 내면의 차이를 알려 주어 '외부'의 차이(즉, 상대 파트너와의 차이)를 구별하도록 촉진하는 것에 목적을 두고 있다. 이 과정에는 ① 치료적 관계 맺기, ② 순차적 반응 추적하기, ③ 성격 분리하기, ④ 용감하게 소통하기 또는 개별적으로 진행하기와 같은 네 가지 단계가 있다. 다음 절에서는 이러한 각 단계에 대해 설명하겠다.

치료적 관계 맺기

치료적 관계(therapeutic relationship)를 맺고 유지하는 것은 모든 형태의 치료에서 필수적인 구성 요소이다. 치료사는 사람들이 변화를 이루기 위해 그들의 삶을 나누고, 탐색할 수 있는 안전한 장소를 제공하려고 노력한다. 커플 치료사는 커플들이 안전하게 느끼도록 하면서, 커플 관계의 중간에 끼지 않는 것이 중요하다. 치료사는 이

3) IFIO에서는 파트너 간의 댄스를 순차적 반응 패턴으로 설명한다. '댄스' 및 '순차적 반응 패턴'이라는 용어는 이 장 전체에 걸쳐 번갈아 가며 사용된다.

러한 안전한 공간을 조성하기 위해 회기를 조절할 수 있는 위치와 권한을 가져야 한다. 치료사는 회기에서 커플 각각에게 천천히 미러링(반영하기)해 주고, 서로 상대를 반영하는 방법을 알려 주는 것은 커플에게 통제할 수 없는 상황이 오지 않도록 하고 서로를 비난하게 허용하지 않겠다는 믿음을 준다.

치료사는 커플에게 치료가 도움이 될 거라는 확신을 줌으로써 강력한 치료적 관계를 발전시킬 수도 있다. 실제로 슈워츠는 내담자에게 미래에 대한 희망을 주는 치료사를 '희망을 파는 사람'이라고 묘사하기도 했다. 치료사가 커플 각자가 안전한 공간을 공동으로 마련하기 위해 커플에게 계약을 맺자고 요청하는 일은 치료를 받아들이게 하는 한 방법이다. 안전의 중요성을 강조하고 개인이 '성격'의 역할을 이해할 수 있게 도우면서 계약이 성사가 된다.

IFIO의 첫 번째 회기에서는 치료사가 커플에게 우리 내면에 존재하는 성격 부분들에 대해 알려 주고 IFS의 기본 이론을 설명한다. 내담자는 도움을 받아서 우리 모두 내면에 여러 가지 성격 부분들이 있음을 알게 된다. 각자에게는 본인을 보호하려는 성격이 있고 이러한 성격은 사실 정당한 이유가 있어서 존재하는 것이라는 점을 배운다. 치료사의 역할은 각 파트너가 그들의 관계에서 나타나는 성격 부분들을 인지하도록 돕고(즉, '성격 탐지자'가 되는 것), 이러한 성격 부분들의 상호 관계가 파탄 날 수 있다는 것을 알도록 돕는 것이다. 치료사는 내담자가 자신의 파트너를 문제로 보지 않고 'U턴' 하는 데 집중하여 내담자가 자신을 돌아보고 내면에서 어떤 일이 일어나고 있는지 이해하게 한다. IFS의 가장 필수적인 측면 중 하나는 내담자가 자신의 파트너를 탓하거나 집중하는 대신 자신을 돌아보도록 돕는 것이다.

치료사는 자신의 '성격 탐지자'가 될 필요도 있다. 커플 치료를 하다 보면 치료사 내면의 보호 성격과 망명자를 자극할 수도 있기 때문이다. 예를 들어, 치료사가 보수적인 종교적 성의 가치를 지닌 집에서 자란 경우 다자간 관계에 대해 논의할 때 치료사 내면의 판단하는 성격 부분이 자극을 받을 수 있다. 이 판단하는 성격 부분은 개방적인 관계에 대한 두려움을 갖고 있는 성격을 보호하고 있을 수 있다. 따라서 치료사는 치료 과정을 천천히 진행하고 자신의 내면에서 자극을 받을 수 있는 성격 부분에 특히 주의해야 한다. 그렇게 하면 치료사와 내담자 모두 치료와 연결에 계속 집중할 수 있다. 자신의 성격 부분을 계속해서 인지하고 있으면 치료사가 해당 커플 관계의 중심에서 벗어나 있을 수 있다. 어떤 주제든 치료사의 보호 성격 부분을 자극할 수 있지만 성생활은 치료사에게 취약한 부분이 되는 경우가 많다.

순차적 반응 패턴 추척하기

다른 커플 치료와 마찬가지로, IFIO는 커플 사이의 상호적인 댄스에 집중한다. 따라서 커플들이 일단 안전하다고 느끼면, 치료사는 커플이 예측 가능한 패턴으로 상호작용하는 방법을 알리기 시작한다. 일련의 순차적 반응 순서는 종종 두려움, 상처, 버려지는 것, 또는 분노로부터 망명자를 보호하려는 보호자 성격 간의 상호작용을 나타낸다. 이러한 보호자 성격 부분은 정당한 의도를 갖고 있지만 이 댄스는 결국 실제로 커플 간의 단절을 불러온다. 치료사는 커플이 이러한 순차적 반응 패턴에 대해 인지하고, 문제가 되는 패턴을 멈추고, 이전보다는 구별되면서 서로 연결되는 방식으로 상호작용하도록 도와야 한다.

치료사는 회기에서 커플 간의 순차적 반응 패턴을 천천히 하고 각 파트너가 관계에서 나타나는 성격 부분을 바라볼 수 있게 도와야 한다. 치료사가 한 파트너에게 드러나는 성격 부분에 대해 말할 때는 이렇게 말할 수 있다. "당신에게서 [부분 성격의 행동을 첨가하면서]을 하는 성격 부분이 보이네요. 이 성격 부분에 대해 더 자세히 알고 싶습니다. 그래도 괜찮을까요?" 그러면 치료사는 다음 질문을 하면서 내담자가 이 성격 부분에 대해 파악하고 이해하도록 돕는 과정을 시작한다.

- 몸에서 어떤 감각을 느끼나요?
- 스스로한테 어떤 말을 하나요?
- 처음으로 느낀 충동은 무엇인가요?
- 관계에서 어떤 역할을 하는 것 같나요?

이 다음에 치료사는 다른 파트너를 향해서 다음과 같은 질문을 한다. "파트너에게 어떤 방식으로 반응했나요?" 치료사는 다른 파트너에게도 같은 질문을 하는 과정을 거쳐 이들이 보호자 성격을 파악하고 순차적 반응 패턴에서 어떤 성격이 나타나는지 이해하도록 돕는다. 이 일련의 질문을 하고 나면 치료사는 어떤 패턴이 보이기 시작한다. 이 과정을 '순차적 반응 패턴 추적하기'라고 한다.

순차적 반응 패턴을 추적하는 데는 여러 가지 목적이 있다. 순차적 반응 패턴을 추적하면 커플 간의 상호작용이 늦춰지고 각 파트너가 상대에 집중하기보다 스스로의 내면을 들여다보는 'U턴' 과정을 시작할 수 있다. 파트너는 자신의 보호자 성격 부분이 스스로의 욕구를 충족하기 위해 스스로를 도우려고 하고 있음을 인지하기 시작한다. 그 욕구는 사랑, 안전, 따뜻함, 연결성, 친밀함에 대한 것이다. 하지만 이러한 성격들은 욕구를 충족하는 데 도움이 되기보다 관계를 망치게 할 수 있다는 사실도 알아 가기 시작한다. 커플은 이러한 사실을 인지하는 것으로 변화가 생기기 시작한다는 것을 깨달을 수 있다. 치료사는 내담자가 자신들이 미친 영향에 대해 알아 갈 때 커플에게 이 댄스를 다른 방식으로 풀어 가면서, 결국은 더욱 자부심을 갖게 되고 더 연결되며 서로 차이점을 받아들일 여유를 좀 더 가지는 방향으로 나아가지 않겠냐고 물음으로써 희망을 불어넣는다.

다음 사례는 순차적 반응 패턴을 추적하는 과정을 잘 보여 준다. 래리(Larry)와 루이즈(Louis)는 함께한 지 4년 된 커플이며 성적인 문제 해결을 위해 치료를 찾아왔다. 특히 래리는 조루증을 겪고 있었다. 루이즈는 성관계에서 매우 불만족을 느꼈고 래리가 성적 상황에 몰입하지 않는다고 생각했다. 래리가 루이즈를 성적으로 충분히 자극하지 않아서, 루이즈는 성적인 흥분을 잘 느끼지 못하고 있었다. 루이즈는 성교가 시작될 때면 자극이 부족하여 질 아래 1/3에 해당하는 부분에 자주 통증을 느꼈다. 어떤 종류든 자극이 부족했기 때문에 루이즈는 스스로 자신의 성기 외음부를 자극하거나, 또는 파트너가 삽입 성교를 통해서는 오르가슴을 느끼지 못했다.

두 번째 회기에서 루이즈는 그렇게 사정을 빨리 하는 남자는 처음 본다고 이야기했다. 루이즈는 래리에게 뭔가 문제가 있다고 생각했다. 루이즈는 섹스를 하는 중에 래리에 대해 여러 생각하는 것에 몰두하고 있었다. 루이즈는 섹스를 하는 동안 그와 연결되어 있다거나 지금 여기에 현존한다는 느낌을 받지 못했다. 래리는 자신도 이런 일을 겪는 건 처음이라고 대답했다. 그전에 관계를 했던 다른 여자들은 자신의 사정 시간에 대해 불만을 가진 적이 없다고 했다. 이러한 대답으로 이들의 순차적 반응 패턴이 발생하자, 나는 이들이 느긋한 마음을 가질 수 있도록 하면서 이전에 언급한 질문을 했다. 나는 루이즈에게 그 순간에 그녀가 어떤 감각을 느꼈는지 설명해 달라고 했다. 루이즈는 가슴과 배 부분이 조이는 것을 느꼈다고 했다. 루이즈가 처음 느낀 충동은 래리를 비난하는 것이었고, 속으로 래리는 자기만 생각하고 아내가 느끼는 성적인 쾌감에 대해서는 신경 쓰지 않는다고 생각하고 있었다.

나는 래리를 향해 루이즈가 그를 비난했을 때 어떤 마음이 들었냐고 물었다. 그는 가슴이 답답했다고 대답했다. "루이즈와의 관계를 잘 해결할 수가 없었어요."라고 그는 말했다. 래리의 첫 번째 충동은 자신을 방어하는 것이었다. 그는 루이즈에게 말했다. "지금까지 당신처럼 불만을 가진 사람은 아무도 없었어."

이 순차적 반응 패턴을 풀어내기 시작하는 단계에서 나는 루이즈와 래리에게 서로 더 연결된 느낌을 가질 수 있게 조금 다른 방식으로 이런 상호작용을 해 보는 게 어떻겠냐고 물었다. 그들은 그것이 가능하다면 성관계를 개선해 볼 수 있겠다는 희망을 가질 것 같다는 데에 동의했다. 두 사람은 이 과정을 진행하는 데 동의했다.

커플 치료의 진행 과정은 직선적으로 효과가 이루어지지는 않는다. 내담자가 순차적 반응 패턴을 바꾸고 싶다고 얘기하는 경우가 많다. 하지만 댄스를 바꾸는 것은 그렇게 쉽지 않다. 대부분의 커플 치료에서는 치료의 매 단계마다 순차적 반응 패턴을 드러내 보이는 작업이 필요하다.

성격 부분들에게서 분리하기

앞서 얘기한 것과 같이 분리하기는 성인 자아가 보호자 및 망명자와의 관계를 설정할 수 있는 곳에 자아 에너지를 집중하는 과정이다. 이 IFIO의 세 번째 단계에서 커플 치료는 각 파트너가 자신들의 댄스나 순차적 반응 패턴에서 나타나는 성격 부분들을 보다 자세히 들여다볼 수 있게 돕기 시작한다.

분리하기 또는 성격을 '대변'하는 과정은 한 사람이 내면으로 들어가 그 성격의 사연, 감정, 두려움, 역할, 희망을 살펴보는 과정이다. 래리와 루이즈의 사례는 커플 치료의 맥락에서 이 분리하기 과정을 보여 준다. 루이즈에게는 래리를 비난하는 성격 부분이 있었다. 루이즈의 자아 에너지를 꺼내는 것은 쉽지 않은 일이었다. 하지만 이 비난적인 보호자 성격 부분을 더 자세히 탐색하면서 루이즈는 결국 더욱 많이 자아 에너지에 접촉할 수 있었다. 루이즈의 비난적인 성격 부분은 래리가 자기만 생각하고 루이즈에 대해서는 신경도 안 쓴다고 믿었다. 이 성격은 스스로의 약함과 불안정함을 느끼기보다 래리를 비난하는 쪽을 선택했다. 루이즈의 비난적인 성격 부분은 속에 감춰진 망명자를 보호하고 있었다. 이 망명자 성격 부분은 자신이 부족할까 봐, 그리고 모든 남자들이 자신을 섹스 상대로만 원할까 봐 두려워했다. 이 성격 부분은 루이즈가 다른 사람에게 의존하지 않도록 하기도 했는데, 이 경우에는 그 사람이 남편이었다.

루이즈의 사연을 풀어내기 시작하면서 루이즈는 자신의 어머니가 결혼 전에 자신을 임신했다는 사실을 밝혔다. 루이즈가 아이였을 때 루이즈의 어머니는 임신을 하면 인생을 망치는 것이라고 말했다. 어머니는 루이즈에게 남자를 조심하고 남자에게 의존하지 말라고 경고했다. 또 어머니는 루이즈의 나쁜 점을 계속해서 지적하며 비난하는 태도를 취했다. 이런 비난하는 태도를 같이 살펴보면서 루이즈는 자신의 성격 중 하나가 자신의 어머니에게 두려움을 느끼면 비난하라는 태도를 배웠음을 알 수 있었다. 루이즈는 비난하는 태도 이면에 자신이 늘 부족할 것이라는 두려움을 갖고 있는 망명자를 감추고 있었다. 루이즈의 망명자는 남자는 여자를 한 사람으로서 받아들이는 것이 아니라 섹스 상대로만 원한다는 부담감을 물려받은 것이다. 이런 나약한 망명자는 몇 가지 두려움을 갖고 있었다. 남편이 성기능을 '잘 해내지' 못한다면 분명히 자신이 부족했기 때문에 자기의 잘못이라고 생각했다. 자신이 부족해서 버림을 받을 것이라는 두려움도 갖고 있었다. 루이즈는 믿을 건 오직 자신밖에 없다고 얘기하는 또 다른 보호자 성격 부분도 만들어 냈다.

우리가 이러한 성격 부분들을 탐색하기 시작했을 때 루이즈는 래리를 비난하는 성격 부분으로부터 거리를 둘 수 있었다. 루이즈의 성인 자아는 자신이 늘 부족하며 누구도 믿을 수 없다고 느끼는 망명자에게 서서히 연민을 느끼기 시작했다. 루이즈는 비난적인 성격 부분이 어린 시절 어머니의 말을 내면화하여 학습된 살아남기 위한 메커니즘이었다는 것을 깨달았다.

루이즈와 몇 가지 탐색을 먼저 진행한 후에야 래리가 자아 에너지를 더 많이 습득할 수 있는 단계를 거치게 되었다. 래리의 한 보호자 성격은 '최고의 방어는 최선의 공격이다'라는 신념을 갖고 있었다. 이 성격에 대해 얘기해 보면서 우리는 그의 성격 부분 중 하나가 항상 성적으로 부족함을 느낀다는 사실을 알아냈다. 래리 속 한 성격 부분은 10대 때부터 탈의실에서 자신의 성기를 다른 친구들의 것과 비교했다. 또 자위할 때도 매우 빠르게 사정했다. 이 성격 부분은 그의 성기가 너무 작으며, 말 그대로도 비교적으로도 늘 성기가 작다는 두려움을 느꼈다. 래리의 남 탓하는 성격 부분은 성기 크기와 조루증 때문에 래리가 자신을 부족하다고 느끼지 않도록 보호하고 있었다. 이 성격 부분은 루이즈가 자신이 얼마가 부적절한가를 알지 못하도록 하고 자신을 위장하고, 그녀가 그를 완벽히 적합한 성적인 남성으로만 볼 수 있기를 희망했다.

이 보호자 성격 부분 속에는 성적으로 항상 부족함을 느낀 망명자가 있었다. 이 성격의 사연에 대해 묻자 래리는 자기 가족이 자신이 얼마나 대단한지 얘기하는 때가 많았다고 말했다. 내면에 성적으로 부족하다는 믿음을 갖고 있던 망명자는 아주 부족하다고 느끼는 유일한 성격이었다. '최고의 방어는 최선의 공격이다'라는 믿음을 가진 래리의 보호자 성격은 망명자가 자기 자신에 대해 나쁘게 생각하지 않도록 했다. 이러한 내면의 보호자와 망명자를 탐색하기 시작했을 때 루이즈와 래리 두 사람 모두 서로에게 더욱 연민을 느끼게 되었고, 두 사람은 사이가 더 가까워졌다고 말했다.

용감하고 솔직하게 소통하기

IFIO의 네 번째 단계에서는 파트너들이 용감하게 소통하는 방법을 배우고 개개인의 치료에 더욱 관여하여 망명자가 짊어지고 있는 짐을 내려놓는 과정을 거친다. 용감하게 소통하는 일은 내면에 있는 나약하고 두려움을 느끼는 보호자 성격 부분과 망명자를 대변하는 것과 관련이 깊다. 용감하게 소통하면 부정적인 순차적 반응 패턴을 중지하고, 각 파트너는 자신의 성격들에 대해 더욱 책임을 느끼게 된다. 나약한 성격(망명자)은 자신을 대변하는 자아를 더욱 신뢰하기 시작하면서 긴장을 풀 수 있다. 망명자와 보호자를 대변하는 것은 개개인과 커플 모두에게 힐링이 된다. 커플이 이러한 성격을 대변하기 시작하면 친밀감과 연결감이 회복되고 개개인이 자신들의 욕구를 충족하기가 더욱 쉬워진다. 이는 정서적으로도 정신적으로도 치유가 된다. 특히 원가족 내에서 양육자의 성격이 다른 이들에게 상처를 주는 것을 몇 번 겪은 경우에는 더욱 그렇다.

보호자를 대변하면 성인 자아는 더 이상 다른 사람을 탓하지 않고, 대신 관계에 균열이 가게 만든 보호 성격에 대해 책임감을 느끼게 된다. 그러면 이제 커플 사이가 깊이 있고 안전하며 따뜻하게 느껴지게 된다. 서로 다른 점을 인정하게 되고, 그러면 사이가 더욱 가까워진다.

루이즈와 래리가 함께 진행한, 용감하고 솔직하게 소통하는 과정에서 두 사람은 모두 자신들의 망명자를 대변하기 시작했다. 루이즈는 자신을 있는 그대로 받아 주지 않을 것이라는 두려움을 느끼는 망명자에 대해 얘기했다. 누구도 자신의 곁에 있어 주지 않을 것이라는 두려움을 가진 망명자에 대해서도 얘기했다. 마찬가지로 래리는 자신에게 결함이 있어(즉, 조루증) 자신이 부족한지에 대해, 그리고 본인 생각에는 자신의 성기가 작아서 불안감을 느끼는 망명자에 대해 얘기했다. 래리와 루이즈 모두 성인 자아를 불러 왔고 서로의 어린 성격들에 연민을 느꼈다. 이것이 용감한 의사소통이다. 이들은 스스로도 어린 성격들에 동정심을 느꼈다.

보호자로부터 분리되는 방법을 배운 래리와 루이즈의 순차적 반응 패턴은 더 이상 이전과 같지 않았다. 이후의 단계로 우리는 성치료의 맥락에서 CBT 기법을 사용하기 시작했다. 래리는 조루증에 대해 처방된 '정지, 시작(stop, start)' 성치료 실습(McCarthy & Metz, 2004)을 시작했다. 이따금 래리는 여전히 삽입 시작 후에 너무 빨리 사정을 하기도 했다. 그래서 우리는 당분간 삽입을 일시적으로 하지 않는 것이 가장 좋겠다는 데 동의했다. 대신 래리와 루이즈가 서로를 다른 방식으로 애무하도록 안내했다. 래리는 자기가 잘 해내는 데 집중하기보다 같이 성적인 경험을 공유하도록 온전히 분위기에 집중하는 데 힘을 썼다. 루이즈는 섹스하는 동안 래리가 정서적으로 함께 있음을 느끼기 시작했다.

그러면서 루이즈의 성인 자아가 현존해서 래리가 정서적으로 자신과 함께 있고 얼마나 자신과 함께하려고 노력하는지 느끼기 시작했다. 루이즈의 남을 탓하는 보호자 성격 부분은 긴장을 풀게 되었고 그녀의 망명자는 치유되기 시작했다. 루이즈는 성적인 관계에 더욱 집중하게 되었다. 래리는 루이즈의 어린 성격이 자신을 의지해도 된다고 느끼도록 노력했다. 루이즈는 래리의 망명자가 완벽하지 않아도 이대로도 충분하다는 것을 더욱 잘 느끼도록 했다.

결론

이 장을 집필할 당시, 래리와 루이즈는 보다 만족한 성관계를 즐기고 있었다. 래리는 보다 정서적으로 함께 있는 데 집중하도록 노력했다. 아직도 가끔은 일찍 사정해버리긴 했지만 루이즈는 이제 그의 조루증이 자신의 잘못으로 생긴 것이 아니라는 것을 안다. 래리는 루이즈가 흥분하게 하고, 자신이 사정한 후에 오르가슴을 느끼게 하는 방법을 배웠다. 이들의 성관계가 보다 개방적인 방식으로 이루어지면서 더 많은 선택지가 생겼다. 더 이상 오래된 메시지나 어린 성격들이 그들의 소통과 성관계를 통제하지 않게 되었다.

성치료 전문가가 커플 치료에서 뭔가 벽을 느낄 때는 언제든 IFIO를 활용하여 커플 간의 순차적 반응 패턴을 표면으로 드러내고 용감하게 소통하도록 유도하면 엄청난 이점을 가져올 수 있다. 개개인이 자신 속에 있는 나약한 보호자 성격을 대변하면 사이가 더욱 가까워지고, 연결감이 깊어지며, 연민을 느끼게 된다. 그러면 커플이 성적으로 보이는 순차적 반응 패턴에 변화를 가져오고 성과 커플 치료에서 제공해야 하는 중요한 CBT 기법을 활용할 수 있다.

6장

그룹 커플 치료를 통한 성적 트라우마 치료

파멜라 피널티(Pamela Finnerty) PhD

이론적 근거: 그룹 치료와 성적 트라우마

다양한 심리학적인 문제를 해결하기 위한 강력한 치료 메커니즘으로 그룹을 활용한 풍부한 역사와 실제적인 관행이 있다. 그룹 치료는 변화를 촉구하는 데 필요한 수단을 마련해 주는 화합, 지지, 통합의 문화를 조성할 수 있다(Yalom, 1995).

그룹 심리치료는 개인의 성적 트라우마를 치료하는 데 매우 유용하다. 한 개인이 그룹에 참여하게 되면 친밀하면서 동시에 대중적인 분위기를 유지할 수 있기 때문이다. 그룹 내 다른 구성원의 성적 경험을 듣고 나의 경험도 공유하면 트라우마 때문에 힘들어했던 나만의 수치심이라는 짐을 내려놓을 수 있다. 혼자 고립되어 있다는 느낌은 점차 공동체에 대한 소속감과 이해받고 수용되고 있다는 느낌으로 변하면서 성적 트라우마와 자주 연결되었던 자기 비난에서 벗어날 수 있게 된다(Buchele, 2000).

커플을 대상으로 그룹 치료를 진행하면 성적 트라우마로 인해 제한되고 복잡해졌던 관계를 치료하고 여기에 변화를 불러올 수 있다. 이로써 커플은 묻어 두었던 기억과 감정을 수면 위로 꺼내어 복잡한 트라우마를 직면하고 치료하는 과정을 경험할 수 있다. 커플이 과거부터 느껴 왔던 이런 트라우마를 마음속에 묻어 두고 표현하지 않아서 관계에 지속적으로 문제가 반복되다가, 마침내 치료자를 찾아오게 되는 경우가 많다. 예를 들어, '포르노 시청하기' '섹스를 전혀 원하지 않는 파트너' 또는 '소통이 전혀 없음'과 같이 관계가 뭔가 잘못되고 있다는 문제를 인지하고 치료자를 방문한다. 성치료 전문가는 이러한 표면적인 관계 갈등 주제 이면에는 과거에 해결되지 않은 트라우마를 감추고 있다는 것을 발견할 수 있다.

그룹 커플 치료는 이 복잡한 영역을 다양한 방식으로 해결한다. 예를 들어, 외적으로는 상담실에 커플 그룹이 있고, 내면적으로는 침실이 있으면 자신의 성 문제로 복잡했던 마음이 진정되면서 현재에 머물 수 있고 당장 파트너가 성적으로 기대하는 요구에 맞추지 않아도 된다. 성적 트라우마를 겪은 사람은 트라우마와 관련하여 기본적인 불안감을 갖고 있기 때문에 합의한 성관계에서도 성적 자극을 경험하기가 어려운 경우가 많다. '지지 집단과 함께' 있다는 것과, 그룹 내 구성원들에게 받는 위안의 경험은 자기 내적인 불안을 '이겨 내고', 현재에 집중하고 몸의 성적 반응과 조화를 이루는 데 도움이 된다(Brotto, 2018).

또한 그룹 형태의 상담은 그룹 구성원이 다른 사람과 더욱 잘 연결될 수 있도록 도와주기 때문에 갈등으로 깨진 관계를 회복하는 데 특히 유용할 수 있다. 과거에 애착이나 성적 트라우마가 있는 사람은 서로가 다르다는 차이에 대해 민감하게 반응하고 다른 사람의 의견을 받아들이는 것을 어려워하며 파트너와 갈등이 생기면 서로 의사소통하는 데에도 어려움을 겪는 경우가 많다(Solomon, 2003). 커플 치료에 그룹 형태의 상담을 활용하면 그룹 구성원과 성치료 전문가로부터 남들과 조화를 이루어 적절하게 행동하는 방식을 관찰할 기회를 얻고, 깨진 관계를 회복하기 위한 행동을 수정하고 필요한 도움과 지지, 그리고 격려를 받을 수 있게 된다. 커플은 더 큰 규모로 진행되는 그룹 회기에 참여하여 커플 중 1명이 다른 커플들과의 관계와 성치료 전문가에게 의지하면서 마음을 진정하고 오래된 트라우마로부터 촉발된 엄청난 에너지를 감소하는 데 도움을 얻을 것이다. 그렇게 되면 파트너와 적절하면서 서로의 욕구에 맞게 조절된 상호작용 방식으로 관계를 다시 맺을 수 있다.

마지막으로, 커플이 그룹 치료 환경에서 얻은 안전감은 신뢰와 안전이라는 새로운 관계를 형성하며 과거의 트라우마가 연상되는 연결 네트워크를 재구성하는 데 도움을 줄 수 있다(Buchele, 2000). 성치료 전문가는 커플과 그리고 각 개인과 관계를 맺고, 그룹 구성원은 성적인 문제를 비롯한 자신의 관계적 문제를 해결하기 위해 다른 커플들과 협력 관계를 맺는다. 그렇게 형성된 관계는 더욱 깊어지고 다면적인 형태를 이루게 되며, 개개인은 자신을 다른 커플들과 동일시하고 공동체 의식을 느끼면서 치유되는 느낌을 받게 된다. 많은 구성원이 '힘든 건 나뿐만이 아니구나'라는 생각이 든다고 한다. 모든 그룹 치료에서처럼 그룹 구성원 간의 관계는 그 자체가 강력한 치유 요소가 되어 각자 어려운 문제로만 인식하던 성행위에 대해 더욱 자유롭고, 쉽고, 편안함을 느끼게 된다. 이러한 변화와 성장을 위한 이 그룹 도가니(쇠붙이도 녹일 만큼의 온도를 견딜 수 있고 내용물을 변형할 수 있는 그릇)를 만들려면 몇 가지 단계를 거쳐야 한다.

1단계: 그룹 커플 치료를 위한 각 커플 평가하기

성적 트라우마는 한 사람이 관계를 맺고 유지하고, 지속적으로 연결하는 능력을 방해한다. 일련의 작은 't' 트라우마가 시간이 지나면서 부정적인 영향을 주곤 하는데, 그 자체로는 큰 트라우마가 아니지만 작은 배신감과 복수심이 수년간에 걸쳐 쌓이면 트라우마가 되는 것이다(Shapiro, 2001). 이러한 작은 't' 트라우마는 과거 애착이나 성적 트라우마와 자주 뒤얽혀서 막연한 불안감에 따른 과음이나 또는 예기치 않은 강한 감정적 폭발로 부부 관계에서 부적절한 반응으로 나타날 수 있다. 이 경우 같이 사는 배우자는 이러한 감정적 폭발을 파트너 성격 때문에 보이는 상대적으로 가벼운 실수로 여길 수 있다. 성적 트라우마를 겪은 사람에게 흔히 나타나는 감정적 폭발은 말로 표현하기 힘든 트라우마의 기억을 반영하곤 한다. 이 기억은 억압되거나 분리된 기억을 말하며, 관계적인 맥락에서는 감정적 반응으로 나타난다(Solomon, 2003).

성치료 전문가가 커플의 초기 상담을 진행할 때 파트너 각각의 트라우마 정도와 그룹 치료의 참여가 가능한지와 성적 기능의 저하 상태를 확인한다. 성치료 전문가가 커플 두 사람 각자와 개인 내담자로서 나누는 모든 대화는 진단하는 데 중요한 정보를 제공해 준다. 커플 두 사람은 치료를 받게 영향을 준 부부 문제가 두 사람 모두의 문제일 수 있다는 개방적인 태도를 갖고 있을까? 대체로 커플 중 한 사람이 다른 파트너의 문제로 치료가 더 긴급하게 필요하다고 생각하는 경우가 많다. 커플의 각 파트너가 갖고 있는 과거 개인사(history of partner)와 커플 간의 문제, 그리고 그룹 내 구성원과의 관계와 역할을 모두 살펴보면, 관계의 문제는 한 사람만의 문제가 아니며 각 구성원은 문제가 되고 있는 힘의 역동(dynamics)에 반 정도는 자신에게도 책임이 있다는 것을 깨닫게 된다.

특히 커플의 중요한 힘의 역동 중 하나는 둘의 관계에서나 성치료 전문가와 갈등에 대해 어떻게 반응하느냐 하는 것이다. 커플은 성치료 전문가와의 상담을 통해 갈등이 수면 위로 드러나게 되면, 갈등을 처리하는 능력을 경험할 수 있는 좋은 기회가 된다. 성치료 전문가는 커플이 치료를 진행하기 전에 갈등으로 인한 치료적 위기에 놓였다면 그룹 환경에서 도전할 수 있는 적절한 수준의 해결책을 찾도록 하여 더욱 견고한 협력 관계를 구축할 수 있다.

예를 들어, 한 여성 내담자가 상담을 취소하는 절차가 부당하다고 생각해서 화가 났다고 하자. 그러면 성치료 전문가는 이 여성이 자신의 감정이 수용받고 자신이 화가 난 이유가 무엇인지 깊이 이해하도록 돕는다. 그리고 성치료 전문가는 그 여성에게 상담의 취소 절차를 준수하는 데 동의한다는 것이, 그 절차가 본인의 마음에 든다는 의미는 아니라는 사실을 인지하게 할 수 있다. 물론 내담자는 치료 절차에 동의하지 않는 선택권을 갖고 있고 어떤 경우에는 이 시점에서 다른 곳을 소개해 주기도 한다. 성치료 전문가는 내담자가 소중한 관계를 계속 유지하기 위해 마음에 들지 않는 무언가에 동의하는 힘의 역동을 잘 처리할 수 있도록 감정을 잘 들어 주고 타협을 이루어 내는 데 도움을 준다.

성치료 전문가는 일정 기간 동안 몇 명의 커플과 작업을 한 후에 어떤 커플이 그룹 치료에 적합할지를 결정하기 시작한다. 이 결정을 할 때 성치료 전문가는 각 파트너가 갈등을 감내하고, 용서하는 마음을 보이고, 타협을 받아들일 수 있는지 확인해야 한다. 이들은 자신이 불편해하는 것들을 감내하고 충분히 이야기하면서 현재 기능 수준을 뛰어넘으려는 노력이 필요하다.

또한 어려운 피드백을 들을 수 있을 만큼 충분히 강한 자아 의식, 자기 인식, 개방적인 태도를 갖고 있어야 한다. 커플이 그룹 치료에 적합할 것 같아 보여도, 커플 치료에서 그룹 치료로 전환하는 것이 커플에 유리할까를 알기 위해서는 실제로 전환을 진행해 봐야 완전히 알 수 있다. 커플의 치료 효과가 떨어지거나 그룹 치료 과정을 진행할 만큼 충분하지 않다는 것이 분명해지는 경우에, 치료 전략을 수정한다. 성치료 전문가는 대립 상황이 줄어들거나, 감정 유발요인을 더 잘 파악하거나, 그룹 치료 구성원의 욕구를 위해 트라우마를 더욱 많이 다룰 수 있게 수정할 수 있다.

2단계: 그룹 구성 결정과 그룹 치료 과정 시작

그룹은 세 커플 또는 네 커플로 시작하며, 빈자리가 있으면 다른 커플이 추가될 수 있다. 그룹 형식의 이점을 잘 활용하려면 모든 내담자가 자신의 감정을 살펴볼 수 있는 능력이 있어야 한다. 커플 초기 상담 기간에 나타나지 않았던 힘의 역동이 치료 회기가 진행되면서 그룹에서 나타날 수 있다. 따라서 구성원을 추가할지를 고민할 때는 그룹 구성원의 다양한 성격, 상호작용 방식, 원가족 문제, 갈등 및 친밀함에 대한 허용 범위나 다른 관계적 요소의 균형을 잘 이루는 것이 중요하다. 그룹 치료에서 일반적으로 처리할 수 있는 커플의 문제 범위와 과정을 고려했을 때, 과거에 분명한 트라우마 사건을 갖고 있다면 그룹에 추가할 수 있는 커플은 두 커플 이하이어야 한다.

성적 트라우마는 모든 연령, 인종 그룹과 성적 지향 및 정체성에서 나타날 수 있다. 따라서 각자 경험과 과거 개인사에 대한 이해를 넓혀 나가는 것이 중요하다. 이러한 이해가 커플의 치료와 관련이 있을 경우 트라우마 치료에는 어떻게 영향을 주는지도 알아봐야 한다. 또한 그룹 내 커플을 최대한 균형 있게 조합해야 한다. 성치료 전문가는 그룹 구성원이 균형을 이루도록 사전에 할 수 있는 데까지 조절을 해야 하지만 그룹 치료가 막상 시작되어야만 진짜 그룹 구성이 어떤지 확인할 수 있다.

참여자의 배경이 다양한 그룹에서는 최소한 2명의 집단원을 갖는 것이 가장 좋지만, 다양성은 상대적으로 부족하지만 충분한 동맹이 형성되는 그룹이라면 치료적 기능이 가능하다. 예를 들어, 성치료 전문가는 그룹 구성원에 레즈비언 커플이나 파트너 중 1명이 트렌스젠더인 커플이 있으면 그들로 인해 그룹 치료에 어떤 문제나 감정이 영향을 줄 수 있을지 치료 과정 중에 세심하게 살펴보아야 한다. 이 일은 치료 회기가 지나면서 점점 늘어나는 섬세한 과정이 될 수 있다. 그리고 그룹을 형성할 때 모든 그룹 구성원이 이러한 치료 과정에 참여할 수 있는지 여부도 평가한다. 이 과정이 완료되면 확실히 치료적으로 준비가 된 것이다. 치료적 협력 관계가 형성되는 특성과 효과를 보면 놀랍고 이는 그룹 심리치료의 신비한 힘이다. 그룹 커플 치료가 시작되면 그룹 구성원은 한 주에 한 번 75분씩 만남을 갖는다. 그룹은 커플이 참석할 수 있는 회기와 관련해서 시간 제한을 두지 않고 조정이 가능하다. 성치료 전문가가 커플과 치료 계약을 할 때, 그룹 치료 과정도 진행 중이며 그 과정이 유익하다고 판단되면 함께 진행할 수 있다고 설명한다. 커플이 참여한 그룹 치료 과정의 효과는 커플, 그리고 성치료 전문가와 주기적으로 논의된다. 커플이 그룹 치료를 통해 효과가 나타나고 있다면 치료 기간을 몇 개월에서 몇 년으로 더 연장하여 관계를 계속 발전시킬 수 있다. 상담 초기에 그룹 커플 치료가 선호되는 방법이라고 예측되어도 각 커플마다 일정 기간 동안은 관계 치료를 먼저 받고 그룹 치료에 참여한다.

각 커플의 관계가 주요 내담자로 간주되어도 그룹 커플 치료에서는 커플의 관계 자체는 물론이고 각 개인이 '내담자'로 간주된다. 이렇게 각 내담자는 공동체 또는 '그룹' 내에 소속된다. 이 그룹은 자체적인 치료 문화를 발전시키고 공동체 내의 협력 관계를 형성해 나간다. 이러한 연결감이 조성될 수 있는 공간에서는 여러 관계가 형성된다. 커플 간의 파트너십이 있을 수 있고, 커플 둘 간의 관계, 각 개인과 그룹의 다른 구성원 간의 관계, 그리고 각 개인이나 각 커플과 치료자의 관계가 형성될 수 있다.

3단계: 그룹 치료 시작

새로운 치료 그룹의 출발은 창조적이고 흥분되는 일이지만 때로는 불안하기도 하다. 그룹이 처음 시작되면 그룹의 규칙과 기본 원칙을 정하고 숙지시키는 것이 중요하다. 즉, 참여자 모두의 개인적인 정보를 외부에 비공개로 유지하고 그룹 구성원이 그룹 내에서 이루어진 활동을 그룹 외부에 발설하지 않겠다고 동의하는 것과 대기실에서는 성치료 전문가를 포함하여 만나게 된 누구에게 말을 걸거나 아는 척하는 것을 삼가는 것에 대해서도 논의한다. 성치료 전문가는 참가 시간, 참가비 결제 방법, 지각이나 불참석 규칙에 대한 분명한 가이드라인을 마련한다.

성치료 전문가는 새로운 커플이 그룹에 합류할 때마다 이런 기본 규칙과 경계선을 반복해서 알려 주는 것이 중요하며, 이때 그룹 구성원이 솔직하게 자신의 의견을 표현하도록 강조한다. 그룹 구성원이 그룹에 새로운 커플이 합류해서 집단 내의 변화 과정에 잘 적응하고 점차적으로 그 효과를 인지하는 과정은 종종 일정 기간이 지나야 알 수 있다. 새로운 구성원이 추가되었다는 것을 하나의 새로운 시작(일종의 '신규 그룹' 탄생)으로 인식하는 것이 좋다. 그룹의 문화가 예기치 않은 방식, 그리고 자주 어려운 방식으로 변할 수 있기 때문이다.

그룹 치료 초기 단계에서 성치료 전문가는 커플에게 "그룹 상담에서 이루고 싶은 목표는 무엇인가요?" 또는 "다른 커플들과 여기 함께 있으니까 기분이 어떤가요?"라는 질문을 시작으로 그룹 구성원으로 초대하는 회기를 시작할 수 있다. 성치료 전문가는 내담자가 어느 정도 웃는 표정을 짓는 것은 내면의 불안감이나 흥분감의 표시일 수 있다고 말을 해 주기도 하고, 그룹 구성원들에게 자기가 집단 내에서 경험하는 것을 더 많이 알아차리도록 격려한다.

현시점에서 성치료 전문가는 집단원들이 지난주 치료의 경험에 대해서 나누도록 질문을 던진다. 이는 커플에게 질문을 통해 대화를 열어 가고 이전 회기에서 해결되지 않은 사항이 있으면 다루도록 안내하는 방법이 될 수도 있다. 대개 그룹 구성원은 의견을 제시하고, 감정을 공유하고, 서로에게 질문을 던지기 시작한다. 어떤 그룹에서든 일반적인 진행 방식은 그룹 구성원 스스로가 시간을 달라고 요청해서 누가 먼저 말할 것인지, '순서를 정하고', 어떻게 역할을 바꿀 것인지에 대한 동의를 구하여 그룹이 자발적으로 시작하기를 지켜보고 기다리는 것일 수 있다. 커플은 집으로 돌아가서도 그룹에서 촉발된 과정을 계속해서 다룰 수도 있다. 커플은 그 이후에 주말에 서로가 느낀 통찰력과 변화된 행동 경험을 가지고 그룹 활동으로 돌아온다. 그룹에서 자신들이 변화된 진행 과정을 굳이 보고하지 않아도 되지만 그렇게 하는 것이 효과가 있을 때가 자주 있다.

개인 그룹 치료에서와 마찬가지로 커플 구성원 간에 힘의 역동을 관찰하는 것도 진행 과정 중 일부이다. 어떤 때는 성치료 전문가가 그룹 중 한 사람 또는 두 사람 모두가 자신 문제의 많은 부분을 작업하도록 도와줄 수도 있지만, 어떤 때는 그룹 구성원이 나서서 다른 구성원들을 지지해 주고 자신의 문제에 대해서 작업하도록 도와줄 수도 있다. 성치료 전문가는 그 공간에서 발생하는 모든 상황에 관련되어 있고 그에 대한 책임이 있는 한편, 어떤 때는 커플이 서로를 도울 수 있게 허용한다. 성치료 전문가가 개입을 할지, 아니면 물러나 있을지는 당시 커플이나 그룹에서 보이는 힘의 역동에 어떤 것이 가장 효과적일지를 판단하여 결정한다. 공개적으로 말다툼을 하도록 두는 게 가장 좋은가? 아니면 조금 진정시키고 경청하도록 격려하는 것이 더 도움이 될까? 다른 그룹 구성원들은 어떻게 반응하는가? 그들에게도 그런 면이 필요한가? 이것은 항상 그룹의 모든 구성원에게 어떻게 작용하는가? 침묵하는 문제가 있는가?

그룹의 힘은 관리가 필요하기도 하고 자연스럽게 흘러가게 할 수도 있다. 성치료 전문가가 그룹에 일일이 개입하는 것과 그룹 구성원 모두에게 영향을 주는 최선의 이익으로 흘러가게 하는 것 둘 사이의 균형을 잘 맞추면 시간이 지나면서 저절로 발전해 나간다. 성치료 전문가가 계속해서 성장하고, 감독하고, 상담하고, 경험함에 따라 그룹 리더들도 조력자들과 함께 계속해서 성장하고, 변화하고, 향상될 수 있다. 그 과정에서 자신의 부족한 점을 직접 마주하고 더 나아가기 위해 수용하는 것이 중요하다.

두 가지 사례: 트라우마, 낮은 욕구, 강박적 행위 및 약물 남용[1)]

사례 1

사라(Sarah)와 요셉(Joseph)은 둘째 아이가 태어나고 몇 달 후에 치료를 찾아왔다. 요셉은 훤칠하고 남들과 어울리기 좋아하는 52세 남성으로 이전에 결혼한 적이 있었고 10대인 딸이 있었다. 사라는 40세에 생기 넘치고 매력적인 여성인데, 두 번의 임신 후에 살이 찐 것에 대해 불만을 갖고 있었다. 두 사람은 워싱턴 DC의 미국 의회에서 일을 하며 만났다. 요셉은 전 부서장으로 현재는 성공적인 로비 회사에서 일하고 있었다. 사라는 여러 환경 보호 단체를 대표하는 변호사였다. 사라는 일주일에 3일을 일했고, 항상 지쳐 있다고 얘기하며 어떻게 계속할 수 있었는지 의문이라고 했다. 사

---

1) 이 장에서 묘사되는 모든 '내담자'는 내 경력 기간 동안 함께했던 여러 커플을 말한다. 설명된 치료 개입은 관계적 커플 치료 그룹에서의 일반적인 상호작용을 묘사한 것이다.

라는 불안하고 힘든 상황에 있었다. 자신의 경력과 두 아이, 그리고 남편과의 관계 사이에 균형을 유지해야 하는 커다란 문제를 안고 있었다. 사라는 자신이 '실패한' 아내인 것 같다고 말했다. 이들이 그동안 가졌던 온갖 실험적이고 개방적인 방식의 강렬하고 열정에 넘쳤던 성생활은 지루하고 부담만 느껴지게 되었다.

사라는 어린 시절에 대해 얘기하면서 과음과 중독 문제에 시달린 가족력이 있다고 했다. 사라의 아버지는 알코올 중독이었는데, 매우 '다정했고(sweet)' 신체 접촉을 과하게 많이 했다. 사라의 말 대로면 어린 두 딸에게는 '딸 바보'였다. 사라의 어머니는 '늘 화가 나' 있었고, 아버지가 '약속된' 시간보다 늦게까지 밖에 있으면 '큰소리가 나는 상황이 많이' 있었다. 이런 일은 자주 일어났고 어떤 때는 한 주에 며칠 밤은 이런 상황이 반복되었다.

사라는 36세에 요셉과 결혼했는데, 사라의 눈에 '안전한' 사람이라고 느껴졌기 때문이다. 사라의 표현을 빌리자면 전에 만났던 파트너는 '흥분을 잘하는 나쁜 남자'였는데, 요셉은 자신에게 위협감을 주지 않았다고 했다. 요셉이 특별히 '끌리는' 건 아니었지만 요셉과 함께 있으면 편안했고, 그와 섹스하는 것도 재미가 있었으며, 요셉이 손으로 하는 자극에 주기적으로 오르가슴을 느꼈다. 더 어린 시절에는 남자친구와 술을 잔뜩 먹고 나면 '뜨거운 밤'을 보냈다고 했다. 평소에는 오르가슴을 잘 느끼지 못한다고 얘기했다.

사라는 첫 임신 이후에 다년간 지속된 금식, 격렬한 운동, 철저하게 관리된 식단 조절이 끝나면서 엄청나게 살이 쪘다. 임신 중에는 기분이 안정적으로 유지되었지만 첫아이가 태어난 후에 '무너졌다'고 말했다. 불안감과 슬픈 감정이 주체할 수 없이 찾아왔던 것이다. 아기를 진정시키기 어려운 데서 오는 부담감과 더불어 오랜 시간 일을 하고 남편이 출장으로 없는 시간들이 더해지면서 사라는 우울감을 느끼는 동시에 '엄마로서 무능감'까지 느꼈다.

요셉은 노동자 계층의 아일랜드 가톨릭 가정에서 태어났고 알코올 중독이라는 가족력을 갖고 있었다. 그는 현재 알코올로 인한 문제는 없지만 밤에 와인 두 잔 정도 즐긴다고 했다. 사라는 요셉과 술 마시는 것을 즐기곤 했지만 첫 임신 이후 절제하거나 제한하여 마셨다. 사라는 요셉이 술 마시는 것에 불만을 가졌고 요셉은 사라가 섹스에 흥미가 떨어진 것, 그리고 자신에게 예민하고 냉혹하게 구는 것에 대해 불만이 있었다. 요셉의 직장 생활은 둘째 아이가 태어났을 때쯤에 성공 가도를 달리게 되었다. 사라는 요셉이 자주 저녁 늦게 들어오고, 출장을 가고, 술을 과하게 마시는 것에 쓴 소리로 불평하기 시작했다. 두 사람이 즐겼던 흥미 있고 활기찬 성생활은 거의 없어지고 형식적인 성생활로 변질되었다. 나는 처음부터 사라가 그동안 진단을 받지 않은 산후 우울증과 섭식 장애, 그리고 중독 증상의 문제가 있음을 눈치 챘다. 또한 사라의 갈등적인 가족력이 사라의 낮은 성적 욕구에 영향을 주었을 것이라고 추측했다.

사례 2

멜로디(Melody)는 52세 여성으로 자신이 소유한 사업체를 가진 성공한 건축가였고 내게 2년 조금 넘게 치료를 받았다. 멜로디는 대학 시절, 그리고 20대에는 모험적인 성생활을 즐겼지만 지금은 오랜 시간 일을 하며 보내느라 시간적으로 여유가 없어 활기차지만 제한적인 사회생활을 하고 있었다. 멜로디가 처음 치료를 찾은 것은 한 남자와 관계가 끝나고 나서였는데, 그도 역시 까다로운 직업을 갖고 있어 시간적 여유가 많이 없었다. 파트너와도 거리감이 느껴졌고 정서적으로 연결되어 있지 않았다. 멜로디는 치료의 도움을 받으면서 파트너에게 정서적인 교감을 보다 많이 느꼈고, 더 많은 시간을 함께하면서 더 성적으로 연결되고 가까워질 것을 요청하기 시작했다. 그런데 오히려 그 결과, 그는 더욱 멀어졌고 갑자기 8년간의 관계를 끝내고 다른 여성과 사귀기 시작했다.

멜로디는 세련된 의상을 입었고, 커리어 우먼 같은 분위기를 풍겼다. 멜로디는 직업적으로 공격적인 성향을 보이는 동시에 때로는 놀라울 정도로 소극적인 자세를 보이기도 했다. 멜로디의 아버지는 정서적으로 교감이 없었고, 사이가 멀었고, 자기 위주의 삶을 사시는 분이었다. 멜로디가 어렸을 때, 아버지는 자신의 딸 앞에서 여성에 대해 부적절한 의견을 내비치기도 했다. 멜로디의 어머니는 강인한 공무원이셨고, 오랜 시간 일을 해서 부모님 두 분은 멜로디가 한창 자라나는 시기에 함께하는 시간이 매우 드물었다. 따라서 멜로디도 부모님이 서로 정서적으로나 신체적으로 교감하는 것을 보는 일이 드물었다. 이후 멜로디는 어린 시절 아버지가 여러 번 바람을 피웠다는 것을 알게 되었고 멜로디가 20세가 되던 해에 부모님은 이혼을 선택했다. 멜로디의 아버지는 바로 재혼을 하셨고 그 상대는 수년간 아버지와 바람을 피웠던 내연녀였다.

멜로디의 새로운 파트너 제이크(Jake)는 외향적이고 따뜻하고 활기찬 남자였다. 두 사람은 데이트 사이트에서 만났는데, 만난 지 얼마 되지 않았지만 죽이 잘 맞았다. 제이크는 멜로디에게 크게 관심을 보이며 몰두했는데, 과거 거리감을 느끼고 정서적 교감이 없었던 파트너에서 훌륭하게 잘 갈아탄 느낌을 주었다. 하지만 이따금 멜로디는 제이크의 성적 욕구와 욕망이 너무 강박적으로 느껴져 '투명 인간'이 된 느낌을 받았다. 제이크는 포르노를 보기도 했는데, 멜로디는 이미 알고 있었고 이를 지지해 주었다. 하지만 이 행위는 점점 더 수위가 높아지고 강렬해졌다. 멜로디는 제이크와의 섹스를 즐겼지만 언제까지 '그를 만족시킬' 수 있을지에 대해 걱정이 되기도 했다. 멜로디는 자신에게 좀 더 시간과 여유가 필요하다고 말하는 것이 그에게 상처를 줄까 봐 두려웠다. '그에게 뭔가 문제가 있는지' 궁금했다. 그에게 뭔가 말을 꺼내기가 어려웠기 때문이다. 코칭을 받은 멜로디는 마침내 그에게 커플 치료 상담에 함께해 줄 수 있는지 물어볼 수 있었다.

제이크는 최고로 집중력을 발휘해야 하는 의사라는 직업 때문에, 가족과 거리를 두고 항상 병원에 있곤 했던 아버지 밑에서 정서적인 거리감을 느끼는 어린 시절을 보냈다고 했다. 제이크는 엄마가 프랑스인이었는데 아름답고 따뜻한 사람이었지만 술을 많이 마셨고 제이크가 청년으로 성장하면서 제이크의 친구들에게 꽤 유혹적인 사람이었다고 했다. 친구들과 함께 지하에서 대마초를 피는 게 허용되었는데, 어머니도 가끔 같이 즐기곤 하셨다. 제이크는 어머니와 과도하게 가깝게 지내는 것이 마치 폐쇄공포증처럼 느껴지기도 했지만 '멋진 엄마'를 가진 것에 대해 자랑스럽다고도 느꼈다고 했다.

멜로디와 제이크는 한 주에 한 번 8~9개월 동안 커플 상담을 왔고 이후에 그룹 치료 활동을 제안받았다. 나는 커플에게 개인 치료 외에도 그룹 치료 활동을 자주 한다는 정보를 주었고, 제이크는 "모르는 사람들이 많은 자리에서 자신의 문제를 얘기하기”가 싫지만 멜로디가 정말로 원한다면 ‘멜로디’를 위해서 그룹 커플 치료에 가는 데 동의하겠다고 했다. 이전에는 둘 다 그룹 활동에 참여한 적이 없었다.

두 사람이 해결하고자 하는 문제는 멜로디가 마음을 열고 제이크에게 ‘무엇을 원하는지 요청하기 어려워하는 문제’인 동시에 제이크가 멜로디에게 ‘무엇을 더 원하는지 말하기 어려워하는 문제’ 둘 다였다. 제이크는 멜로디의 정서적 요구로 인해 갇혀 있고, 압도되고, 숨이 막히는 느낌을 받았다. 멜로디의 ‘요구’가 늘어날수록 제이크가 대마초와 포르노를 사용하는 빈도도 늘어났다. 멜로디는 ‘보이지 않는’ 투명 인간이 된 느낌을 받았다고 했다(예: “그가 원하는 건 내가 아니야. 난 여기에 없어.”). 커플 치료가 진행됨에 따라 멜로디의 불안감과 격렬한 요구는 뚜렷해졌고, 그에 따라 제이크가 화를 내고 회피하는 상황도 뚜렷하게 나타났다. 두 사람은 남을 탓하거나 자신이 작아지는 무력감을 느끼지 않고 배우자나 자신을 지지하고 옹호하는 것을 어려워했고, 나는 이런 문제는 집단 내에서 그룹 커플에게 많은 지지를 받고 배울 기회를 얻음으로써 꽤 효과적으로 해결할 수 있다고 알려 주었다.

그룹 커플 치료 내에서 성치료

그룹 커플 치료에 참여하는 모든 커플이 성관계에만 주로 초점을 두는 것은 아니다. 오히려 그룹 치료는 성적인 문제를 포함하지만 그보다 더 복잡한 관계 문제에 집중하는 것이다. 성치료는 커플 치료의 일부로 그룹 치료에 통합되는 것이다.

예를 들어, 사라는 요셉과의 부부 관계를 해결하고 싶어서 그룹 치료를 시작했다. “당신이 섹스를 원하는 건 알지만 난 내키지가 않아. 하루 종일 일하고 세 살짜리 쫓아다니고 모유 수유를 하고 나면 진이 다 빠져. 내가 당신과 함께해 주지 못해서 나도 속상해. 내가 최대한 할 수 있는 건 네글리제를 입고 모유가 뚝뚝 떨어질 것 같은 무거운 가슴을 내어 주는 거야.” 요셉은 답답해하며 대답했다. “나도 당신이 피곤한 건 알아. 그런데 당신이랑 너무 멀어진 것 같은 기분이 들고 9시 30분쯤에 당신이 소파에서 잠들거나 우리 침대로 아담을 데려와서 잠드는 그런 밤을 보내는 게 이제 지겨워. 우리 섹스 안 한 지 몇 달이나 됐다고."

이렇게 사라의 낮은 성적 욕구로 인한 문제는 아주 흔한 일이지만, 성치료에서는 다루기 쉽지 않고 까다로운 문제 중 하나이다. 그룹 구성원들은 사라와 요셉에게 얼마나 섹스가 부족하다고 느끼는지 묻고 자신들도 관계에서 유사한 문제를 어떻게 다루어 냈는지 이야기하면서 경험을 공유했다.

어떤 사람들은 일주일에 한 번 베이비시터를 고용하거나, 주말에 아이들이 낮잠 잘 때 섹스를 하거나, 출산 후 초기에 성생활을 회복하려고 할 때 활용하는 일반적인 다른 전략들을 추천해 줬다. 그룹에서 두 사람의 문제에 실질적인 해결책을 논의하고 진심 어린 응원과 격려를 보내 주었지만 사라는 점점 회피하고 수용하지 못하는 것 같아 보였다.

나는 사라에게 물었다. "사라, 뭔가 문제가 있으면 말씀해 주시겠어요? 전혀 집중하지 못하시는 것 같아요."

사라는 대답했다. "저를 신경 쓰지 않으시는군요. 제 말을 듣지도 않으신 것 같고요. 아무도 제 말은 들어 주고 있지 않네요."

그룹은 조용해졌다. 나는 사라가 화가 나고 절망감을 느끼는 것을 알아차리면서 잠시 기다렸다. "사라, 무슨 일인지 알려 주시겠어요? 어떤 감정을 느끼고 계신가요?"

"얘기하고 싶지 않습니다." 사라는 말했다. "누구와도 얘기하고 싶지 않아요. 아무도 저를 이해 못해요. 아무도 제 입장은 생각 안 한다고요."

"어떤 점을 이해해 줬으면 하는 건가요?" 나는 물었다. "스스로 뭔가 벽에 부딪힌 것 같고, 진심으로 사라를 생각하고 도와주고 싶은 사람들과 함께하고 있다는 느낌을 못 받고 계신 것 같아요."

사라는 캐런(Karen)을 바라보았다. 캐런은 그녀가 가장 연결되어 있고 가깝다고 느끼는 그룹 구성원이었다. 캐런은 미소를 지어 보였다. "사라, 나도 여기 있어요. 우리들도 아무도 나를 이해하지 않는다는 느낌이 뭔지 알아요. 하지만 요셉도 그렇고 그룹 내 우리 모두는 사라를 정말 생각하고 있다고 믿어요."

사라는 나를 바라보았다. 그리고 나는 물었다. "지금 어떤 기분이 드나요? 괜찮은가요?"

"좀 나아요." 사라는 고개를 떨구고 호흡을 하며 차츰 자신을 진정시켰다. 사라는 수줍게 미소 지으면서 나를 곁눈질로 바라보았다. "아직 선생님을 못 믿겠어요."

"항상 저를 믿을 필요는 없어요." 나는 대답했다. "가끔은 제가 하는 말이 마음에 안 들 수 있다는 거 우리 둘 다 알잖아요." 나는 잠깐 기다렸다가 물었다. "그럼 캐런이 하는 말은 믿을 수 있을 것 같나요?"

사라는 캐런을 바라보았다. "네, 캐런이 하는 말은 들을 수 있을 것 같아요."

요셉은 이런 대화가 오가는 동안 조용히 있었다. 그래서 나는 그에게 몸을 돌려 물었다. "요셉은 어때요?"

"전 이런 일이 생기는 게 싫습니다. 화가 나지만 사라한테 말은 못해요. 저 그냥 포기하고 싶습니다."

사라가 요셉에게 말했다. "미안해, 전처럼 우리 관계가 힘들어지는 건 원치 않아. 우리가 섹스를 더 하지 못하고, 아니 다른 모든 걸 더 나누지 못하는 게 안타까워. 난 당신이 그리워."

요셉은 대답했다. "나도 당신이 그리워. 그리고 당신이 이럴 때마다 정말 두려워. 당신을 잃을까 봐 무섭다고."

나는 두 파트너 모두 이 상황이 일어난 것에 대해 화가 나고 두려워하고 있다는 것을 알아챘다. 요셉은 그룹 치료를 통해 도움과 지지를 받으면서 사라의 부재와 섹스의 부족, 그리고 사라가 자신을 통제하려는 욕구가 자신에게 어떤 영향을 미쳤는지 사라에게 이야기하기 시작했다.

이 사례에서 수많은 그룹 커플 치료의 특징이 드러났다. 그룹 구성원들이 적극적으로 참여하든 안 하든, 그 자리에 있음으로써 안전한 보금자리를 제공해 준다. 그룹 구성원들은 서로를 바라보고 알아 가면서, 특히 자신들에게 영향을 미치는 문제에 대해서 각자 자기 자신의 내면을 다스리게 된다. 각 그룹 구성원이 가지고 있는 취약점과 관계 패턴은 다음의 개입 프로토콜을 거치면서 시간이 지남에 따라 발전해 나간다. 관계 패턴은 반드시 반복되기 때문에 이러한 프로토콜은 여러 번 반복된 이후에 점차적으로 효과가 나타난다.

1. 커플 중 한 사람 또는 두 사람 모두는 가끔 불만의 형태로 부부 사이의 문제를 제기한다.
2. 성치료 전문가와 그룹 구성원들은 커플이 경험하고 있는 문제를 설명하고 이야기하도록 돕는다.
3. 그룹 구성원은 치료자와 함께 자신들이 보고 듣고 느낀 것에 대한 경중을 평가하면서 동료 구성원들에게 필요에 따라 안내를 하거나 설명도 해 준다.
4. 그룹 구성원은 자신이 파트너와 함께 치료를 받는 동안 배운 것을 통해 다른 사람의 문제도 알아차릴 수 있게 되는 경우가 많다.
5. 그룹 구성원은 치료를 받는 커플 중 한 사람 또는 두 사람 모두에서 자신들과 닮은 점을 찾게 된다.
6. 그룹 구성원은 자신을 비추어 보며 관계에서 저지른 자기의 실수는 온전히 자기 책임이며, 스스로 해결해야 함을 점차적으로 배운다.

이후 이 개입 프로토콜의 기반이 되는 변화 메커니즘에 대해 더욱 자세히 설명한다.

그룹 치료 속 변화를 위한 메커니즘

1. **커플은 다른 구성원의 행동 패턴을 관찰하고 알아 가며 다른 사람에게서도 자신을 발견하고 직접 지시적인 피드백을 주는 방법도 배운다.**

다른 커플들이 상호작용하는 것을 현장에서 경험하는 것은 본인의 어려운 관계 문제도 들여다보고 그 문제에 대한 주인의식을 가지고 처리할 수 있는 안전한 방법 중 하나이다. 공동 커플 치료에서는 너무 심하거나, 비난적인 태도를 보이거나, 회피하거나, 수용할 수 없는 어려운 피드백과 깨달음을 오히려 더 쉽게 받아들이게 해 준다. 다른 그룹 구성원들과 함께함으로써 다른 구성원들이 자신의 의사를 표현하면서 소리 지르거나 조롱한 것 때문에 상처받았거나, 두려움을 느꼈거나, 화가 났던 경험을 경청할 수 있는 훈련을 할 수 있다. 그 결과, 구성원들은 이렇게 생각할 수 있다. “저런

소리는 듣기가 싫어. 저 남자, 저 여자한테 너무 가혹하게 하는 것 같아." 또는 "저 여자 남자를 너무 비난하는데. 남자가 선을 넘었네. 근데 진짜 서로 안 맞는 것 같아."

예를 들어, 그룹 치료 회기에서 멜로디는 섹스를 너무 많이 원하는 제이크한테 화가 나 비난을 쏟아부었다. 그때 그룹 구성원 중 1명이 멜로디에게 말했다. "내가 당신 입장이라도 그렇게 생각할 거예요. 하지만 제이크한테 얘기할 때 좀 너무 지나쳤다는 생각이 들고, 나한테 그런 식으로 얘기하면 정말 싫을 것 같네요. 하지만 당신의 불행과 참을 수 없는 그 감정도 잘 이해가 돼요. 남자가 섹스하자고 할 때 항상 거절하기가 쉽지 않고 결국에는 매우 지치게 되잖아요. 당신이 비난을 쏟아부을 때 특별히 두려움을 느끼지는 않았지만 제이크를 보호해야 할 것 같은 기분이 들었어요. 사실 두 분 다 장점이 있잖아요. 두 분 모두를 도와주고 싶다는 마음이 들어요." 멜로디는 다른 그룹 구성원에게 정면으로 부딪히는 과정을 겪으면서 자신을 돌아보고 자신이 어떻게 반응하는지 좀 더 명확하게 알고 동시에 제이크의 입장도 보다 잘 이해할 수 있게 되었다.

그룹 구성원이 상호작용을 통해 다른 커플을 돕는 데 참여하면 비난하지 않고 공감해 주고 사려 깊은 방식으로 문제를 털어놓고 해결하려는 사람에게 직접적이고 어려운 피드백을 제공하는 방법을 배운다. 이는 다른 사람을 똑바로 대하고 단호한 태도를 가질 수 있는 기술을 발전시키는 데 도움이 된다. 또한 정서적으로 거리를 두고 다른 사람의 행동 패턴을 관찰함으로써 자신에게서도 유사한 패턴을 알아차릴 수도 있다. 이렇게 하면 내면적으로 여유가 생겨 자신이 회피하는지, 통제하려는지, 어떻게 반응하는지 알 수 있게 된다.

2. 커플은 스스로 확신이 있고 열정적인 마음으로 자신과 자신의 파트너를 지지하는 방법을 배운다.

그룹 공동체는 그룹 구성원이 다른 사람의 감정을 들을 수 있는 공간을 제공한다. 여기에서 공감하는 경험을 얻고 자기 자신과 파트너와의 관계를 이어 나가는 방법에 변화를 시도할 수 있다. 특히 개개인이 관계적인 맥락에서 보인 잘못된 행동 양식에 대해 스스로를 용서할 수 있는 능력을 키워 주는 보금자리를 제공한다. 이런 행동 양식을 바꾸는 핵심 요소 중 하나는 열정적인 책임성(예: "내가 때로는 지나치게 공격적이라는 걸 알겠지만 그렇다고 해서 나를 증오하지는 않아.")이며, 그룹 치료 과정에서는 이런 열정 덕분에 그룹 구성원이 다른 사람들에게 자기를 대입해 감정이입을 할 수 있다.

앞서 말한 잘못된 행동 양식은 다른 대안이 없을 때 자신의 취약한 정신을 보호해줬던 비난의 목적으로 나오게 된다는 점을 기억하는 것이 중요하다. 그렇기 때문에 이러한 행동 양식은 병리학적 관점으로 보아서는 안 되며, 애착관계나 성적 트라우마 때문에 다른 선택지가 남아 있지 않을 때에 행동하는 '차악'의 선택지라고 보아야 한다. 과거에는 이러한 행동 양식이 허용되었을지라도 현재는 관계에 방해가 된다(Solomon, 2003). 따라서 그룹 구성원이 안전하지 않은 환경에서 '차악'의 방법을 찾아낸 자기의 내면 아이에게 자기 연민을 갖도록 격려하는 것이 행동적 · 감정적 변화를 일으키는 중요한 측면이라고 볼 수 있다. 그룹 내 커플들은 이런 내면 아이의 기발함에 박수를 보내고 그 보호적 방어기제를 존중하도록 격려를 받는다. 비록 현재 관계에서는 이러한 방어기제를 내려놓도록 도와야 할지라도 말이다.

이 과정에서 성치료 전문가의 말이 도움이 되는 경우가 많다. 예를 들어, 멜로디가 제이크에게 비난을 퍼부은 후 나는 멜로디에게 물었다. "멜로디, 본인이 어떤 행동을 했는지 보이나요? 제이크에게 너무 심하게 대한 것에 대해 스스로 용서할 수 있을까요?" 개개인이 자신의 마음속 깊이 갖고 있는 수치심으로부터 비롯된 방어기제 없이 자신의 문제 행동을 스스로 깨달아 가기란 쉽지 않고 그 부분은 커플 치료 여정에서 매우 큰 역할을 차지한다.

그룹 커플 치료를 통해 열정적인 책임성을 발달시키는 효과는 다른 구성원들과의 안전한 관계 속에서 자기 혐오를 지속적으로 완화할 수 있다는 것이다. 예를 들어, 멜로디가 제이크에게 폭발한 자신에 대해 당혹감을 느끼고 있을 때, 다른 그룹 구성원 중 1명이 다가가 말했다. "멜로디, 우리도 다 그래요. 멜로디도 제가 비슷하게 행동한 거 봤잖아요. 너무 압박감을 느끼면 그런 일이 생겨요. 우리 다 잘 알고 있고요. 소리 지르는 모습이 멜로디의 전부는 아니잖아요. 그래요, 잠시 통제력을 잃은 거예요. 저도 통제력을 잃었던 때가 있었잖아요. 그렇다고 저를 싫어하나요?"

멜로디는 즉각적으로 대답했다. "당연히 아니죠. 다들 가끔은 미치는 거잖아요."

나는 물었다. "멜로디, 그런 너그러움을 자신한테도 베풀어 줄 수 있을까요?"

멜로디는 나를 보고 말했다. "글쎄요. 아마도요."

스스로를 책임감 있게 다잡는 것은 자기 혐오를 버리고 자기 수용으로 향하는 지속적인 여정의 일부라 할 수 있다. 즉, '나에게 문제가 있어'라기보다는 '내가 한 행동에는 문제가 있어'라고 인식하는 것이다. 이러한 마음가짐을 갖는 것은 폭력적인 가정에서 자랐거나 특히 성적 학대를 받은 경우에는 매우 어려운 일이다. 두려움에 떠는 아이에게 남을 탓하는 행위는 통제감을 안겨 주기 때문이다. 통제하고 있다는 환상에 사로잡혀 남을 탓하면서, 자신보다 강하고 사랑받는 가족 구성원에게 압도되어 무너지는 상황을 맞닥뜨리지 않으려고 한 것이다.

3. 그룹 구성원들은 자신의 문제를 해결하는 과정에서 스스로 책임감을 갖도록 격려받는다.

그룹 커플 치료에서 커플은 혼자가 아니다. 어떤 면에서 보면, 스스로에게 더욱 책임감을 갖고 다른 사람들에게 자신의 난처한 상황을 설명해야 한다는 의미이다. 다른 커플들 속에서 많은 지지를 받으며 보다 객관적으로 자신들의 상황을 바라보고, 다른 사람의 시선으로 자신의 파트너를 바라볼 수 있다. 그 결과, 파트너와 새로운 관점으로 연결되어 더욱 연민을 가질 수 있고 서로 연결되어 각각의 문제를 헤쳐 나가기 위해 더욱 노력하는 힘을 얻을 수도 있다. 구성원 개개인은 자신의 행동에 주체성과 책임감을 갖는 방법을 배운다. 이는 다른 그룹 구성원 앞에서 변화의 단계적 미러링이 된다.

예를 들어, 멜로디는 그룹 치료 활동에서 제이크와의 관계에 대해 도움을 받고 싶었다고 말했다. 제이크는 멜로디가 자신의 정서적 요구를 얘기할 때 대개 입을 닫고 말을 하지 않기 때문에 불안해지고 경직된다고 했다. 멜로디는 제이크와 섹스를 할 때 가끔 어떤 느낌이 드는지에 대해 얘기하기 시작했다. "나는 무슨 물건이 된 것 같은 느낌이 들기 시작했어. 마치 당신한테 내가 안 보이는 것처럼. 어떤 때는 그런 섹스도 괜찮았어. 우리가 끝은 강렬하니까. 그런데 이건 좀 이해하기 힘든 부분이야. 당신이 너무 단호하고 격정적으로 느껴져. 마치 섹스를 하는 것이 긴급 상황인 것 같이."

멜로디는 그에게 대답할 여지를 주지 않고 계속했다. "그리고 당신은 내가 섹스를 시작하도록 기회를 주지 않았어. 내가 기회를 갖기 전에 혼자 벌써 종료했어. 내가 섹스를 시도해도 당신이 나를 거의 무서워하는 것 같은 느낌이야."

제이크는 멜로디를 봤다가 나를 바라보았다. 나는 물었다. "무슨 일이죠, 제이크?"

그는 머리를 숙이면서 "저는 화가 나기 시작한 것 같아요. 그냥 그만 끝내고 싶어요."

그리고 제이크는 내가 "제이크, 지금 어떤 상태인지 말해 줄 수 있어요?"라고 말을 할 때 고개를 돌렸다.

고개를 떨구고 그는 대답했다. "모르겠어요. 그냥 무섭고 슬퍼요." 그리고 그는 고개를 들어 나를 보았다. "너무 당황스러워요. 누구도 이런 제 모습을 보지 않았으면 좋겠어요."

"어떤 모습을 말하는 거죠, 제이크?"

"슬픈 모습이요. 화난 모습도요."

제이크는 멜로디를 바라보며 말했다. "이런 일이 생기다니 믿을 수가 없어. 나는 절대로 화를 내지 않는 사람인데, 지금은 울 것 같은 기분이야. 상처받은 것 같아."

멜로디는 제이크를 바라보았다. "미안해. 내가 뭘 한 거지? 상처 줘서 미안해."

그는 고개를 가로저었다. "아니야, 당신이 한 건 별로 없어. 젠장, 그런 얘기라면 해야 되는 거지. 나한테 뭔가 문제가 있는 거야."

제이크는 다시 나를 바라보았다. "정말 이상하네요. 정말 이 자리가 불편하게 느껴져요. 다들 저를 보고 있잖아요."

나는 대답했다. "저와 마주 보실 수 있다는 건 좋은 신호예요. 괜찮으세요?"

그는 고개를 끄덕였다.

"다른 사람들도 쳐다보실 수 있을 것 같으세요?"

제이크는 한번 숨을 쉬고 그룹 내 다른 여자들 중 그에게 미소를 짓고 있는 1명을 바라보았다. "별일 아니에요, 제이크. 우리 모두 다 그렇거든요."

그는 그녀를 바라보았다. "그냥 모두의 앞에서 이런 상황이 일어난 것에 좀 놀랐어요."

그는 호흡이 좀 편해졌고 방을 한 번 둘러본 후 멜로디를 바라보았다. 그는 멜로디를 향해 미소를 지었다. "우와. 무슨 롤러코스터 같아." 멜로디는 소파를 가로질러 그의 손을 잡았다.

"우리 같이 겪어 내는 거야."

이 상호작용을 시작으로 제이크는 가족 이야기, 특히 아버지에게 가한 어머니의 성적 공격성에 대해 이야기하며 풀어냈다. 그는 자기 집 아파트의 얇은 벽 너머로 어머니가 아버지와 섹스를 하면서 언성을 높이는 것을 들은 밤의 기억을 떠올렸다. 기억이 떠오르자 무력감, 두려움, 그리고 좀 지나서는 분노의 감정까지 함께 들이닥쳤다.

"저는 어머니의 그런 소리가 정말 싫었어요. 그 소리가 정말 듣고 싶지 않았어요."

4. 그룹 커플 치료는 커플이 어려움과 트라우마를 겪어 내는 방법을 함께 배우는 치료 활동이다.

시간이 지나면서 한 번도 학대라고는 생각하지 않았던 어린 시절의 트라우마 경험이 천천히 드러난다. 인생의 어려움에 부딪혔을 때 헤쳐 나가기 위해 사용했던 강력한 방어기제는 점점 내려놓을 수 있게 된다. 예를 들어, 사라는 성적인 문제에 대해 얘기할 때 수치심을 느꼈지만, 적대적이고 비난하는 태도로 감췄다. 그룹 커플 치료 과정에서 분노와 경멸로 상대방을 비난하며 자신이 숨기고 싶은 강력한 수치심과 약점을 방어하는 모습을 보일 때, 그룹은 개인들이 내면 반응을 깊이 살펴볼 수 있는 안전한 보금자리가 된다. 이 시간 동안 성치료 전문가는 집단원 모두를 잘 관찰하면서 감정이 촉발되어 표현되는 낌새가 보이면 바로 확인해 보고, 이러한 과정을 통해서 모두가 심호흡을 하면서 자신을 진정할 수 있도록 도와준다.

예를 들어, 나는 사라가 남편에게 책임을 투사하는 경향이 있어서, 다음과 같이 지적하면서 사라를 도와주었다. "내가 보니까 남편을 비난하기 시작하실 때 치유가 되는 대화로 남편을 초대하기보다는 밀어내고 계시네요. 본인 스스로는 이런 면을 잘 보기 힘들어요. 하지만 자신이 과거에 상처를 받았지만 남편에게 그 상처를 주지 않는 점을 계속 기억하는 것은 매우 용감하신 겁니다." 이렇게 말하면서 사라가 남편을 비난하는 말을 할 때 어떤 경향이 있는지 알 수 있도록 도왔다.

그러자 사라는 '자신의 반쪽'에 해당하는 문제를 궁금해하기 시작했다. 사라는 요셉을 바라보며 말했다. “우리 휴가 계획이 잘 진행되지 않은 것에 대해서 당신을 탓하고 싶어. 리조트를 예약하고 비행기를 예매하기로 약속했는데, 안 했잖아.”

요셉은 말했다. “나도 알고 있어.”

사라는 계속해서 이렇게 말했다. “그래, 그게 사실인걸. 이걸로 크게 싸우게 되면 우리 둘 다 아이들과 일, 집밖에 모르는 미친 일상에서 벗어나 버뮤다의 호텔방에서 즐겁게 섹스를 즐겼던 3일의 주말을 보내고 싶다는 생각은 날아갈 거야.”

그러고 나서 나는 사라에게 물었다. “사라의 반쪽 문제는 어때요? 다 날려 버리고 요셉도 밀어내고 싶은가요, 아니면 사랑하는 관계의 ‘우리’가 될 수 있게 그에게 가까이 다가가고 싶은가요?”

그룹 구성원들이 사라와 요셉의 치유 대화에 참여하면서, 촉발된 분노나 허탈감의 반응은 ‘오래된 감정’으로 알아차리기에 되었고, 집단원들은 이런 감정을 자신의 파트너와 함께 공유하여 겪어 낼 수 있는 능력을 발달시킨다. 예를 들어, 사라와 요셉의 성적인 문제에 대한 치료가 진행되면서 요셉은 그가 사라에게 구강 성교를 할 때마다 사라가 얼어붙는다는 사실을 알게 되었다. 사라는 그를 비난하지 않는 대신 자주 ‘그 자리’에 숨죽여 없는 듯이 있었고, 천장을 올려다보기도 하였고 가끔은 섹스가 두려웠고, ‘어서 끝나기만을 기다렸다’고 인정했다. 섹스와 관련된 이야기가 한때는 사라에게 좋은 기억을 떠올리게 하는 일이었지만 이제는 참아야만 하는 일이 되어 버렸다. 사라는 말했다. “이제 모든 것이 좀 가벼워진 느낌이야. 이제 그때는 그때이고 지금은 지금이라고 말할 수 있어.”

마침내 사라는 자신의 섹스에 대한 낮은 욕구가 남편에게 어떤 영향을 미쳤는지에 대해 스스로 깨닫고 새로운 파트너십을 형성할 수 있게 되었다. 사라는 남편에게 더 열정적인 사랑을 느끼게 되었다. 이따금 사라는 여전히 그에게 화가 나는 일이 생겼지만 활기찬 성적 연결감의 이익과 즐거움을 그에게서 그리고 자신에게서 박탈하고 있었음을 점점 더 잘 인정하게 되었다. 사라는 앞으로 무슨 일이 일어날지 자신이 얼마나 벽에 둘러싸여 반응이 없는지 더욱 궁금해졌고, 자신의 문제와 결혼과 자녀의 출산 이전에 있었던 성적 문제에 대해 점점 더 인식하게 되었다. 몇 차례의 그룹 커플 치료가 진행된 후 사라는 말했다. “이건 단순히 피곤한 문제가 아닐지도 모르겠어요.

제가 화가 났거나, 상처를 받았거나, 친밀함이 두려웠을 것 같아요."

나는 그녀에게 물었다. "무엇 때문에 겁이 나는 것 같나요?"

"통제를 포기하는 것이요. 지금은 잃을 게 너무 많아요. 벽을 치고 있는 느낌이 더 들어요, 아니면 분리가 안 되는 것일 수도 있고요. 내 몸은 내 것이 아니에요. 아기한테 모유 수유를 하고 있으니까요. 정말 매일 너무나 피곤해요."

나는 사라가 자랄 때 폭력적인 환경에 있었다는 점을 고려해서 갇혀져 있는 성적 트라우마가 있을 가능성을 추적해 봤다. 나는 이렇게 말했다. "자기 몸이 자기 것이 아니라는 기분은 분명 좋은 기분은 아닐 텐데요."

"네, 정말 미치겠어요. 청소년 시기에 몸이 변하기 시작할 때 그 느낌이에요. 제가 뭐 다른 행성에 있는 기분이었거든요. 정말 싫었어요."

나는 이런 얘기를 꺼내 보았다. "언제 아기에게 몸을 허락해 줄지 결정 못하고, 오로지 자신과 요셉과의 성적 연결을 어떻게 해야 할지에 대한 문제를 겪고 계신 것 같네요."

요셉은 말했다. "나는 당신이 이런 모든 감정을 온전히 느낄 수 있는 여유를 주려고 정말 노력하고 있는데, 우리가 함께일 때 '그 자리'에 당신이 없는 것이 나한테는 너무 힘든 일이야. 화도 나긴 하지만 지금은 그냥 너무 슬퍼."

사라는 그를 바라보고는 말했다. "당신이 그리워. 우리가 즐겼던 모든 것과 그 열정이 그리워. 당신이 정말 그리워. 그때의 나도 그리워."

이 커플은 점점 더 육체적으로 집중해서 곁에 있어 주고 어떤 느낌을 갖고 있는지 서로 얘기할 수 있게 되었다.

결론

그룹 커플 치료 경험을 하게 되면 커플은 새로운 패턴의 상호작용과 관계에 대한 새로운 의미를 배운다. 자신들의 결함에 대해 더욱 잘 알아차리게 되고 자신과 상대 파트너를 신뢰하는 법을 배운다. 또한 자기가 특별히 감정이 격해질 수 있고 때로는 통제력을 잃게 되는 민감하고 취약한 부분을 파악할 수도 있다. 그룹 구성원은 치료 안에서 다른 커플의 상호작용을 보면서 서로에게 가혹하게 대하며 비난하고 자신이 관계에 순응하지 못하는 그런 접근 방식의 요소를 알게 된다. 그룹 커플들은 구성원의 모델링을 통해 새로운 행동 양식을 습득하고 자신의 가족이나 이전의 관계에서는 경험하지 못했던 새로운 관계적 기술을 발전시켜 나간다. 커플은 행동 패턴을 함께 바꿔 나갈 수 있고, 계속해서 자아가 성숙하게 발전하는 다양한 관계적 댄스를 습득한다.

모든 그룹 구성원은 친밀한 관계, 특히 성적인 관계에서 장애가 되는 자신만의 약점이나 어린 시절의 상처와 자기 보호의 패턴을 갖고 있다. 그룹 커플 치료에서 가장 효과적인 도구 중 하나는 관찰자의 시점에서 내면의 평정심을 갖고 어려움을 겪고 있는 다른 사람을 판단하거나 평가하지 않고 지켜볼 수 있는 능력과 드러난 힘의 역동을 지켜볼 수 있는 능력이다. 그룹 구성원들이 어떤 평가 없이 관찰자의 시점을 가질 수 있는 능력은 자신에게나 상대방에게 연민을 갖게 하고 다른 사람들과의 관계에서 단단해질 수 있게 해 준다. 커플이 열정과 단호한 결단으로 자신의 파트너를 책임감 있게 대할 수 있는 능력을 발전시킴에 따라 건강한 상호 의존성은 물론이고 정서적 교류를 지속하고, 분열이 일어났을 때 다시 연결될 수 있는 능력이 생긴다.

이 과정은 점차적이고 지속적으로 나타난다. 자신들을 믿는 그룹 구성원의 지지와 응원을 통해 커플은 활기차고 발전적인 관계를 만들어 갈 수 있다. 그룹의 지지와 격려, 활기찬 태도, 대립, 수용, 애정을 통해 기본적으로 새로운 가족, 즉 지속적인 그룹 치료라는 가족이 형성된다.

7장

성과 커플 치료사를 위한 교차성 101

제임스 C. 와들리(James C. Wadley) PhD, CST, CST-S
말리카 오닐(Malika O'Neill) MS

성과 커플 치료 분야에서는 교차성[1)]의 의미와 이 개념이 성소수자 집단에 어떤 영향을 미치는지에 대한 이해가 부족하다. 그래서 이러한 집단에 대한 효과적인 치료를 하는 데 어려움이 있다. 일부 치료사들은 인종적, 사회경제적, 이성애 중심의 특권층에 속하지 못한 내담자들의 복잡하고 미묘한 욕구에 대한 인정을 거부하기 때문에 상호 교차성에 대한 개념도 모두 거부한다. 또 다른 치료사들은 상호 교차성에 대해 배우는 것에 의문을 갖거나 저항하기도 하는데, 이는 임상 교육이나 성교육 프로그램에 교차성의 중요성이 포함되지 않기 때문이다. 실제로 성과학 분야는 지배적 문화에 속하지 않는 사람들, 즉 유색인종, 신체에 장애가 있고, 중산층, 남성, 이성애자, 시스젠더[2)] 등이 아닌 사람들에 대한 포용성과 관련하여 서서히 발전하고 있다. 일부 성과학 프로그램에서는 교차성에 대한 사례 연구나 짧은 논의를 제시하는 과정을 제공하기도 하지만 이를 통해 매우 적은 사람들이 여러 정체성을 동시에 관리하는 데서 오는 복잡성을 풀어내고자 한다.

더욱이 대부분의 성 교재는 다양성과 포용성 문제를 적절하게 알아차리고 해결하는 능력이 아주 제한되어 있어, 전통적으로 소외되고 억압을 당한 이 사람들에 대한 성적 문제를 해결하기 위한 전략을 제시하지 않는다. 그 결과, 연애 중 관계 단절, 친밀감, 관계의 상실(Adams & Lott, 2019; Mbilishaka, 2018; Ryabov, 2019; Williams & Ware, 2019), 컬러리즘(colorism, 피부 톤에 따른 차별), 텍스처리즘(texturism, 머리카락의 질감에 따른 차별), 그리고 성의 정치학(sexual politics, 여러 문화 간 친밀감에 따른 협상 또는 단절)의 영향력에 관한 분야를 공식적으로는 거의 다루고 있지 않다. 이런 이해 없이 개개인과 커플을 치료하는 것은 매우 제한적이고, 범위가 좁아질 수밖에 없

---

1) 역자 주: 교차성(intersectionality, 交叉性)은 젠더, 인종, 계급과 같이 한 개인이 가진 다양한 정체성이 상호 교차적으로 형성되고 그에 따른 차별 또한 복합적으로 작동한다는 현상을 설명하는 용어이다.

2) 역자 주: 시스젠더(cisgender)는 태어나면서부터 주어진 성에 대해서 수용하는 사람, 즉 트렌스젠더의 반대적 입장을 의미한다.

으며, 오히려 해로울 수도 있고, 상처를 줄 수도 있다. 따라서 이 장에서는 통합적 성과 커플 치료를 통해 억압된 것을 풀어내고, 자기 인식의 필요성과 치료적 취약점을 강조하고, 특권의 영향을 얘기해 보면서 교차성 개념의 기본적인 이해를 마련하는 데 최선을 다하려고 한다.

교차성이란 무엇인가

교차성의 개념은 흑인, 라틴계, 기타 유색인종 여성의 정치적 혁명을 통해서 기틀이 형성되었다(Carastathis, 2014). 1960년대와 1970년대 페미니스트 운동이 일어나자 자신의 성정체성과 인종적 정체성에 대해 동시에 혼란을 겪는 여성들의 어려움을 포함하여 소외된 집단이 겪은 체계적 장벽과 차별을 인식하기 위해 대중적이고, 학문적으로 이 사안에 대해 논의할 필요성이 제기되었다.

이러한 논의는 1980년대에 다양한 법학자 사이에서 비판적 인종 이론(critical race theory)이 하나의 운동으로서 표면화되자 다시 전면에 등장했다. 이와 같은 맥락에서 킴베를레 크렌쇼(Kimberlé Crenshaw)가 처음으로 **교차성**(intersectionality)이라는 용어를 사용했는데, 이 용어는 미국에서 페미니스트와 반인종차별주의자의 정치적 견해가 유색인종의 여성이 겪는 문제를 축소화하고 국지화하는 과정에서 어떤 역할을 했는지 설명하기 위해 사용되었다. 킴베를레 크렌쇼는 이렇게 말했다. "페미니스트와 반인종차별주의자의 정치적 견해는 모두 역설적이게도 유색인종의 여성에 대한 폭력성 문제를 소외시키는 데 도움을 주곤 했습니다"(Crenshaw, 1991, p. 1245). 그녀는 두 그룹을 언급했는데, 첫 번째는 남성 지배적인 부계 사회에서의 여성이 가지는 정체성이고, 두 번째는 백인이 지배적인 환경에서의 흑인이 가지는 정체성이다. 이 두 그룹은 성별과 인종을 다루는 것과 관련된 복잡성 때문에 서로 반대적인 위치에 있는 경우가 많다. 특히 페미니스트 전략은 계속해서 유색인종을 소외하고 차별하는 것을 고착시키는 한편, 반인종주의자의 정치적 견해는 부계 중심의 체계를 활성화하는 효과를 가져왔다. 바로 여기에서 인종 차별과 성적 차별의 교차점, 즉 정치적 교차성의 삶이 형성되는 것이다(Crenshaw, 1991).

크렌쇼와 유사하게 다른 학자들도 흑인 여성의 사회적 위치 그리고 이들이 인종차별주의와 성차별주의에 시달리고 있음을 인지했다. 콜린스(Collins)와 빌게(Bilge)는 다음과 같이 말했다.

> 교차성은 전 세계에서, 사람들 속에서 그리고 사람의 경험 속에 담겨 있는 복잡성을 이해하고 분석하는 한 방법이다. 사회적·정치적 삶과 자아가 겪는 일과 사정은 하나의 요소로 형성되는 것이라고 이해하기는 어렵다. 일반적으로 다양한 여러 가지 요소로 상호 영향을 주는 방식으로 형성된다. 사회적 불평등과 관련해서 주어진 사회에서 힘을 가진 조직과 인간의 삶은 인종이나 성별 또는 계급이라는 사회적 구분 중 하나의 축이 아닌 함께 작용하고 서로 영향을 주는 여러 축으로 형성되는 것으로 이해하는 것이 더 바람직하다(2016, p. 2).

또한 일부 흑인 여성이 전문 분야로 진출하고 경제적인 자립을 이룰 수 있다고 하더라도 인종차별주의자와 성별 고정관념은 여전히 이들의 사회적 정체성과 행동 양식을 정의하는 하나의 방식으로 사용된다(Hooks, 1989).

교차성의 개념은 본래 흑인, 라틴계, 그리고 기타 유색인종 여성의 경험을 설명하기 위한 것이었지만 여러 억압받은 정체성과 그 결과를 적절하게 파악하고 평가하기 위해서는 인종, 계급, 성별, 종교, 장애 여부, 사회경제적 지위가 매일 어떻게 연결되고 다루어지는지에 대해 '다차원적 개념화'가 필요하다(Roberson, 2013). 즉, 이러한 범주가 어떻게 억압의 구조를 형성할 수 있는지 고려해야 하는 것이다. 이 억압받는 구조가 미국에서는 분명하게 나타난다. 미국에서 흑인, 라틴계 및 이민자는 착취, 소외, 체계적 무기력감, 폭력 및 문화적 제국주의를 경험한다(Young, 2013). 이러한 경험은 성별, 인종, 계급, 장애 여부, 성정체성 등과 관련된 여러 가지 형태의 억압을 동시에 경험하면 훨씬 더 복잡해진다. 이러한 모든 경험의 교차점을 교차성이라고 하며 이 개념이 널리 보급되면서 성과 커플 치료의 맥락에서도 이 개념을 임상적으로 인지하는 일이 필요해지게 된다.

예를 들어, 임금이 낮고 만성적 질병이 있는 흑인 트랜스젠더 여성이 대안적 정체성(예: 백인, 중산층, 건강한 몸, 시스젠더 남성)을 갖고 있는 치료사에게 성과 커플 치료를 받고자 원한다고 생각해 보자. 그 치료사가 교차성이 자신의 내담자에게 어떤 영향을 주는지 잘 이해하지 못할 경우 그녀의 경험에 공감을 하지 못하거나 여러 억압된 정체성을 다루는 과정에서 느끼는 어려움을 말로 꺼내게 하기가 힘들 것이다. 이와 유사하게 하얀 피부가 까만 피부보다 더 존중을 받는 공동체에서 미학적 가치를 이해하려고 하는 백인 치료사는 효과적인 치료를 이행하기 위해 교차성과 관련해서 더욱 열린 마음으로 자신의 지식과 기술을 대할 필요가 있다.

성과 커플 치료사로서 압박감 풀어내기

성과학 분야가 단순하고 패권적인(hegemonic) 관점에서 피할 수 없는 이념적 다원주의로 이동해 나아감에 따라 사회적 · 임상적 관점이나 환경도 점점 진화하면서 변화할 수밖에 없다. 하지만 성과 커플 치료사로서 압박감을 풀어내는 과정은 매우 복잡한 과정일 수 있다. 기존 형태의 임상적 개입이 가진 단점은 일부 치료사가 느끼는 압박감, 그리고 관계에서 어떻게 압박감을 경험했는지에 대해 교육을 받지 못했다는 점이다. 성과학 분야에서 이루어진 논의의 맥락에서 보면, 언어적 · 비언어적 문화 간 소통이 이루어지고, 동화(assimilation) 및 압박감의 과정을 이해하기 위해 여러 정체성을 다룰 필요성에 대한 (동시에 또는 독립적으로) 논의가 부적절했다.

게다가 일부 성치료사는 체계적으로 느끼는 압박감과 임상 과정에서 발생하는 그 영향에 대한 자기 자신의 감정과 경험을 분리하지 못했다. 이렇게 분리되지 못한 감정 상태에서는 내담자가 느끼는 감정을 이해하거나, 알아차리고 제대로 대처할 수 없다. 이렇게 되면 내담자는 자신의 파트너에게서 느꼈던 부정적인 감정을 치료사에게서도 똑같이 느낄 수 있다.

내담자가 성과 커플 치료에서 지속되는 압박감에서 벗어나기 위해 내담자 자신의 교차적 정체성에 대해 생각해 보도록 도움이 되는 다음과 같은 질문을 던지는 것이 매우 중요하다. 다음의 몇 가지 질문은 내담자가 인종, 성별, 사회경제적 지위, 성정체성 등이 자기 자신에 대해 느끼는 감정에 어떻게 영향을 미쳤으며, 관계적 및 성적 의사결정에도 어떻게 미쳤는지에 대한 이야기와 경험을 털어놓게 하는 데 도움이 될 수 있다.

1. 인종, 성별, 사회경제적 연속선상을 어떻게 알고 계신가요?
2. 그러한 정체성이 연애의 감정을 느끼는 데 어떻게 영향을 미치나요?
3. 어린 시절 인종에 대해 성과 관련이 있을 수 있는 메시지를 받았다면 어떤 것이 있을까요?
4. 어린 시절 성별에 대해 성과 관련이 있을 수 있는 메시지를 받았다면 어떤 것이 있을까요?
5. 어린 시절 사회경제적 지위(예: 돈과 교육)에 대한 메시지를 받았다면 어떤 것이 있을까요?
6. 본인의 정체성은 구애할 때나 친밀감 형성에 어떤 영향을 주었나요?
7. 본인의 정체성은 성적 기능 또는 장애에 어떤 영향을 미쳤나요?
8. 본인의 정체성은 과거 헤어짐 또는 이혼에 어떤 영향을 미쳤나요?
9. 다른 사람들은 본인과 다른 경험상의 내러티브를 갖고 있을 수 있는 공간에서 본인의 정체성을 다루는 것이 얼마나 쉬웠는지 또는 어려웠는지에 대한 이야기를 해 주세요.
10. 본인의 정체성이 본인의 성적 판타지에 어떤 영향을 주나요?
11. 본인과 유사한 사람 또는 본인의 경험을 반영해 주는 사람에게 환상을 갖고 있나요?
12. 관계에서 힘이 어떻게 작용하나요?
13. 인정하거나 지지하는 감정을 어떻게 표현하나요?
14. 어떤 사람이 당신의 입장에서 그리고 인종, 성별, 사회경제적 또는 기타 정체성과 관련하여 유사한 어려움을 겪고 있다면 그 사람에게 어떤 제안을 하시겠습니까?

치료사는 자신의 질문이 무엇을 알기 위한 의도인지 명확한 입장을 취해야 하며 내담자가 질문에 답변하기가 불편하다면, 대답하지 않아도 괜찮다고 말해 줘야 한다. 치료사는 효과적으로 교차성을 해결할 수 있게 젠더 연속선(gender continuum)에 대해 이해하고 다문화적 상담 기법에 대한 지식을 갖추고 있어야 한다. 치료사는 자신의 감정과 더불어 이러한 감정 때문에 치료 과정에서도 압박감이 지속될 수 있음을 알고 있어야 한다. 자신의 감정을 인지하지 못하면 내담자에게 해를 끼칠 수 있다.

또한 치료사는 사회정치적(sociopolitical)인 면에서 저변에 부정적으로 작동하고 분위기가 치료 중 유의미한 대화에 어떻게 영향을 줄 수 있는지도 인지하고 있어야 한다(Sue, Ivey, & Pedersen, 1996). 성별, 인종, 성정체성, 계급의 교차 구조를 인지하지 못하면 치료가 커플의 핵심 문제를 해결할 수 없게 될지 모른다. 예를 들어, 치료사가 사려 깊지 못하면 이러한 문제가 실제로 사회적으로 억압받고 있는 상태라는 징후를 내비치는 것임에도 불구하고 성격 또는 기질에 기반한 문제라고 판단할 수 있다. 또는 치료사는 대인관계적 또는 가족적 요소가 어떻게 보다 범위가 넓은 문화적 맥락의 영향을 받는지 이해하지 못한 채 이러한 요소를 해결하려고 시도할 수 있다(Aldorando, 2007).

따라서 기존의 성치료적 개입이 일부 내담자 또는 공동체에는 도움이 되었을 수 있지만 또 어떤 내담자에게는 유해할 수 있다. 그런 내담자의 경우 의료적 또는 행동적 모델을 활용하는 것은 치료사가 보다 넓은 개념의 체계적 및 사회적 관점에서 내담자의 경험을 이해하는 데 방해가 될 수 있다. 그 이유는 기존의 정신치료법과 마찬가지로 성과 커플 치료도 서유럽 문화권에서 등장했기 때문에, 이론적 기반은 이론을 개발하고 발달시킨 사람들, 즉 백인 남성의 입장에서 '기준이 되는' 행동 양식을 고려하는 기틀 안에 갇혀 있을 수밖에 없는 것이다. 이 기틀 안에 부합하지 않는 내담자는 결함이 있다고 보는 것이다(Arrendondo, 1994). 따라서 전통적인 개입은 집단 체계와 사회에서 가정하는 가치관이라는 맥락에서 고려할 필요가 없다고 가정하는 것은 임상적으로 많은 해를 끼칠 수도 있다. 따라서 지배적인 위치에 있는 치료사가 힘이 없는 내담자에게 이론과 개입을 강요하는 것은 문화적으로 억압하는 것이 될 수 있다(Sue & Sue, 2013).

교차성 문제에 민감하게 대처하려면 성치료자는 문화적으로 민감한 기술이나 전략을 다양하게 갖춰야 한다. 특히 내담자가 성소수자일 경우에는 더 그러하며(Cayleff, 1986), 내담자가 느끼는 압박감을 반드시 고려해야 한다. **압박감**이라는 용어는 기존에는 지배적인 그룹에 의한 독재를 겪은 경험을 말했지만, 반드시 모든 그룹이 같은 방식으로 압박감을 경험하는 것은 아니며, 그러한 경험에 대한 해석은 시기, 전후 사정, 환경 및 고려 대상에 따라 다양하게 나타난다. 따라서 정신치료적 접근 방식은 내담자의 사회적 정체성, 그리고 이 확인된 집단이 직면하는 압박감의 경험에 따라 조절해야 한다(Wohl, 1995). 이는 최소한 치료사가 다양한 임상적 방향에 대한 지식을 갖추고 적절한 시기에 전략적으로 이를 활용할 수 있는 능력을 보여 줘야 한다는 의미이다.

성과 커플 치료와 관련해서 치료사는 관계 속에서 친밀감, 협상 및 유지 능력에 영향을 줄 수 있는 몇 가지 사회정치적 어려움을 고려하고 논의하려고 해야 한다. 예를 들어, 백인 남성과 친밀한 관계를 맺고 있는 흑인 여성은 직장에서 자기가 힘이 없고 통제할 수 있는 권한이 부족하다고 인식하고 있기 때문에, 남편이 먼저 섹스를 시도하는 것을 선호할 수 있다. 치료사는 이러한 힘의 양상 때문에 그녀는 백인 애인이 이들의 성적인 관계를 통제하도록 허용하는 데 불편함을 약간 느낄 수 있음을 이해해야 한다. 또 다른 예로는 라틴계 게이 남성 크리스티안(Christian)을 생각해 볼 수 있다. 크리스티안은 종교에 신실한 아시아계 미국인 파트너에게 자위 행위에 대해 대화를 나누고 싶지만 어떻게 해야 할지를 모르고 있다. 이런 문제를 다룰 때는 커플 사이에 작용하는 종교적·문화적 가치를 이해해야 한다.

억압된 감정을 풀어낼 때는 지루하고 복잡한 과정을 거쳐야 하는 경우가 많다. 내담자는 자신의 정체성이 삶 전반에서 어떻게 발전하고 있는지, 그리고 이러한 정체성이 관계에 어떤 영향을 미치는지 생각해야 한다. 결과적으로, 치료사는 내담자가 이런 과정에 잘 참여하도록 하는 감각을 갖추고 있어야 한다. 도움이 되는 치료사가 되기 위해서는 자기 인식이 필요한 것이다.

자기 인식을 통한 다문화적 상담 유능감 계발하기

성과 커플 치료에서는 세 가지 변화 과정이 동시에 나타난다. 하나는 치료사가 경험하는 것과 각각의 파트너가 경험하는 것이다(Helmeke & Sprenkle, 2000). 하지만 치료적 관계에서 각자마다 겪는 경험이 다르기 때문에 치료사가 자신과 그의 내담자 사이에, 또 치료사 자신의 내부에서 그러한 과정이 일어나는 것을 파악하지 못하는 경우도 있다. 각자는 자신만의 세계관, 가치, 생각, 문화, 인식, 동기를 통해 과거와 현재의 사건을 다룬다. 그렇기 때문에 치료 과정에서 연결이 되지 않고, 모호해지고, 혼란해질 수도 있는 것이다. 게다가 치료사의 세계관과 경험이 억압받은 내담자의 정체성 경험을 효과적으로 다루지 못하게 방해하는 경우와, 치료사가 교차성을 분석하는 데 어려움을 겪을 경우에도 치료가 감정적으로 상처를 주는 공간이 될 여지가 있다.

성과 커플 치료사는 교차성을 해결하기 위해 자신의 가치관이나 편견에 대해 잘 인지하고, 어려운 시기를 겪고 있는 커플을 이해하고, 함께하며, 응원하고, 임상적으로 지원하는 도구로서 자기 자신을 능숙하게 활용할 수 있어야 한다. 그렇다고 치료사가 커플에게 문화적 관점을 고려해서 능숙하고 완벽한 치료를 제공해야 한다는 뜻은 아니다. 치료사는 단지 커플이 자신들의 경험에 대한 얘기를 나누도록 하기 위해 충분한 버팀목이 될 수 있게 자신의 문화적 관점과 경험을 잘 인지하고 있어야 한다. 예를 들어, 중산층의 이성애자인 백인 여성 치료사가 흑인 남성인 게이 내담자를 만난다고 하자. 이때 이 치료사는 자신의 인간관계 경험이 상당히 다를 수 있다는 사실을 이 사례를 다루는 데 잘 반영해야 한다. 여성 치료사는 내담자가 자신의 경험을 제공하도록 기회를 주고 치료사에게 익숙하지 않은 영역으로 대화가 진행될 때는 기꺼이 추가 질문을 던질 수 있다. 이러한 자기 인식은 다문화적 상담 능력을 향상하는 데 가장 큰 영향을 줄 수 있다(Torres-Rivera et al., 2001).

내담자와 커플이 성기능 장애를 겪고 있는 경우 성치료 전문가는 성생활과 정체성을 다루는 데 영향을 줄 수 있는 다양한 사회문화적 요인을 고려해야 한다. 여기에는 부모, 동료와의 관계, 미의 기준, 교육, 언어, 법률 및 정책 해석, 영적 세계 및 종교,

사회적 조직, 기술, 미디어 및 물질 문화, 그리고 가치관과 태도가 포함된다. 예를 들어, 신앙심이 깊은 한 커플이 있는데, 각자 아직 부모님의 집에 거주하고 있다고 하자. 이들은 성적인 희망 사항이나 요구사항에 대해 부모님과 얘기하는 것을 꺼릴 수 있고, 그 결과 성관계 횟수 등 성적인 생활에 대해 불만족하게 될 수 있다. 또 다른 예를 들자면, 카리브계 흑인 레즈비언 여성이 있는데, 이 여성은 자신의 어두운 피부색에 대해 부모로부터 부정적인 메시지를 받아 백인 파트너와의 성적 친밀감에 대한 불안감 때문에 질경련을 겪고 있다. 성치료 전문가는 친밀감을 지연시킬 수 있는 이런 요소와 같은 개인 및 체계적 어려움을 고려해야 한다.

성치료 전문가는 성과 커플 치료를 진행하는 동안 이러한 요인이 각 개인에게 어떻게 작용하는지 그 역할을 평가하고 내담자가 다른 사람의 경험에 공감하도록 도울 수 있어야 한다. 일부 치료자는 이러한 각각의 요소들이 미칠 수 있는 영향을 인지하지 못해 이를 받아들이기 어려워한다. 내담자도 고려해야 할 개개인의 과거와 관계적 과거를 갖고 있을 수 있으며, 때때로 이러한 과거는 트라우마 또는 성에 대한 지식 결여가 상호적으로 연결되어 있을 수 있다. 아프리카-라틴계 트랜스젠더에 저소득층인 한 내담자가 과거 친밀한 관계를 형성했던 파트너가 폭력성을 갖고 있던 경험이 있는 경우를 예로 들자면, 이 경우에 성치료 전문가는 정체성과 트라우마가 친밀감 형성에 어떠한 영향을 줄 수 있는지를 밝혀내도록 도와야 한다.

어렸을 때 성적 학대를 경험했고 이제는 알코올 중독에 시달리고 있는 한 흑인 게이 남성의 경우에도 사회문화적 요인을 중요하게 고려해야 한다. 성치료 전문가는 내담자의 가족이 그의 성정체성을 수용하거나 거부한 정도와 커밍아웃 여부가 갖는 의미를 내담자가 탐색하도록 도울 수 있다. 또한 성치료 전문가는 그가 어린 시절 학대를 당하거나 방치되거나 버려진 경험이 있는지 알아보도록 도울 수 있다. 이러한 경험은 친밀한 파트너의 폭력성이라는 형태로 재연되었을 수 있다. 그런 다음 성치료 전문가는 내담자가 과거에 인생에서 겪은 트라우마 사건에 대한 반응으로 나타나는 대처기제(예: 회피, 공격, 고립)을 활용한 방법과 이것이 친구들과의 관계, 연인과의 관계 및 친밀감에 대한 결정에 어떤 영향을 미쳤는지 평가할 수 있다. 사회경제적 지위는 꼭 논의되어야 하는 요소이다. 왜냐하면 내담자와 그의 가족에게 어떤 자원이 주어졌고 이러한 자원을 활용할 수 있었는지 여부에 대해 파악하는 데 도움이 되기 때문이다.

성치료 전문가는 내담자가 이러한 복잡한 과거를 잘 다룰 수 있게 도와야 한다. 내담자가 건강한 성적 관계를 유지할 수 있는 능력에 영향을 줄 수 있기 때문이다.

치료적 취약점

성치료 전문가는 내담자의 교차성에 대한 경험, 그리고 친밀한 관계에서 이것이 어떻게 다루어지는지를 연관 지으려면 치료자 자신의 '깨진 관계 또는 상처받은' 자신의 경험을 생각해 보면 도움이 될 수도 있다. 이런 치료적 취약점(therapeutic vulnurability)은 성치료 전문가가 회기 중에 내담자가 겪은 것과 비슷한 어려움을 경험한 상황을 간단하게 공개하며, 내담자가 직면한 힘든 경험을 공감하면서 인정하거나 자신이 영향을 받은 경험을 공유함으로써 드러날 수 있다.

치료적 취약점은 본인도 '상처받은 치료자'로서 다른 상처받은 사람들을 공감할 수 있으므로 매우 중요하다(Nouwen, 1972). 즉, 성치료 전문가는 내담자와 유의미한 방식으로 연결될 수 있도록 자신의 감정을 파악하고 가능하면 분명하게 표현할 수 있어야 한다. 회기 중에 치료자가 자신의 취약점을 적절하게 공개하면, 내담자는 억압 및 여러 정체성과 관련된 자신의 경험을 중요하고 좀 더 편안하게 평가할 수 있다. 내담자는 성치료 전문가가 자신이 관계 등을 포함하여 무수한 상황에서 스스로의 정체성을 정립하는 데 어려움을 겪고 있음을 이해하고 있다는 것을 감지하게 되면, 더욱 편안하게 자신이 상처받은 경험, 그리고 성적 기능에 영향을 주고 있을 수 있는 관계적 트라우마에 대해서까지 어떻게 생각하는지 숨기지 않고 말할 수 있게 된다.

분명한 것은 성치료 전문가가 자신의 얘기를 적절한 시점에 적절한 만큼만 공개하여 치료의 초점이 치료자가 아니고 내담자 중심이 될 수 있도록 해야 한다는 것이다. 하지만 성치료 전문가가 자신의 개인적 환경과 경험을 통해서 내담자의 경험을 잘 이해할 수 있음을 얘기하는 어느 정도의 시간은 가질 수 있다. 예를 들어, 내담자가 사랑하는 사람을 잃은 비극적인 경험을 했을 수 있다는 점이 파악되면 성치료 전문가가 내담자의 경험에 공감하고 슬픔과 상실에 대해 비슷한 이야기를 짧게 공유하는 형태로 치료를 위해 사적인 이야기를 공개할 수 있다. 또는 내담자가 최근 헤어졌거나 이혼한 이야기를 하는 경우 성치료 전문가도 같은 어려움을 겪었다면 헤어짐을 겪어 내는 것이 얼마나 어려운지 개인적으로 잘 이해하고 있다고 얘기하고 어떤 것이 도움이 될 수 있는지 알려 줄 수 있다. 능숙한 성치료 전문가는 내담자와 연결되기 위해, 그리고 드러난 어려운 상황을 일반화하기 위해 도구로서 자기 자신을 활용할 수 있다. 다음은 치료적 취약점에 대한 예제이다.

메리: "저는 회사에서 한 번도 성공을 이룰 기회가 없었고 3개월밖에 일하지 않았는데 해고당한 사실을 믿을 수가 없습니다. 제가 성전환한 것이 문제가 될 거라는 것은 처음 면접을 볼 때부터 알고 있었어요. 상사가 저를 좀 다른 눈빛으로 보고 있다는 게 느껴졌거든요."

치료사: "일단 회사에서 그런 일을 겪게 되어 안타깝네요. 얼마나 절망감을 느끼셨을지 완전히 이해가 됩니다. 저도 몇 년 전에 직장에서 일자리를 잃었는데, 그때 정말 화가 났었어요. 제가 입은 상처와 분노를 가라앉히는 데는 시간이 좀 걸렸습니다."

메리: "네, 저도 지금 굉장히 상처받았고 화가 나요. 당장 집세를 내야 하는데 뭘 어떻게 해야 할지 모르겠어요."

치료사: "혹시 내키신다면 지금 느끼는 상처와 분노, 그리고 그것이 구직에 어떤 영향을 미칠지에 대해 좀 얘기를 나누는 시간을 가져 볼까요?"

이 경우에 치료사는 내담자의 상실감에 공감하기 위해 자신이 직장을 잃은 과거의 경험을 자신의 취약점으로 드러내면서 공유했다. 이 치료사는 자신이 상처받은 경험을 공유할 기회를 잡았고 내담자는 인정받고 지지받는 느낌을 받을 수 있었다. 통합적 성과 커플 치료사는 자신이 상처받은 경험을 치료 중에 공유하거나 공유하지 않을 특권도 있다. 개인적인 정보를 공개하는 것에 관한 임상적 특권은 교차성과 연관되기 때문에 항상 의미 있게 다루어지지는 않는다. 다음에서는 치료에서 이러한 특권의 역할에 대해 얘기해 보겠다.

특권의 역할

치료자 자신이 누리고 있는 특권과, 내담자가 누릴 만한 특권이 없는 상태에 대해서 의문을 가져 보지 못했다면 성과 커플 치료사는 치료 관계 속에 존재하고 있는 특권을 인지하기 어려울 수 있다. 권력의 성격은 변화가 심한 특성이 있기 때문에 관계 속에서 동등하게 배분되기가 좀처럼 쉽지 않다. 연애적 관계에서도 한쪽 파트너가 구조적 체계상 '노력 없이 얻은 이익' 또는 '부여받은 우월성'을 누릴 수 있기 때문에 파트너십이 절대 동등하게 이루어지지 않는다(McIntosh, 1990). 예를 들어, 한 사람은 신체가 건강한데, 그 파트너가 만성적 질병을 겪고 있다면, 신체가 건강한 사람은 두 사람이 친밀한 활동을 하는 동안 그 파트너가 신체적으로 겪는 어려움을 고려하지 못할 수 있다. 또는 서로 인종이 다른 어떤 커플의 경우 유색인종인 파트너가 직장에서 미묘한 차별을 겪고 있지만 백인 파트너는 직장에서의 괴롭힘을 문제라고 생각하지 못할 수 있다. 두 경우 모두 성과 커플 치료를 통해 파트너 둘 다 특권이 자신의 삶에서 어떤 형태로 나타나고 친밀한 관계 형성에 어떤 영향을 주는지 인지할 기회를 제공한다는 하나의 목표를 갖고 있다.

특권과 힘의 격차를 치료사와 내담자 모두가 인지하지 못할 경우 내담자의 성적 또는 관계적 역기능의 원인을 내담자가 이해하도록 돕는 방식으로는 절대 문제를 해결하지 못한다. 치료사가 커플의 문제를 해결하려고 하는데, 한쪽 파트너가 다른 파트너보다 더 많은 특권을 갖고 있고 이것이 섹스 및 관계적 경험을 방해할 수 있는 상황이라면 특히 더 그렇다. 상대방에 비해 돈을 더 많이 버는 한 사람이 자신의 사회경제적 지위를 이용하여 관계적 · 성적 결정을 내리는 일이 그러한 관계에서 이런 일이 흔히 발생할 수 있다. 또 다른 특권 남용 사례를 들자면, 다른 인종적 또는 민족적 배경을 갖고 있는 두 사람이 있는데, 그중 한 사람은 상대방이 겪는 체계적 억압에 대한 어려움을 고려하지 못하는 경우이다. 이러한 어려움은 당사자가 성관계 중에 집중을 하는 데 영향을 줄 수 있다. 이때 이러한 복잡한 상호작용을 파악하고 평가하고 풀어내는 것은 치료사의 몫일 수 있다.

치료사가 관계 속에 존재하는 특권을 인지하기 위해서는 사회 정의적 관점을 갖는 것이 중요하다(Parker, 2009). 한 사람이 갖는 성적 의사결정 및 기능은 그 사람의 과거, 문화 및 원가족에서 비롯되기 때문이다. 교차적 정체성을 살펴보고 시기, 상황 및 환경에 걸쳐 이를 다루다 보면 커플이 강력한 애착관계를 형성할 수 있는 대안적 기틀을 마련하는 데 도움이 될 수 있다. 치료사는 자신의 특권(예: 인종, 사회경제적 지위, 성별, 재능)과 이것이 내담자에게 어떻게 영향을 주는지에 대해 염두에 두어야 한다. 치료사가 이에 대해 인지하고 있고 특권을 풀어내는 능력을 갖추고 있다면 내담자와 더욱 잘 연결될 수 있으며 내담자의 신뢰를 얻을 가능성이 높아진다. 능숙한 치료사는 관계적 · 성적 어려움이 어떻게 그들의 출신을, 관계를 형성하기도 전에 존재했던 체계적 어려움에 빠뜨릴 수 있는지에 대한 심층적인 통찰력을 내담자가 얻도록 돕는다. 이러한 형태의 보다 심층적인 통찰력으로 내담자는 자신의 고유한 경험에 대해 지지를 받고 있다고 느낄 수 있고, 필요한 개인적 · 관계적 변화를 이루어 낼 수 있다. 다음은 치료사가 임상적 의사결정에 반영하는 데 도움이 되는 특권과 관련된 몇 가지 질문이다.

1. 본인의 인종, 성별, 사회경제적 지위, 재능, 성정체성 및 원가족이 치료 중에 이루어지는 임상적 결정에 어떻게 영향을 주나요?
2. 가족 및 연애적 애착관계가 임상적 의사결정을 내리는 데, 그리고 내담자와 맺는 관계에 어떤 영향을 주나요?
3. 내담자가 문제를 해결할 수 있도록 돕는 능력에 특권은 어떤 방식으로 영향을 주나요?

통합적 성과 커플 치료사는 자신의 과거, 정체성 및 역할을 지속적으로 인지해야 내담자를 더욱 잘 돕는 위치에 설 수 있다. 다음에서는 내담자의 문제를 해결하는 기틀로서의 교차성에 대한 임상적 사용 및 치료 인식과 관련된 사례를 설명하는 사례 연구를 살펴보겠다.

사례 연구

모니크(Monique)는 29세 시스젠더이고, 아프리카계 미국인 레즈비언 여성이었는데, 매우 여러 가지 역할에 따른 부담과 건강을 관리하는 데서 오는 우울감과 관련된 증상을 치료할 방법을 찾고 있었다. 모니크는 3남매 중에 장녀였고 이제 만 18세가 된 남동생의 보호자 역할을 해야 했다. 모니크는 저소득 가정환경에서 자랐고 학업을 마치기 위해 주거 지원을 받았다. 모니크는 석사 학위를 취득했고 현재는 대학원에서 학업을 계속 이어 가고 있다. 아르바이트를 2개 하고 있었는데 일은 만족스럽지만 시간을 관리하는 것, 그리고 너무 많은 책임을 떠안고 있는 데서 어려움을 겪고 있었다. 스스로를 '번아웃' 상태라고 묘사했다. 약 6년 전에 모니크는 취미로 개발사업을 시작했는데, 이것이 일상적인 일 중 하나가 되었다. 모니크는 몇 차례 남성 및 여성과 장기적인 관계를 가졌지만 8년이 지난 지금은 여성과만 데이트하기로 결정한 상태였다. 현재 모니크는 1년이 넘는 기간 동안 연애하고 지금은 동거하고 있는 한 여성과 동성애 관계를 갖고 있었다. 모니크가 치료를 찾아왔을 때 모니크와 그 파트너는 7개월이 넘게 친밀한 관계를 갖지 못하고 있었다.

지난 2년간 모니크는 범불안장애, 좌골 신경통, 다낭성 난소증후군을 진단받았고 이 때문에 신체적인 어려움을 겪었다. 이제 모니크는 호르몬을 관리하기 위해 몇 가지 약을 복용해야 했고, 피임을 했고(특별히 요구되지는 않았지만), 물리치료를 받고 채식 위주의 식단에 적응해야 한다는 얘기를 들었다. 이런 일상의 변화로 모니크는 급격하게 살이 쪘고 불안감이 커지게 되었다. 매일 스트레스를 받고 극심한 피로감을 느끼고 있었다. 모니크는 '삶의 의미를 상실한 느낌' '어디서부터 뭘 해야 할지 모르는 느낌'을 받았다고 설명했다. 그 결과, 모니크는 주요 대처기제로 가족과 친구, 그리고 파트너를 기피하고 고립되기 시작했다. 모니크가 아르바이트를 2개 한 이후로 보험 자격이 되지 않아 학생 건강보험료로 매년 2,200달러를 추가로 지급해야 했다.

모니크의 문제는 여러 정체성에 대한 것만이 아니었다. 모니크가 가진 몇 가지 특정 정체성들이 같이 작용해 수반되는 여러 형태의 억압 때문에 생기는 문제도 있었다. 모니크의 상황은 저소득층 아프리카계 미국인 여성이 많이 겪는 일이다. 특히 모니크는 여러 개의 직업을 가져야 했고, 제대로 기능하기 위한 몇 가지 신체적 어려움도 겪어 내야 했고, 형제자매를 돌보는 역할에 대한 문화적 · 성별적 · 가족적 기대치도 충족해야 했다. 이러한 불평등에는 복잡한 기원이 존재한다. 이는 다양한 요인으로 나타날 수 있는데, 그 요인으로는 ① 체계적 억압, ② 만성적 질병 관리를 위한 보건의료 자원에의 접근성 부족(예: 건강보험), ③ 성차별주의, 인종차별주의, 장애인 차별주의적 태도, ④ 만연한 동성애자 차별주의적 정서가 있다.

이런 여러 억압의 형태가 겹치면서 모니크에게 영향을 주었고, 그녀의 관계에도 영향을 끼쳤다. 그런 상황에서 모니크는 파트너와 함께 친밀함과 즐거움을 경험하기 어려워진 것이다. 이 시점에서 모니크가 관계적으로 주로 집중한 부분은 불안감과 만성적 질병을 잘 다루는 것이었던 것 같다. 모니크를 전적으로, 그리고 적절하게 지지하기 위해 임상의는 교차적 관점을 활용했다. 모니크의 여러 소외된 정체성에 영향을 준 억압 체계와 다양한 근저에 흐르고 있는 기류와의 간의 관계를 인지하고 개념화했다. 임상의는 모니크가 근근이 먹고 살기 위해 힘들게 일을 해야 하는 책임에 대한 어떤 생각과 감정을 갖고 있고 이를 어떻게 이해하고 있는지, 그리고 일과 학업, 관계 간의 균형을 찾지 못하는 상황을 설명하도록 기회를 주었다. 치료사는 또한 모니크가 과거 파트너와 가졌던 친밀한 성적 경험과 만성적 질병의 역할을 분석할 기회를 갖게 했다. 임상의는 내면적 · 주관적 · 정서적 경험에 집중하는 것 외에도 여러 사회구조적 차원(예: 체중 증가, 낮은 사회경제적 지위, 아프리카계 미국인으로서의 신원)의 역할이 현재 문제에 어떻게 기여했는지도 언급했다.

모니크의 경우 페미니스트 치료가 유용하게 활용되었다. 이를 통해 임상의가 통합적 접근 방식을 적용하고 모니크의 정체성에 대해 겹치는 여러 체계적 형태의 억압에 집중할 수 있었기 때문이다. 치료사는 모니크가 인생 전반에서 회복력을 얻을 수 있도록 집중하여 모니크 자신이 겪은 경험에 대해 새로운 시각으로 볼 수 있게 도울 수 있었고 동시에 그녀가 갖는 관계적 어려움에 공감했다. 모니크는 치료사의 추천으로 흑인 여성의 회복력과 자율성을 집중적으로 다루는 두어 권의 자기계발서를 읽어 봤다. 마지막으로, 치료사는 모니크가 여성 지지 그룹에 가입하도록 권유했다. 이 그룹에서 모니크는 다른 여성들의 사연을 듣고 유사한 경험을 한 다른 사람들과 함께 자신의 불안감을 다루어 낼 수 있었고, 건강한 식이 요법을 선택하는 데 조언을 얻을 수 있는 기회도 갖게 되었다. 페미니스트 접근 방식을 통해 자율권, 변화 및 성장을 위한 공간이 마련되었고, 이러한 복잡한 체계를 만나게 한 자신의 고유한 정체성을 더 잘 이해하고 그에 대한 권리를 주장할 수 있게 되었다.

결론

통합적 성과 커플 치료자는 성소수자 내담자와 효과적인 커플 치료를 이행하기 위해서 교차성과 여러 정체성을 다루는 방법을 배워야 한다. 치료사가 자기 자신, 그리고 자신이 가진 힘과 특권 간의 관계를 적절하게 이해하지 못하면 로맨틱한 관계에서 친밀감을 형성하거나 유지하는 데 도움이 필요한 커플을 멀어지게 할 위험이 생긴다.

관계 안에서 흐르는 힘의 양상을 파악하고 커플이 이를 잘 다루도록 돕는 것은 꼭 필요한 기술이다. 이는 인종, 성별, 계급, 재능 및 성적 특성을 포함하여 다양한 사회적 정체성과 관련되기 때문이다. 통합적 성과 커플 치료사가 자신이나 내담자에 대해 이러한 복잡한 과정을 풀어낼 수 없을 경우 추가적인 교육을 받아야 한다.

게다가 성과학 프로그램 및 조직은 한 개인이 자신의 다계층 정체성을 다루는 방법을 학생들과 전문가들이 배울 수 있도록 교육 커리큘럼에 교차성 개념을 접목하는 것을 고려해야 한다. 성과 커플 치료사는 과거 일적으로 만난 상황에 대해 자기성찰적이고 반성적인 태도를 지녀야 한다. 또한 스스로 자신의 교차성에 대해 파악하도록 해야 한다.

8장

특이한 성적 취향을 가진(킹키한) 내담자를 위한 관계 상담과 성치료

닐 캐논(Neil Cannon) PhD, LMFT
아만다 홈버그-사세크(Amanda Holmberg-Sasek) LMFT

킹크란 무엇인가

킹크(kink)는 BDSM,[1] 페티시즘,[2] 성적 역할극 등 사실상 모든 종류의 성적 행위를 포함한 폭넓은 성행위를 가리키는 포괄적인 용어이다. 킹크는 "지배적인 문화에서 받아들여지지 않는 성적 행위, 성적 취향 또는 관계 구조"(C. Moser, personal communication, 2018)로 정의될 수도 있다. 일부 킹키한 내담자의 경우 킹크는 이들의 성생활에서 일부분만 차지하고 있을 수 있다. 또 어떤 내담자에게는 섹스를 즐기는 지배적인 방식일 수도 있다. 킹크는 어떤 사람들이 자신의 성적 취향을 표현하는 독보적인 방법이자 생활양식과 정체성에 통합된 부분일 수도 있다.

킹키 행위 중 유명한 것으로 BDSM이 있는데, 이는 속박과 제재(Bondage and Discipline), 지배와 복종(Dominance and Submission), 또는 사디즘과 마조히즘(Sadism and Masochism)을 말하는 포괄적인 용어이다. 속박은 성행위 도중에 성적인 쾌감을 느끼기 위해서 줄이나 수갑 등 신체적으로 제약을 가하는 것을 말한다. 제재는 신체적으로 제재하거나 처벌적 행위를 포함한 폭넓은 범위의 행위와 관련이 있을 수 있다. 지배와 복종은 권력의 교환이라고 할 수 있다. 성적 희열을 더 강하게 느끼기 위해 한 파트너가 다른 파트너를 통제하거나(지배) 통제하는 것을 포기하는 것(복종)을 말한다(Pillai-Freidman, Pollitt, & Castaldo, 2015). 마지막으로, 사디즘은 기꺼이 동의한 파트너 또는 파트너들에게 가학적 고통을 주며 성적 희열을 얻는 것인 한편, 마조히즘은 자신에게 합의된 가학적 고통을 통해 희열을 얻는 것을 말한다. 하지만 이러한 모든 활동이 BDSM으로 간주되려면 모든 참여 당사자들의 동의가 있어야 한다.

1) 역자 주: BDSM은 성행위 중에서 상대방을 지배하거나, 상대방에 순응하거나 통제하는 성행위를 포괄적으로 포함하는 용어이다. 2016년 연구에 의하면 47%의 여성, 60%의 남성이 성행위 도중에 상대방을 통제하고 싶은 환상을 가졌다고 보고했다.

2) 역자 주: 페티시즘(fetishism)은 이상 성욕의 하나로서 이상의 몸 일부, 옷가지, 소지품을 통해서 성적인 만족을 얻는 행동이다.

많은 경우에 **고통**은 여러 가지 암시가 담긴 무거운 단어이다. BDSM의 세계에서 **고통**이라는 단어는 흔히 감각과 같은 의미로 사용된다. 감각은 여러 영역에서 경험할 수 있으며 각자는 여러 가지 접촉에 모두 다르게 반응한다. 따라서 성치료 전문가는 고통 또는 감각을 얘기할 때 내담자가 선호하는 방식을 사용하고, 사람들마다 다양한 관점이 있다는 것을 인정하는 것이 중요하다. 누군가에게 고통스럽다는 것은 다른 사람들이 생각하는 고통과 다른 것일 수 있다. 고통으로 흥분감을 얻는 대부분의 마조히스트에게는 전후 사정과 의도성이 있어야 한다. 예를 들면, 한밤중에 발가락이 무엇에 부딪치는 행동을 경험한다고 성적인 쾌감을 느끼지는 못하는데, 이는 전후 맥락과 의도적인 행동이 아니기 때문이다.

동일한 용어도 사람마다 다른 의미로 받아들일 수 있기 때문에 킹키한 개개인이 BDSM 정체성과 동일시하는 방법은 여러 가지가 있다. 예를 들어, 어떤 내담자가 스스로나 관계 속에서 자신을 지배적이라고 말하면, 같은 의미로 지배적이라고 자신을 규정하는 어떤 다른 사람과는 그 의미를 다르게 정의할 수도 있다. 즉, 지배적이라고 해서 반드시 가학적이지는 않으며, 복종한다고 해서 반드시 마조히즘적 특성을 갖지는 않는다. 이와 마찬가지로 제재를 받으면 흥분감을 얻는 경우에도 반드시 복종적이라고 할 수는 없다. 따라서 치료자는 호기심을 갖고 각 내담자가 가진 이러한 정체성의 의미와 세부적인 사항을 분석할 필요가 있다.

치료자가 킹키한 내담자를 만나게 됐을 때 반영적인 경청 및 미러링 기법을 사용하면 내담자가 수용되고 이해받고 자신의 이야기를 잘 들어 준다는 느낌을 받는 데 도움이 될 수 있다. 지지하는 음성과 비언어적 메시지를 활용하는 것도 중요하다. 치료 시작 단계에서는 많은 내담자들이 이야기를 해도 안전한지 확인하기 위해 성치료 전문가를 테스트한다. 그렇기 때문에 성치료 전문가는 내담자를 알아 가는 데 도움이 되는 조심스러운 호기심을 갖고 질문을 하는 것이 좋다. 이것이 효과적인 치료와 지지를 줄 수 있는 긍정적인 한 단계인 것이다.

킹크가 널리 퍼지는 현상에 특히 집중한 연구는 현재까지 없지만 이런 현상을 다룬 유일한 베스트셀러 책 『그레이의 50가지 그림자(Fifty Shades of Grey)』를 보면 지배, 복종, 희열 및 고통이라는 킹키한 판타지에 대한 방대한 대중적 관심을 이해할 수 있다. 하지만 이 책은 BDSM에 대한 미신을 영속화하는 경향이 있어 BDSM 공동체에 속한 많은 사람은 부정적인 시각으로 보고 있다.

특히 이 책의 주인공인 크리스찬 그레이는 어린 시절 학대를 당한 것으로 묘사되며 이 학대가 BDSM 성향을 갖게 된 원인임을 암시하고 있다. BDSM 행위자 중에는 어린 시절 학대를 당한 사람도 있지만 어린 시절 성적 학대를 경험한 사람 중에 킹크 현상이 높은 비율로 나타난다는 것을 증명하는 연구는 없다. 그렇기 때문에 치료자가 어린 시절의 학대와 BDSM 행위자가 되는 것 간의 인과관계가 있다고 추정하는 것은 위험한 발상이다(Richters et al., 2008). 그럼에도 불구하고 『그레이의 50가지 그림자』에 보인 독자의 엄청난 반응을 보면 이전에 생각할 수 있던 것보다 훨씬 더 많은 킹크에 대한 관심을 일반 대중들에게 불러일으켰다는 사실은 분명해 보인다.

킹크 전문성

1997년, 수잔 라이트(Susan Wright) 외 여러 명이 성적 자유를 위한 전미 연합(National Coalition for Sexual Freedom: NCSF)을 창설했다. NCSF를 통해 '킹크 인지 전문가(Kink-Aware Professional)' 목록이 소비자에게 보다 널리 제공되었고, 여기에는 킹크 인지 성치료 전문가와 다른 전문가들이 범주별로 나와 있었다. 이 인력 자원 목록을 소비자에게 무료로 제공하는 것은 매우 도움이 되었다. 하지만 오늘날의 치료를 생각해 보면 성치료 전문가는 킹크에 대한 인지적 감수성만 있는 것이 아니라 킹크에 대한 전문성을 갖춰야 한다. 킹크 전문성을 정의에 관해 일반적으로 수용되는 임상적 기준은 없다. 이런 기준을 수립하는 것이 이 장의 목적이 아니다. 하지만 최소한 킹크에 대한 전문성을 갖추기 위해 다음의 지침은 고려하는 것이 좋다.

1. 임상심리학자, 결혼 및 가족 치료사, 전문상담사 또는 임상사회복지사 면허증과 같은 정신건강 관련 면허증을 소유해야 한다.
2. 성소수집단(예: 킹크 및 개념적으로 킹크 아래에 있는 다양한 유형의 성적 표현)을

대하는 방법에 대한 특정 교육과 훈련을 포함해 인간 성생활에 대한 교육과 훈련을 받아야 한다.

3. 커플 상담에 대한 교육과 훈련을 받아야 한다. 개인을 치료하는 맥락에서 한 사람을 대하는 것과 커플을 대하는 것에는 매우 큰 차이가 있다. 또한 정말 많은 킹키한 커플이 합의된 비독점적 관계(CNM)를 지향하기 때문에 폴리아모리와 개방적 관계에 있는 개개인을 대하는 교육과 훈련을 받는 것이 킹크 전문성을 갖추는 일환이라고 볼 수 있다.

그뿐만 아니라 성치료 전문가는 성적인 흥분, 호기심, 혐오감, 분노 또는 두려움의 감정을 포함하여 치료 중에 발생할 수 있는 자신의 성적 역전이에 대해 인지하고 있어야 한다. 성치료 전문가가 특정 킹키한 취향과 긍정적 또는 부정적으로 관련되어 있으면 결과적으로 치료에 부정적 영향을 줄 수 있다. 예를 들어, 한 성치료 전문가가 크로스 드레싱(cross-dressing, 성적 쾌감을 위해 이성의 옷을 입는 것)에 흥분감을 느끼는 내담자를 치료하고 있다고 하자. 이 성치료 전문가는 이 특정 취향에 자신이 어떻게 반응하는지에 대한 스스로의 감정과 경험을 잘 인지하고 있어야 한다.

보다 극단적인 사례로는 성치료 전문가 자신의 트라우마와 관련이 있는 경우가 있을 수 있다. 가령 성치료 전문가가 성폭행을 당한 경험이 있으면, 내담자가 사디스트 또는 지배적인 것으로 자신의 정체성을 표시하면, 그 경험이 촉발 자극이 되어 치료자가 혐오감을 느낄 수도 있다. 성치료 전문가라고 해서 자신의 편견에서 해방된 것은 아니지만, 자신에게도 편견이 있을 수 있다는 것을 알아차리면, 내담자에게 킹크에 대한 전문성을 갖춘 최고의 그리고 최선의 치료를 제공하도록 하는 출발점이 된다. 우리는 성치료 전문가가 스스로 파악된 자신의 편견에 대해서 슈퍼비전을 받고, 자문도 받고 치료하면서 이것이 치료에 어떻게 영향을 줄 수 있는지 보다 자세히 알아보라고 제안하고 싶다.

성적 역전이라는 개념은 킹크 전문 치료에서 매우 중요하기 때문에 치료자들이 자기 상담 경력 전반에서 킹크에 대한 자신의 감정에 더욱 관심과 호기심을 가지라고 제안하고 싶다. 어떤 내담자는 관계에서 자신을 지배적 파트너라고 생각하면서도 성치료 전문가에게 자신의 성향에 대해서 아무런 언급을 하지 않거나 거의 내색을 보이지 않을 수 있다. 그러나 다른 특성이나 문제를 안고 있는 또 다른 내담자는 성치료 전문가에게 완전히 다른 반응을 이끌어 낼 수도 있다. 성치료 전문가가 자신의 내담자에 대한 반응이 긍정적이든 부정적이든 치료에 아무런 영향을 주고 있지 않다고 믿는 경우, 그 성치료 전문가는 스스로 자신의 내면을 심층적으로 살펴볼 필요가 있다.

예를 들어, 젊고 열정적이며 성을 긍정적으로 보는 성치료 전문가 사라(Sarah)의 경우를 보자. 사라는 섹스에 대해 다른 취향을 갖고 있는 이성애자 부부를 치료하고 있었다. 그 아내는 남편에게 지배를 당하고 싶어 했지만 남편은 아내를 묶는다는 생각 때문에 성적으로 흥분감을 느끼지 못했고 그 이상 진행하기를 꺼려 했다. 치료자 사라는 속박적 취향을 갖는 것에 대해 문제가 없음을 알았고 그래서 아내가 남편에게 자신이 원하는 것은 무해하며 재미있을 수도 있다는 것을 설명하도록 도와주었다. 사라는 실크 타이나 스카프로 시작하라고까지 제안했다. 그 커플은 치료에 다시 나타나지 않았고 그 아내는 사라에게 이메일을 보내 남편이 아내와 치료자가 '한통속이 되어 공격하는' 느낌을 받았다고 말했다. 사라의 이야기는 성에 대한 긍정성의 역전이가 내담자에게 어떤 부정적인 결과를 가져올 수 있는지 보여 주는 좋은 예이다.

이러한 점을 염두에 두고 이 장에서는 성치료 전문가들이 킹키한 내담자를 대할 때 최상의 치료가 될 수 있는 킹크 전문성을 향해 발전하는 데 도움이 되는 내용을 다뤄 보겠다. 먼저 내담자에게 나타나는 결과와 관련하여 성치료 전문가의 시각이 얼마나 중요한지에 대해 얘기해 보려고 한다. 또한 킹키한 내담자와의 커플 상담에서 발생하는 일반적인 문제 몇 가지도 다뤄 보겠다.

이어서 기존에 킹키한 커플은 고사하고 킹키한 내담자를 위해 마련된 치료 모델조차 없기 때문에 킹크 전문 커플 치료를 위한 기틀을 제공하려고 한다. 이 치료 접근 방식은 BDSM, 페티시, 성적 역할극 및 사실상 모든 종류의 킹크를 포함한 킹크 행위와 성행위 영역 전반에 걸친 문제에 적용된다. 또한 이성애자 커플 및 LGBTQIA[3] 커플

---

3) 역자 주: 최근 들어 LGBTQIA가 등장했다. 이는 LGBT가 확장된 것으로 자신의 성적 특성을 꼭 집어 단정하기 어려워 queer, interest, asexual의 첫 단어들을 연이어 붙인 것이다.

등에도 포용되고 적용된다. 이 치료 체계에 대해 얘기할 때는 기본적으로 두 사람으로 구성된 커플을 염두에 두지만 그 원리는 CNM을 실천하는 사람에게도 적용된다.

성치료 전문가의 관점

킹키한 커플을 상담치료할 때 성치료 전문가의 관점이 내담자 치료 과정과 결과에 중대한 영향을 미친다. 많은 내담자는 성치료 전문가에게 처음으로 자신의 킹키한 욕구를 표현하게 되는 경우가 많은데, 흔히 자기의 '어두운 면'이라고 묘사하는 부분에 대해 누구에게도 말을 하지 않는다. 성치료 전문가는 많은 내담자들이 일반적으로 섹스에 대해, 특히 킹키한 섹스에 대해 얘기하는 것이 얼마나 힘든지에 대해 간과해서는 안 된다.

내담자가 성치료 전문가에게 성행위에 대해 말할 때 두려움을 갖는 것에는 여러 가지 타당한 이유가 있다. 가장 분명한 이유는 성치료 전문가가 자신의 킹키한 취향에 대해 판단하고 평가할까 봐 두려워 공개하기를 꺼려 하는 것이다. 반대의 경우, 많은 내담자들이 성치료 전문가가 성에 대해 긍정적이며 킹키한 성행위를 지지하는지 '테스트'하고 확인하는 수단으로 자신들의 킹크함을 빠르게 '커밍아웃'하기도 한다(Kolmes, Stock, & Moser, 2006). 한편으로 어떤 내담자들은 이전 성치료 전문가로부터 수용되는 느낌을 덜 받았거나 수치심을 경험했을 수 있다. 또는 정신건강 또는 의학 전문가에게서 부정적인 경험을 가졌을 수도 있다. 결과적으로, 킹키한 내담자는 성치료 전문가가 자신을 평가하려는 부정적인 감정을 가진 것 같은 징후가 보이면 극도로 불안감을 느낀다. 내담자는 평가받을 것에 대한 두려움 때문에 성치료 전문가에게 솔직하게 털어놓지 못하면 계속 비밀에 부쳐질 것이고 그렇게 되면 결국 효과적인 치료를 방해한다(Kolmes et al., 2006).

킹크 전문 성치료 전문가는 킹키한 내담자를 대하는 일이 소중하고 보람 있는 일이라는 것을 알고 있다. 치료자는 내담자에게 정서적 안전성을 제공하면서 문제를 탐구하고, 무엇보다 수용적인 분위기를 제공해야 이 복잡한 인간의 경험이 아름다운 공간으로 자리매김할 수 있다. 킹크 전문 성치료 전문가는 희망, 장점, 끊임없는 호기심 그리고 때로는 해결책에 집중한다. 성치료 전문가가 올바른 길로 가면 킹키한 내담자의 삶과 관계에 긍정적인 영향을 줄 수 있다는 것은 아무리 강조해도 부족하다. 하지만 성치료 전문가가 잘못된 길로 가면 그 부정적인 영향이 오래 지속된다. 섹스에 부정적인 성치료 전문가와 킹키한 내담자를 대하는 기술이 없는 사람은 내담자를 정신병리학적 관점으로 보는 경향이 있다.

다음 사례는 킹크 전문성을 갖추지 않은 성치료 전문가와의 상담치료에서 많은 내담자들이 일반적으로 겪었다고 말하는 경험을 잘 보여 준다. 이 사례는 성치료 전문가의 관점이 내담자의 치료 결과에 어떻게 직접적으로 영향을 주는지도 보여 주고 있다.

제럴드(Gerald)는 55세 기업 변호사로 복종적 마조히스트이다. 그의 아내 셰일라(Sheila)는 45세 아티스트로 성적 취향에서 대개 '바닐라'[4]로 나타난다. 이 커플이 성치료 및 커플 상담 때문에 찾아왔을 때 이들은 이전 결혼 상담사 스티브(Steve) 박사와의 치료에서 부정적인 경험을 했다고 밝혔다. 새로운 킹크 전문 성치료 전문가는 이 커플에게 과거 치료에서 어떤 점이 힘들었는지 편안하게 얘기해 줄 수 있는지 물으면서, 편안하게 대화를 할 수 있어야 최대한 많은 도움을 줄 수 있을 거라고 설명했다. 킹크 전문 성치료 전문가는 이전 치료를 통해서 수치심을 경험해서 심각한 트라우마로 지속된 것을 잘 알고 있기에, 비슷한 질문을 통해서 이 내담자에게 트라우마가 재현되지 않도록 시도했다. 이 커플은 새롭게 만난 성치료 전문가와 자신들의 경험을 공유하는 데 동의했다.

이 커플은 처음에는 스티브 박사가 도움이 많이 되었고 얘기하기도 편했다고 말했다. 스티브 박사는 자신은 개인적으로 사람을 평가하지 않는다는 확신을 주며 이렇게 말했다. "이 공간은 문이 닫혀 있기에 어떤 비밀스러운 말을 해도 저는 괜찮습니다." 이 말에 제럴드는 처음으로 비위가 상했다. 그는 어느 정도 공개적인 특정 공간에서 킹키해지는 것은 자신의 성적 표현에서 중요한 부분이었고 '비밀'과는 거리가 있었기 때문이다. 제럴드는 계속해서 킹크를 일반적인 개념으로서 얘기할 때 스티브 박사는

4) 킹크 문화에서 바닐라는 킹키하지 않는, 평범한 사람을 가리킬 때 사용하는 용어이다.

'괜찮아' 보였다고 말했다. 하지만 두 사람이 가진 갈등에 대한 구체적인 특성을 깊게 파헤치는 과정에 들어가자 스티브 박사는 자신이 이 문제에 불편감을 느꼈고 두 사람도 불편감을 느끼게 했다. 이에 대해 셰일라는 이렇게 말했다. "그는 굉장히 개인적이고 저에게 친밀한 주제에 대해서는 유머를 너무 남발하는 경향이 있었어요."

이 커플은 스티브 박사에게 BDSM이 두 사람에게 갈등을 일으키면서도 연결되게 하는 근원이 된다고 말했다. 제럴드가 BDSM 상황을 셰일라보다 더 자주 원해서 갈등이 발생했다. 반면에 셰일라는 보다 자주 BDSM를 경험하기 위해서는, 남편으로부터 더 많은 정서적인 연결과 친밀감을 원했다. 자기가 킹크하다고 얘기하는 많은 사람들처럼 제럴드는 본인이 따르고 싶은 매우 특정한 성적 스크립트(또는 '상황')가 있었다. 제럴드가 이상적으로 여기는 BDSM 상황은 셰일라가 실제로 그랬든 과장을 좀 섞었든 자기가 규칙을 어긴 것에 대해 매질을 하며 자기를 '벌하는' 것이었다. 이 커플의 분명한 치료 목표는 '제럴드가 보다 자주, 그리고 더 자극적인 BDSM 상황을 연출하고자 하는 욕구와 셰일라가 보다 정서적으로 연결되고 친밀감을 느끼고 싶어 하는 욕구를 어떻게 더 잘 조합할지, 그 방법을 알아내는 것'이었다. 셰일라는 매질을 하는 장면을 통해 흥분감을 느끼지는 못했지만 두 사람이 친밀하고 연결되어 있다고 느끼면 제럴드를 매질하는 것이 꺼려지지는 않았다.

이 커플이 처음으로 스티브 박사를 만나기 시작했을 때 자신들의 삶 대부분에 대해서 잘 이야기하며 대화를 이어 나갈 수 있었다. 하지만 킹크에 대한 대화는 논쟁을 초래하게 되었고 바짝 마른 불쏘시개에 성냥불을 붙이는 것 같은 느낌이 들 때가 많았다. 언제든 논쟁에 불이 붙을 수 있는 상황이었다. 치료를 받기 이전에는 제럴드와 셰일라가 킹크에 대한 대화를 하다가 결국 싸움으로 끝나 버리고 말았지만, 치료를 받게 되면서 스티브 박사와 얘기를 나눌 수 있을 때까지는 대화하지 않고 서로 기다리기로 했다.

제럴드는 셰일라에게 성적으로 자신이 무엇을 원하는지에 대해 편지를 썼다. 제럴드는 세 번째 회기에서 셰일라와 싸우지 않고도 킹크에 대해 유의미한 대화가 진행될 수 있도록 자신이 쓴 편지를 셰일라에게 읽어 줘도 되냐고 스티브 박사에게 물었다. 스티브 박사와 셰일라는 모두 동의했다. 다음은 제럴드의 편지이다.

사랑하는 셰일라에게

당신이 나와 BDSM의 세계로 깊이 들어가 줄 수 있다면 말할 수 없이 행복할 것 같아. 지금보다 훨씬 더 당신과 친밀하다는 느낌을 받을 수 있을 것 같아. 나에게 어떤 것이 중요한지 단지 들어 줄 수 있다면 당신도 더 원하게 될 것이라고 생각해. 나는 그냥 내가 좀 더듬거리면서 말하면 당신이 답답해하면서 내가 당신한테 솔직하지 못하다고 생각할까 봐 불안해지는 것 같아. 그래서 지금 편지를 쓰고 있는 거야. 그래, 하고픈 얘기를 할게…….

내가 당신을 불쾌하게 하면 그 현장에서 나를 바로잡아 줬으면 좋겠어. 예를 들어, 변기 시트를 안 올려 뒀다거나 그런 거 있잖아. 그러면 내가 벌을 받아야겠다고 말해 줘. 어떤 장소에 특정 시간에 팬티만 걸친 채 아무것도 입지 않고 나타나게 해 줘. 맙소사, 너무 당황스러운 게 진짜 솔직히 말하면 이걸 쓰는 것만으로도 흥분돼. 그런 다음에 당신 앞에 서 있는 동안 천천히 내 팬티를 벗기고 내 인생에서 다시 없을 매질을 해 주겠다고 말하는 거야. 당신 무릎으로 내 몸을 구부리게 한 다음에 탁구 라켓으로 내가 흐느낄 때까지 엉덩이를 때려 줘. 내가 충분히 맞았다고 생각이 들면 조금 더 길게 계속해 줘. 내가 말하는 에지 플레이(edge play)가 이런 거야. 나를 약간 한계에 다다를 때까지 밀어붙여 줘. 그런 다음에 마치 내가 어린아이인 듯 귀를 부드럽게 만지고 방구석으로 나를 데려가 줘. 부드럽게 내 등을 만지고 당신이 나를 얼마나 사랑하는지, 그리고 이 매질은 나를 위한 것이었다고 말해 줘. 모든 게 다 괜찮아질 거라고 말이야. 그런 다음에 나를 10분간 구석에 세워 둬.

날 너무 이상하게 생각하지 않기를 바라. 얘기 들어 줘서 정말 고마워!

사랑하는 제럴드가

셰일라는 사랑스럽게 제럴드의 손을 잡았고 이렇게 취약한 부분까지 보여 줘서 고맙다고 했다. 셰일라는 몇 가지 질문이 있다고 하면서 스티브 박사에게 도움을 요청했다. 스티브 박사는 자기가 주도권을 가로채면서 자기도 제럴드에게 몇 가지 질문이 있다고 했다. 스티브 박사는 제럴드에게 물었다. "왜 그런 고통을 받아야 할 것 같은 기분을 느끼나요? 어린아이처럼 울며 흐느끼고 싶은 이유는 무엇인가요?" 제럴드는 자기 자신에 대해 설명하려고 최선을 다했다. 하지만 스티브 박사가 자신의 판타지를 받아들이지 못하는 것 같아 불안감을 느꼈다. 다음으로 스티브 박사는 셰일라에게 물었다. "남편이 울고 있을 때, 그리고 매질을 하느라 시끄러운 소리를 냈을 때 자녀들은 어디에 있었나요?"

회기가 끝나갈 때 스티브 박사는 제럴드에게 취약한 부분을 보여 줘서 고맙다고 했다. 스티브 박사는 제럴드가 '그런 비정상적 성적 욕구'를 아내와 공유하는 데 왜 불편감을 느꼈는지 완전히 이해할 수 있다고 말했다. 스티브 박사는 "가끔 너무 통제적이거나 과도하게 수동적인 엄마를 둔 남성의 경우, 성적인 특성에 영향을 미칠 수 있습니다."라고 말했다. 이 커플은 조용히 스티브 박사의 말을 들은 후 성치료 전문가에게 치료 도중에 수치심을 느낀 내담자가 일반적으로 보이는 행동을 했다. 치료에서 조용히 사라진 후 다시 돌아오지 않은 것이다. 사실 스티브 박사에게 수치심을 경험한 것 때문에 치료를 다시 시작할 용기를 낸 것은 불과 몇 달 전이었다. 제럴드와 셰일라는 치료를 다시 시작하는 것을 엄청나게 망설였다고 했다. 다른 성치료 전문가들도 똑같이 평가하는 눈으로 바라볼지도 모르기 때문이었다.

이 사례에서 말해 주듯이 성치료 전문가의 관점은 커플의 치료 결과에 매우 부정적인 영향을 줄 수 있다. 스티브 박사는 성치료 전문가가 킹크 전문성을 갖추지 않은 경우 자주 나타나는 패턴의 몇 가지 주요한 실수를 저질렀다. 스티브 박사는 영향력이 아닌 병리학적 측면을 보았다. 호기심이 아닌 '알고 있는 것'을 기반으로 치료를 주도했다. 커플의 치료 목표에 대한 집중력을 잃었다. 그는 제럴드와 셰일라를 위한 최선이 무엇인지 잘 알고 있다고 믿고 있는 듯했다. 하지만 스티브 박사는 그들에게 결국 수치심을 주었다.

또한 스티브 박사는 커플 상담에서 '중대한 대죄(cardinal sin)'로 간주되는 실수를 저질렀다. 그는 제럴드를 환자 취급했고 이로써 치료실에서 불균형을 불러일으켰다. 또한 스티브 박사는 제럴드가 가진 킹크의 원인을 알고 있다고 생각했다. 킹크 전문 성치료 전문가는 성적인 원형이 형성되는 방식이 현재 분명하지 않다는 사실을 알고 있다. 성치료 전문가가 내담자는 왜 그런 특성을 나타내는지, 또는 왜 그런 것을 좋아하게 된 건지 '알고 있다'고 말하는 경우, 해를 가할 위험이 있다. 유능한 성치료 전문가는 호기심을 갖고 내담자가 스스로 자기 자신에게서 답을 찾아내도록 돕는다.[5] 성치료 전문가에게는 반드시 맞는 것이 아니더라도 내담자에게 맞는 그런 답을 찾도록 돕는다.

제럴드와 셰일라의 사례는 두 사람이 스티브 박사와 이전 치료 경험에 이어 새롭게 만난 성치료 전문가에게는 어떻게 치료가 이루어졌는지 이 장 후반부에서 살펴보겠다.

킹키한 내담자가 갖는 일반적인 우려사항

커플이 킹크와 관련해 치료를 찾는 이유는 상황에 따라 여러 가지가 있다. 하지만 킹키한 커플에게 보이는 공통적인 주제는 있다. 어떤 커플은 한 파트너가 킹키하지만 다른 파트너는 그렇지 않아서 치료를 찾는다. 이들은 성적 취향의 차이를 탐구하고 합의점을 찾고 싶은 것이다. 또 어떤 커플은 두 파트너가 모두 킹키한데, 킹크 특성이 다르거나 소통하는 데 도움을 필요로 할 수 있다. 또 다른 경우로는 치료 목표가 킹크와는 관계가 없지만 성적 생활양식이 자신의 정체성에서 중요한 부분을 차지하고 킹크 전문성을 갖추지 않은 성치료 전문가에게 평가를 받거나 수치를 당할까 봐 두려운 경우가 있을 수 있다.

다음에서는 인과관계, 비밀 킹크, 취향 불일치를 포함하여 커플에게 나타나는 몇 가지 일반적인 우려사항을 다룬다. 또한 각각에 수반되는 해결책도 알아보겠다. 하지만 특정한 우려사항과 관계없이 각 파트너가 각자의 성적인 원형을 존중하고 전체적으로 관계를 개선하는 방식으로 각자의 욕구를 충족할 수 있는 해결책을 찾는 것이 중요하다.

5) 역자 주: 흔히 의사나 상담사 및 치료자가 내담자를 대할 때, 자기 지식과 훈련의 관점으로 파악하여 내담자만의 고유한 문제를 간과하기 쉽다. 이는 『체계이론의 실제: 개인 · 부부 · 가족치료에의 적용』(강은호 최정은 공역, 학지사, 2019)의 8장 사회적/문화적 내러티브 중 체계론적 치료에서 '답은 내담자가 가지고 있다'에서도 자세히 언급하고 있다.

일반적인 우려사항 1: 인과관계

비정상적 성적 행위 또는 킹크가 문제로 나타날 경우 그 인과관계를 이해하려고 하는 강력한 갈망이 드는 것은 어쩌면 드문 일은 아니다. 특히 커플은 "무엇이 이러한 행동의 원인인가요?" "왜 제 남편은 지배적이려고 하는 건가요 ? " 또는 "제 아내는 왜 고통을 느끼면 흥분하는 건가요?"와 같이 킹키한 욕구와 관련하여 인과관계를 묻는 질문을 자주 한다.

예를 들어, 샐리(Sally)와 존(John)이 커플 상담을 받으려고 찾아왔을 때 존은 자신의 킹크 특성은 ABDL[6]이라고 설명했다. 커플 상담을 시작할 때 샐리가 알고 싶은 단 한 가지는 도대체 '왜'였다. "그는 왜 기저귀 차는 걸 좋아할까요? 왜 토요일 아침에 만화를 보고 애들이 먹는 시리얼을 먹고 싶어 하는 걸까요? 이게 원인이 뭔가요? 배변교육을 이런 식으로 받은 걸까요? 존의 어머니가 너무 강압적이셔서 이렇게 된 걸까요?"

물론 문제는 한 사람의 성적 취향을 형성하는 데 매우 많은 변수가 있다는 것에 있다. 치료자라고 해서 정확한 원인을 늘 알 수 있는 것은 아니다. 누군가가 킹크 특성을 갖게 된 원인을 중심으로 치료를 진행하는 것은 킹크에는 반드시 규명을 해야 하는 어떤 문제가 있음을 암시하는 것이기도 하다. 누군가 깊고 열정적인 키스 등의 일반적인 바닐라 행위로 흥분감을 느끼면 대부분이 그렇기 때문에 인과관계를 따지지는 않는다. 하지만 성적 행위가 일반적인 것과 좀 거리가 멀 때는 이유를 알고 싶어 하는 경향이 있다.

또한 배우자가 오랫동안 간직한 친밀한 파트너의 킹키한 비밀을 알게 되었을 때 그 새로운 정보는 마치 바람 핀 것을 발견했을 때와 유사한 감정, 즉 매우 강력한 배신감으로 느껴질 수 있다. 이 상황에서 어떤 커플은 상담 중에 '왜'에 주요 관심을 가지고 질문을 한다. 배신당한 배우자는 강렬한 부정적인 감정을 경험할 수 있다. 지금 인생

---

6) ABDL은 Adult Baby Diaper Lovers(성인 아기 기저귀 성애자)의 두문자어이다. ABDL이라는 두문자어는 자기 자신을 이렇게 규정짓는 사람들의 공동체를 나타낸다. 성인 아기(Adult Baby: AB)는 '성인 아기'로 규정되는 사람들을 나타낸다(영유아 역할극을 즐기는 사람), 그리고 기저귀 성애자(Diaper Lovers: DL)는 자발적으로 기저귀를 착용하는 사람들을 말한다. 이러한 행위는 사실상 성적인 상황 또는 성적이지 않는 상황에서도 나타날 수 있다(Zamboni, 2017).

이 뒤집어진 것 같은 느낌을 받고 있으면서, 이 순간은 합리적인 사고보다는 배우자의 킹크의 원인을 알아내려는 데 온 관심이 집중되어 있을 수 있다.

다음은 커플 상담사가 킹크의 '원인'에 갇혀 있는 내담자를 대할 때 고려해야 할 몇 가지 전략이다.

1. 내담자에게 반드시 해결하기 힘든 문제를 해결하려 하지 말라고 주의를 줄 것

지금의 '왜'라는 강렬한 의문은 시간이 지나면서 소멸되기 마련이다. 지금부터 2~3회기를 진행하다 보면 다시는 제기되지 않을 수 있다. 내담자가 문제의 원인을 알려는 욕구를 최소화하게 도와주지 못하는 동안 왜라는 질문에 집중하면 인과관계의 불길에 부채질을 하는 함정에 갇힐 수도 있는데, 이 점이 주요 임상적 우려사항이다.

2. 각 내담자에게 공감, 열정, 조심스러운 호기심을 보여 줄 것

내담자는 흔히 치료실에 있는 성치료 전문가를 '전문가'로 본다. 그렇기 때문에 "왜 남편이 기저귀에 집착을 하는 걸까요?"라는 질문을 할 수도 있다. 성치료 전문가는 모든 것을 알고 있는 듯하게 말하려는 충동적인 자아 모습을 피해야 한다. 대신 공감과 수용을 보이면서 조심스러운 호기심으로 분위기를 이끌어 가는 것이 좋다. 다음과 같은 질문이 도움이 될 수 있다.

- "이것을 왜 알아야 하는지 당신에게 중요하다는 것을 분명히 이해하고 있습니다. 우리가 어떤 점을 확인할 수 있을지 한번 같이 생각해 보죠. 이 부분에 대해 각자 어떤 관점을 알고 계신가요?"
- "존, 샐리가 묻는 이 질문에 대한 답을 평생 동안 추측해 보면서 살았잖아요. 이에 대한 존의 생각은 어때요? 첫 번째 기억을 떠올려 볼까요? 존의 경험을 샐리가 이해할 수 있게 어떤 이야기를 들려주실 수 있을까요?"
- "샐리, 이것이 어떻게 시작되었는지 정확히 알지 못하면 어떤 기분이 들 것 같으세요? 이와 동시에 혹시 알게 된다면 어떨 거 같은가요? 본인의 삶과 관계에 어

떤 영향을 줄 것 같은가요?"

3. 내담자가 내적 내러티브를 변화해서 자신감을 북돋아 줄 것

자기 대화는 사람들이 자기 스스로에 대해 느끼는 감정에 직접적이고 강력한 영향을 주며, 성과 커플 치료에서도 예외는 없다. 어떤 내담자는 자신의 킹키한 취향에 대해 부정적인 내적 내러티브를 발전시키면서 곤란을 겪을 수 있다. 따라서 성치료 전문가가 내담자에게 보다 힘을 주는 내러티브를 발전시키게 도와줘야 한다. 예를 들어, 존에게 무력감을 느끼게 하는 내적인 대화는 자신에게 기저귀 페티시가 있기에 이상한 사람 취급을 당하는 것이다. 존은 치료를 통해 보다 자신에게 다정하고 연민어린 내적인 대화를 할 수 있었다. 이를 통해 훨씬 더 기분 좋은 자아감을 느낄 수 있었다. 흔히 킹크를 갖고 있는 내담자의 관계는 실제 행위 자체를 통해서 살펴볼 수 있다. 내담자가 직접 자기 이야기를 할 수 있게 도우면 그 자체로 힐링이 되고 힘을 북돋아 줄 수 있다.

치료 결과, 존은 대부분의 사람들이 인지하는 것보다 더 일반적인 것으로 흥분감을 얻는다는 새롭고 힘이 생기는 내러티브를 갖게 되었다. 존은 기저귀와의 관계로 차분하고 평화로움을 느꼈다. 완전히 설명할 수는 없었지만 현재 자신의 이런 부분에서 평화를 얻고 있기 때문에 괜찮았다. 샐리도 자신의 성격을 위해 보다 긍정적인 내러티브를 발전시킬 수 있었다. 샐리는 존이 왜 그렇게 기저귀에 강렬한 자극을 받는지, 또는 그에게 어째서 평화로움을 가져다주는지에 대해 정확히 알 필요가 없다고 되새겼다. 대신 샐리는 자신의 새로운 내러티브에 집중했다. 바로 이제 자신이 남편에게 수용적인 사람이 되었고 남편이 자기 인생 최대 비밀에 대해 자신을 신뢰하는 데에 대해 감사함을 느끼는 것이다.

일반적인 우려사항 2: 비밀 킹크

가끔 킹키한 파트너가 자신의 킹크 취향을 비밀로 하는 것 때문에 커플이 상담을 찾는 경우가 있다. 배우자가 이것을 알게 되면 엄청난 배신감을 느낄 수 있기 때문이다.

예를 들어, 잰(Jan)은 어느날 출장에서 집으로 돌아왔는데 밥(Bob)이 치어리더 의상을 입고 있는 것을 결혼한 지 30년만에 발견하고 망연자실했다. 그 당시 두 사람은 50세였고 밥은 거의 40년 동안 잰을 포함한 모든 사람에게 이성 복장 착용(cross-dressing)을 비밀리에 좋아하는 자신의 취향을 숨겼다. 잰은 상처를 받았고 깊은 배신감을 느꼈다. 그녀는 '결혼생활 전체가 다 가짜였나' 하는 의문이 들었다. 밥은 자신의 페티시를 들킨 후 인생에서 처음으로 자살 충동을 느낄 만큼 엄청난 수치심을 느꼈다.

밥과 잰이 처음으로 커플 상담을 찾아왔을 때 두 사람은 결혼생활을 지키겠다는 목표를 갖고 상담에 응했다. 하지만 이혼도 고려하고 있었고, 두 사람이 현시점에서 별거해야 하는지를 물었다. 대부분의 성치료 전문가는 주요한 인생의 결정에 있어서 어떻게 하라고 내담자에게 말하는 것은 일반적으로 최선의 행동이 아님을 알고 있다. 대부분의 경우에 내담자가 자기 인생의 방향을 결정해야 한다. 그러나 이 경우에 별거한다고 해서 잰과 밥이 결혼생활을 지킬 가능성이 높아질 것이라는 보장이 없었다. 가정 폭력이나 심각한 약물 남용 문제가 없었다. 결혼생활을 지키는 것이 그들의 목표라면 서로 별거해야 할 치료적 근거가 없었다. 따라서 성치료 전문가는 그들이 별거를 통해 얻고자 하는 것이 무엇인지, 그리고 별거가 치료 가능성에 어떤 영향을 줄지에 대해 많은 질문을 던졌다. 이 커플은 별거를 하게 되면 이혼을 하게 될 가능성이 높아질 것이라는 사실을 알 수 있었고, 이는 그들이 원하는 결과가 아니었다. 그래서 치료를 진행하는 동안에는 계속 같이 살기로 결정했다.

먼저 성치료 전문가는 잰이 느낀 배신감을 커플이 같이 치유할 수 있게 도왔다. 성치료 전문가는 이성 복장 착용이 일반적인 취향이고 정상이라고 얘기했으며 이는 잰이 귀를 기울이는 데 도움이 되었다. 잰은 한 번도 생각해 보지 못한 일이었고, 친구들과 이런 얘기를 해 본 적도 없었기 때문이었다. 상담치료 과정에서 서로가 공감해 주고 진심으로 들어 주고 이해받는다는 느낌을 받도록 긍정적인 상호작용을 하도록 했다. 이를 통해 커플은 잰이 여행을 갈 때만 밥이 여자 옷을 입는다는 합의점에 도달할 수 있었다. 잰은 밥이 여자처럼 입은 모습을 보고 싶지 않았다. 하지만 자신이 보지 않을 때 그러는 것은 전혀 아무렇지 않았다. 치료가 성공적으로 끝난 다른 여러 커플처럼 이 두 사람도 서로가 행복하기를 바랐고 해결책을 찾고 이에 기꺼이 협력했다.

일반적인 우려사항 3: 취향 불일치

커플이 상담을 찾는 또 다른 이유는 상대가 자신이 갈망하는 킹키한 특정 행위에 관심을 보이지 않기 때문이다.

예를 들어, 자일라(Jayla)와 윌리엄(William)은 결혼한 지 10년이 되었을 때 부부 상담을 신청했다. 이들의 문제에 대해 얘기할 때 자일라는 윌리엄이 자기 엉덩이를 때리는 것을 얼마나 원하는지 설명했다. 자일라는 두 사람이 데이트할 때 윌리엄이 삽입하기 전에 자신의 엉덩이를 때려 줬고 결혼을 하거나 같이 살게 되면 더 자주 때려 주겠다고 약속했다고 설명했다. 하지만 두 사람이 결혼을 하자 윌리엄이 자일라의 엉덩이를 때리는 빈도가 오히려 줄었다.

커플 상담을 진행하는 동안 윌리엄은 자일라의 엉덩이를 때리는 것이 불편하다는 사실을 깨닫게 되었다고 설명했다. 그 이유는 좋은 남자는 자신의 아내를 때리지 않는다는 어린 시절 엄마의 가르침 때문이었다. 그는 자신이 얼마나 어머니와 할머니를 사랑하고 존경하는지 말했고, 어린 시절 들은 이런 메시지는 아내가 동의를 했음에도 엉덩이를 때리는 행위를 어렵게 만들었다. 윌리엄은 자일라를 아프게 하는 것도 싫었다. 이 커플은 지금 엉덩이를 맞고 싶은 자일라의 욕구 때문에 진퇴양란 상태에 있었다.

치료가 어느 정도 진행되는 과정에서 BDSM에 대한 심리교육을 받고 난 후 윌리엄은 자일라의 엉덩이를 때리는 것이 폭력이나 해를 가하는 행위가 아님을 알게 되었다. 오히려 자일라에게 엉덩이를 맞는 행위는 사랑의 친밀한 표현과 관련되어 있었다. 또한 윌리엄은 '고통'이라고 생각했던 자신의 관점이 자일라가 느끼는 감각의 강도에 따라 얼마나 다양하게 느껴지는지를 이해하게 되었다. 자일라가 엉덩이를 맞는 것은 전통적인 의미의 고통이 아니었다. 그보다는 사랑을 나눌 때 보다 더 다양하면서도 강렬한 감각을 경험할 수 있게 해 줬고 이러한 행위는 다른 자극으로는 경험하지 못하는 감각이었다. 이러한 감각을 통해 자일라는 섹스를 더 강렬하게 느꼈고, 이러한 감각을 느끼게 해 주는 윌리엄과 더욱 가깝고 연결된 느낌을 갖게 되었다. 이런 마음속 깊이 느끼는 감정의 정도를 이해하게 되자, 윌리엄은 기꺼이 엉덩이를 때리는 행위에 참여할 수 있었고, 역시나 결국 매우 열정적인 섹스를 하게 되었고, 윌리엄도 만족했다.

성치료 전문가가 킹키한 커플과 상담치료를 진행할 때, 상대의 킹크 취향 때문에 파트너가 감정적으로 매우 활성화가 되는 것을 확인하는 때가 있다. 이러한 경우 한쪽 파트너의 킹크 취향이 상대 파트너의 트라우마 경험을 떠올리게 하는 것일 수 있다. 트라우마의 치료는 이 장에서 다루는 범위가 아니지만 이런 일이 발생하면 성치료 전문가는 조심스러운 호기심을 갖고 다음의 몇 가지 질문을 던져 과거 트라우마가 있을 가능성을 확인할 수 있다.

- "이 일에 대해 깊은 감정을 느끼신 것 같은데요. 어떤 감정이 떠오르신 건가요? 전에도 이런 걸 느낀 적이 있으신가요? 그렇다면 언제인가요?"
- "이런 주제를 다룰 때면 또 다른 뭔가가 떠오르시나요? 아마 좀 다른 기억이 떠오르시나요?"
- "전에도 합의를 했든 안 했든 이런 경험을 한 적이 있으신가요?"

내담자는 이런 질문에 그렇다고 대답할 경우 트라우마도 치료할 수 있는 킹크 전문 성치료 전문가에게 내담자를 보내는 것이 중요하다. 이런 경우에 개개인의 치료를 시도하는 것은 매우 조심스럽다. 대신 내담자에게 개인 치료를 돕는 다른 성치료 전문가를 추천하는 것을 권고한다. 일부 주에서는 개인 및 커플 상담을 동시에 제공하는 것을 이중 관계로 간주하여 비윤리적일 수 있다고 보고 있다.

치료 체계

킹키한 내담자를 대하는 우리의 치료 체계에는 다섯 가지 기본 가이드라인이 있다. 바로 ① 치료 협력 관계를 형성하는 것, ② 명확한 이해를 구축하는 것, ③ 공감과 열정을 형성하는 것, ④ 해결책 및 경계에 대해 협의하는 것, ⑤ 진행 중인 의사소통을 확인하는 것이다. 이러한 가이드라인은 처방 수단으로 성치료 전문가가 따라야 하는 단계로써 마련된 것은 아니다. 그보다는 치료의 방향성에 따라 유연한 방식으로 사용하기 위한 것이다. 일반적으로 치료는 우리가 좋아할 정도로 멋있고 예상대로 진행되지 않는다. 성치료 전문가가 마음속에 치료 과정에 대한 중심을 잡고 내담자의 목표에 계속 초점을 두고 있는 한, 복잡한 사례에서는 어느 정도 무질서하게 진행되는 듯해도 괜찮다. 자신감을 가지고 치료를 진행하는 것이 중요하다.

치료 협력 관계 구축하기

효과적인 치료는 치료 협력 관계 형성으로 시작된다. 이 치료 협력 관계가 얼마나 강력한지에 따라 치료의 성공 여부가 크게 좌우된다(Blow, Sprenkle, & Davis, 2007; Rogers, 2007). 특히 킹키한 내담자와 상담할 때 더욱 그렇다. 킹키한 내담자는 자신의 성적 취향에 대해 여러 겹의 수치심을 경험하곤 한다. 킹키한 내담자에게 수치심에 대한 두려움은 거의 항상 나타난다. 그 결과, 킹키한 내담자는 흔히 성치료 전문가의 평가를 받을까 봐 두려워한다. 그렇기 때문에 단단하고 안전한 치료 협력 관계를 형성하고 유지하는 것은 킹키한 커플을 상담치료할 때 성공의 기반이 된다.

킹키한 커플과 강력한 치료 협력 관계를 유지하기 위한 미묘한 요소들이 많이 있다. 이 부분은 아무리 강조해도 지나치지 않는다. 성치료 전문가는 한 파트너가 상대와 킹크한 활동에 참여하는 것을 꺼려 할 경우, 꺼리는 파트너에게 원치 않는 행위에 동참하라고 부담을 주어서는 안 된다고 확실하게 말해 준다. 성치료 전문가가 꺼려 하는 파트너에게 킹크 행위에 참여하도록 설득하는 것 같은 느낌을 받게 한다면 치료자로서 실패한 것이다.

킹크 전문성을 갖춘다는 것은 본질적으로 많은 내담자가 안전하지 않다고 느끼는 과정에서 정서적 안전감을 형성하는 치료 체계를 갖춘다는 의미이다. 성에 대해 얘기하는 것만으로도 많은 내담자들은 충분히 어려워하는데, 킹키한 성적 행위에 대한 얘기는 말할 것도 없다. 킹크 전문 성치료 전문가는 커플과 강력한 치료 협력 관계를 형성하기 위해 천천히 진행해도 된다는 허락을 구하는 하위 계약(subcontract)을 하는 경우가 많다. 하위 계약은 성치료 전문가가 특정 주제에 대해 얘기하거나 특정 방향으로 치료를 진행해도 되는지 허락을 구하는, 치료 진행 과정 전반에서 여러 차례 발생하는 절차이다. 하위 계약으로 내담자는 힘을 얻게 되고 커플이 좋은 의사소통 기술을 배울 수 있는 모델을 얻게 된다. 성치료 전문가가 취약점을 파악하고, 커플이 안전하고 지지를 받는다는 느낌을 받는 데 도움이 되는 계획을 같이 구상하는 일은 동시에 진행된다. 그러면 셰일라와 제럴드의 사례로 돌아가 보겠다. 다음 이들 사례에서 하위 계약에 관련된 내용은 고딕체로 표시되어 있다.

성치료 전문가: "지난번 치료자에게서 지지와 수용을 받는다는 느낌을 받지 못했다니 안타깝네요. 그런 경험을 저에게 얘기해 줘서 고맙습니다. **지난 커플 상담의 경험을 고려해서 두 분을 실제로 잘 이해하는데 좀 더 천천히 치료를 진행을 해도 괜찮을까요?"**

셰일라: "네, 물론입니다."

제럴드: "그럼요."

성치료 전문가: "고맙습니다. 그렇게 하는 것이 복잡한 얘기를 보다 쉽게 풀어 가는 데 도움이 될 것 같아요. 확실히 두 분을 잘 이해하면서 상황이 어떤지 잘 보고 싶거든요. 두 분이 의심의 여지없이 갖고 있을 놀라운 잠재력에 대한 모든 것을 알아보고 싶어요. 그래야 그런 힘을 활용해서 우리가 목표를 달성할 수 있을 테니까요. 치료 진행 과정을 좀 늦추는 일은 실제로는 더욱 빨리 결과에 도달하는 길이기도 해요. 그런 접근 방식을 활용한다면 회기를 진행하는 동안 두 분이 정서적으로 안전하다는 느낌을 받게 될 거라고 확신하고, 그런 부분은 효과적인 치료에서 정말 중요한 요소가 됩니다. **우리가 빠르게 해결하기보다는 약간 속도를 늦춰서 치료 과정을 겪어 내는 데 더 집중해도 괜찮을까요?"**

셰일라: "네."

성치료 전문가: "빨리 알게 되시면 좋겠는데, 저의 목표는 항상 두 분을 돕는 데 있습니다. **제가 하는 말이 어떤 식으로든 불편하게 느껴지면 저한테 곧장 거리낌 없이 말씀해 주시겠어요?"**

제럴드: "그럼요. 그렇게 말씀해 주셔서 감사해요."

성치료 전문가는 강력한 치료 협력 관계를 형성하기 위해 첫 번째 회기를 진행하는 동안 천천히 시간을 갖고 커플이 치료에 대한 긴장을 완화하면서 자신들의 삶과 걱정을 얘기할 수 있게 도와야 한다. 첫 번째 회기가 끝나갈 무렵 성치료 전문가가 내담자의 장점을 강화하는 접근 방식을 활용하여 커플에게 두 사람의 러브스토리를 들려 달라고 요청하는 것도 특히 도움이 된다(예: "혹시 두 사람의 러브스토리를 저에게 들려주실 수 있나요? 두 분이 어떻게 만나셨어요? 상대가 내 반쪽인 것을 어떻게 알아보셨어요?"). 마지막으로, 성치료 전문가는 상대에게 변화를 위해 노력하라고 말하고 싶은 요청이 무엇인지 물으면서 회기를 끝내면 된다. 예를 들어, 성치료 전문가는 이렇게 말할 수 있다. "여기 이 상담실에서 개인 치료를 통해 정말 많은 변화가 일어나고 있습니다. 하지만 커플의 경우 두 분이 회기 중간중간에 서로를 어떻게 대하는지에 따라 실질적인 개선 여부가 결정됩니다. 두 분은 서로에 대해 아는 모든 것을 고려하여 지금부터 다음 주에 우리가 다시 만나는 시간까지 상대의 기분을 좀 좋아지게 만들 수 있는 한 가지 단순한 변화를 요청하고 싶다면 그게 무엇일까요?"

성치료 전문가가 성적인 기대 모형(erotic template)이라는 개념[에로틱에 대한 기대 및 절정 에로틱 경험이라고도 함(Morin, 1996)]을 도입하는 것은 내담자의 성생활을 평가하지 않을 것이라는 신뢰를 갖도록 돕는 또 다른 강력한 효과적인 방법이다. 에로틱한 감정에 대한 기대감을 알고 활용하면 성적 흥분감을 가속화할 수도 있고, 상실하게 만드는 성적인 판타지와 행동 양식으로 활동될 수 있다. 이는 성적 '가속 페달' 및 성적 '브레이크' 역할을 한다(Nagoski, 2015). 여러 방면에서 성적인 기대 모형은 지문과 같다고 볼 수 있다. 두 지문이 같을 수 없고 누구의 지문도 다른 사람의 지문보다 낫다고 할 수 없다(Cannon, 2011). 예를 들어, 어떤 사람들은 열정적으로 키스하는 것을 좋아하고, 또 어떤 사람은 그렇지 않다. 어떤 이들은 성관계 중 젖꼭지를 꼬집는 것으로 흥분감을 얻고 또 어떤 이들은 그렇지 않다. 뭐가 더 낫고 나쁜 것은 없다. 그저 다른 것일 뿐이다. 킹키한 성은 바닐라 성보다는 흔치 않을 수 있지만 흔하지 않거나 희귀한 형태의 성적 표현이라고 해서 본질적으로 더 좋거나 나쁜 것은 아니다.

치료 초기에 성적인 기대 모형의 개념을 도입하는 것은 킹키한 내담자에게 서로 다르고, 흔치 않음 또는 희귀함을 허용하고 그래도 된다고 안심시키는 것과 같다. 좀 덜 일반적인 형태의 성적 취향을 정상으로 취급하고 수치심을 없애는 데 한 단계 더 나아가는 것이다. 이렇게 하면 성치료 전문가가 인간이 갖는 모든 형태의 성적 취향을 편안하게 생각한다는 확신을 내담자에게 줄 수 있다. 예를 들어, 성치료 전문가가 셰일라와 제럴드 두 사람과 신뢰가 형성되고, 치료 협력 관계가 강화되자 더 이상 성적으로 평가하지 않을 거라고 믿게 되었다. 이렇게 되면 치료실에서 커플이 서로에게 취약점을 잘 보일 수 있고, 치료 목표를 달성하는 데 필요한 복잡한 대화에도 편안하게 참여할 수 있게 된다.

또한 킹키한 내담자는 특히 수치심에 대한 치유를 받으려고 할 경우에는 킹크 안전 공동체(kink-safe community)와 연결해 주는 것도 도움이 될 수 있다. 킹키한 내담자는 성적으로 소수자이며 '소수자로서 스트레스'를 겪을 수 있다. 킹키한 내담자가 그룹 차원에서 지원을 받고 그룹 정체성을 통해 소수자가 갖는 스트레스로부터 보호받도록 유사한 성적 취향을 가진 사람들이 존재하는 다양한 공동체를 소개해 주는 것이 가끔 도움이 될 수도 있다(Meyer, 2003). 예를 들어, Fetlife.com은 킹키한 사람들의 전용 소셜 네트워킹 사이트이다. 이 글을 작성할 당시에는 700만 명이 넘는 회원이 있었다. 또한 수천 가지의 특별한 취향을 가진 그룹이 대면으로 또는 온라인 채팅으로 만나고 있다. 일부 성소수자의 경우 공동체에 속하는 것이 자신의 킹키한 행위와 생활양식, 정체성을 정상이라고 인식하는 데 중요한 부분을 차지하기도 한다. 또 다른 내담자의 경우 공동체에 가입하는 것을 원치 않기도 하고, 그것도 존중받아야 할 행위라고 생각하기도 한다.

명확한 이해 구축하기

성치료 전문가가 커플과 협력하여 킹크, 섹스, 친밀감 및 관계에 대해 복잡한 대화를 할 수 있는 안전한 공간을 조성하게 되면 이 복잡한 대화를 다음 수준으로 끌어올려야 한다. 이 단계를 진행하는 동안 성치료 전문가는 커플 각자가 자신이 원하는 것과 필요로 하는 것에 대해 명확히 밝히고, 통찰력을 얻고, 진심을 말하도록 돕는다. 또한 성치료 전문가는 커플이 서로 추구하는 바를 분명하게 이해하도록 돕는다. 각자 실제로 원하는 것이 무엇인지에 대한 잘못된 추정과 불분명한 이해로 인해 성적인 대화가 잘못된 길로 이어지는 경우가 많다.

예를 들어, 테드(Ted)의 사례를 생각해 보자. 테드는 그의 아내 조지아(Georgia)와 항문 애무를 하고 싶어 했다. 조지아는 테드가 두 사람이 같이 본 포르노에서처럼 자신이 스트랩 온 딜도(strap-on dildo: 끈으로 부착하게 되어 있는 인공 남근)를 차고 테드의 항문에 삽입을 해 주길 원한다고 생각했다. 테드의 항문에 스트랩 온으로 삽입하는 행위는 조지아의 성적인 흥분감을 '상실하게 만들었다'. 이것은 조지아의 성적인 기대 모형이 아니었다. 그 결과, 이 얘기는 끝이 났고 테드는 화가 났다.

몇 년 후에 성치료를 진행하는 동안 테드가 그냥 항문으로 애무하는 그런 종류의 행위로 기쁨을 느낀다는 사실이 밝혀졌다. 조지아는 테드가 원하는 것을 보다 명확하게 이해할 수 있었고, 손으로 작은 바이브레이터를 항문에 가져다가 넣는 법을 터득했다. 이런 행위를 하는 데는 별 문제가 없었고 실제로는 테드가 흥분하는 모습을 보며 즐기게 되었다. 조지아가 거부한 것은 스트랩 온 딜도 그 자체였다. 조지아는 이렇게 말했다. "나는 남자가 아니에요. 남자만 성기를 갖는 거잖아요."

이와 유사하게 제럴드와 셰일라의 경우에도 치료 중에 정서적 연결이라는 셰일라의 욕구를 그대로 가져가면서도 더 자주 BDSM 행위를 하고 싶다는 제럴드의 욕구를 충족하는 방법에 대해 커플이 보다 명확하게 이해하도록 돕는 과정이 포함되었다. 셰일라의 솔직한 이야기에 의하면, 셰일라가 제럴드와 더 자주 마음에 안 드는 성적 행위를 하는 것에 대해 걱정하는 이유가 매번 그가 분홍색 팬티를 선택해 입은 모습이 마음에 들지 않았기 때문인 것이 명확해졌다. 셰일라는 제럴드가 행위 중에 팬티를 입는 것에는 신경을 쓰지 않았지만 분홍색이라는 색깔 때문에 정말 괴로웠던 것이다. 그 꼴을 보고 있자니 셰일라가 10대일 때 오빠가 자신의 팬티를 훔치는 장면을 목격한 일이 떠올랐다. 아버지가 이를 알고는 오빠의 얼굴을 세게 치면서 "변태 같은 자식"이라고 했다. 셰일라는 오빠를 사랑했지만 그 기억은 매우 충격적이었다.

제럴드는 셰일라가 분홍색 팬티에 불편해하는 것을 알고 깜짝 놀랐다. 함께한 7년이란 시간 동안 이런 얘기는 서로 나누어 본 적이 없었기 때문이다. 제럴드는 팬티 색깔이 자기에게 전혀 문제가 되지 않는다고 말했다. 그는 굴욕감의 측면에서 분홍색을 좋아하는 자신을 흥분하게 하는 것은 팬티이지 특정 색깔은 아니라고 했다. 치료에서 이런 대화를 하면서 이들은 제럴드가 다른 색깔의 팬티를 선택한다면 세일라는 더 자주 그 행위를 할 의사가 있다는 것을 알게 됐다. 각 내담자의 경험을 심도 있게 살펴보고 발견한 것이 이렇게 사소한 것일 때가 종종 있다. 악마는 사소한 것에 스며드는 법이다.

호기심은 이러한 치료 과정 중에 있는 성치료 전문가가 소유한 치료 도구 상자 안에 구비할 수 있는 가장 강력한 치료 도구 중 하나이다. 호기심은 커플이 스스로를 더 많이 이해할 수 있게 해 줄 뿐만 아니라 이들이 진행이 안 되어 답답함을 느낄 때 성치료 전문가에게도 도움이 된다. '잘 모른다'는 자세를 취하는 것은 임상적으로 매우 큰 효과를 보인다. 성치료 전문가는 다음과 같은 질문을 던지면서 이런 호기심을 보일 수가 있다. "BDSM과 킹크는 사람마다 의미하는 바가 천차만별입니다. 당신에게는 어떤 의미를 갖고 계신지 제가 이해하도록 설명해 주실 수 있을까요? 괜찮으시다면 자세히 말씀해 주세요. 그런 행위를 통해 본인을 어떤 사람으로 느끼시나요? 어떤 지점에서 흥분감이 올라오고 흥분감이 꺼지나요? 그런 행위에 붙인 이름 같은 게 있을까요? 킹크에 대해 좋은 점은 뭐가 있죠? 이상적으로 느끼는 행위 중 하나만 자세히 설명해 주세요." 성치료 전문가가 이런 방식으로 질문을 던지면서 내담자의 킹크에 합류하게 되는 것이다. 성치료 전문가가 내담자의 기쁨을 함께 공유할 때 내담자는 수용 및 지지를 받는다는 느낌을 받을 수 있다.

내담자가 이야기를 꺼내기 시작하면 성치료 전문가는 커플이 서로에 대해 가졌던 가정이나 추측성 내용에 주위를 기울여서 이들이 이 점을 잘 대응하여 서로의 경험을 더 잘 이해할 수 있도록 해야 한다. 흔히 이러한 가정적인 주제를 다루다가 내담자는 감정이 매우 격양되곤 한다. 그렇기 때문에 성치료 전문가는 속도를 좀 늦춰 모두가 충분히 얘기를 들어 주고 있고 이해받고 있다는 느낌을 가질 수 있도록 해야 한다. 몇 년 전에 한 파트너가 한 이야기가 더 이상 사실이 아닌데도 한 사람 또는 두 사람 모두에게 여전히 사실이라고 생각할 수도 있다.

커플이 분명한 이해의 과정을 거치도록 도우려면 자신들의 내적 대화가 킹키한 활동에 참여하려는 욕구에 어떻게 영향을 주는지에 대해 풀어내야 한다. 이러한 내적 대화는 어린 시절, 교회, 가족 또는 사회로부터 받은 메시지, 다른 사람이 알게 될지 모르는 두려움, 자녀들이 알게 될지 모르는 두려움 또는 다른 요인으로부터 영향을 받을 수 있다. 성치료 전문가가 내담자의 내적 대화와 그에 동반되는 수치심을 느끼는 지점을 이해하려고 노력하면 내담자를 한 인간적 존재로서 보다 완전히 이해하는 데 도움이 된다. 커플에게 자신들이 수치심을 느끼는 지점을 이해하도록 돕는 한 가지 방법은 킹키한 행위나 섹스를 할 때 일반적으로 누가 침대 발치에 있냐고 은유적으로 묻는 것이다. 어떤 때는 내담자가 이 질문에 멀뚱멀뚱 쳐다보기만 할 때가 있다. 그러면 성치료 전문가는 좀 더 자세히 설명을 해야 한다. 하지만 또 다른 사람들은 즉각 대답을 하기도 한다.

예를 들어, 성치료 전문가가 셰일라에게 은유적 표현으로 누가 침대 발치에 있는지에 대해 생각을 하게끔 질문을 했을 때, 셰일라는 이 장면에서 제럴드와 함께하는 것에 대해 생각한 뒤에 바로 대답을 했다. "오, 맙소사. 그런 생각은 해 본 적이 없는데, 우리 할머니인 것 같아요. 외할머니 말이에요. 항상 그렇게 말씀하셨어요. '품위 있는 남자는 순결하지 않는 여자를 원하지 않는다…… 좋은 여자는 항상 무릎을 붙이고 있는 법이다.' 그리고 우리 아빠의 엄마, 그러니까 친할머니가 할아버지가 돌아가신 후에 재혼한 것에 대해 저급하다고 표현하기도 했어요." 이런 사정을 알고 나니 셰일라가 수치심을 느끼는 지점이 일반적으로 섹스에 대한 그녀의 느낌에 어떻게 영향을 주었는지에 대해 눈이 떠지는 대화를 이어 갈 수 있는 문이 열렸다. 또한 제럴드와 BDSM 행위를 하는 장면을 생각할 때 왜 그녀가 강렬한 감정을 경험했는지에 대해서도 설명이 되었다.

내담자가 이렇게 복잡한 대화를 진행하는 동안 스스로를 표현하도록 돕는 방법에는 여러 가지가 있다. 내담자는 다정하고 부드러운 언어를 사용하게 돕고 평가나 판단의 단어를 사용하지 않도록 안내해야 한다. 내담자가 상대에게 평가를 받는 느낌이 들면, 단순히 킹키한 행위를 하는 것이 천박하게 느껴지는 경우가 많다. 커플이 킹키한 행위를 탐구하도록 도우려면 스스로를 받아들이게 하고 상대의 성적 취향에 대해 수용적인 태도를 갖도록 돕는 것이 중요하다. 예를 들어, 치료를 시작할 때 셰일라는 매질을 성도착증으로 생각했다. 충분한 치료 협력 관계가 구축이 된 후에 셰일라가 다시 성도착증을 언급했을 때 다음과 같이 대화가 진행되었다.

성치료 전문가: "제럴드, 당신의 성적 취향 중 이 부분을 설명할 때 **성도착증**이라는 단어가 사용되면 어떤 기분이 드나요?"

제럴드: "제가 이상한 사람이 된 것 같아요. 어디가 병든 것 같은 느낌이에요."

성치료 전문가: "정확히 신체 중 어느 부분을 병 든 것 같이 느끼시는 건가요?"

제럴드: "윗배랑 심장이요."

셰일라: "미안해, 자기야. 그러려던 건 아니었어."

성치료 전문가: "말씀하고 계신 것을 묘사하는 특정 단어만 사용하면 어떨까 하는 생각이 드네요. 예를 들어, 찰싹 때리기에 대해 얘기를 하고 있으면 그냥 '찰싹 때리기'라고 말하는 겁니다. 귀를 잡고 방구석으로 데려가는 행위 중 일부를 얘기하고 있다면 '귀 잡기'라고 말하는 식으로 말입니다. 두 분 각자가 여기에 대해 어떻게 느끼실까요?"

제럴드와 셰일라는 이러한 대화를 주고받은 후에 더 기분이 좋아졌다고 말했다. 이 얘기는 효과적이었다. 치료실은 두 사람이 수치심을 느끼지 않고 해결책을 협의해 나갈 수 있는 안전한 공간이었기 때문이다. 셰일라에게는 제럴드의 킹크를 성도착증이라고 묘사하지 말라고 분명하게 말한 것과 반대로, 성치료 전문가도 이 상황에서 끼어들지 않으려고 했고, 제럴드가 자신의 감정을 얘기할 수 있는 공간을 조성하도록 했다.

공감과 열정을 형성하기

공감은 다른 사람의 감정을 이해하고 이에 연결될 수 있는 능력이다. 성치료 전문가가 공감과 열정으로 이끌 때 커플의 대화는 머리(생각)에서 가슴(감정)으로 옮겨 간다. 커플이 특정 갈등에 대한 상대의 감정을 진심으로 깊이 공감할 수 있을 때만 지속 가능한 변화가 있다.

커플이 깊이 공감하는 지점에 이르게 하는 방법은 여러 가지가 있다. 이마고 대화법이 효과적인 접근 방식 중 하나이며 가트맨-라포포트 방식(Gottman-Rappaport method)도 효과적이다. 갈등이 있거나 정서적 교착 상태에 있는 커플을 상담치료할 때는 공동 저자인 캐논(Cannon, 2011) 박사가 개발한 '마음으로 듣기(Heart-Felt Hearing: HFH)' 접근 방식이 효과가 있다. 관계에서 정서적 교착 상태는 킹크와 같은 한 사람의 기호가 다른 상대가 하고 싶어 하는 것(또는 하고 싶지 않은 것)을 방해할 때 발생한다. 커플이 소통하도록 돕는 데 사용되는 다른 많은 기법과 마찬가지로, HFH 접근 방식은 한 사람이 말하고 다른 상대는 듣는 의사소통 방법 중 하나이다. 이 접근 방식은 처음에는 매우 구조화되어 있지만 커플의 대화기술이 향상될수록 매일 원활한 의사소통을 돕는 데 특정 원리가 유연하게 사용될 수 있다. 다음 예제에서는 제럴드와 셰일라를 치료할 때 HFH가 어떻게 사용되었는지 보여 준다.[7]

성치료 전문가: "두 분이 서로 많은 것을 공유하고 경계를 풀고 취약한 모습도 잘 보여 주신 것에 대해 기쁘게 생각해요. 오늘은 저에게 얘기하는 방식을 바꿔서 두 분이 서로 얘기를 나눠 보시면 많은 도움이 될 거라고 생각합니다. 어떠세요? 괜찮으실까요?"

제럴드: "괜찮습니다."

셰일라: "저도요."

성치료 전문가: "그럼 두 분이서 서로 마주 보고 시작해 볼까요? 원하시면 손을 맞잡으셔도 됩니다. 두 분에게 자연스럽게 느껴질 때까지 처음에는 구조에 맞춰서 진행이 될 거예요. 처음에는 한 분이 먼저 말하고 다른 분은 듣기만 하는 겁니다. 제럴드, 아주 큰 변화 요청이 있었는데, 먼저 말씀하시는 게 어떨까요?"

제럴드: "좋습니다."

성치료 전문가: "저는 두 분을 동등하게 지지하기 위해 의자를 좀 굴려서 두 분에게 가까이, 그리고 두 분의 중간에 있겠습니다. 괜찮으시겠어요?"

두 사람: "물론입니다."

성치료 전문가: "좋아요, 제럴드. 그럼 상대방에 무슨 변화를 원하고, 그것을 어떻게 표현할 것인지 생각해 보시고, 그것을 표현하는 방법을 다음과 같은 표현 방식을 사용해서 말씀해 주시면 좋겠어요. '킹크에 대해 내가 원하는 것을 생각하면 난 이런 기분을 느끼고 이런

---

7) 이 기록은 45분 동안 진행된 회기를 단축해서 작성한 내용이다.

걸 원해.' 감정이나 기분에 대해 얘기할 때는 항상 우리가 얘기했던 다섯 가지 감정, 즉 화남, 기쁨, 슬픔, 무서움, 수치스러움 중 하나를 사용하면 됩니다. 셰일라는 이 지구상에서 어느 누구보다 소중한 사람이잖아요. 그러니까 셰일라가 잘 알아들을 수 있게 다정하고 부드러운 언어를 사용해 주세요. 직접 경험한 일을 말하고 '나'를 주어로 사용해서 말하세요. '당신'이라는 단어는 피하는 게 좋습니다. 셰일라가 비난을 받는다고 느끼고 방어적인 태도를 취할 수 있으니까요. 목소리와 얼굴 표정을 사용해서 자신을 표현하세요. 조금씩 진행하세요. 다시 말해, 셰일라가 소화할 수 있을 만큼 적당한 정보만 주세요. 시간은 얼마든지 있으니까 천천히 하셔도 됩니다. 셰일라는 이제 깊이 경청하고 들은 것을 반영해 주기만 하면 됩니다. 듣기만 한다고 해서 모두 동의하는 것은 아니라는 점을 마음속 깊이 인지하는 것이 중요합니다. 듣는 것은 그냥 마음을 비우고 듣는 겁니다. 그럼 이제 서로 진행하면서 도와드리겠습니다. 아셨죠? 좋아요, 제럴드, 그럼 시작해 주세요. '사실은 이런 거고, 난 이런 기분을 느끼고 있고, 내가 원하는 건 이런 거야.'라는 식으로 말하면 됩니다."

제럴드: "음, 킹크에 대한 내 욕구는 내가 어떤 표현으로도 말할 수 없을 것 같아. 왜 나한테 그렇게 중요한지 설명할 수는 없지만, 나에게는 아주 중요해. 나는 그렇게 느끼는 나 자신에 대해 슬픔과 두려움을 느끼고 있어. 내가 원하는 건 한 달에 한 번보다 더 자주 매질 행위를 연출하는 거야. 그리고 당신도 나를 매질하는 걸 해야 해서 하는 게 아니라 원했으면 좋겠어."

성치료 전문가: "좋아요, 제럴드. 다정하고, 사려 깊고, 분명하게 말했어요. 그리고 셰일라도 아주 잘 들어 줬어요. 얼굴 표정을 보니 제럴드가 하는 말을 진정으로 듣고 싶어 했던 표정 같네요. 셰일라, 그럼 제럴드에게 들은 말을 반복해 주세요. '그러니까 당신 말은……' 이렇게 말이죠. 그렇게 하고 나서 이게 들려주고 싶었던 말이 맞는지 물어봐 주세요."

셰일라: "그러니까 당신 말은 슬프고 두려움을 느낀다는 거지. 그리고 더 자주 그 행위를 하고 싶고 나도 기꺼이 기쁜 마음으로 참여해 줬으면 하는 거지. 그리고 그 킹크가 당신에게 아주 중요한 일이고. 이런 얘기를 들려주고 싶었던 거 맞아?"

제럴드: "맞아, 고마워."

성치료 전문가: "좋아요, 셰일라. 이제 마법 같은 일이 벌어지네요. 제럴드에게 호기심을 보이고

있어요. 제럴드에게 개방형 질문을 던지세요. '무엇' 그리고 '어떻게'로 시작하는 질문 말입니다. 어떻게 느끼는지에 대한 질문도 좋고요. 가장 듣기 힘들 것 같은 부분을 받아들이세요. 폐쇄형 질문은 삼가는 것이 좋습니다. '예' 또는 '아니요'라는 단답형으로 끝나는 경향이 있기 때문입니다. 그리고 듣는 것은 동의하는 것이 아님을 잊지 마세요. 듣는 것은 그냥 편하게 듣는 겁니다. 또한 제럴드의 고통에 대해 호기심을 갖고 이를 받아들일 때 제럴드는 마법 같은 결과를 가져올 수 있는 새로운 방식으로 셰일라가 들어 주고 수용하고 있다고 느끼게 될 겁니다."

셰일라: **[제럴드에게 고개를 돌려]** "뭐가 두려운 거야?"

제럴드: "당신이 이 행위를 즐기는 날이 오지 않을까 봐 무서워. 내 남은 인생에 이걸 포기하고 욕구를 충족하지 못한 채 살아야 할까 봐 두려워. 내가 바랄 수 있는 최선의 희망이 당신이 의무감으로 날 때리는 것일까 봐 두려워. 당신이 날 이상한 놈 취급할까 봐 두려워."

셰일라: "자기야, 난 당신을 이상하다고 생각하지 않아."

성치료 전문가: "좋습니다. 셰일라가 저항해 왔던 제럴드의 이런 부분을 억압당했을 때 어떤 기분이 드냐고 제럴드에게 물어봐 주세요."

셰일라: "간절히 무언가를 원하는데, 그건 나밖에 해 줄 수 없는 건데, 내가 그걸 싫어하면 어떤 기분이 들어?"

제럴드: **[눈에 눈물이 차오르며]** "너무 힘들어. 당신에게 거절당하는 순간 난 이상한 사람이 되는 것 같아. 내가 원하는 건 당신에게뿐만 아니라 이 세상에서 옳은 일이 아니라는 생각이 들어. 내가 내 인생의 이런 부분을 마음 놓고 터놓을 수 있을 만큼 신뢰하는 사람은 당신뿐인데, 당신이 이런 나의 부분을 싫어하거나 더 싫어하게 될 것 같은 기분이야."

성치료 전문가: "셰일라, 정말 잘 들어 주고 계시네요. 어떤 점에서 제럴드가 울분이 터진 것인지 궁금한가요?"

셰일라: "지금 좀 울분이 터진 것 같은데, 어떤 점에서 그런지 말해 줄 수 있어?"

제럴드: "지금 많이 억울한 기분이야. 그냥 간단한 일인데, 15분만 시간을 내 주면 되는데, 나에게 허락하지 않잖아. 이해가 안 돼. 나는 할 만큼 다 해 봤어. 근데 항상 못할 이유를 찾잖아. 그것 때문에 너무 화가 나고 억울한 감정이 끓어오르는 것 같아. 내가 이것 때문에 너무 고통스러워서 항상 작아지거든. 그래서 우리 커플로서의 관계까지 걱정이 돼."

셰일라: "미안해, 자기야. 내가 거절했을 때 이혼까지 생각한 거야?"

제럴드: **[고개를 떨구며]** "가끔은 그랬어. 희망도 없고 거부당했다는 느낌이 드니까."

셰일라: "작아진다는 게 무슨 느낌이야?"

제럴드의 기운이 슬픔으로 바뀌었고, 30초간 말을 못했다. 눈물이 그의 뺨을 타고 흘러내렸다.

제럴드: "숨을 쉴 수가 없는 기분이야. 햇볕도 들지 않는 곳에 있는 것 같고 나한테 뭔가 문제가 있는 것 같아."

셰일라: "자기야, 난 자기가 심호흡을 할 수 있으면 좋겠어. 그러니까 내가 거절을 하면 매질에 대한 거절 때문에만 화나는 게 아니라 내가 당신이라는 사람 자체를 거부한 것 같고 자신이 매질이나 당하고 싶어 하는 이상한 놈으로 느껴진다는 거지?"

제럴드: "맞아, 정확히 그런 기분이야."

셰일라: "정말 미안해. 그러려고 그랬던 건 절대 아니었어. 난 당신이 이상하다고 생각하지 않아. 당신이 원하는 게 잘못된 거라고 생각하지 않았으면 좋겠어. 당신이 좋아하는 걸 좋아하면 돼. 매질을 당하면 흥분감이 느껴진다는 거지. 잘 알겠어. 나는 그냥 바닐라 아이스크림을 좋아하게 태어난 거고 당신은 매질의 길을 즐기는 사람인 거야." **[두 사람 모두 웃었다.]**

성치료 전문가: **[커플을 다시 서로를 인정하는 분위기로 인도하며]** "셰일라, 정말 잘하고 계십니다. 매질을 당하는 날은 어떤 기분이 드는지 물어보세요."

셰일라: **[약간 웃으며]** "내가 당신의 버릇없는 엉덩이를 때려 주기 전과 후에는 어떤 기분이 들어?"

제럴드: "그런 행위를 계획한 날 전에는 너무 신나고 기뻐. 일 때문에 받는 스트레스도 아주 가벼워지는 것 같아. 사랑받고 수용받고 있는 느낌이야. 나는 괜찮은 사람이고 당신이 나를 사랑한다는 게 느껴져."

셰일라: "그럼 엉덩이를 맞은 다음에는?"

제럴드: "당신과 연결된 기분이지. 당신에게 사랑받는 기분이고. 어깨에 짊어진 짐이 다 날아간 것 같이 가벼워져. 굉장히 평안해지기도 해. 그리고 '한 달 동안은 이런 기분을 다시 느끼

지 못하겠구나'라는 걱정을 하기 시작해."

성치료 전문가: "두 분 다 정말 잘하셨어요. 이런 종류의 대화를 마무리 짓는 좋은 방법은 셰일라가 제럴드에게 더 얘기하고 싶은 것이 있는지 묻는 것입니다."

셰일라: "나한테 더 얘기하고 싶은 거 있어, 자기야?"

제럴드: "그냥 정말 많이 사랑해!"

성치료 전문가: "제럴드, 셰일라가 들어 주니 어땠어요?"

제럴드: "정말 놀라웠어요! 이보다 더 내 얘기를 잘 들어 주고 수용해 준다는 느낌을 받은 적이 없어요."

성치료 전문가: "셰일라, 제럴드가 스스로에 대한 표현을 하니 어땠나요?"

셰일라: "정말 좋았어요. 화를 내면서 말했던 예전에 비해서 훨씬 부드러웠어요. 처음부터 저를 비난한 게 아니었네요. 그래서 그가 하려고 한 얘기를 다 잘 들을 수 있었던 것 같아요."

성치료 전문가: "그럼 말하는 사람과 듣는 사람의 역할을 바꿀 준비가 되셨나요?"

두 사람: "네."

성치료 전문가: "좋아요, 셰일라 차례예요. '사실은 나한텐 이런 거고, 난 이런 기분을 느끼고 있고, 내가 원하는 건 이런 거야'라는 식으로 말하면 됩니다."

셰일라: "내가 당신한테 좀 더 자주 매질하는 문제는 앞으로 희망적일 거라는 생각이긴 하지만 좀 복잡한 감정이 드는 것도 사실이야. 두렵다는 감정이 큰 것 같아. 일주일에 한 번 당신에게 매질을 할 수 있을지 모르겠어서 두려워. 왜냐하면 할 수 있었다면 벌써 그렇게 했을 테니까. 그리고 매주 그렇게 못하면 당신이 우울해져서 나를 떠날까 봐 걱정돼."

제럴드: "그러니까 당신 말은 내가 원하는 만큼 매질을 절대 못 해 줄까 봐 두렵다는 거지? 그렇게 할 수 있었으면 벌써 했을 테니 말이야."

셰일라: **[화를 내면서]** "그런 말이 아니야. 내가 언제 절대 못한다고 했어?"

제럴드: "미안해. 뭐가 두렵다고? 다시 말해 줘."

셰일라: "내가 당신한테 부족한 사람일까 봐 두렵다고. 거의 항상 일주일에 한 번 당신에게 매질을 했더라도 몇 주 그러지 못하면 당신이 했던 주가 아니라 못한 주에만 집중할까 걱정돼."

제럴드: "내가 그러면 어떤 기분이 들어?"

셰일라: **[울기 시작하며]** "정말 슬퍼. 나는 무엇이나 바로 할 수 없을 것만 같아. 내가 항상 부족

해서 절대 채워질 것 같지가 않아. 내가 올바르게 당신을 매질하지 않으면 당신이 내가 뭔가 잘못한 사람처럼 만들잖아. 그러면 다시는 매질을 하고 싶지가 않아서 전부 다 그만두고 싶어져."

제럴드: "이런 얘기는 처음 듣는데, 왜 그동안 말 안 했어?"

성치료 전문가: "제럴드, 제럴드에게 매질을 할 때 셰일라의 기분이 어떤지 물어봐 주세요. 자꾸만 잘못하고 있고 부족하기만 하다는 생각만 드는지 물어보세요."

제럴드: "지금 들은 대로 그런 거야?"

성치료 전문가: **[부드럽게 웃으며]** "제럴드, 제럴드가 직접 제럴드만의 언어로 물어봐 주시겠어요?"

제럴드: "내가 당신 매질 기술에 대해 불만을 얘기하면 기분이 어때?"

셰일라: **[더 격하게 울며]** "내가 실패자 같아. 엉덩이도 제대로 못 때리는 실패자 말이야. 매번 그러잖아. 정말 좋았다고 다음번엔 다르게 하면 더 좋을 것 같다고. 그냥 그대로 완벽하다고 얘기한 적은 한 번도 없어. 그래서 또 하고 싶은 마음이 안 들어."

제럴드: "여보, 내가 정말 미안해. 그러려고 그랬던 건 절대 아니었어. 내가 그렇게 자주 그러는지 진짜로 몰랐어. 내가 정말 바보였네. 몇 주 전에 얘기한 분홍색 팬티 말고 내 엉덩이를 때릴 때 싫었던 게 또 있어?"

셰일라: "당신은 너무 좋아서 우는 거라고는 하지만 내가 매질을 한 후에 당신이 우는 모습을 보는 게 가끔 너무 힘들어. 난 당신이 구석에 서서 끝낸 다음에 항상 섹스가 하고 싶은 건 아니야. 가끔은 하고 싶지만 늘 그런 건 아니야. 그래서 항상 섹스를 해야 한다는 부담감도 갖고 있어."

제럴드: "당신이 내 엉덩이를 때리고 난 다음에는 항상 우리가 섹스를 해야 한다고 생각한 거야?"

셰일라: "응, 당신이 내 위로 올라올 때면 항상 허벅지로 당신의 성기가 발기한 게 느껴져."

제럴드: "몇 분간 내가 구석에 서서 자위하는 모습을 지켜보는 건 어떨 것 같아?"

셰일라: "정말 자위만으로도 괜찮겠어?"

제럴드: "그냥 괜찮은 정도가 아니라 완전 좋아!"[8] **[모두 장난스럽게 웃음]**

---

8) 참고 사항: 이 커플은 협상 단계로 들어갔다. 일반적으로 이 단계에서 발생하는 일은 아니지만 대화가 잘 이루어졌고 두 사람이 즐기고 있었다. 그래서 성치료 전문가는 이들 스스로 가고 있는 방향대로 두는 게 최선일 것이라고 생각했다.

성치료 전문가: "제럴드, 셰일라를 한번 보고 이 주제에 대해 또 얘기하고 싶은 게 있는지 물어보세요."

제럴드: "여보, 그런 좋지 않은 기분이 들게 한 것 정말 미안해. 이 멍청이에게 더 알려 주고 싶은 게 또 있을까?"

셰일라: "당신을 사랑한다고 말하고 싶어. 당신 생각보다 여기에 지금 앉아 있는 게 아마 큰 문제를 일으키게 될 거야! 당신이 요구한 것에 책임을 져야 할 거야, 이 짓궂은 사람아!"

HFH의 과정을 통해 제럴드와 셰일라는 서로에게 취약한 부분까지 잘 드러낼 수 있게 되었고, 마음이 부드러워졌다. 서로 진심을 얘기했고 새로운 사실을 알게 되었다. 두 사람 모두 얘기를 잘 들어 주고 수용해 준다는 느낌을 받았다. 이제 해결책을 협의하고 경계를 정할 준비가 된 것이다.

해결책과 경계에 대해 협의하기

킹크의 세계에서 경계는 흔히 한계점을 말한다. 누군가 엄청나게 극심한 킹크 행위를 원하거나, 극단적이라고 하더라도 모두에게 반드시 한계점이 있다. 성치료 전문가는 커플이 자신들의 한계점을 이해하고 서로의 한계점을 존중하고 사랑스럽게 받아들이도록 돕는 것이 해야 할 역할 중 하나이다.

우리는 협상이 아니라 협의나 협동한다는 마음으로 커플이 이 과정에 참여하도록 제안한다. **협상**이라는 단어도 킹크 공동체에서 일반적으로 수용되는 용어이지만 적대적인 관계라는 느낌도 담겨 있다. 우리는 커플이 서로 협동하는 데 집중하도록 도움으로써 보다 긍정적이고 잘 어울리고 있다는 느낌을 증가시키는 것이 더 좋다고 생각한다. 사용하는 단어도 중요하고 의도도 중요하다. 커플이 치료를 찾는 데는 그중 한 사람이 원하는 모든 것을 얻으려는 건가? 아니면 동등하게 상대 파트너도 원하는 것을 얻도록 도와주려는 건가?

커플에게 해결책을 협동하도록 도와주는 좋은 출발점은 이미 어떤 점을 합의했는지 묻는 것이다. 많은 커플이 철저한 대화나 상담을 이미 거쳤기 때문에 몇 가지 문제들은 벌써 해결되었을 수 있다. 다음 단계는 합의점에 이르지 못한 것과 관계적 교착 상태인 부분을 살펴보는 것이다. 이 단계에서는 각자가 이미 거친 단계들 덕분에 상대 파트너에게 엄청난 공감을 이뤄 내고 있을 것이다. 따라서 이전에 해결할 수 없을 것이라고 생각했던 문제도 이제 공동의 해결책에 도달할 가능성이 높아졌다.

커플이 계속 뭔가에 가로막히는 것 같은 마음을 좀 놓도록 돕는 좋은 방법은 지금까지 합의해 온 것들을 살펴보도록 하는 것이다. 먼저 이들의 차이점을 변화 불가 또는 변화 가능이라는 두 그룹으로 범주를 나누게 돕는다. 그런 다음 커플이 각 파트너가 가진 한계점을 수용하거나 이러한 한계점을 보다 창의적인 방식으로 해결하도록 공동으로 협동하는 과정을 거치도록 안내한다. 커플은 대부분의 사람들이 인생에서 원하는 모든 것을 가질 수는 없다는 점을 분명히 깨닫게 된다. 커플이 자신들이 가지지 못한 것보다는 가진 모든 것에 대해 서로에게 감사하는 마음을 갖도록 돕는 것도 중요하다.

두 파트너 간에 깊은 공감이 형성되기 전에 기존 문제와 우려사항을 다루기 위해 때로는 과도기적 해결책이 필요하다는 점을 알아 둬야 한다. 이 과정에서 한쪽 파트너가 상대에게 타협할 경계에 관해 기꺼이 열린 마음으로 임하겠다고 말하며 진행될 것 같겠지만 이때 이들이 이러한 특정 요구에 기꺼이 참여하지 않는다.

커플이 협동 단계에서 시도할 수 있는 다른 개입 방법은 자신들의 킹크에 대한 의미를 파악하는 것이다. 의미를 파악한다는 것은 개개인이 특정 킹크 행위로 무슨 긍정적인 경험을 느끼는가를 설명하는 것이다. 예를 들어, 제럴드의 킹크는 굴욕감, 마조히즘, 구석(오르가슴을 거부하는 오랜 시간의 자위)이라는 주제와 연관되어 있다. 이 단계에서 성치료 전문가는 제럴드가 확인한 의미의 필요성을 어떤 방식으로 충족했는지, 특히 세일라가 힘들어 했던 것을 어떻게 대처했는지를 파악하도록 돕는다. 예를 들어, 세일라가 BDSM 행위의 굴욕적인 측면을 다루기가 어렵다고 했기 때문에 앞서 언급한 바와 같이 제럴드가 분홍색 팬티를 입고 있지 않는 경우 행위에 참여하는 것을 더 잘 받아들일 수 있다. 이런 방식으로 특정 행위에 대한 해결책을 협의하는 것은 매우 도움이 될 수 있고 흔히 상대가 그냥 '괜찮다' 정도가 아니라 시도하는 게 '즐겁거나' '흥미롭다'고 느낄 수 있다면 기꺼이 협상하려고 한다.

커플이 자신들의 흥미와 한계점을 알아보도록 돕는 한 가지 방법은 단순한 의사소통 실습을 통해서이다. 이 실습을 할 때 구체적으로 '항상, 때로는, 절대 안 함'으로 하는 것이 효과적이었다. 이 방법으로 실습을 할 때, 다음과 같이 3단계 과정을 각자 커플이 데이트하면서 실습하도록 제안한다.

1. **브레인스토밍**: 커플이 생각할 수 있는 모든 킹키한 행위, 판타지, 상황, 장소, 장비, 역할극 아이디어, 의상이 적힌 하나의 목록을 작성하도록 한다. 나쁜 아이디어라는 것은 없다. 이것은 협상을 하는 단계가 아니라 그냥 브레인스토밍 단계이다. 인터넷에서 킹키한 사람들이 만든 많은 목록을 찾아볼 수 있는데, 이것을 활용하면 브레인스토밍의 기틀을 마련하는 데 도움이 될 수 있다. 최신 목록을 찾으려면 '그래, 아니, 어쩌면 BDSM 목록(yes, no, maybe BDSM lists)'으로 인터넷 검색을 해 보면 된다. 많은 커플이 이 브레인스토밍 단계가 매우 흥분되어 집에 가면 아주 좋은 섹스를 하게 되거나 집에 도착하기도 전에 몇 번씩 그런 상황이 일어나기도 한다고 말한다.
2. **범주화**: 커플은 두 번째 데이트에서 다음과 같은 실습을 하게 된다. 이번에는 각자가 '항상, 때로는, 절대 안 함'이라고 적힌 3개 열이 그려진 종이 양식을 갖고 가도록 한다. 그런 다음 브레인스토밍 목록에 있는 각 항목을 가져다가 해당하는 열에 기입한다. 이제 커플에게는 둘 다 **항상** 하고 싶은 목록이 있으므로 거기서부터 시작하도록 한다. '때로는' 열에는 종종 가장 강렬한 성적 경험 몇 가지가 적힌다. 이와 마찬가지로 '절대 안 함' 목록도 영원히 안 한다는 의미는 아니고 지금은 절대 안 하고 싶은 것으로 생각하도록 격려한다.
3. **킹크에 대한 계획**: 현대 사회에서는 정말 많은 고객이 킹키한 섹스는커녕 바닐라 섹스를 하기에도 너무 바쁘다. 조화를 이루기 위해서는 시간과 에너지가 소요되기 때문이다. 따라서 우리는 커플이 킹키한 섹스를 계획하도록 독려한다. 달력에 적고 차례를 정한다. 누군가 취소를 해야 하면 두 사람 모두 다시 일정을 조정해야 한다. 일정을 다시 조정하지 못하면 신뢰에 금이 간다. 특히 과거에 요구가 충족되지 않았거나 시작 단계부터 실패할 경우에 그렇다. 어떤 커플은

섹스를 계획하는 데 거리낌을 가지고 즉흥적으로 일어나야 한다고 주장한다. 그에 대한 대답으로 우리는 흔히 이렇게 말한다. "즉흥적인 섹스도 하고 계획된 섹스도 하면 섹스를 더 많이 하게 되는 거죠. 그냥 산술적인 얘기입니다!"

진행 중인 의사소통 확인하기

킹크 전문 치료에 중요한 또 다른 부분은 커플 사이, 그리고 성치료 전문가와 진행 중인 의사소통을 확인하는 것이다. 확인하는 데는 두 가지 중요한 요소가 있다. 첫 번째는 커플이 서로 정기적으로 확인 절차를 구조화하도록 하는 것이다. 매주 확인하는 것이 많은 커플에게 효과적인 주기이다. 커플이 다정하게 서로 이를 계획대로 따르고 맞춰 나가거나 뭔가 일이 생기면 일정을 조정하는 데 책임을 다하도록 해야 한다. 또한 우리는 확인에 최대한의 시간 제한을 두도록 제안한다. 그렇지 않으면 좀 더 수다스러운 파트너는 너무 오랜 시간 말을 지속할 것이고 과묵한 파트너는 이 확인 작업을 꺼려 할 수 있기 때문이다.

우리는 다음과 같은 구조를 제안한다.

1. 1단계: 감사함을 서로 번갈아 가면서 표현한다(예: "이번 주에 일하고 집에 왔을 때 휴대폰을 꺼 둬서 정말 고마웠어.").
2. 2단계: 서로 번갈아 가면서 자기들의 관계에 대해 어떻게 느끼는지 공유한다(예: "당신이랑 되게 가깝다는 느낌이 들어. 사소한 것을 같이 해 나가는 시간을 가지면서 나한테는 엄청난 차이가 생긴 것 같아." 또는 "우리 일정이 맞지 않아서 거리감이 생긴 것 같아.").
3. 3단계: 서로 차례차례로 커플 상담에서 얘기가 나온 자신들의 관계 속 킹크 부분에 대해 어떻게 느끼는지 표현한다(예: "당신이 나한테 항문으로 해 주는 거 정말 기분 좋고 고마웠어. 이번 주에도 그랬지만 2주 동안 그게 없어서 조금 그립기도 했어.").
4. 4단계: 서로 번갈아 가며 관계나 섹스 측면에서 원하는 것이 있으면 표현한다(예: "토요일 오후에 같이 할 수 있는 뭔가를 하면서 보내고, 토요일 밤이나 일요일 아

침에 항문 놀이를 할 수 있으면 좋을 것 같아.").

5. 5단계: 서로 번갈아 가며 들어 준 데에 대해 사랑과 감사를 표현한다(예: "나와 이 여정을 함께해 주고, 내 얘기를 들어 주고, 나를 우선으로 생각해 주고, 우리가 가진 새로운 가능성에 대해 마음을 열어 줘서 고마워.").

두 번째 확인 부분은 섹스 및 커플 상담 과정 자체와 관련이 있다. 행동 양식이 바뀌고 괜찮아졌다고 생각해서 갑자기 상담을 중단하는 커플들을 정말 많이 봤다. 안타깝게도 그중 많은 커플이 3~12개월 후에 다시 찾아오며, 상황이 더 나빠졌다고 말하는 경우도 아주 흔하다. 커플이 치료 목표 도달에 가까워졌다고 느끼면 갑자기 치료를 중단하는 것이 아니라 점차적으로 중단하도록 권한다. 경험상 지속 가능한 기준으로 최선을 다하는 커플은 점차적으로 한 주에 한두 번에서 한 달에 한 번으로 결국은 분기에 한 번으로 줄여 나간다.

결론

이 글을 읽고 있는 독자가 킹키한 내담자와 상담치료하는 데 관심이 있다면 이런 내담자가 상대 파트너뿐만 아니라 성치료 전문가인 독자를 통해서도 자신의 얘기를 들어 주고 있다는 기분이 들게 하고, 안전하고 수용적인 분위기라는 느낌이 들게 하도록 추천하고 싶다. 이것이 모든 내담자에게는 바라는 전부일 수 있음을 잊어서는 안 된다. 뭔가에 가로막혔다고 느낀다면 치료 협력 관계의 기본으로 돌아가서 공감할 수 있는 부분을 찾는 것이 좋다. 또한 혼자 고군분투할 필요는 없다. 비슷한 마음을 가진 킹키한 내담자를 상대하는 성치료 전문가로 구성된 공동체를 찾아 계속 연결을 유지하면 좋다. 최근 연구 정황을 잘 알아 두고 역전이에 대해서도 잘 인지하고 있어야 한다.

9장

몸-마음 연결: 커플, 섹스, 신체 치료

데보라 폭스(Deborah Fox) MSW

"나는 당신이 날 원할 때 정말 좋아. 하지만 당신이 섹스를 하자고 할 때 당신한테는 섹스가 해치워야 하는 설거지 정도로 느껴지는 것 같아." 스티브(Steve)는 케이트(Kate)를 똑바로 보고 말했다.

"그래, 이유는 나도 모르겠어. 즐거운 놀이로 느끼는 게 힘들어." 케이트는 살짝 턱을 옆으로 당기며 대답했다.

케이트와 스티브는 서로 마주 보며 치료실에 앉아 있었다. 서로의 의자에 앉아 무릎이 맞닿아 있었다. 이들이 치료를 시작한 지 두 달이 되었다. 그들은 케이트의 성적 욕구 저하 때문에 성적인 친밀감 부족이 문제라고 얘기했다.

나는 케이트에게 전에 했던 것과 같은 자세로 턱을 움직여 바로 "재미를 느끼는 것이 힘들어."라고 말했던 때처럼 한쪽 방향으로 끌어당기도록 요청했다. 이러한 자세를 유지하게 한 후에 나는 케이트에게 "떠오르는 어떤 감정이나 이미지 같은 게 있을까요?"라고 물었다.

케이트는 어렸을 때 형제자매가 자기를 놀린 기억을 떠올렸고, 이 기억은 케이트가 취약한 상황에 처해 있을 때, 신체가 움직였던 패턴으로 분명히 재현되고 있었다. 나는 케이트가 보여 주는 이러한 현상을 이해할 수 있었다. 우리 신체는 말을 하지 않고 직접적으로 소통한다. 신체를 통해, 즉 얼굴 표정, 자세, 제스처, 육체적 감각, 피부색의 변화, 근육의 긴장도를 통해 과거 스트레스 요인과 트라우마의 기억이 남긴 영향이 드러난다. 사실 트라우마의 기억은 단순히 뇌에 저장되는 것만이 아니라 신체에도 저장된다(van der Kolk, 2014). 과거 트라우마의 경험과 누적된 스트레스와 연관된 신체적 감각은 우리의 생리적 체계에 갇힐 수 있다. 따라서 이러한 감각은 '언어적 표현 이면'에 있는 정서적 갈등을 파악하고 살펴보기 위한 가치 있는 접근 지점이 될 수 있다(Levine, 2010). 언어로는 탐색하기 어렵지만, 신체적으로는 찾을 수 있는 경우가 많다.

그렇기 때문에 신체적 개입을 성과 커플 치료에 통합하면 매우 의미 있는 치료로 활용할 수 있을 것이다. 원래 성과 커플 치료의 목표는 서로에 대한 상호 이해와 공감을 기반으로 한 의사소통으로 더 깊은 연결감을 갖고 서로 사이에 쌓여 온 갈등에 대한 걱정을 줄이고 섹스에 대한 만족감을 향상시키는 것이었다. 하지만 이런 결과를 실현하기 위해서는 치료 도구 상자 안에 들어 있는 커플의 신체 언어를 파악할 수 있는 중요한 기술을 구비해야 한다.

신체 중심 심리치료란 무엇인가

신체 중심 심리치료는 신체가 가지고 있는 정보를 끄집어내는 개입이다. 이러한 개입은 지시적 기법을 통해 오랜 기간 막혀 있던 긴장감을 풀어 주는 것 같이 단순할 수도 있고, 성치료 전문가의 지시로 과거 어린 시절 트라우마를 해결하기 위해 개입하는 것처럼 복잡할 수도 있다. 이러한 신체 기반 치료 양상의 예로는 신체적 경험(somatic experiencing; Levine, 2010), 감각 운동 심리치료(sensori motor psychotherapy; Ogden & Fisher, 2015), 가속화된 경험적 역동심리치료(accelerated experiential dynamic psychotherapy; Fosha, 2000), 신체 중심 심리치료(body-centered psychotherapy; Kurtz, 1990)가 있다.

신체 중심 심리치료에서는 신체 언어(예: 얼굴 표정, 자세, 근육의 긴장도, 제스처)를 활용하여 내면에 쌓인 정서적 갈등을 더욱 잘 파악하고 이를 해결하는 것을 용이하게 한다. 내담자는 과거의 고통스러운 기억을 의식적으로 알아차릴 수는 있지만 이러한 기억이 자신의 현재 삶과 관계에 여전히 영향을 주고 있다는 사실은 깨닫지 못할 때가 많다. 예를 들어, 내담자는 어린 시절 자기 부모님이 서로에게 소리를 지르던 모습을 얼마나 싫어했는지는 잘 기억하지만 자신의 파트너가 언성을 높이면 왜 도망치고 숨고 싶은지 그 기저에 깔린 연결성을 깨닫지는 못한다. 해결되지 않은 트라우마의 기억과 관련하여 신체적 감각이 신체에 내포된 기억 체계에 기록되고 저장되어 있기 때문이다. 의식적으로 기억해야 하는 명시적 기억과 달리, 암묵적 기억은 의식적으로 생각하지 않고도 사물을 기억할 수 있도록 하는 움직임의 패턴으로 저장된다. 예를 들어, 암묵적 기억은 우리가 수년 동안 자전거를 타지 않았어도 언제든 자전거를 다시 탈 수 있게 해 준다.

마찬가지로 트라우마 사건이 발생하면 그 사건과 관련된 고통이 우리의 암묵적 기억 체계에 의식적 기억으로 쉽게 접근할 수 없는 '신체 기억'으로 저장된다(Rothschild, 2000). 예로서 우리는 자기도 이유를 모르게 특정 냄새나 천의 촉감에 노출되면 왜 움찔하는지 알 수 있다. 과거에 자신을 괴롭혔던 사람이 그와 똑같은 천의 옷을 입고 있었거나 그 사람에게 똑같은 냄새가 났을 수도 있으며, 그것이 신체 기억으로 저장된 것이다. 신체 기억에 갇히게 된 것은 무력감일 수 있다. 그 당시 '탈출구'가 없었고 해결책도 없었기 때문이다.

이로 인해 가끔 강렬한 감정적 또는 신체적 반응으로 분출될 수 있다. 이렇게 갇힌 무력감이라는 감정은 현재의 어떤 특정 상황에서 언제든지 촉발되기 때문이다. 예를 들어, 어렸을 때 자신의 두려움을 진정시킬 방법이 없었던 기억, 그리고 누구도 도와주러 오지 않았던 기억 때문에 상대 파트너가 언성을 높이면 순간적으로 무섭다는 기분이 들 수 있다. 이 경우 트라우마의 기억이 신체에 갇히게 된 것이고 이후로 사건 당시에 일어났던 일이 생기면 그에 대한 반응으로 자율신경계가 활성화되는 것이다. 다시 말해, 신경계가 트라우마 사건이 계속 일어나고 있는 것처럼 생리적으로 반응하는 것이다. 다음에서는 개인의 행동 양식, 안전에 대한 감각, 다른 사람과 연결될 수 있는 능력에 어떤 영향을 미칠 수 있는지를 포함하여 신경계 반응에 대해 보다 심층적으로 이해해 보도록 하겠다.

신경계 이해하기

내 치료실에 찾아오는 커플은 좌절감을 느끼고, 상처를 받았고, 절망감을 느끼고 화가 나 있고, 어쩔 줄을 모르는 상태에서 찾아온다. 서로 간에 대화는 이미 단절된 상태이다. 각 파트너의 이야기는 오해, 잘못된 추측, 비난하는 말이다. 이렇게 서로 단절된 배경은 감정적으로 많이 흥분할 때 신경계 반응이 강렬해져 다른 사람이 하는 말을 분명하게 이해하는 능력에 방해가 되기 때문이다.

스티븐 포지스(Stephen Porges, 2001)의 다미주신경(polyvagal) 이론에서는 이러한 이해를 돕기 위해 자율신경계가 위협적인 상황에서 어떻게 반응하는지, 그리고 이러한 반응이 효과적으로 다른 사람과 사회적으로 연결되는 능력을 어떻게 방해하는지에 대해 자세히 설명하고 있다. 다미주신경 이론에 따르면 자율신경계는 생리적으로, 감정적으로 스스로를 조절할 수 있는 능력에 영향을 주는 세 가지 영역, 즉 교감신경계, 등쪽 미주신경계(dorsal vagal system) 및 복측 미주신경계(ventral vagal system)로 구성된다고 한다.

교감신경계는 가속페달 같은 역할을 한다. 이것은 우리가 행동을 취할 때 작동하고 위험이 감지되면 우리를 투쟁 또는 도피 모드로 전환하게 한다. 이와 반대로 등쪽 미주신경계는 위협적인 상황에서의 반응으로 신체가 움직이지 못하게 해 얼어붙거나 해리되거나 감정적으로 차단시킨다. 이는 비상 브레이크 역할로 모든 신체 기능의 속도를 급격히 늦춘다. 흔히 폭력 피해자가 가해자에게 맞서 싸우거나 그로부터 도망칠 수 없는 상황이 되면 이런 상태가 된다. 마지막으로, 우리가 안전하다고 느끼면 복측 미주신경계가 활성화된다. 그렇기 때문에 흔히 이를 사회적 참여 시스템이라고도 한다. 다른 사람과 쉽게 의사소통할 수 있는 긴장이 풀린 상태를 나타낸다.

포지스 이론의 핵심에는 신경인지(neuroception)라는 개념이 있는데, 이는 우리 주변의 잠재적인 위험을 평가하는 데 사용하는 무의식적 과정을 말한다. 자율신경계는 항상 주변 환경을 인식한 안전성 또는 위협의 정도에 따라 조절된다. 그렇기 때문에 사회적 단서가 우리의 행동 양식에 엄청난 영향을 줄 수 있다. 웃는 얼굴이나 마음을 진정시키는 목소리 톤과 같이 안전과 관련 있는 사회적 단서는 복측 미주신경계를 활성화해 우리가 평온해지도록 돕는 한편, 극심한 위험이 있다고 인지하는 순간 무시당하거나 비난을 받으면(교감신경계 활성화를 통해) 감정을 분출하거나(등쪽 미주신경계 활성화를 통해) 감정적으로 차단될 수 있다.

신경인지는 친밀한 사람과 위협적인 사람을 구별할 수 있게 해 준다. 이러한 관점(신경인지)을 통해 우리는 세상의 모든 것을 지각한다. 과거 학대 경험이 없는 사람들은 안전성과 경계심 사이를 쉽게 왔다 갔다 할 수 있다. 예를 들어, 야외 카페에 앉아 있는데, 무질서하고 위협적으로 보이는 사람이 테이블 가까이에 오면 교감신경계가 일시적으로 발동된다. 그 사람이 계속해서 옆으로 걸어 지나가면 긴장을 풀고 점심을 같이 먹고 있는 사람과 다시 이야기를 시작한다.

하지만 삶에서 트라우마 경험이 있는 사람은 안전감을 느끼는 것이 훨씬 힘들다. 이런 사람은 잘못된 신경인지(faulty neuroception)가 작동해서 주변 환경에서 위험 요소를 지나치게 과대평가하고, 긴장을 풀고 사회생활을 하는 데 더욱 어려움을 겪는다. 관계적 맥락에서 이렇게 높은 경계 태세를 유지하고 있는 경향 때문에, 파트너에게도 안전감을 느끼는 데 방해가 되고 얼굴 표정이나 목소리 톤을 위협으로 잘못 해석할 수 있다.

나는 신체 중심 치료들에 관한 경험을 통해 치료 회기가 진행되는 동안 안전감을 느낄 수 있도록 각 파트너의 신경계가 안전감을 느끼도록 집중하는 것이 얼마나 중요한지 알게 되었다. 내담자가 치료 회기 동안 안전감을 느끼는 것은 모든 치료를 성공으로 이끄는 전제조건이다. 신경계가 안정되거나 진정된 상태이면 복측 미주신경 경로가 활성화된다. 사람들이 이런 사회적 연결 상태에서는 가끔은 긴 시간 동안 파트너가 이야기하려고 하는 것을 마치 처음인 것처럼 들을 수가 있다. 포지스의 신경계에 대한 이해를 신체 중심 기법과 통합함으로써 두 파트너는 진심으로 듣고 서로 연결되며 닫혀 있던 정서적 경로를 더 열어 가기 시작할 수 있다. 개인이 상대 파트너에게서 안전감을 느끼면 투쟁 또는 도피 경향이나 감정적으로 차단되는 경향이 급격하게 줄어든다. 그리고 파트너의 이야기를 경청하고 효과적으로 서로 의사소통하는 능력이 대폭 증가한다.

치료에 대한 대화를 하기 전 준비 사항

커플은 과거 많은 불안을 겪어 온 섹스에 대한 논쟁으로 지친 상태에서, 마지막으로 성치료 전문가의 치료실을 찾아와 안심을 느낄 수 있다. 마치 성생활에 대한 자신들의 드라마를 해결해 줄 오아시스처럼 느껴질 수 있다. 이들은 끊임없이 얘기했거나, 말다툼했거나, 조용히 침묵의 코너로 회피했을 수 있다. 그러면서 섹스에 대한 갈등이 마법처럼 사라지길 바랐을 것이다.

예를 들어, 제이크(Jake)와 멜라니(Melanie)는 섹스 빈도에 대해 몇 년간 전쟁을 치루다 나에게 찾아온 커플이었는데, 둘 다 정서적으로 상처받고 심각한 상태였다. 다른 성치료 전문가와 2년간 커플 치료를 진행했지만 이 문제를 해결하는 데 도움이 되지 않았다. 치료의 목표는 두 사람 모두 성적으로 즐길 수 있는 관계를 맺고 정서적으로도 서로 연결된 느낌을 갖는 것이었다. 그러나 두 사람의 소망을 가로막고 있는 것은 서로가 그 목표 지점까지 이르는 데 다른 경로를 취하고 있다는 사실을 이해하고 받아들이기 어려워하는 것이었다. 제이크는 섹스를 한 후에만 정서적으로 연결되었다는 느낌을 받았고 멜라니는 이미 정서적으로 연결되었다는 느낌이 들었을 때만 섹스를 원했다. 두 사람은 함께 해결해 나갈 방법이 없었다. 제이크는 멜라니가 성적 감정을 느끼게 되는 경로가 자신과는 다르다는 것을 사실로 받아들이고, 정당한 것으로 수용해야만 했다. 멜라니의 이야기를 잘 듣는 것이 문제 해결을 위한 필수적인 첫걸음이었다.

따라서 나는 멜라니와 제이크가 대화를 할 수 있도록 준비하는 과정을 시작했다. 나는 커플이 대화할 준비를 갖추는 것은 그 대화 자체만큼 중요하고 회기에서 가장 중요한 부분이라고 주장했다. 커플이 회기에서 안전감을 느끼도록 해야 이 특별하고 드문 기회를 활용해서 성생활에서 불편하고 껄끄러운 부분에 대해 효과적으로 의사소통할 수 있는 기회를 커플에게 마련해 줄 수 있는 최선의 방법이다. 복측 미주신경계가 더 많이 활성화될수록 생산적인 대화가 이루어질 가능성이 높아진다. 이 준비과정은 4단계로 이루어지는데, ① 마음을 진정시키는 명상하기, ② 감사한 마음 나누기, ③ 관계적 공간 설명하기, ④ 대화 시작하기가 바로 그것이다.

마음을 진정시키는 명상하기: 나는 커플이 처음 내 치료실에 들어오면 두 사람이 있던 곳에서 내 치료실에 '온전히 들어오기' 위해 모든 것을 내려놓고, 자신과 서로에게만 집중하게 도와주는 짧은 명상을 하겠다고 얘기한다. 이 짧은 명상에서는 다음 대사를 활용한다.

눈을 감으세요.
발은 땅에 닿아 있고 몸은 의자에 앉아 있음을 느끼세요.
신체의 모든 감각을 알아차려 보세요.
천천히 몇 차례 숨을 쉬세요.
감각에 어떤 변화가 있는지 느껴 보세요.
이제 호흡에만 집중합니다.
준비가 된 느낌이 들면 천천히 눈을 뜨세요.

감사한 마음 나누기: 커플은 명상이 끝나고 나면 각자가 상대에게 감사하다고 생각하는 것을 이야기 나누도록 해 준다. 아주 사소하고 간단한 것일 수 있다. 그리고 왜 이런 대화가 중요한지, 그리고 감사한 마음을 공유하면서 서로가 어떤 느낌이 드는지 이야기하게 한다.

두 파트너가 '가능한 한 많은 언어를 통해' 감사함을 표현하도록 격려해 준다. 이것은 내가 치료를 시작한 초창기에 헤디 슐라이퍼(Hedy Schleifer)라는 훌륭한 커플 성치료 전문가에게서 배운 관점이다. 부정적 느낌을 담아 감사함을 표현하면 효과가 없다. 예를 들어, 한 사람이 "20년간 그런 적이 없는데 차 한잔을 타 주다니 정말 고마워."라든지 "웬일로 내 말을 끊지 않고 직장에서 겪고 있는 문제를 들어 줘서 고마워."라고 말하면 진정으로 감사한 마음이 담긴 표현이 아닌 것이다. 그보다는 간단하게 "차 한 잔 대접해 주어서 고마워."라고 말하는 편이 순수하게 감사한 마음을 전하는 길이다.

커플이 회기를 시작했을 때 누가 봐도 알 수 있을 정도로 둘 사이에 긴장감이 있어도 감사함을 전달하게 하면 눈에 띄게 긴장감이 풀리고 어쩌면 약간 미소를 지을 수도 있다. 자신이 했던 말과 행동에 상대가 감사하고 있다는 것을 알면 정서적으로 연결되어 있다는 느낌이 오래 지속된다.

관계적 공간 설명하기: 다음으로 나는 두 파트너가 두 사람 사이의 공기를 어떻게 느끼는지 생각해 보고 몇 가지 단어로 설명하도록 요청한다. 안전함, 긴장됨, 해로움, 허전함, 명랑함, 또는 단절됨과 같은 단어일 수 있다. 다음은 내가 커플에게 제공하는 관계적 공간을 설명하는 데 도움이 되는 단어 목록이다.

안전함	충만함	밝음	분명함
긴장됨	스트레스 받음	흐림	무거움
해로움	사랑스러움	따뜻함	균열됨
허전함	위험함	차가움	혼란스러움
명랑함	즐거움	무관심함	아늑함
단절됨	연결됨	무서움	변덕스러움

커플은 몇 가지 설명하는 단어를 서로 공유한 후에 두 사람 사이의 이 공간이 두 사람이 각자 느끼는 감정과 어떤 관계가 있는지 이야기한다. 그 공간이 안전하고, 환영받고, 따뜻하다고 느껴지면 서로에게 보다 열리고 수용적인 마음을 가질 수 있고 서로에게 매력을 느낄 가능성이 높아진다. 이 공간이 위협적이라고 느껴질 경우에는 경계심을 느끼고 싸울 준비를 하며 거리를 유지하고 싶어 할 가능성이 높다. 두 사람의 목소리 톤, 얼굴 표정, 모든 행동, 말, 침묵이 이 공간에서 어떻게 느껴지는지에 영향을 준다. 나는 커플에게 두 사람이 그 공간을 유지시키고 있는 사람들이며, 서로 선택할 수 있는 상호작용으로 이루어지는 공간을 더 잘 돌볼수록 더 연결되고 안전하다는 느낌을 받게 된다는 점을 다시 한번 얘기한다. 두 사람 모두 안전하다고 느끼면 함께 해결의 길로 갈 가능성이 훨씬 높아진다.

대화 시작하기: 마지막으로, 나는 커플이 대화를 시작해야 할 때가 되면 자신의 파트너가 무엇을 이해해 주면 좋겠는지 각자 생각해 보라고 말한다. 그러면 나는 경청하는 기법을 사용하여 상대의 말을 잘 들어 주도록 격려한다. 즉, 한번에 한 사람만 말하고 각자가 중간에 끼어들지 않고 상대가 말한 내용을 반영해 주는 것이다. 반영하는 과정은 안전감을 느끼게 하는 데 효과적이다. 나의 말이 파트너에게 올바르게 전달되었음을 분명히 알게 되면 우리는 바로 마음이 차분해지는 것을 느끼고 신경계가 진정될 수 있기 때문이다.

상대에게 반응하기 전에 듣는 사람이 이해되지 않은 것을 분명히 하기 위해 질문을 하도록 한다(예: "내가 이해할 수 있게 다시 …… 부분을 설명해 줘."). 이 과정을 진행하는 동안 언제나 두 사람 중 누구든 명확한 의사소통을 방해하도록 위협하는 자율신경계 활성화의 징후를 보이면(예: 목소리 톤이 냉혹해지거나, 언성이 높아지거나, 말이 빨라지거나, 얼굴 표정에서 상대방을 경멸하는 것이 느껴지는 경우), 대화를 잠깐 멈추라고 지시한다. 그런 다음 해당 파트너가 자신이 느끼고 있는 신체적 감각을 알아차리면서 자신의 생리적 상태도 알아차리도록 하고(예: 조이는 느낌, 중압감, 욱신거림, 빠른 심박수) 그 부분에 집중하면서 천천히 심호흡을 하도록 한다.

상대의 말을 우선적으로 잘 경청하기 위해서 자신의 생각과 감정을 옆에 내려놓고 자신도 나중에 자신의 생각과 감정을 표현할 수 있다는 점을 알려 주고, 서로 대화를 다시 이어 가도록 한다. 그럴 수 있는 상태가 아니라면 듣는 사람이 상대의 말을 들을 준비가 되었을 때 나중에 대화를 다시 이어 가겠다고 말하라고 지시한다. 그런 다음 계속해서 상대의 말을 경청하는 데 방해가 되고 있는 것이 무엇인지에 집중하며 다시 진정된 상태로 돌아갈 수 있도록 하기 위해 신체적으로 느끼는 긴장감을 다시 조절해 보도록 요청한다. 궁극적인 목표는 상대에게 다시 집중하도록 돕는 것이다.

멜라니와 제이크, 두 사람과 함께 이 4단계를 진행하고 신체 중심 기법의 도움으로 높게 활성화된 신경계를 조절하도록 했을 때 다음과 같은 대화가 이루어졌다.

멜라니: "제이크, 당신이 나를 이해해 줬으면 하는 건 당신과 정서적으로 연결되어 있을 때 섹스를 하고 싶다는 거야."

제이크: "정서적으로 연결되어 있다는 게 어떤 의미인지 이해하도록 설명해 줄 수 있어?"

그러자 멜라니는 그와 섹스를 하고 싶어도 그렇게 하려면 좀 더 자신에게 집중해 주고 성적인 행위 이외의 애정 표현을 나누며 같이 보내는 시간이 필요하다고 설명했다. 제이크는 대답했다. "아, 그런 뜻이었다니 처음 알았어." 제이크는 2년간 진행된 커플 치료 끝에 마침내 멜라니가 항상 원했던 중요한 점을 들을 수 있게 되었다.

심층적인 문제 다루기

많은 커플이 겪는 성적 어려움은 심층적인 정서적 갈등에서 오는 경우가 많다. 이러한 갈등은 과거의 경험, 그리고 어린 시절 성에 대해 들은 부정적인 메시지에 기인한다. 따라서 커플 치료가 진행 중일 때 이런 심층적인 정서적 갈등이 유발되면 어쩔 수 없이 교착 상태에 빠진다. 강렬한 반응이 나타나면 내면적으로 진행되고 뭔가 중요한 것일 수 있다. 성치료 전문가는 커플이 이러한 갈등을 탐구하고 치유와 연결을 위한 공간으로 접근하도록 하기 위해서 신체적 접근 방식을 활용하는 것이 좋다. 커플 서로 간에 안전감을 느끼도록 복측 미주신경계가 활성화된 상태를 유지하여 더욱 심층적인 심리적 탐구를 통한 성장 및 해결에 도달하는 것이 매우 중요하다.

때로는 커플의 심리적 갈등이 매우 깊숙이 자리 잡고 있어서 일반적인 대화 방식을 사용하는 치료 방법으로 이를 탐색하기 어려운 경우도 있다. 단어와 의식적 기억만으로 정서적 갈등에 접근할 수 없는 경우도 있다. 이런 경우에 생리적 상태가 보다 심층적인 경험과 갈등에 도달할 수 있는 다른 접근 지점을 제공해 준다. 예를 들어, 케이트가 스티브를 성적인 행동을 위한 상황에 초대할 때 불편감을 자연스럽게 턱을 당기는 행위로 표현했고 이때 자기 형제자매가 자신을 놀리는 기억을 떠올릴 수 있었다. 케이트가 스티브와 있을 때 취약해지는 불편감을 갖게 된 데에는 과거 가족과의 기억 때문이었다. 이 내재된 기억을 파악하게 되면 케이트가 자신의 남편을 부드럽게, 또는 환영하는 방식으로 섹스에 초대한다고 상상하는 것만으로도 느껴졌던 취약점을 탐구할 수 있는 문이 열린다.

스티브와 케이트 두 사람은 케이트가 남편을 성적 경험에 초대하는 방식이 매우 사무적이고 업무적이지만 자기 내면의 강렬한 취약함을 느끼지 않도록 보호하기 위해서였다는 점을 이해하게 되어 다행이라고 생각했다. 스티브는 케이트의 마음에 공감할 수 있었고 두 사람 사이의 힘의 역동이 케이트가 남편을 성적으로 원하지 않아서 반영된 것이 아니라 케이트가 가진 두려움에 대한 반응이었다는 점을 알게 되었다. 케이트가 스티브에게 좀 더 매력적이고 유혹적으로 느껴지도록 성관계를 하자고 하려면 케이트가 자신의 취약함을 느끼는 데 더욱 편안해져야 했다. 이런 이해를 바탕으로 두 사람은 서로에게 더욱 연결되어 있다고 느꼈고, 지금까지 혼란스러웠던 문제로 분리되었다는 느낌이 덜해졌다.

신체 반응 추적하기

얼굴 표정, 목소리 톤 또는 단어 선택이 파트너 사이에 생긴 약간의 다툼을 증폭시키면 과거의 고통스러운 경험이 촉발되고 지금 그 경험이 일어나고 있는 것처럼 반응하게 될 수 있다. 이 고통스러운 경험은 관계 초반에 발생했거나 상대를 만나기 이전에 발생했을 수 있다. 이런 즉각적이고 반복적인 다툼이 상승되면 커플이 서로를 잘 이해하고, 문제를 해결하고, 연결된 느낌을 받고, 성적인 관계를 할 수 없게 방해가 된다. 이러한 다툼의 증폭이 커플 회기에서 발생한다면 커플이 정서적 갈등의 기저에 있는 원인을 이해하도록 도울 수 있는 기회가 된다. 신체적 개입이 가능하면 어떤 정서적 갈등이 긴장감을 유발하고 있는지 더욱 심층적으로 살펴볼 수 있다.

예를 들어, 케빈(Kevin)과 재키(Jackie)라는 커플을 상담한 적이 있는데, 집안일 때문에 종종 다투는 커플이었다. 밤에 번갈아 가며 설거지를 하기로 했지만 재키가 설거지하기로 한 날 밤이 지난 아침에 그릇이 그대로 싱크대에 남아 있을 때가 많았다. 깔끔한 성격의 남편은 그 상황이 너무 답답했다. 이 문제를 어떻게 해결할지 반복적으로 얘기했지만 항상 이런 대화는 삼천포로 빠졌다. 케빈이 답답함을 토로할 때마다 말다툼이 시작되었다. 그 결과, 재키는 남편을 회피했고 갈등을 피하려고 했다. 대화가 중단되자, 성생활도 중단되었다. 케빈은 재키에게 섹스를 하자고 하면 거절당할 것을 알았고 재키는 섹스를 하면 케빈의 기분이 더 좋아질 거라는 것을 알았지만 그냥 그렇게 할 수가 없었다.

치료 예약일이 다가왔지만 두 사람은 계속 냉랭했고 단절된 상태였다. 말다툼 그 후에 화해를 할 수 없거나 설거지 같은 것을 두고 말다툼할 때 어떻게 계속 연결된 상태를 유지해야 하는지 알지 못했다. 두 사람은 치료의 목표가 ① 좀 더 상대방의 의견을 존중하고 대화하면서 공평하게 싸우는 규칙 만들기, ② 단절된 상태에서 서로 회복하는 것, ③ 두 사람의 갈등을 침실까지 가져가지 않고 성적인 분위기로 돌아가는 방법을 찾는 것이라고 했다.

초기 회기에서 재키는 자신이 집안일을 잘 못하는 것 때문에 당황스러워했다. "설거지가 그렇게 어려운 일은 아닌데……." 재키가 말했다.

나는 "대답할 때 신체 반응에 집중하면 아주 도움이 될 수 있어요."라고 두 사람에게 말했다. "우리 몸은 우리가 느끼는 감각, 제스처, 우리가 취하는 신체적 자세, 그리고 움직임을 통해 '이야기'합니다." 두 사람의 자율신경계는 안정이 된 것 같아 보여서 나는 재키한테 이렇게 말했다.

"재키, 지금 그릇이 쌓인 싱크대와 마주했다고 상상해 보세요. 몸에서 어떤 감각이 느껴지나요?"

재키는 손가락으로 몸통에 선을 그리면서 양쪽이 동등하지 않은 1/3과 2/3 정도 지점으로 나누었다. 그런 다음 재키는 말했다. "이 더 작은 부분은 자유롭게 놀고 싶어해요. 이 큰 부분은 이를 허락하지 않고 계속 더 많은 공간을 차지하려고 밀어내요."

나는 말했다. "감정적으로 위협을 받은 경험을 상상해 보세요. 그 위협은 그 몸통의 작은 부분에서 시작해서 어린 시절로 다시 돌아갑니다. 결국 도착한 곳은 어디인가요? 어떤 이미지가 떠오르세요?"

나는 재키에게 어린 시절로 돌아가 보도록 요청했다. 왜냐하면 이미 설거지하는데 어려움을 겪는 것에 대해 자신도 혼란스러워했기 때문에 이 어려움이 어린 시절 어떤 사연 때문인지 살펴봐야 했다. 재키의 어린 시절 이미지와 이야기를 들어 보니 어머니와의 관계와 관련이 있었다. 관련이 있는 한 이야기는 어머니가 재키가 원하는 대로 그릇을 자연 공기에 말리지 않고 재키에게 수건으로 닦게 한 것이었다.

재키는 말했다. "그냥 수건으로 닦을 수도 있었죠. 그게 더 쉬웠을 거예요. 하지만 그렇게 하려면, 제 인생을 걸고 싸워야 할 것만 같았어요." 재키는 어머니의 말을 듣지 않고 자신의 자율권을 주장할 방법으로 일을 계속 미뤄도 되는 선택을 한 것 같았다고 했다.

재키는 어머니의 의지에 굴복하지 않고 싸우는 것에 대한 어려움을 항상 인지하고 있었다. 예를 들어, 그릇을 두고 다퉜던 사례처럼 말이다. 하지만 그것이 지금 남편과의 갈등과 어떻게 관련이 있는지 의식적으로 연결시키지 못했다. 재키의 신체가 일종의 교량 역할을 하고 있었다. 재키는 자신의 신체적 감각을 자세히 들여다보면서 그전에는 눈치 채지 못했던 강렬한 감정이 어디에서 온 것인지 알게 되었다. 케빈은 이러한 과정을 지켜보면서, 자신들 간의 싸움이 지금 일어나고 있지만, 이러한 현상은 과거 미해결된 싸움 때문에 재키가 지금도 계속해서 자신의 자율권을 위해 싸우고 있다는 것을 재빨리 이해하게 되었다.

이런 사실을 재키와 케빈이 명확하게 알게 되자 하루가 멀다 하고 벌어지던 말다툼을 해결해 줄 문제 해결 방법을 찾을 수 있었다. 긴장감이 높을 때는 두 사람 다 섹스를 하고 싶어 하지 않았다. 이런 사실을 발견하는 과정을 같이 겪으면서 두 사람 사이에 비난하고, 수치심을 주고, 거부하는 감정이 사그라들었다. 이를 통해 두 사람은 다시 연결될 수 있었고, 서로에 대해 다시 성적인 매력을 느끼게 되었다.

성과 커플 치료에서 한 사람은 상대의 신체적 · 정서적 경험을 지켜보게 되며, 이는 보다 깊이 공감하면서 이해하고 연결되는 데 기여한다. 상대가 느끼고 있는 경험을 들여다볼 수 있으면 각자가 서로를 자극하는 대신 서로의 복측 미주신경계를 활성화시켜 조절하도록 도울 수 있다. 커플이 연결된 상태가 되었을 때 더욱 쉽게 문제를 해결하고 성적으로도 연결될 수 있다.

성생활에 더욱 깊이 다가가기

많은 커플의 성적 관계를 다시 회복하려고 하는 핵심 치료 요소는 오르가슴 중심이 아닌 즐거움 중심으로 섹스의 초점을 바꾸는 것이다. 감각에 초점을 맞추는 연습을 하는 것이 이러한 초점을 바꾸는 데 매우 도움이 될 수 있지만 실제 행위에서 진전이 나타나지 않을 수 있다. 어떤 파트너는 상대에게 성적 행위를 하자고 제안하는 것에 불편감을 느낄 수도 있다. 또 어떤 사람은 섹스를 하는 것에 부담을 느끼고 있을 수 있다. 어떤 사람은 성적인 흥분감이 강렬하게 올라올 때 불안감을 느낄 수도 있다.

많은 성치료 전문가가 이런 합리적인 질문을 한다. "[성적으로 흥분을 느끼기 시작하거나 파트너가 성적 행위를 하자고 하는 등]인 경우 언제 ___________ 무엇 때문에 불편감이 드나요, 아니면 이때 어떻게 느끼시나요?" 하지만 나는 그 불편감의 이유를 파악하기 위해서는 신체에 대해 직접적으로 '물어보는 것'이 가장 효과적일 수 있음을 알았다. 신체적 발견은 이런 질문과 함께 동반될 수 있다. "지금 여기 치료실에서 그 당시를 상상해 보면 몸에서 어떤 감각이 느껴지나요?" 감각에 대한 설명이 끝나면 여러 가지 확인해야 하는 방법들이 있다.

예를 들어, 이렇게 물어볼 수 있다. "가슴이 조이는 느낌에 집중해 보세요. 어떤 감정이 느껴지죠?" 또는 "당신의 배 안에 목소리 상자가 있다고 한다면, 그 안에 맺힌 목소리는 무슨 말을 하려고 할까?" 아니면 이렇게 물을 수도 있다. "종아리에 느껴지는 긴장감에 집중해 보면 지금 몸이 뭘 하고 싶어 하는 것 같나요? 떠오르는 이미지가 있을까요?" 나는 이러한 종류의 질문이 거의 모든 상황에서 "……하면 어떤 기분이 드나요?"라는 직접적인 질문보다 훨씬 더 풍부한 대답을 이끌어 낼 수 있음을 알게 되었다. 이런 요소들은 대화를 더욱 심층적인 수준으로 이끄는 도구로 활용할 수 있다. 몸이 갖고 있는 정보에 접근하면 현재 고착되어 있는 지점 기저에 있는 감정적 어려움을 파악하는 데 엄청난 도움이 될 수 있다.

신체적 경험 등과 같이 이러한 질문을 훨씬 더 잘 활용할 수 있는 신체 치료 모델이 있다. 이 모델은 트라우마의 경험을 다루는 과정에서 불균형이 일어날 때 신경계를 리셋하도록 설계된 치료 접근 방식이다. 우리의 첫 번째 생물학적 중요한 원칙은 살아남는 것이다. 위협을 느끼게 되면 스스로를 보호하려고 한다. 하지만 스스로를 보호하려는 시도가 방해를 받게 되면 그 좌절된 에너지가 몸에 갇히게 되고 평생 동안 가져가야 할 수 있는 여러 가지 증상이 나타난다.

신체 경험은 내담자에게 계속해서 갇혀 있는 불편한 감각이나 감정에 대한 내성을 높이는 방법을 가르쳐서 갇힌 그 에너지를 풀어 주려고 한다. 이러한 리듬 있게 움직이는 좌우 운동 반응처럼, 내담자는 이러한 억압된 어려운 감각과 감정을 적절하게 표현하면 더욱 안정된 신경계 활성화 상태로 되돌아간다. 이것은 내담자가 가진 내성의 한계치를 넘지 않도록 하는 것이 매우 중요하고 세심하게 조정하는 과정이다.

그 한계치를 넘게 되면 내담자는 과부하된 상태가 되거나 다시 트라우마가 발생할 수 있기 때문이다. 이 과정을 통해 시간이 흐르면서 마침내 자율신경계는 보다 균형을 이루고 기능을 잘하는 상태로 회복된다. 다음 사례에서는 커플이 내재된 과거 트라우마로 인해 발생하는 욕구 불일치를 다뤄 내는 데 도움이 될 수 있는 강력한 신체 경험의 가능성에 대해 설명한다.

마크(Mark)와 소니아(Sonia)는 치료자를 찾게 된 다른 갈등도 있었지만 성적 욕구 불일치로 인한 어려움이 컸다. 지금까지 치료를 통해서 서로를 더욱 이해하고 덜 싸우도록 도움을 받았다. 전반적으로 이들은 서로 더 정서적으로 친밀감을 느끼고 있었지만 여전히 성적인 갈등이 남아 있었다. 마크는 일주일에 두 번 섹스를 원했고 소니아는 매주 두 번 한다는 건 상상도 할 수 없었다. 마크는 몇 차례 몇 가지 시도를 하면서 소니아가 성적인 욕구를 느낄 수 있게 도왔다. 예를 들어, 마사지나 네일아트를 받게 하거나 요가를 가게 했다. 하지만 모든 시도는 완전히 실패했다.

치료를 통해 두 사람은 소니아의 욕구가 자발적으로 일어나기보다는 성적 자극에 좀 더 반응적으로 나타난다는 사실을 이해하게 되었다. 다시 말해, 만지면서 애무를 하기 전에는 섹스에 대한 욕구가 잘 나타나지 않는 것이다. 네일아트를 받는다고 해서 자발적인 욕구가 생기는 것이 아니다. 마크는 소니아에 대해 이 부분을 놓친 것이다. 소니아의 욕구가 자연스러운 자극으로 더욱 잘 반응한다는 사실을 알게 된 마크는 아내의 신체적 피로감, 아이들을 돌보는 데서 오는 스트레스, 그리고 잦은 갈등 상황이 마크가 원하는 만큼 소니아가 섹스에 열린 마음이 들게 하지 않는 중요한 요인임을 이해하게 됐다. 이런 새로운 사실을 알게 되었다고 해서 소니아가 섹스를 하고 싶게 만드는 것은 아니었다. 소니아는 거의 항상 마크와 성적인 분위기에 빠져드는 데 부담감을 느꼈다.

한 특정 회기에서 소니아는 마크를 안아 주고 자신의 머리를 눈에 띌 만큼 뒤로 기울일 때, 답답함이 없이 안정된 자세를 느낀다고 얘기를 했다. 케이트와 스티브의 사례에서 볼 수 있었듯이 이 신체 제스처는 소니아의 몸이 비언어적으로 무엇을 표현하고 있는 것인지 알아보는 기회가 되었다. 나는 소니아가 마크를 안았을 때 그리고 안정된 공간을 찾고 있었을 때와 똑같은 방식으로 소니아에게 머리를 뒤로 기울여 보라고 요청했다. 율동적인 진자운동처럼 불편한 감각과 침착한 신경계 상태를 왔다 갔다 하면서 소니아는 몸에 갇혀 있던 에너지를 조금 풀어낼 수 있게 되었다. 이러한 감각 중 일부는 어린 시절 부모와의 경험과 관련된 트라우마를 건드렸다.

소니아의 부모는 둘 다 자기 중심적인 사람이었고, 자라는 동안 두 부모는 자신의 욕구를 알아서 충족시켜 주지 못했다. 소니아는 자주 아버지 앞에서 강제적으로 몇 시간 동안 계속해서 큰 소리를 들어야 했다. 소니아는 자신의 가족사를 매우 의식하고 있었지만 억압된 감정은 계속해서 소니아의 몸속에 내재되어 있었다. 갇혀 있다는 감정은 마크가 섹스를 하기 위해 그녀에게 접근할 때 느껴지는 것이었다. 이 신체 치료는 소니아가 과거에 느낀 갇혀 있는 감정과 다시 갇히고 과부하가 될 수 있겠다는 불편감을 분리할 수 있게 하는 것이 시작이었다.

그러고 난 후에 소니아는 자발적이고 열정적인 성적 행동을 시도했고, 지금 여기에서 완전한 존재감과 연결감을 느끼게 되었다. 소니아의 최초 신체 제스처를 살펴봄으로써 그녀의 몸에 잔재해 있던 어린 시절 부정적인 경험의 영향을 풀어낼 수 있는 문이 열린 것이다.

결론

커플이 치료자를 찾아올 때는 서로의 이야기를 열린 마음으로 잘 듣고 싶어 하지 않는다. 그보다는 방어적이거나 화가 나거나 상처받은 감정의 내러티브를 보여 주려고 할 가능성이 높다. 신경계가 투쟁 또는 도피 상태 또는 감정적으로 차단된 상태로 들어온다. 내담자에게 신체 중심 심리치료법을 활용하게 되면 신경계를 진정시키고, 안전하고 연결된 느낌의 장소를 찾고, 감정적 성장이 일어날 가능성을 높일 수 있다.

성치료 전문가는 신체 언어와 대화하는 방법으로 언어 이면에 숨겨진 것을 유도하는 수준의 질문으로 심리적 성장을 촉구할 수 있다. 이는 회기 중, 파트너 사이에 자주 듣는 언어적 불만보다 더 심층적인 내면으로 들어가게 한다. 말이 부적절하거나 말을 활용할 수 없을 때 신체는 아름다운 접근 지점이 되어 준다. 이러한 경우 신체 중심 치료는 커플을 단절된 상태에서 연결된 상태로 안내하는 도구가 된다.

10장

영양-성 건강 모델

자넷 브리토(Janet Brito) PhD

최신 성과 커플 치료 모델

지금까지 커플 상담의 맥락에서 성적·관계적 어려움을 치료하는 데 식품 및 영양을 통합하는 치료 모델은 없었다. 오히려 기존 모델에서 주로 사용하는 CBT, 정신역동치료나 EFT 방법을 활용하여 성기능 장애를 겪는 사람들을 치료하는 데 집중하고 있다(예: Bergeron et al., 2018; Betchen, 2009; Johnson, Simakhodskaya, & Moran, 2018). 또한 현재 섹스 치료 모델은 『DSM-5』에 나와 있는 성기능 장애와 같은 성적 증상을 완화하는 데 특히 집중하고 있으며, 규칙적인 수면 위생을 적용하거나 성적 건강을 향상하기 위한 운동과 같은 건강한 생활 습관을 강화하는 데는 거의 시도를 하지 않고 있다. 게다가 성적 어려움을 치료하는 측면에서 녹색 잎채소, 과일, 기름기가 없는 단백질, 복합 탄수화물을 먹고 수분을 충분히 섭취하는 것 등의 영양적인 습관의 효능, 그리고 이것이 성적 기능과 기분 및 전체적인 관계에 어떤 만족도를 향상시킬 수 있는지는 잘 알려져 있지 않다.

영양-성 건강 모델 분야에 대한 연구가 아직은 전반적으로 부족하지만 몇몇 연구에서 영양과 성 건강의 연관성을 파악하여 더 많은 연구의 필요성을 촉구하고 있다. 예를 들어, 연구를 통해 심장 건강에 도움이 되는 지중해식 식단은 남성 발기 부전 발생을 줄여 주고(Di Francesco & Tenaglia, 2017; Esposito et al., 2010) 여성의 성기능 장애도 개선해 준다는 사실(Giugliano et al., 2010; Maiorino et al., 2016)이 밝혀졌다. 또한 식습관 개선과 자존감 및 신체 자신감 향상 간의 관계를 살펴보는 연구도 있었는데 이 두 요소는 성적 건강에도 종종 영향을 미치는 요소이다(Eddy, Novotny, & Westen, 2004). 사실 신체 이미지와 자신감은 성적 만족감에 도달하는 데 큰 역할을 한다고 잘 알려져 있다. 따라서 이 문제에서 영양이 어떤 역할을 하는지 고려하는 것도 중요하다.

따라서 이 장에서는 성적 어려움을 치료하는 데 보다 균형 잡힌 식단을 도입하면 어떤 이점이 있는지 알아본다. 특히 나는 성치료 전문가가 기분, 관계, 성에 있어서 음식의 역할과 그 영향을 이해하는 데 필요한 지식을 알 수 있도록 통합적 영양–성 건강 모델을 제공하려고 한다. 또한 내담자가 식습관에 대한 자기 반성과 성치료 전문가가 성적 만족감에 영향을 주는 다양한 영양 및 건강 관련 요소를 살펴보도록 하는 데 도움이 될 수 있는 다양한 훈련을 제안하고자 한다.

영양–성 건강 모델

관계 및 성치료를 찾는 내담자는 흔히 성욕, 수행 불안, 정신건강 문제, 성관계 회피, 부정적인 신체 이미지와 관련된 걱정을 갖고 있다(예: Gehring, 2003; McCarthy, Ginsberg, & Fucito, 2006; Rosen, Leiblum, & Spector, 1994). 이러한 성적인 문제를 치료할 때 성치료 전문가는 커플들의 정신건강 상태, 약물 남용 습관, 가족 또는 유전적 요인에 대해 질문하면서 현재 나타난 문제를 파악하기 시작한다. 하지만 커플들은 성적 어려움에 자신들의 영양 식습관이 영향을 줄 수 있다는 것은 인식하지 못하는 경향이 많다. 이때 성치료 전문가가 건강한 행동 양식에 대해 물으면 커플은 영양, 기분 및 성적 만족감 간의 연관성이 있다는 사실을 이해하기 시작할 것이다.

성치료 전문가가 활용할 수 있는 영양–성 건강 모델은 다음과 같다. 이 모델에서는 특히 커플의 성적 어려움에 문제를 해결하는 데 중요한 역할을 하는 영양 습관과 생활양식, 관계적인 요소를 고려해서 성적인 문제를 통합적으로 치료하는 접근 방식을 채택하고 있다. 이 모델은 신체적 상태에 대한 인식을 높이고 개인이 배고픈 상태의 신호를 이해하고, 먹는 습관을 파악하고, 매일 촉발 요인을 정확하게 알아차릴 수 있는 훈련을 하는 데 집중하고 있다. 이러한 촉발 요인들은 성적 어려움에 기여하는 음식, 감정, 생각 또는 환경적 요소일 수 있다. 이 모델은 관계의 장점을 파악하고, 특히 커플이 함께 협력하는 데 방해가 되는 충족되지 않은 정서적 욕구도 파악할 수 있게 해 주는 역할을 한다. 해당 모델의 기본적 단계는 다음과 같다.

1단계: 신뢰 관계를 형성하고 성적 건강 문제를 파악한다.
2단계: 성적 건강 및 영양과 관련된 현재 지식을 평가한다.
3단계: 기본적인 섹스 및 영양 심리교육을 제공한다.
4단계: 자기 관리를 방해하는 취약한 요소를 파악한다.
5단계: 강점 기반 관점에서 생활양식과 현재 영양 상태에 대한 틀을 만든다.
6단계: SMART 목표를 세운다.
7단계: 있을 수 있는 장애 요소에 대해 논의한다.
8단계: 지원 시스템을 마련한다.
9단계: 건강한 생활을 위한 선택과 관련하여 개인의 자율성을 평가한다.
10단계: 통합적 개입을 제안한다.

성치료 전문가는 이러한 각 단계를 거치면서 내담자가 영양 습관의 장점, 장기간 식단 목표, 건강한 성관계를 가로막는 장벽을 파악하도록 도울 수 있다. 이후에 계속 이어지는 부분에서는 각 단계에 대한 상세한 설명과 영양–성 건강 모델의 측면에서 어떻게 적용되는지에 대해 담고 있다.

1단계: 신뢰 관계 형성과 성적 건강 문제 파악

영양–성 건강 모델은 커플에게 영양, 기분, 성적 만족도 간의 연결 관계를 이해하도록 소개하면 가장 좋다. 성치료 전문가는 내담자가 자신의 성생활에 대한 은밀한 세부 정보를 마음 편안하게 털어놓고 공유할 수 있는 치료 환경을 조성하고 수용적인 태도를 갖도록 하려면 반드시 확고한 신뢰 관계를 형성해야 한다. 이러한 맥락에 신뢰 관계 형성은 조화롭고 상호 신뢰할 수 있어야 하며, 이러한 관계에서 성치료 전문가는 내담자가 중요한 세부 정보를 빠트리지 않고 마음을 열고 솔직하게 이야기한다고 신뢰하며, 내담자는 성치료 전문가가 비밀을 유지하고, 평가나 판단을 하지 않으며, 자신들의 성생활에 대한 문제를 해결하기 위한 도움을 주도록 안내할 것이라 신뢰한다(Leach, 2005; Tahan & Sminkey, 2012).

성치료 전문가는 첫 번째 회기가 진행되는 동안에 중립적이고 비판단적이고 수용하는 태도로 내담자의 정보를 얻기 위한 질문을 하고, 억양, 얼굴 표정을 통해 진심 어린 관심을 표현하고, 내담자에게 몸을 기울인다든지 고개를 끄덕이며 이해를 나타내는 신체 제스처를 적극 활용하여 신뢰 관계를 구축한다. 성치료 전문가는 커플이 겪고 있는 성적인 문제에 집중하며 정보를 얻기 위한 질문을 하면서 진심 어린 호기심을 표현함으로써 이 과정을 시작할 수 있다.

- 성적인 문제에 대한 자세한 내용과, 당신이나 당신의 관계에 성적인 문제가 어떻게 영향을 미쳤는지 물어봐도 될까요?
- 성적인 문제를 언제부터 겪으셨나요?
- 언제 이런 일이 잘 발생하는 것 같나요?
- 더 나빠지거나, 혹은 더 나아지게 만드는 것이 있다면 무엇일까요?
- 그런 일로 발생하는 스트레스는 어떻게 관리하세요?

성치료 전문가는 커플이 갖고 있는 성적인 문제의 핵심을 완전히 이해했다고 판단될 때까지 추가적인 후속 질문을 계속 할 수도 있다.

2단계: 성적 건강 및 영양과 관련된 현재 지식 평가

성치료 전문가는 두 번째 단계에서 내담자가 성과 영양을 인지적으로 연결하도록 돕는 데 집중한다. 이때 자신의 신체와 식습관 그리고 선호하는 것들을 이해하도록 하는 것부터 시작된다. 성치료 전문가는 사전에 내담자가 이런 주제를 살펴보는 것에 충분히 동의했는지 확인하고 자신의 영양적 · 성적 건강에 대해 살펴보는 데 관심이 있는지 확인해야 한다. 섹스에 대해 이야기하는 것과 마찬가지로 내담자는 영양 습관에 대해 공유할 때 당황스럽거나 부끄러워할 수 있다. 따라서 처음 1단계에서 개방형 질문을 던져 치료 협력 관계를 구축한 후에 점차적으로 영양-성 건강 모델을 소개하는 것이 필요하다. 다음은 성치료 전문가가 두 번째 회기에서 영양-성 건강에 대한 대화를 시작할 때 물어볼 수 있는 몇 가지 질문이다.

- 영양-성 건강 관계는 본인에게 어떤 의미인가요?
- 자신의 신체에 대해 어떻게 느끼나요?
- 자신의 신체 어느 부위에서 즐거움을 느끼나요?
- 그러한 쾌감은 본인에게 어떠한 의미를 주나요?
- 어떤 음식을 먹으면 기분이 좋아지나요?
- 가장 만족스러운 성적인 즐거움을 경험하는 신체 부위는 어디인가요?
- 본인의 몸에 대해 파트너가 알아야 할 부분이 있다면 무엇인가요?
- 어떤 맛과 향을 선호하나요? 매운 음식과 순한 음식 중 어떤 것을 즐기나요?
- 함께 식사하는 행동이 본인에게 얼마나 중요한가요?
- 영양식품도 드시나요?
- 건강식품을 구매하고 건강한 행동 습관을 유지하는 것이 본인에게 얼마나 쉽나요, 아니면 얼마나 어렵나요?
- 최선의 삶을 사는 데 방해가 되는 것은 무엇인가요?

성치료 전문가는 커플에게서 이러한 질문을 통해 정보를 얻은 후 커플 간에 대화를 나누도록 하고, 성치료 전문가는 여기에서 중재자 역할을 할 수 있다. 이 모델의 이후 단계는 건강하지 않은 식습관에서 건강한 식습관으로 변화하게 하는 것이지만 초기 단계에서는 성치료 전문가가 가치 판단이나 식사 계획을 지시하는 것을 삼가는 것이 중요하다. 여기에서 성치료 전문가의 역할은 커플이 선호하는 것을 결정하고 자신의 신체에 대해 스스로 판단할 수 있게 돕는 것이다. 따라서 성치료 전문가는 주제를 파악하고 각 파트너가 특정 음식에 부여하는 의미를 이해하는 데 집중한다. 성치료 전문가는 참을성 있게 기다려 주며 궁금해하면서 상황을 살펴볼 수 있다(예: "두 분이 같이 식사할 때의 ____________ 어떤 점을 알게 되었나요?"). 성치료 전문가는 이러한 초기 질문들에 대한 솔직한 답변과 이야기가 오고 간 후 영양-성 건강 모델을 소개하면 된다. 성치료 전문가는 이 모델의 목표를 설명하고, 그 과정과 예상되는 결과를 간단히 알려 주고, 커플에게 잘 모르겠는 부분에 대해 질문을 하고 이를 분명히 이해하는 시간을 갖게 해야 한다.

3단계: 기본적인 섹스 및 영양 심리교육 제공

다음 단계는 커플이 성 건강 문제와 영양 간의 관계를 얼마나 이해하고 있는지 평가하는 단계이다. 궁극적으로 성치료 전문가는 내담자가 자신들의 성적 기능에 대해 관련 생활양식 요인과 영양의 역할을 알아보게 독려해야 한다. 성치료 전문가는 내담자에게 다음 문형을 제시하여 이러한 정보를 수집하게 도울 수 있다.

- "나는 ___________할 때 건강함을 느낍니다."
- "그런 순간에 내 기분은 ___________합니다."
- "나는 ___________할 때 몸에 불편감이 느껴집니다."
- "나는 ___________을 먹은 후에는 성적 활동을 피합니다."
- "먹은 후에 나는 ___________한 기분입니다."

이러한 논의는 내담자가 자신들의 현재 영양 습관이 신체 감각, 자존감, 성욕, 그리고 성적 기능에 어떻게 영향을 미치고 있는지, 또는 아름다움과 신체 스타일에 대해 타인들의 기대에 부합해야 한다는 스트레스를 스스로에게 주고 있는 것은 아닌지를 파악하는 데 도움이 된다. 성치료 전문가는 내담자가 자신의 삶에서 영양과 섹스의 연관성을 얼마나 이해하고 파악하고 있는지를 먼저 평가한 후에 식습관이나 생활양식과 연관된 성적 건강에 대한 기본적인 심리교육을 제공할 수 있다. 이 장 마지막에 나와 있는 음식 가이드는 신체적 · 정신적 건강을 증진시키는데 도움이 되는 자연식품, 곡식, 과일 및 채소와 같은 음식 목록과 섭취 방법이 제시되어 있어서 매우 유용하게 활용할 수 있다. 이 중 많은 음식이 지중해식 식단에서는 일반적으로 찾아볼 수 있는 음식이다. 지중해식 식단은 발기 부전에 도움이 되는 것으로 알려져 있다(Di Francesco & Tenaglia, 2017; Esposito et al., 2010). 지중해식 식단은 심혈관 건강에 좋기 때문에 음경 부위의 혈류를 원활하게 하고 그에 따라 성적 기능을 유지하는 데 도움이 된다. 이와 유사한 연구에서 2형 당뇨병을 앓는 여성의 성적 건강을 개선하는 데도 도움이 되는 것으로 밝혀졌다(Giugliano et al., 2010; Maiorino et al., 2016).

이와 동시에 성치료 전문가는 식사 선택이나 특별 식단을 강압적으로 처방하지 않아야 한다. 내담자가 식사를 결정하도록 하는 것이 이 치료의 핵심적인 부분이다. 그에 따라 내담자가 자유롭게 파트너와 함께 식사 계획, 성분 선택, 식품 쇼핑, 식사 준비 등에 참여할 수 있게 해야 한다. 내담자가 자율성을 느끼되, 파트너와 함께 음식에 대한 결정을 공동으로 할 수 있게 하면 관계가 더욱 개선될 수 있다(Aarseth & Olsen, 2008; Bove et al., 2006; Höijer, Hjälmeskog, & Fjellström, 2014).

4단계: 자기 관리를 방해하는 취약한 요소 파악

성치료 전문가가 기본적인 섹스 및 영양 심리교육을 제공한 후, 다음 단계는 자기 관리를 방해하는 요인을 파악하는 것이다. 자기 관리와 자기 자비(self-compassion)가 부족한 것은 자신감 결여와 성욕 저하와 연관된다(Germer & Neff, 2013; Salyer, Schubert, & Chiaranai, 2012). 그러므로 현재 자기 관리에 대한 실천 사항(또는 그에 대한 결여)을 파악하는 것은 이 모델에서 필수적인 요소이다.

이러한 맥락에서 건강한 식습관은 자기 관리에서 필수적으로 고려해야 할 중요한 사항임을 알아야 한다. 예를 들어, 어떤 내담자는 항상 일정이 바빠서 건강한 생활 습관을 갖추지 못하고 있을 수 있다. 단, 음료나 지방이 많은 음식을 과도하게 섭취하고 아침 식사는 건너뛰고 파트너와의 성적인 주제에 대해 얘기하는 것을 회피하고 있을 수 있다. 특히 둘 다 경제 활동을 하거나, 맞벌이를 하고 있는 커플은 바쁜 일정 때문에 생기는 부담으로 편의성 식품 섭취 빈도가 높아지고 성적 활동에 할애하는 시간이 줄어들고 있을 수 있다(Neault & Pickerell, 2005; Tye, 2013). 이러한 모든 요인들은 성적 건강을 포함해 내담자의 정서적·신체적 건강에 부정적인 영향을 줄 수 있다.

성치료 전문가는 내담자의 자기 관리에 취약한 요소를 파악하기 위해 몇 가지 질문을 제시하고 정보를 파악한다.

- ___________하다고 느낄 때 ___________을(를) 먹는 경향이 있다고 하셨는데요. 이것은 본인에게 어떤 영향을 미친다고 느껴지시나요?
- 이런 식습관이 자주 나타나요?
- 어떤 음식을 먹었을 때 더 기분이 좋게 느껴지시나요?
- 파트너가 자기 관리를 위해 하는 행동은 본인에게도 영향을 주나요?
- 본인의 생활 습관 속에서 특정 음식을 선택하게 하는 요소가 있다면 어떤 것들인가요?

5단계: 강점 기반 관점의 생활 습관과 영양 상태에 대한 틀 마련

영양–성 건강 모델은 내담자의 기술과 자원이 목표와 장애물과 구분된다는 점에서 강점 기반 접근 방식이다. 따라서 성치료 전문가는 내담자가 자기 관리를 방해하는 생활양식과 영양 요소를 파악한 후에 결함에서 강점으로 관점을 바꾼다. 예를 들어, 성치료 전문가는 바쁜 생활 습관에 취약한 커플에게 이런 이야기를 해 준다. "일정이 매우 바쁘신 것 같네요. 그래서 아침 식사를 계획하시는 데 제한이 있으신 것 같아요. 요즘 커플은 흔히들 그렇죠. 그래도 두 분의 긍정적인 부분은 이미 문제를 잘 알고 계시고 생활 습관이 어떤 역할을 하는지 궁금해하신다는 겁니다." 성치료 전문가가 내담자의 문제점을 얘기할 때 내담자가 제시하는 강점, 자원, 능력을 강조하는 것이 중요하다.

또한 성치료 전문가는 커플이 현재 어려움을 얘기할 때 '우리'라는 자세를 갖도록 격려할 수 있다. 그렇게 하면 책임감을 더 많이 느끼고 서로 더 많이 도와주게 된다. 내담자가 '우리'라는 태도를 수용하고 경험을 이야기하게 되면 이들은 상호 간의 역할과 책임을 함께하는 것으로 인식하게 되고 변화를 향한 적극적 통제 소재(locus of control)를 알게 된다. 예를 들어, "처음부터 모든 식사를 준비하기에는 너무 바쁩니다."라고 말하기보다 "우리 일정에 맞게 건강한 식사를 준비할 방법을 함께 찾을 수 있어요."라고 말하도록 격려한다.

6단계: SMART 목표 세우기

이 과정에서 성치료 전문가는 내담자가 자신의 성적 건강을 질적으로 높이기 위해 실천하고자 하는 SMART 목표를 세우도록 돕는 것이다. 이 목표는 내담자가 스스로에 대해 더 기분 좋게 느끼고, 파트너와 더욱 연결된 느낌을 갖는 생활 습관 및 영양 변화와 관련이 있어야 한다. SMART 목표는 다음과 같다.

- 구체성(Specific): 목표는 분명하고 명확해야 한다. 내담자가 무엇을 성취하고 싶은지, 동기부여는 어떤 것인지, 그리고 어떤 제한이나 제약을 인지하고 있는지 여부를 스스로 자문해 보면 구체성을 달성할 수 있다.
- 측정 가능(Measurable): 측정 가능한 목표란 내담자가 진행 상황을 추적할 수 있는 것을 말한다. 기간, 식사량, 목표 행동의 빈도를 언급하는 것, 이 모든 것이 목표를 측정 가능하게 만드는 데 도움이 된다.
- 성취 가능(Achievable): 목표는 두 파트너 모두가 달성할 수 있어야 한다. 즉, 노력을 요하지만 분명히 달성할 수 있는 범위 내에 있어야 한다.
- 현실성(Realistic): 내담자는 목표를 달성하기 위해 필요한 행동을 통제할 수 있어야 한다. 예를 들어, 다른 사람의 행동에 달려 있는 목표를 세우는 것은 현실적이지 않다.
- 시간 기반(Time-based): 이것은 목표를 달성해야 하는 날짜 또는 활동을 수행해야 하는 빈도나 길이를 설정하는 것이다.

예를 들어, 내담자의 목표가 파트너와의 연결감을 높이고, 섹스에 대한 불안감을 줄이고, 생활 습관을 개선하는 것이라면 SMART 목표는 이렇게 될 것이다.

- 다음 한 달 동안 나는 매일 체력을 늘리기 위해 20분씩 혼자 또는 파트너와 함께 우리 동네를 한 바퀴 돌 것이다.
- 나는 이후 3개월 동안 매주 추천 음식 목록(이 장 끝에 있음)에서 하나를 추가할

것이다.

- 나는 신체적으로 더 잘 알고 파트너와 더 친밀해지기 위해 세심하고 즐거운 스킨십을 매주 한 번 30분씩 즐길 것이다.
- 나는 이후 6개월간 더 건강한 것으로 확인된 이 모든 생활 습관과 영양 행동 양식을 따를 것이다.

대개 SMART 목표는 커플 둘 다 개인적인 자기 관리와 식습관으로 문제를 해결할 수 있게 한다. 하지만 어떤 경우에는 커플로서 함께 해야 하는 목표가 세워지기도 한다. 커플과 SMART 목표를 확인(또는 목표 설정)할 때 파트너가 계속 목표를 잘 성취해 나가도록 브레인스토밍하는 것이 도움이 된다. 커플은 상호 책임감을 높임으로써 더 잘 협업하고 한 팀으로서 더 확고함을 느끼게 된다.

7단계: 장애 요소 논의

성치료 전문가는 커플과 성적 건강을 위한 SMART 목표를 설정한 후, 실현하는 데 방해가 될 수 있는 요소를 파악한다. 예를 들면, 이런 질문이 있다. 어떤 성격적 요소 또는 생활양식의 요인이 협력에 도움이 되는가, 아니면 진행을 방해하는가? 계속 동기부여를 하고 서로에게 책임을 느낄 수 있게 힘을 얻고 더 잘 준비가 되었다는 느낌을 받으려면 어떤 경계를 세워야 하는가? 어떻게 영양 습관을 개선하기 위해 서로를 돕고 격려할 수 있을까?

성치료 전문가는 이러한 질문을 던지고 커플이 통제할 수 있는 요소에 집중하도록 격려한다. 예를 들어, 전 파트너, 다른 가족 구성원의 행동 양식, 업무적 요구사항 또는 직업상 기대사항은 통제할 수 없지만 자기가 먹는 것, 먹는 양, 서로에게 말하는 방식, 아침에 일찍 일어나기, 슈퍼마켓에서 살 것, 요리할 때의 태도는 통제할 수 있다.

커플이 평가나 비난하는 언어보다는 긍정적이고 응원하는 언어를 사용하도록 격려한다. 예를 들어, 집에서 정크 푸드를 과도하게 섭취하는 경향이 있어 진행에 방해가 될 것이라 믿는 내담자가 있다고 하자. 이러한 장면을 설명할 때 내담자는 이렇게 얘기하면서 파트너를 비난할 수 있다. "내 파트너는 장바구니에 정크 푸드만 담는 안 좋은 습관이 있어요. 이런 식으로는 절대 목표 달성을 못할 거예요." 이런 경우 성치료 전문가는 내담자가 자신의 걱정을 서로 응원하는 마음을 보여 주는 방식으로 표현하도록 격려할 수 있다. 대신 이렇게 말하는 것이다. "정크 푸드를 사서 먹고 싶다는 유혹이 많이 생길 수 있을 거야. 그러면 우리 목표를 유지할 방법을 찾아보자." 두 번째 말은 관계에 있는 어떤 사람도 비난하지 않는 발언이다. 두 파트너 모두 장벽을 만드는 데 한 가지씩 역할을 하고 있기 때문에 두 사람 모두 협력해서 이를 극복해야 한다.

8단계: 지원 시스템 마련

내담자가 SMART 목표와 관련하여 다가오는 몇 주간 몇 가지 생활양식의 변화를 실천하기 시작할 것이기 때문에 이 시기 동안 도움을 받을 수 있는 사람의 목록을 작성해야 한다. 그 목적은 내담자가 필요하거나 파트너가 없을 때 도움을 받을 수 있는 협력자에게 연락할 수 있게 하는 것이다.

무엇보다 커플은 개인의 SMART 목표와 커플로서의 SMART 목표를 달성하기 위해 서로 가장 기본적인 조력자가 되어야 한다. 기대치가 설정되고 나면 각 파트너는 자신의 소셜 네트워크를 살펴보면서 자신이 계속 책임감을 갖게 하고 스트레스를 받을 때 도움을 줄 수 있는, 의지 가능한 2~3명을 선택할 수 있다. 성치료 전문가는 커플 두 사람 모두 아는 사람으로 선택하는 것을 추천할 수 있다. 내담자는 미리 선택한 이 조력자들에게 얘기하고 특히 목표 달성에 도움을 달라고 얘기하는 것이 좋다. 도와주는 이런 협력자들은 내담자가 이런 목표를 달성하려는 이유와 계속 나아갈 수 있게 동기부여할 방법을 알고 있어야 한다.

9단계: 건강한 생활을 위한 선택과 관련하여 개인의 자율성 평가

성치료 전문가는 커플이 SMART 목표를 설정하고 지원 시스템을 파악한 후에 한 단계 물러나 각 내담자의 자립성, 그리고 관계 내부나 외부에서 의사결정을 할 수 있는 능력을 평가해야 한다. 내담자는 식단 변화를 이행하는 데 자율성을 갖고 있다고 느끼면 이를 성공적으로 이행하는 경험을 할 가능성이 높아진다(Lange, Corbett, Lippke, Knoll, & Schwarzer, 2015). 따라서 성치료 전문가는 각 파트너가 어느 정도로 상대와 다른 선택을 할 수 있다는 느낌을 받고 있는지 평가하는 것이 중요하다.

예를 들어, 이런 질문을 해 볼 수 있다. 내담자가 침실에서, 그리고 침실 밖에서 뭔가를 시험 삼아 시도해 보는 데 얼마나 자신감을 갖고 있는가? 어느 쪽이 더 위험을 감수하려고 하는가? 내담자는 경계 설정을 포함하여 자신의 요구사항이나 욕구를 파트너에게 편안한 마음으로 표현하는가? 의사결정은 어떻게 하는가? 무엇을 먹을지, 또는 언제 신체적으로 친밀한 시간을 가질지를 어떻게 결정하는가? 내담자가 일상 활동, 관계의 방향성, 가정의 방향성, 자녀를 어떻게 키울 것인지, 또는 반려동물을 어떻게 돌볼지에 대한 의사결정을 하는 데 파트너에게 의존하는 것 같은 느낌이 드는가? 또는 내담자가 자신감을 갖고 스스로 의사결정을 하고 파트너에게 '그렇다' 또는 '아니다'라고 확실하게 말하는가?

자율성과 관련된 이러한 논의는 성치료 전문가가 목표, 장벽 및 지원 시스템에 대해 커플과 얘기를 끝낸 후에만 이루어져야 한다. 성치료 전문가는 초반에 이루어지는 이러한 얘기를 통해 커플이 가진 힘의 양상을 관찰할 기회를 갖게 되고, 이러한 정보는 건강한 생활을 위한 선택과 관련하여 회기에서 내담자가 얘기한 내용을 입증하거나 반박하는 데 활용할 수 있다.

성치료 전문가는 한쪽 파트너가 이런 의사결정을 할 수 있는 자율성을 느끼지 못하는 것을 직접 얘기를 들었거나 커플의 상호작용 패턴을 보고서 알게 되면, 다음 단계로 나아가기 전에 이러한 자율성 문제를 직접 해결해야 한다. 다양한 의사결정 상황에 대해 물어보고(예: 가정, 일, 금융, 사회생활에 대한 의사결정), 이 파트너가 자율성을 느끼지 못하는 부분을 하나 이상 밝혀낸다. 이 파트너가 그런 불편감을 느끼는 근본 원인을 조사한다. 바꾸어 말하는 기법을 사용하여 말하는 요점이 명확한지, 그리고 두 당사자가 지금 상황을 이해하고 있는지 분명히 한다. 이런 상황 때문에 상호 간에 생활양식을 성공적으로 바꾸는 데 시간이 더 걸릴 것이라고 설명한다. 마지막으로, 두 사람이 자신만의 언어로 이 상황에 대한 해결책을 표현하도록 한다. 커플이 동의하면 자율성을 한 단계 높이는 환경을 조성하는 데 두 사람 모두 최선을 다할 것을 요청한다.

10단계: 통합적 개입 제안

커플이 앞선 9단계의 모델을 마스터하고 건강한 영양 변화와 생활양식의 변화를 이행하는 데 시간을 보냈다면 좀 더 세심하게 성적 활동을 이행할 준비가 되었을 수 있다. 내담자의 동기부여 수준에 따라 다르지만 일반적으로 커플은 이 단계의 모델에 도달하는 데 4~9개월의 시간이 걸린다. 하지만 구체적인 기간은 내담자마다 매우 다를 수 있다.

이 시점에서 성치료 전문가는 탐구적인 스킨십 도구로 감각초점(sensate focus) 기법을 도입할 수 있다. 이 단계는 영양–성 건강 모델을 보안하고 커플이 육체적으로 연결될 시간을 할애하도록 격려하기 위해 마련되었다. 성적 문제를 치료하기 위해 치료를 찾는 커플이 흔히 육체적으로 가까워지는 데 최소한의 시간을 쓰는 것을 고려할 때 영양 습관, 생활 습관을 바꾸기 전에는 내담자가 친밀감을 형성하기 어려울 가능성이 높다. 보다 건강한 생활양식을 적용한 후 보다 체력이나 에너지 지수가 올라간 느낌이 들게 되었을 테니, 다시 연결되기 위한 한 방법으로 감각초점 훈련법을 활용할 수 있다.

감각초점 기법은 일련의 세심한 스킨십 훈련이다. 커플이 번갈아 가며 지정된 시간 동안 스킨십을 주고받는 것이다(Weiner & Avery-Clark, 2017). 감각초점 기법에서 중요한 것은 스킨십을 하는 사람, 그리고 반대로 스킨십을 받는 사람이 어떤 것에서 기쁨을 느끼는지 더 많이 알아 가는 것에 있다. 파트너가 이 경험을 즐기고 있는지 여부에 갇히기보다는(수행 불안이 높아질 수 있으므로), 어떤 점이 기분 좋았는지 스스로 파악해서 나중에 상대방과 이에 대한 이야기를 나누는 것이 중요하다. 이런 훈련은 커플이 성행위에 대한 마음가짐을 성적인 행동 수행 중심에서 성적 즐거움 중심으로 바꾸는 데 도움이 된다. 그 결과, 커플이 갖고 있던 수행 불안이 줄어들기 시작하고, 신체에 대한 인식이 높아지고 성적인 대화 빈도가 늘어나고 서로 지금 순간에 집중할 수 있게 된다.

성치료 전문가는 커플에게 감각초점 기법의 진행 과정과 이론을 설명한 후 '최적의 시간', 즉 하루 중에 두 사람의 신체 에너지가 겹치는 시간을 찾도록 도울 수 있다. 처음에는 이 겹치는 시간 동안 흥분감을 느끼거나 성적인 스킨십을 할 준비가 되는 것에 대해 걱정을 하지 않아도 된다. 이것이 최종 목표이기는 하지만 말이다. 그보다 성치료 전문가는 내담자가 서로의 자연스러운 리듬을 알아 가도록 격려해야 한다. 커플은 이 정보를 활용하여 연결감을 높이는 방식으로 상대방과 의도적으로 시간을 보낼 수 있다.

예를 들어, 겹치는 최적의 시간을 알면 커플은 식료품을 사러 가고, 식사를 준비하고, 운동을 할 최적의 시간을 알 수 있게 된다. 결과적으로, 서로 상대에게 연결되고 감각초점 기법을 실천할 최적의 시간도 알 수 있다. 식사를 준비하듯이 성공할 확률을 높이기 위해 감각초점 기법을 실천할 시간도 미리 계획해야 한다. 따라서 커플이 상호 간의 정점 시간을 파악하고 보다 서로의 리듬에 맞추게 되었으면 감각초점 훈련을 할 시간을 계획하는 동시에 건강과 웰빙을 위해 영양–성 건강 모델의 기술을 실천할 일정도 잡아야 한다. 세심한 터치를 실천할 계획을 세우면 영양 습관을 우선시하면서도 서로 연결될 새로운 기회를 갖게 된다.

영양–성 건강 모델: 사례

미구엘(Miguel)과 아나(Ana)는 둘 다 26세로 서로 교제한 지는 5년이 되었고 같이 1년간 동거했다. 두 사람은 지난 7개월간 성생활이 줄어들고 신체적 친밀도가 낮아지는 것과 관련된 문제를 해결하기 위해 섹스 및 커플 치료를 찾았다.

미구엘이 갖고 있는 주요 불만 사항은 발기 부전이었지만 불안감과 분노를 조절하지 못하는 문제도 얘기했다. 미구엘의 증상은 치료를 찾기 1년 전부터 시작되었다. 바로 아나와 관계적으로 어려워진 시기 그 직후였고, 이때 그는 굉장히 불안정한 상태였다. 미구엘은 자위를 할 때는 발기 상태를 유지할 수 있었지만 성교를 할 때는 발기에 어려움을 겪었다고 말했다. 낮은 성욕, 오르가슴이나 사정에 대한 문제는 없다고 했고, 전반적으로 신체적 건강은 양호하다고 했다.

아나는 자신의 문제를 설명하면서 직장에서 승진한 후로 살이 쪘는데도 미구엘보다 자신이 훨씬 성욕이 강한 것 같다고 했다. 미구엘이 더 이상 자기를 매력적으로 느끼지 않아서 자기 앞에서 발기 상태를 유지하지 못하는 것 같다고도 했다. 아나는 살이 쪘고 이 사실이 미구엘의 발기 부전에 영향을 미친 원인이라고 생각해 자존감이 떨어졌지만 미구엘과 얘기할 때 체중 증가에 대한 주제는 회피했다.

현재 생활양식과 영양 습관에 대해 물었을 때 미구엘은 자신이 엄청 많은 스트레스를 받고 있고 바쁜 일정을 소화하고 있으며 어떻게 식생활을 할 것인가에 논의한 적이 없다고 말했다. 예를 들어, 일반적으로 아침을 건너뛰고 급하게 점심을 먹고 오후에는 단 음료를 마시고, 저녁에는 고기와 감자를 먹었다. 아나는 직장에서 승진을 하면서 대부분의 식사를 패스트푸드로 불규칙적으로 하고 있으며 저녁은 미구엘이 준비하는 대로 먹는다고 말했다. 주말에는 대체로 가족이나 친구들과 조금씩 음식을 가져와 나눠 먹고 주말에는 그때 남은 음식으로 때우곤 했다. 두 사람 다 운동은 하지 않았고, 활동적인 행사에 참여하고 싶은 소망이 있어도, 계획을 세우거나 같이 무언가를 시도하려고 노력하지 않았다.

미구엘은 아나와의 관계에서 그의 역할과 관련하여 자신이 발기 부전이라는 주제가 언급되는 것을 전반적으로 회피하고 있음을 인지하고 있었다. 아나가 자신이 더 이상 매력적이지 않은 것 때문일까 걱정된다고 말했지만 자신이 무능하다고 느껴지고 당황스러워서 이 주제를 회피하게 됐다. 그는 일반적으로 로맨틱한 감정에 대해서 말하는 것이 안전하지 않다고 설명했다. 그는 이러한 불안전한 감정은 자신의 권위주의적인 아버지의 엄격한 훈육과 같은 발달상 요인 때문이라고 생각했다. 그뿐만 아니라 사회생활에서 외면당한다고 생각했고 자신감이 결여되었다고 진술했다.

미구엘은 상황적 발기 부전(situational erectile dysfunction)을 겪고 있었고 수행 불안과 관련이 있을 가능성이 커 보였고, 성관계를 시도할 때 정서적으로 안전하지 못 하다고 느끼는 것이 발기 부전의 근본적인 원인이라고 생각했다. 한편, 아나는 심각한 자존감 문제를 겪고 있었고 이는 자신에 대한 생각과 미구엘과 상호작용하는 방식에 영향을 미쳤다. 아나와 미구엘 둘 다 좋지 못한 생활양식과 영양 습관이 두 사람이 안고 있는 문제를 더 악화시킨 것 같았다. 특히 극도의 스트레스, 영양 부족 및 성적 기능 간의 관련성에 대한 인식도 낮았다. 이것은 부족한 식사 계획, 급하게 먹는 음식 선택, 다양한 음식으로 저녁 식사를 하는 것에 대한 미구엘의 낮은 관심도, 음식 선택에 대한 아나의 부족한 자율성, 전체적으로 악순환되고 있는 자기 관리로 입증되었다.

나는 영양–성 건강 모델을 소개했고 이 커플에게 영양이 정서적 · 신체적 · 성적 웰빙에서 어떤 역할을 하는지에 대한 인식을 높일 수 있게 도왔다. 나는 음식 섭취 방식이 의식적, 그리고 잠재의식적 수준에서 스스로에 대한 생각에 영향을 줄 수 있음을 설명했다. 나는 그들에게 지중해식 식단의 기초에 대해 소개해 주었고 이런 방식의 식사가 성적 건강, 그리고 전반적인 건강을 어떻게 엄청나게 개선해 주는지에 대해 얘기했다. 나는 자기 관리에 대한 취약성 요인을 파악하도록 돕기도 했다. 이러한 요인은 바쁜 일정 속에서도 많은 부분 해결할 수 있다.

두 사람이 신체, 성적 흥분감, 그리고 식단과 영양 간의 연결성을 더욱 잘 인지하고 그런 마음가짐을 갖게 되었을 때 나는 SMART 목표를 몇 가지는 각자 개인을 위해, 몇 가지는 커플로서의 두 사람을 위해 설정하여 자신들의 강점을 실천하도록 독려했다. 예를 들어, 두 사람의 SMART 목표 중 하나는 이랬다. "매주 평일 저녁에 번갈아 가며 해산물과 채소를 요리하고 남은 것은 다음날 점심으로 싸 가는 것을 목표로 한다."

이때 아나와 미구엘은 동기가 살아나고 낙관적인 태도를 보였고, 내 사무실에 처음 왔을 때보다 더 많은 변화가 있었다. 그래서 목표 달성을 계속해서 방해하는 잠재적인 장애 요인을 알아차리고 어떻게 이를 해결할 수 있을지에 대한 논의로 넘어갔다. 예를 들어, 아나가 요리할 차례인데 밤에 늦게 퇴근해야 할 때면 오는 길에 버거를 사 오고 싶은 유혹이 있을 수 있음을 인지하고 있었다. 두 사람은 사전에 준비했던 식사를 얼려 놓고 비상시에는 녹여 먹는 방식으로 이러한 장애 요인을 극복하기로 결정했다. 또한 존경할 만한 생활양식과 협력 방식을 갖고 있는 도움을 줄 조력자 커플도 찾을 수 있었다.

이때 나는 이미 아나가 관계에서 자율성(autonomy)이 부족하다는 것을 감지했지만 두 사람이 커플로서 이를 표현하는 것이 중요했다. 이 얘기를 나누면서 아나의 적극적인 자율성이 부족한 이유가 집에 늦게 귀가할 때가 많다는 죄책감 때문이라는 사실도 깨달았다. 이런 죄책감에 대한 보상으로 아나는 함께하는 시간에 무엇을 할지에 대한 결정을 미구엘에게 미뤘다. 섹스를 할 때도 마찬가지였다. 아나는 자신이 미구엘보다 성욕이 훨씬 강하다고 느꼈음에도 자율성이 부족해서 좀처럼 성관계를 시도하기가 어려웠다. 그 결과, 성적으로 답답함을 느끼게 되었다. 미구엘은 아나가 그렇게 생각하고 있다는 것에 놀랐고 아나가 집에 늦게 귀가하는 것에 대해 죄책감을 느끼지 않았으면 좋겠다고 말했다. 반대로, 아나의 근면성실 덕분에 승진까지 해서 더욱 금전적으로 풍족하게 되었으니 자랑스럽다고 했다. 또한 그는 아나가 성적으로 처음 시도했을 때, 성적으로 흥분하고 즐거웠다고 얘기했다. 이러한 대화를 통해 이 커플은 집에서 서로 존중하고 자율적인 환경을 조성하려고 노력했다. 이 단계에서 나는 신체적으로 연결되도록 도움을 주기 위해 감각초점 기법을 소개했다. 이 모델의 이전 단계를 모두 겪어 낸 두 사람은 기회가 될 때마다 감각초점 기법을 시도하는 것이 즐겁다고 했다.

결과적으로, 영양-성 건강 모델을 통해 아나와 미구엘은 미구엘의 성적 건강을 개선하고 아나의 자존감을 높여 줄 수 있었던 영양적 의사결정과 같이 통제 가능한 건강한 행동 양식에 대한 인식이 높아지게 되었고, 서로 더욱 연결감을 느낄 수 있었다. 치료를 통해 활력과 성적 친밀감을 높이는 징검다리로서 영양이 매우 중요하다는 것을 이해할 수 있었다.

추가적으로 권장되는 개입

영양-성 건강 모델은 내담자가 성적인 건강과 전체적인 웰빙에 영향을 주는 영양 습관과 생활 습관에 대한 인식을 높이도록 도와준다. 건강과 기능장애 관계를 개선할 방법을 더 잘 이해하게 되면 내담자는 본인의 치료를 위해 주체적인 역할을 하고 소중한 사람과 더욱 연결되었다는 느낌을 느끼기 시작할 수 있다. 하지만 내담자는 흔히 생활양식 및 영양 습관에 변화를 주는 것에 대해 동기부여가 되지 않거나 의구심을 품을 수도 있다. 다음은 성치료 전문가가 고객이 계속 동기부여를 받고 이 과정을 지속할 수 있게 돕는 데 활용한 몇 가지 개입 방법이다.

- **'이유' 파악하기**: 내담자는 자신의 동기를 더 잘 이해하게 되면 보다 손쉽게 새로운 행동 변화를 적용할 수 있다. 가령, '보다 높은 활력을 얻고 싶어서' '보다 많은 성적 활동을 하고 싶어서' '파트너와 더욱 좋은 관계를 갖고 싶어서' 또는 '자아감을 높이려고'와 같은 동기를 갖고 변화하려고 하고 있을 수 있다. 내담자에게 간략한 '왜(이유)' 목록을 작성하게 한다. 새로운 영양적 · 성적 건강 행동 양식을 갖추는 데 관심을 갖게 만든 요소는 무엇인가요? 처음부터 이런 일을 하고 있게 된 이유가 무엇인가요? 동기는 무엇인가요? 이제 내면적 동기를 작성해 보면 이후에 영감을 받을 수 있는 원천이 될 수 있다.
- **꿈 일기를 작성하고 간직하기**: 매일 밤 잠들기 전에 내담자가 '왜(이유)'를 일기에 쓰도록 요청한다. 그 후에 내담자가 이 과정에서 꿈에서 힌트, 안내, 다음 단계에 관한 답을 얻을 수 있도록 노력해 보라고 요청한다. 내담자는 다음날 아침에 알게 된 것이 있으면 무엇이든 적으면 된다. 관계적 친밀감을 강화하기 위해 소중한 파트너와 이 꿈 일기를 공유할 수 있다.
- **메모장 항상 소지하기**: 내담자가 평일 내내 발생한 일과 내면의 요구사항을 적을 메모장을 항상 소지하도록 요청한다. 내담자는 그 주 마지막 날에 이 메모를 검토하면서 주제를 찾고, 의미를 살펴보고, 비생산적인 행동을 파악할 수 있다. 예를 들어, 한 내담자가 이런 메모를 할 수 있다. "나는 남편 때문에 답답함을 느꼈다. 그래서 나는 스스로에게 와인 한 병을 대접했다." 치료자는 촉발된 상황과 그에 따른 비생산적인 행동을 파악하여 내담자가 알코올이나 음식이 아닌, 그 상황을 다루어 낼 수 있는 다른 대안을 파악하도록 독려할 수 있다.
- **정서적 갈망 탐구하기**: 내담자가 실제 신체적으로 배가 고프지 않은데 배고픔이 느껴질 경우, 실제로는 무엇에 대해 배가 고픈지 자문해 봐야 한다. 관심, 사랑, 모험, 안정, 또는 다른 뭔가를 갈망하고 있는가? 그런 정서적 갈망을 탐구함으로써 내담자는 충족되지 않은 관계적 욕구와 관련된 단서를 발견할 수 있다.

- **비유법 사용하기:** 영양 습관과 성생활에 대해 어떻게 느끼는지 설명하는 데 사용할 수 있는 비유법이 있는지 내담자에게 물어본다. 예를 들어, "롤러코스터를 타는 것 같아요." "나는 모든 것을 내려놓은 느낌이에요." 또는 "새로운 습관이 마음에 들어서 하늘에 둥둥 뜬 느낌이에요." 등이 있다.
- **마법 지팡이 흔들기:** 내담자에게 마법 지팡이가 있었다면 그들의 관계와 성생활이 어땠을까요? 어떤 영양 습관을 가지게 되었을까요? 예를 들어, 신선한 재료만을 사용해 같이 식사를 준비했을까요? 동물성 식품을 완전히 배제하는(vegan) 생활양식을 채택했을까요? 주말에 피자를 주문하지 않으려고 했을까요? 내담자가 세 가지를 적어 보고, 원하는 순서대로 순위를 매기고, 파트너와 공유하게 한다.
- **비전 보드 만들기:** 내담자의 현재 위치와 도달하고자 하는 위치 사이의 간격을 메우기 위해 그들의 목표를 보여 주는 비전 보드를 만들게 한다. 예를 들어, 달리기를 하고 싶고 일상 루틴에 이 활동을 포함시키려고 하면 조깅하는 사람의 사진을 보드에 붙이는 것이다. 그런 다음, 현재 상태를 보여 주는 두 번째 보드를 만들게 한다. 예를 들어, 지지부진하고 단절된 느낌을 받으면 그것을 보여 주는 사진이나 이미지를 붙일 수 있다. 내담자에게 이 두 보드를 다음 회기에 가져와 원하는 미래에 대해 얘기하고 현재 상태를 나타내는 이미지와 비교하게 한다.
- **'요리 계획' 따르기:** 커플이 정서적 친밀감을 높이면서 즐겁게 함께 요리할 수 있는 음식을 서로 공유하도록 독려한다. 다음은 커플이 서로를 독려하고 같이 성적 · 관계적 건강을 개선해 나가도록 도울 수 있는 몇 가지 아이디어이다.
  - 커플이 영양소가 풍부하고 그들이 즐길 수 있는 음식의 사진을 계속 찍어서 파트너와 공유하게 한다.
  - 내담자가 건강한 레시피를 작성하게 하고, 하나 정도는 같이 작성하는 데 합의하게 한다.
  - 내담자가 밤 데이트로 건강 요리 교실에 참석하고 건강한 식습관이 어떤 의미가 있는지 얘기해 보게 한다.
  - 내담자에게 모든 신체 크기가 받아들여질 수 있다는 관점을 갖도록 격려하고 문화적 · 사회적 기대치를 버릴 수 있게 격려한다.

- 커플이 그들의 갈망 이면에 어떤 의미가 있는지 이해하고 이를 파트너와 공유할 수 있게 돕는다.
- 커플이 개별적으로, 그리고 파트너와 함께하는 즐거운 활동을 추적하고 서로 이에 대해 공유하게 한다.

이런 권장되는 활동뿐만 아니라 내담자가 자신의 건강과 성적 생활양식에 영양이 미치는 영향과 관련하여 훨씬 더 이해도를 높이기 위해 사용할 수 있는 기록 양식이 다음 페이지에 나와 있으며, 뒤이어 영양-성 건강 모델을 실천할 때 내담자에 대한 정보를 수집하는 데 성치료 전문가가 활용할 수 있는 평가 질문 샘플 목록을 확인할 수 있다.

결론

성과 커플 치료 전문가는 성적 어려움을 겪고 있는 커플의 치료 계획에 영양적 개입을 도입할 수 있다. 사람들은 영양도 섹스와 마찬가지로 평가받을지 모른다는 두려움에 잘 공개하지 않는 경향이 있다. 하지만 성치료 전문가는 눈앞의 어려움을 피하는 대신 어떤 음식을 선택하느냐에 따라 성적 기능에 어떻게 영향을 주는지 살펴봐야 한다. 내담자가 이런 자기 발견의 과정을 거치도록 도울 때 중요한 것은 신체 크기와 관계없이 건강에 좋을 수 있음을 잊지 않는 것이다. 사람마다 음식에 대한 행동 양식과 신념이 다양하기 때문에 한 가지 처방된 식단을 채택하려고 하지도 않을 것이며 그럴 필요도 없다. 대신 자신의 몸이 하는 이야기에 귀를 기울이고 활력을 주고 기쁨을 느끼게 해 주는 음식이 무엇인지 알아 가도록 격려해야 한다. 내담자가 영양과 생활양식 선택이 성적·관계적 건강에 어떤 역할을 하는지에 관해 더 잘 알 수 있게 격려함으로써 내담자는 마침내 성적 기능, 기분, 전반적인 관계 만족도를 향상하도록 노력할 수 있다.

영양–성 건강 기록 양식

다음 기록 양식을 통해 내담자가 활기를 주는 음식과 활기를 떨어뜨리는 음식, 그리고 이러한 음식이 자신의 건강 및 성적 생활양식에 주는 영향에 대해 더욱 잘 알아볼 수 있다. 내담자는 영양–성 건강 프로그램을 시작할 때 계속해서 책임감을 유지하고 유해한 행동 양식 패턴에 대해 잘 인지하기 위해 이 기록 양식을 사용해야 한다.

시간	음식 종류	먹기 전의 내 기분은……	먹는 동안 내 기분은……	먹은 뒤에 내 기분은……	내 활력 수준은……	내 몸이 느끼는 것……	성적으로 동기부여를 받는 느낌이다 (Y/N)	내 성적 문제에 대해 걱정이 된다 (Y/N)	파트너와 연결된 느낌이다 (Y/N)	내 충족되지 않은 요구 사항은……	내가 하고 싶은 성적 활동은 어떤 것인가?	내 파트너의 반응은……

영양–성 건강 모델 평가 질문

1. 본인의 영양 습관이 성적 어려움에 어떻게 기여한다고 생각하세요?
2. 활력을 주는 음식 섭취를 방해하는 본인의 일상 루틴은 무엇이라고 생각하세요? 이 음식 섭취로 좀 둔해지는 것 같아요?
3. 어떤 영양, 생활양식 또는 건강 요소가 성적 건강 목표를 향해 가는 데 방해가 되나요?
4. 가장 본인을 괴롭히는 생활양식 요인은 무엇인가요?
5. 본인의 식습관과 생활양식의 일상 루틴에 대해 파트너는 어떻게 생각하나요?
6. 영양–성 건강 계획을 세우고 따르는 데 파트너가 함께 한다는 느낌이 드나요?
7. 영양 습관을 같이 갖추어 나가는 것이 본인의 성적 건강 목표를 충족하는 데 어떻게 도움이 될 수 있다고 생각하시나요?
8. 걱정되는 영양, 생활양식 또는 건강 습관이 있다면 무엇인가요?
9. 성적 건강 목표를 달성하기 위해 바꾸려고 하는 영양, 생활양식 또는 건강 습관이 있다면 무엇인가요?
10. 성적 건강 목표를 달성하는 데 방해가 되는 것이 있다면 무엇이라고 생각하시나요?
11. 서로를 확실히 지지하도록 개인적으로(그리고 함께) 할 수 있는 것에는 어떤 것들이 있을까요?
12. 본인의 영양–성 목표에 도움을 줄 조력자나 자원이 이미 있나요, 또는 필요하다면 어떤 것들이 있을까요?
13. 파트너가 본인을 어떻게 지원해 줄 수 있을까요?
14. 성적 건강에서 영양이 하는 역할은 무엇이라고 생각하시나요?
15. 파트너에게서 영양, 그리고 이것이 성적 건강에 미치는 영향에 대해 무엇을 알게 되셨나요?
16. 성적 건강 목표를 달성하도록 영양 습관을 바꾸는 것에 대해 생각하면 어떤 기

분이 드시나요?

17. 파트너가 본인의 영양-성 건강 생활양식을 지원하는 데 함께하지 않으면 어떤 기분이 들 것 같나요?
18. 과일, 복합 탄수화물, 채소 또는 기름기가 없는 단백질을 더 일상에 추가하면 어떨 것 같나요?
19. 요가나 걷기 등 신체적 활동에 대해서는 어떻게 느끼시나요? 이러한 신체 활동을 파트너와 함께 하는 것에 대해서는 어떻게 생각하세요?
20. 기분이나 성적 관계를 개선하기 위해 영양 습관을 변경함으로써 관계가 어떻게 변할 것이라고 생각하시나요?

영양-성 건강 추천 음식 목록

더 좋은 섹스를 위한 슈퍼 푸드

이러한 슈퍼 푸드에는 섹스 호르몬을 높이는 성분, 심장 건강에 도움이 되는 항산화제와 건강한 지방, 소화를 돕는 섬유질, 성적 건강을 개선하는 영양소가 특히 높은 함량으로 함유되어 있다.

아몬드	간 아마씨	호박씨
아보카도	굴	수박
초콜릿	복숭아	호두
알류	석류씨	

지중해식 식단과 부합하는 음식

다음 표에는 더 많이 포함할 음식, 적당량 먹어야 하는 음식, 제한하거나 피해야 할 음식 등 지중해식 식단에 흔히 사용되는 음식에 대한 설명이 나와 있다. 이 식단은 채식 위주이며 채소, 과일, 통곡물, 건강한 지방의 일일 섭취량, 그리고 가금류, 유제품, 달갈류의 적당한 섭취를 강조하고 있다.

합리적인 양으로 섭취해야 할 음식

채소	예: 아티초크, 루콜라, 아스파라거스, 죽순, 비트, 피망, 청경채, 브로콜리, 양배추, 당근, 콜리플라워, 셀러리악, 셀러리, 콜라드 그린, 가지, 꽃상추, 회향, 마늘, 풋강낭콩, 케일, 리크, 상추, 버섯, 오크라, 양파, 파슬리, 파스닙, 콩, 적색 치커리, 파, 샬롯, 시금치, 호박, 고구마, 근대, 순무, 애호박
과일	예: 사과, 살구, 바나나, 블랙베리, 블루베리, 칸탈루프, 체리, 자몽, 포도, 감로메론, 키위, 레몬, 라임, 망고, 천도 복숭아, 오렌지, 파파야, 복숭아, 배, 파인애플, 플랜테인, 자두, 석류, 라즈베리, 딸기, 수박
콩류	예: 광저기, 흰강낭콩, 병아리콩, 강낭콩, 렌틸콩, 리마콩, 대두
통곡물	건강한 통곡물로는 아마란스, 보리, 현미, 벌거 밀(bulgur wheat), 쿠스쿠스, 파로, 귀리, 퀴노아, 스펠트 제품, 통밀 제품이 있다
건강한 지방	더 많이 섭취해야 할 지방으로는 엑스트라 버진 올리브 오일, 아보카도, 올리브, 견과류(예: 브라질 너트, 캐슈, 헤이즐넛, 마카다미아 너트, 땅콩, 피칸, 잣, 호두), 씨앗류(예: 캐러웨이, 치아씨, 호박씨, 깨, 해바라기씨)
해산물	생선(연어, 참치, 고등어, 정어리), 홍합, 문어, 굴, 새우, 오징어

적당히 먹어야 할 음식

가금류	닭고기, 오리 고기, 칠면조 고기, 메추라기 고기를 일주일에 3회로 제한한다.
유제품	전유 유제품을 피하고 치즈, 요거트, 우유를 일주일에 3회로 제한한다. 가능하면 저지방 유제품 또는 그릭 요거트를 먹는다.
알류	전란을 일주일에 3회로 제한한다. 흰자에는 제한을 두지 않는다.

제한해야 할 음식

붉은 육고기	소고기, 양고기, 돼지고기 또는 송아지 고기를 일주일에 1회 이하로 제한

피해야 할 음식

가공육	조리된 육고기, 핫도그, 소시지
정제된 곡물	통곡물로 만들지 않은 화이트 브레드 및 화이트 파스타
정제된 오일	콩기름, 카놀라유, 면실유
고가공 처리된 식품	예: 쿠키, 크래커, 시리얼, 조리된 식사류(예: 냉동식품, 전자레인지 조리 가능 식품), 포장 가공된 스프, 많은 성분이 첨가된 기타 식품
설탕 첨가 식품	탄산음료, 단 음료, 페스트리, 사탕, 쿠키, 아이스크림

11장

예술 치료와 성치료: 창의적 도구를 사용한 커플 치료

에이냣 S. 메츨(Einat S. Metzl) PhD

커플 치료는 가장 복잡하고, 양파껍질처럼 벗겨도 또 벗길 수밖에 없이 모호하며 까다로운 작업일 수 있다. 내 경험상 커플 치료에 창의적인 개입을 접목하는 것이 내담자에게 관계적 변화를 가져오는 핵심 요소이다. 기존의 커플 치료는 주로 언어로 진행된다. 이미 복잡할 대로 복잡한 치료 과정에 예술 작업을 추가한다는 것은 더 복잡한 작업처럼 생각될 수 있다.

하지만 창의적 사고와 창의적 결과물 두 측면을 고려한 창의성은 우리 인간이 살아남기 위해 고유한 종족 특성과 공동체, 사랑하는 사람, 그리고 자기 자신과 상호적으로 연결되어 있다. 이러한 현상은 우리가 삶의 어려움과 트라우마를 극복하는 과정과도 비슷하다(Chapman, 2014; Dissanayake, 2012; Metzl, 2009). 성치료 전문가는 커플 치료에 예술을 접목함으로써 내담자의 '창의적 지식'이 예술 활동으로 즉시 드러날 수 있는 핵심 문제, 감정 및 의미를 고유하고 직관적이고 표현력 있는 감각으로 나타낼 도구를 제공할 수 있다.

커플 치료에서 예술 활동과 예술 작품은 개인적으로나 커플로서 자신의 경험을 이해하고 탐구하는 연결 매개체가 될 수 있다. 섹스 치료 평가나 심리교육에서 예술을 활용하면 성적 갈등을 병리학적으로 해석하기보다는 커플의 신체적 · 성적 · 정서적 · 영적 · 인지적 경험을 통합할 수 있다. 그리고 보다 심층적이고, 치료에 대한 부담감을 덜어 주며, 2차적인 갈등을 줄여 주는 방식으로 작업을 진전시켜 나갈 수 있다. 창의적 활동 과정에서 의미를 부여하고, 그리고 표현하려는 과정은 서로의 정서적 경험을 처리하는 데 도움이 된다.

예를 들어, 나는 창의적으로 부부 상담을 한 경우에 커플이 회기에서 서로를 향한 분노에 반응하지 않고, 대신 이미지를 통해 표현하고 자제하면서 분노를 표현하는 것을 경험했다. 예술 활동은 커플 각자에게 스스로를 방어할 필요성을 줄여 주고 상대의 고통을 최소화하거나 회피하지 않게 하기도 했다. 이제 보다 통합적인 이해가 필요하며, 사실 더 이상 단순히 지능적인 도구나, 언어적으로 해결하는 상담 및 치료 방식이나 감정을 중점으로 한 치료 방식만으로는 모두 간파하기 어렵다. 각 파트너의 경험은 시각적 · 감각 운동적 특성을 갖고 있고, 이 경험은 인지적 · 감정적 · 관계적 의미와 결부되어 하나의 이미지로 저장된다.

내담자는 회복력을 갖추는 데 도움이 되는 생산적이고 이해 가능한 표현적인 자세로 자신의 어려움을 상징적으로 표현할 수 있다. 나는 항상 커플이 창의적으로 예술 활동에 참여하고 이를 통해 서로에게 집중하는 데서 영감을 받고, 연결되고, 놀라기도 하고, 깊이 조화를 이루기도 한다. 따라서 이 장에서는 내가 창의적 도구를 섹스 및 커플 치료에 어떻게 접목하는지에 대해 간략하게 살펴보려 한다.

예술 활동을 커플 치료에 접목하기: 간단한 문헌 고찰

40년이 넘게 섹스 치료의 측면에서 양자 간 상호 예술(dyadic art) 활동을 활용하는 것에 대한 연구가 진행되었고, 이는 커플이 자신의 태도, 감정 및 판타지, 그리고 대인관계적 측면을 풀어내고 알아 가는 것에 편안함을 느끼게 하는 데 도움이 되는 것으로 밝혀졌다(Barth & Kinder, 1985; Sarrel, Sarrel, & Berman, 1981).

하지만 최근까지 커플의 상호 예술 활동을 체계적으로 평가하려는 노력은 최소화되었고 모든 평가와 개입은 표준화된 심리학적 테스트(제한된 데이터를 산출하고 낮은 정도에서 중간 정도의 유효성을 갖춘 테스트) 또는 입증되지 않은 사례 연구를 기반으로 하고 있다.

그러니 최근에 커플 치료에서 공동 그리기 작업을 활용하는 것에 대해 보다 체계적인 탐구를 통해서 살펴보니, 이전에 선입관적으로 입증되었던 사실을 지지해 주고 있다. 특히 연구를 통해 공동으로 그림을 그리는 작업은 과정이나 결과 면에서 모두 관계 역동, 애착 욕구, 갈등 관리, 정서적 욕구를 평가하는 데 효과적이고, 도움이 되며, 심리학적으로 중요한 도구일 수 있음이 밝혀졌다(Snir & Wiseman, 2010, 2013, 2016). SexSmart Body Maps©의 활용은 커플이 친밀하게 스킨십하고 싶은 부위를 탐구하고 얘기하는 데 도움이 될 수 있는 그리기 작업의 또 다른 예시이다(Zoldbrod, 1998).[1]

또한 다른 형태의 창의적이고 표현적인 치료 역시 관계적 어려움을 평가하고 치료하는 데 도움이 되는 것으로 나타났다. 예를 들어, 음악과 (인정하는) 역할극을 활용하는 것은 관계적 진행 과정, 기억 및 주제를 표현하면서 커플이 감정적으로 연결되고, 이들의 의사소통 패턴을 확인하고, 말의 내용보다는 상호작용 자체에 집중하도록 격려함으로써 커플을 치료하는 데 매우 도움이 될 수 있다(Hinkle, Radomski, & Decker, 2015).

내가 직접 부부들과 작업하면서 알아낸 사실은 예술에서 형태적인 요소(예: 공간, 색상, 모양의 활용)가 관계 역동의 임상적 평가에 도움이 된다는 것이다. 예를 들어, 통일적인 프레임이나 구성이 없이 공동으로 그린 그림은 관계에서 불안 양가적 애착관계를 나타낼 수 있는 한편, 각 파트너가 그림을 그린 작품 간에 공간적 거리를 두고 공동으로 그리기를 한 경우(즉, 함께 있지만 그렇게 상호작용을 하지 않는 상태) 불안 회피성 애착관계임을 나타낼 수 있다(Snir & Wiseman, 2013).

이와 마찬가지로 일관성 있는 시각적 이야기를 전달하는 그림과 상호 관계가 특징인 작품은 안정적인 애착관계를 의미할 수 있다(Bat Or, Ishai, & Levi, 2015; Goldner, Gazit, & Scharf, 2017). 이 점에서 예술의 활용은 성치료 전문가가 현재 관계 역동에 영향을 주고, 파트너 간의 의사소통에 영향을 미치고, 정서적 웰빙에 방해가 될 수 있는 개별 애착관계 유형을 살펴보는 데 도움이 될 수 있다(Kaiser, 1996).

사례

다음 글은 지난 5년간 내가 커플들을 치료하면서 받은 영감과 얻은 정보를 바탕으로 작성된 것이다. 내 내담자들의 특별한 경험과 환경을 존중하는 마음으로 각 사례는 단일 내러티브를 직접 차용했다기보다는 내담자의 내러티브를 복합적으로 각색

1) SexSmart Body Maps에 대한 보다 자세한 설명은 http://www.sexsmart.com/sex-advice/sexsmart-bodymaps 에서 확인할 수 있다.

한 것이다. 따라서 다음 사례에 포함된 작품은 회기에서 실제로 그려진 작품을 나타내기보다는 지시에 따른 내담자들의 반응 또는 내가 종종 목격했던 주제를 대강 모방한 것이다.

예술을 활용하여 커플의 욕구 사항 평가

나는 커플과의 첫 번째 회기에서 흔히 부부가 함께 공동으로 작업하는 언어적 및 비언어적 작업을 소개한다. 이는 원래 헬렌 B. 랜드가튼(Helen B. Landgarten)이 개발한 방법이다(예: Harriss & Landgarten, 1973). 특히 나는 커플에게 각각 컬러 마커를 하나씩 선택하고 꽤 큰 종이에 같이 그림을 그리게 하는데, 이때 그림 그리는 받침을 두 사람 사이에 놓는다. 처음에는 선, 도형, 색상을 사용해 말을 하지 않고(비언어적 공동 그리기) 아무거나 그리고 싶은 것을 그리게 하고, 두 번째 종이에는 같이 이야기를 하면서 그리게 한다.

그림을 그리는 동안과 그린 다음에, 우리는 각 파트너가 따로 그린 때와 같이 그릴 때 기분이 어땠는지 알아본다. 그렇게 하면 커플이 자기가 직접 그리는 과정과 서로 연결된 지금의 순간을 소중하게 여길 수 있게 된다. 커플은 이 순간에 집중하게 되고 회기 중에 갈등과 상호작용하는 패턴이 전면으로 부각된다. 함께 작업한 작품은 이들의 상호작용을 바라보는 새로운 관점을 제시하고, 누가 무엇을 언제 했는지, 그리고 그 후에 무슨 일이 일어났는지를 반영해 주고, 이를 통해 그 과정과 최종 결과물이 치료실 밖에서 서로 흔히 겪게 되는 의미 있는 경험에 영향을 준다. 이 단순하고 창의적인 작업이 커플의 관계 역동, 애착관계 유형 및 의사소통에 대한 풍부한 정보를 제시해 준다(Metzl, 2016). 다음 두 그림은 라이언(Ryan)과 사브리나(Sabrina) 부부 간의 관계 역동을 보여 준다.

[그림 1]은 과정 및 결과물 모두 살펴보면 각 개인, 그리고 커플의 역동에 대한 의미가 드러나는 작품이다. 라이언과 사브리나는 이야기를 하지 않고 첫 번째 회기에서 이 이미지를 그려 냈다. 이 둘은 창의적인 활동에 참여하게 되어 기쁘다고 말했다. 두 사람은 모두 아티스트였다. 사브리나는 다재다능한 사람이었고 여러 가지 표현하는

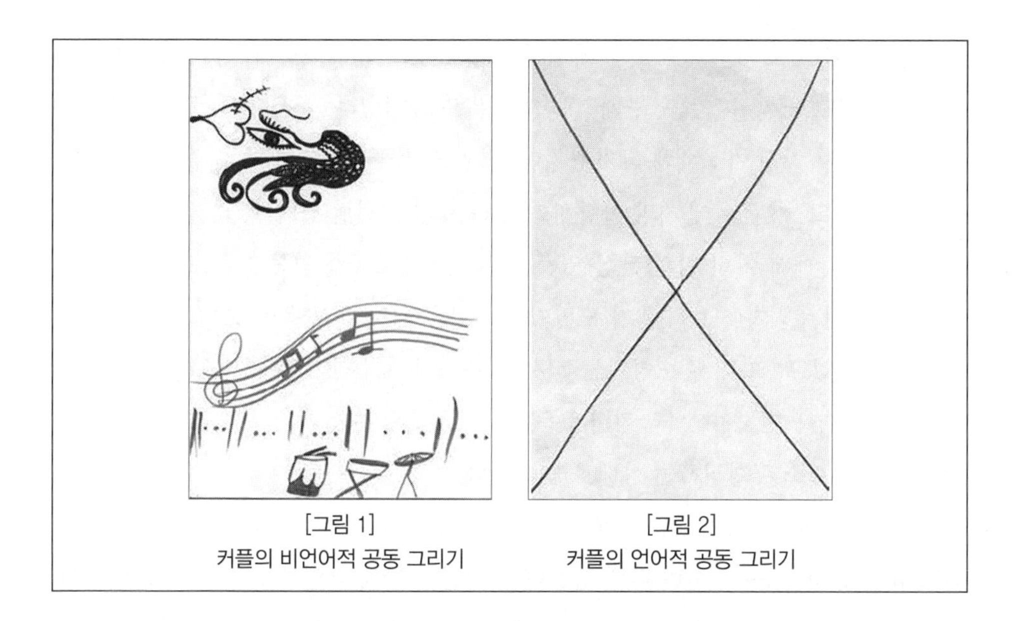

[그림 1]
커플의 비언어적 공동 그리기

[그림 2]
커플의 언어적 공동 그리기

취미를 갖고 있었다. 사브리나는 두 사람 관계에서 주 소득자였고, 주로 행정 분야에서 일했으며, 그 남편은 드러머였다.

두 사람이 그림을 그릴 때 사브리나는 검정색 마커를 선택했고, 라이언은 초록색 마커를 선택했다. 사브리나는 바로 비현실적인 여성 형체를 그리기 시작했지만 목 아래에서 멈춰, 눈에 띄는 (떠다니는 것 같은) 눈과 심장을 그렸다. 이때 라이언은 조심스럽게 사브리나가 뭘 하는지 지켜보았다. 라이언은 사브리나에 주의를 뺏기고 그림이 환상적이라고 느꼈다. 그 후에 그는 손가락으로 의자를 드럼처럼 두드리기 시작했다. 사브리나는 말없이, 그러나 매서운 눈초리로 그를 바라보았고, 그는 두드리는 것을 멈추고 소심하게 고개를 숙였다. 사브리나는 또 화나서 그를 쳐다보았는데, 라이언이 자기 마커를 들고 종이의 다른 방향에 드럼 세트, 비트, 음표 몇 개를 그리기 시작했다. 사브리나는 그가 그린 것을 한 번 흘깃 보았다. 완전히 실망한 눈빛으로 한숨을 쉬며 보았고 자기가 그린 심장에 상처와 눈물을 추가로 그렸다.

커플은 이 과정을 살펴보면서 자신이 그린 그림의 상징성을 나에게 설명해 주었고 자신들의 관계 역동이 어떻게 나타났는지 설명했다. 사실 이러한 관계 역동은 말을 하지 않아도 알 수 있었다. 예를 들어, 라이언은 '사브라나가 보인 비난적인 반응'과 어떻게 즉각적이고 효과적으로 이에 대응하려고 했는지 얘기했다. 동시에 사브리나는 감추어지고 느낄 수 없는, 구체적인 외로움을 표현했다. 사브리나는 라이언이 그림을 그리면서 점점 자신에게 다가왔지만 "남편은 적극적으로 저와 연결하려는 시도를 하지 않았고, 이 종이에 저와 합류하려면 하 세월이 걸릴 겁니다."라고 말했다.

EFT의 시각에서 이런 힘의 양상(역동)은 추적자-도망자 역동으로 드러나는 경우가 많고, 이때 추적자(사브리나)가 도망자(라이언)에게 많은 반응을 보일 때까지 이 양상이 지속되었고, 그 이후 도망자는 서서히 추적자에게 다가갔다(사브리나 입장에서는 너무 약하거나, 만시지탄의 느낌이 있음). 사브리나가 화를 내거나 답답해할 때면 라이언은 다시 스스로 회피하는 상태로 돌아갔다.

[그림 2]는 한쪽이 일방적으로 압도당하는 것은 아니지만, 이와 같은 과정이 과장되게 표현될 것을 준다. 이번 작품 활동에서 커플은 함께 작업하고 뭔가를 그려 내되, 언어적인 소통을 할 수 있다고 지시받았다. 말을 하면 힘의 양상(역동)이 바뀌는 경우가 많다. 그림을 그리는 동안 언어적 표현을 하거나 하지 않거나의 차이는 내 경험상 거의 항상 고려할 가치가 있었다. 그럼에도 불구하고, 이 그림에서 표현된 현상은 흔치 않다. 사브리나는 전적으로 도화지를 장악하면서 큰 'X'를 그렸다. 이런 표현은 자신의 좌절감을 효과적으로 표현하는 동시에, 남편과 함께 같이 작업하는 가능성을 아예 차단하겠다는 것이었다. 라이언은 다시 몸을 돌려 나에게 말했다. "이제 어떻게 이 사람과 뭔가를 같이 그릴 수 있죠?" 나는 얘기를 나눠 보라고 말했고 두 사람이 뭘 할 수 있는지 지켜보았다. 라이언은 이제 'X'가 그어진 종이로 그림을 그려야 하는 것에 대해 좌절감을 표현했다. 그리고 사브리나에게 같이 그림 그릴 계획을 세워 그렸으면 좋겠다고 말했다. 사브리나는 이에 대해 약간 진정된 표정으로 반응하면서 이렇게 말했다. "글쎄, 나는 당신이 지금 화가 난 날 달래야 할 때인 것 같은데?"

사브리나와 라이언 두 사람과 함께, 또는 따로 이 두 그림을 평가하면서 나는 이 두 사람의 갈등, 욕구, 관계 주기에 대한 가설을 세울 수 있었다. 이를 통해 두 사람이 다양한 순간에 보이는 서로에게 다가가거나 회피하거나 적대적으로 대하는 관계적 성향을 눈으로 볼 수 있었고 이면에 숨겨져 있을 수 있는 애착 욕구와 감정적 반응에 대해 얘기해 볼 수 있었다(예: Gottman, 2004). 예를 들어, 드럼을 치는 것은 라이언의 정체성 중심에 있는 행위였고 이를 통해 연결을 시도했다. 하지만 사브리나는 이에 대해 강하게 양가적인 감정을 갖고 있었다. 이 양가감정은 사브리나가 그린 초현실적인 여성 그림에 반영되었다. 이 여성은 그녀를 보기 위한 두 번째 눈, 두 번째 심장 또는 심장으로의 연결을 찾고 있었고, 연결이 일어나지 않은 경우 고통과 분노로 뒤덮였다. 이러한 강력한 비유는 인본적이고, 연민 어리며, 궁금해하는 공간에서 서로의 경험을 탐구할 수 있는 기반이 되었다.

회기에서 예술 활동을 하는 또 다른 장점 중 하나는 작품 그 자체가 오래가는 도구가 된다는 것이다. 예를 들어, 회기를 몇 번 더 진행한 후 커다란 애착의 상처가 전면에 드러났을 때 나는 라이언과 사브리나가 동일한 반응을 보이는 것을 볼 수 있었다. 나는 이 두 이미지를 지적했고 우리 모두는 유사한 힘의 양상(역동)이 반복되고 있음을 깨달을 수 있었다. 우리가 함께하기 시작했을 때부터 이 이미지는 커플의 치료 과정의 바탕이 되었고, 두 사람의 갈등을 객관화하고 두 사람이 함께 공유한 현실을 바라보고 바꿔 나가는 데 도움이 되었다.

성적인 자세, 가치, 과거 성행위 및 욕구 살펴보기

커플들은 나를 찾아오기 전에 대체로 전통적인 커플 치료를 받은 경우가 많지만, 그들은 부부의 성적 연결감, 욕구, 어려움 또는 희망사항에 대해서 자세히 탐색을 하지 않은 경우가 많았다. 하지만 친밀감과 로맨틱한 감정을 통한 연결성은 커플에게 핵심적인 문제이다. 내 경험상 커플이 성적인 문제로 찾아오든 다른 관계 문제로 찾아오든 상관없이 커플의 연결감과 갈등을 이해하는 데 성행위가 관련이 없던 사례는 단 한 번도 없었다. 파트너와 연결되고 싶은 내담자, 친밀감에 문제가 있어 치료를 찾은 내담자, 그리고 성행위에 대한 얘기를 나눌 공간을 찾을 수 없는 내담자에게 이러한 치료가 얼마나 제한적인 느낌이 들지 나는 상상할 수가 없다.

우리 사회에는 섹스에 대해 얘기를 하면 안 된다는 금기 사항이 있고, 이것이 내담자와 모두에게 영향을 미쳐 이런 주제로 이야기를 꺼내기가 어렵게 만든다. 많은 사람들이 성 문제에 대한 부끄러움, 두려움, 반응과 함께 성적인 어려움을 겪는 경우가 많다. 내담자가 커플 치료를 찾을 때 성에 대한 사회적 금기 사항으로 압도적인 영향을 감당해야 할 뿐만 아니라, 친밀감에 관련된 내면의 여러 층을 다루면서 항해하는 느낌을 들 수도 있다(예: 방에 함께 있는 파트너와의 경험, 그리고 그 파트너 이전에 있었던 다른 성적 관계). 또한 성적인 경험과 요구사항을 다루는 데 있어 파트너의 반응에 대한 잠재적인 불안감도 처리해야 한다. 하지만 커플이 한번 성행위와 관련된 문제를 터놓고 논의하고 처리할 수 있게 되는 경험을 하면, 좀 더 자유로운 느낌을 갖고 자신들의 성적 관계에 대해 얘기할 수 있게 된다. 여기서 또 알 수 있는 것은 성적인 경험, 가치, 욕구를 탐구하는 데 창의적인 도구를 사용하면 특히 유용하다는 것이다.

이 과정을 진행하면서 나는 커플의 요구와 의사소통 유형에 따라 더 구조화되거나 덜 구조화된 시각적 표현 도구를 사용할 수 있다. 예를 들어, 나는 종종 시작 단계에서 데니스 데일리(Dennis Dailey, 1981)가 창안한 성생활의 서클(circles of sexuality) 모델과 같은 시각적 심리교육 차트를 사용한다.[2] 나는 간단하게 이 모델을 살펴보면서 감각(sensuality), 성애화하기(sexualization), 성정체성(sexual identity) 등 용어의 정의를 분명하게 설명하고 각 내담자에게 자신만의 차트를 만들어 보게 한다. 자신의 가치를 보여 주기 위해 원을 수정하고 상징적으로 자신의 희망사항, 요구사항, 감수성, 과거에 이름을 부여할 수도 있다. 다음에 나오는 사례에서 창의적 커플 상담치료 맥락에서 심리교육을 잘 활용한 예를 잘 보여 준다.

부부인 자넷(Janet)과 크리스(Chris)는 그들 사이의 관계 문제를 해결하기 위해 치료를 시작했다. 자넷은 "보수적인 기독교인으로 남편과 신이 맺어 준 결속감을 믿고 싶어 했다." 자넷은 크리스와 '의사소통 문제'가 있었고 자주 싸웠다고 말했다. 싸우는 문제에 대해 얘기를 시작했을 때 크리스는 이렇게 말했다. "그러니까 저는 요즘에 자넷이 원하는 만큼 섹스를 하고 싶지는 않아요." 자넷은 이 말에 당황한 것 같았고, 섹스에 대해 문제가 있음에도 섹스와 관련된 이야기를 하는 것이 편안하지 않다는 것을 인정했다. 나는 그림 그리기 작업을 통해 이들의 성생활에 대해 살펴보도록 제안

2) 데일리 모델의 개정된 버전은 https://www.health.state.mn.us/people/sexualhealth/circleofsexuality.pdf에서 확인할 수 있다.

했고 두 사람은 머뭇거리긴 했지만 시도해 보는 데에 동의했다. 두 사람은 다른 내담자들이 흔히 하는 말과 같이 자기들은 예술가가 아니고 초등학교 이후에는 그림을 그려 본 적이 없다는 말을 하면서도 이 작업에 동의했다. 그래서 나는 매우 구조화된 작업을 선택했다. 이런 구조화된 작업은 실패나 좌절을 겪을 가능성이 거의 없이 창의적으로 자신을 표현할 기회를 제공한다.

특히 나는 색상, 도형, 단어를 사용하여 성생활과 관련하여 자기에게 중요한 것을 표현하고 묘사된 다양한 측면에 대해 반응할 수 있는 성생활의 서클 도표를 만들어 보도록 요청했다. 자넷의 답([그림 3] 참조)은 다소 빠르게 완성되었다. 자넷은 즐겁게 자기가 가진 다양한 측면의 성생활에 대해 생각하고 그린 것 같았다. 그리고 색상과 텍스트를 바꿔 가면서 이런 얘기를 하기도 했다. "음, 이런 얘기는 해 본 적이 없는 것 같아요." 또는 "이런 부분도 연결되어 있네요." 자넷이 그린 도표를 살펴보면서 자넷은 나눠 준 자료에 있던 '스킨십 갈망'이라는 말에 안심했다고 말했다. 신체적으로 접촉

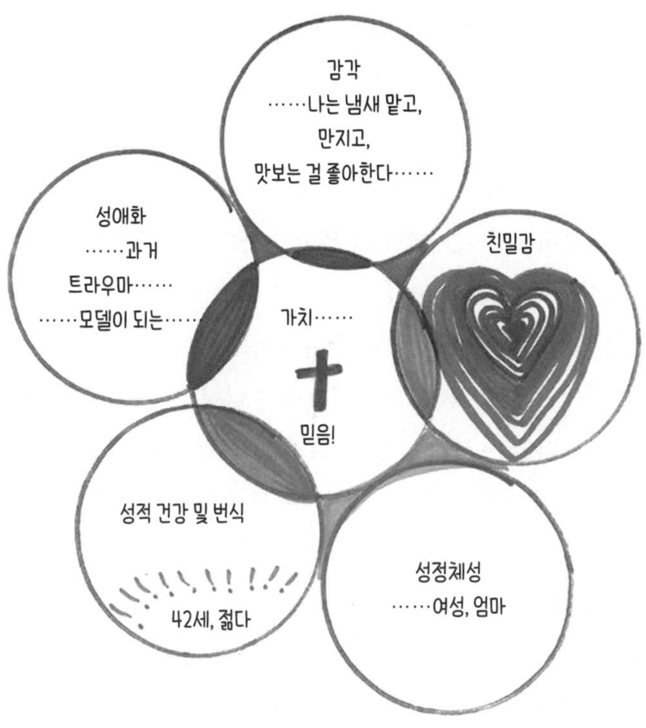

[그림 3] 성생활의 서클에 대해 그려진 답

을 하는 것은 인간의 욕구라고 나와 있었기 때문이다. 자넷은 이 말이 자신과 크리스를 신체적으로 연결하고 싶은 간절한 욕구를 효과적으로 표현하는 말이라고 말했다.

또한 자넷은 그러한 갈망에 자신의 나이(42세)가 어떤 영향을 미쳤는지 알게 되었다. 예를 들어, 자넷은 자기가 나이를 먹고 있다며, "아마 호르몬에도 뭔가가 일어나고 있겠죠. 이때가 또 아기를 가질 수 있는 마지막 시기일지도 몰라요. 이 얘기는 나눠 보지 않았지만 전 정말 아기가 갖고 싶거든요!" 이렇게 알게 된 사실은 이 커플이 함께하는 가족의 미래, 신체적·낭만적·성적 연결감, 그리고 자신들의 정체성(따로 또 같이), 가치 및 신념을 벗어나지 않고 이러한 모든 문제를 해결할 수 있는 방법에 대해 솔직하게 모두 얘기해 볼 수 있는 기회를 열어 주었다.

바람직한 경험을 가능하게 하는 동안 겪는 어려움과 민감도 평가

신체 지도 그리기(body mapping)는 커플이 소망하는 방식으로 연결할 수 있도록 하는 능력에 영향을 주는 성적·신체적 이야기를 탐구하기 위해 인간의 형상을 활용하는 특정 예술 치료에서 지시해서 작성하는 작업이다. 이 지시 사항을 활용하는 다양한 기존의 프로토콜이 있다. 그 예로는 SexSmart Body Maps(Zoldbrod, 1998) 및 BodyMap Protocol(Lubbers, 2017)을 들 수 있다. 각 특정 프로토콜은 다양한 자료, 크기, 지시 사항을 활용하고 목표가 약간씩 다르지만 각 활동은 내담자가 성적·신체적 트라우마를 창의적으로 대면할 수 있게 돕는다.

내가 진행하는 임상적 활동에서도 이와 유사하게 커플에게 신체 지도 그리기 활동을 제시한다. 여기에서 사람 몸 형상을 활용하여 나나 그들의 파트너에게 자신의 요구사항, 경계, 몸, 그리고 자신의 몸이 갖고 있는 이야기를 상징적으로 전하도록 한다. 이 활동은 내담자가 명확하게 언제, 어디에서, 어떤 것이 접촉될 수 있는지, 또는 그에 반응할 수 있는지를 표현하는 구체적인 시각 정보를 제시하며, 이러한 활동을 통해 그러한 기대를 분명하게 보여 준다. 신체 지도 그리기는 파트너가 고려해야 할 기본적인 지도를 제시하며, 서로 논의를 시작할 수 있도록 해 준다.

[그림 4]는 신체 지도 그리기가 서로의 신체적·감정적 어려움과 민감도를 이해하

는 데 어떻게 도움을 줄 수 있는지 보여 준다. 이 여성의 이미지는 일본계 미국인 레즈비언 페미니스트 내담자 리비(Libby)가 그린 것으로, 리비는 2년간 사귄 자신의 파트너 켈시(Kelsey)와 치료를 찾았다. 이 커플은 1년 반 동안은 '모든 방면'으로 즐겼지만 지난 6개월간 성적 흥미가 급격하게 떨어졌다.

[그림 4]
신체 지도 그리기를 통해 가능한 연결성 맵핑

두 여성은 모두 문제의 원인 중 하나로 리비가 만져 줬으면 하는 부위를 특정했다는 것을 꼽았고, "전희 같은 건 거의 원하지 않았어요."라고 말했다. 이것 때문에 두 사람은 모두 만족스러운 섹스를 더 이상 할 수가 없을 것 같았다. 간단한 신체 지도 그리기를 사용하여 두 여성은 시각적으로 파트너가 만져 줬으면 하는 부위를 그림으로 표현했다. 각자 성적 행위 시 '가끔 만져도 괜찮은' 부위는 주황색으로 표시하고 '항상 괜찮은' 부위는 체크 표시와 함께 녹색 화살표로 표시했다.

이 그림을 그리는 과정은 리비에게 매우 의미가 있었다. 처음에는 남의 시선을 의식하는 듯했지만 그리기 활동을 하면서 자신의 발과 손(만져도 '괜찮은' 부위)이 연결되지 않은 느낌이었다. 켈시가 왜 얼굴에는 만져도 되는 부위가 없냐고 묻자 리비는 처음에는 "아, 잊어버렸네……."라고 대답했다. 하지만 그녀는 이제 말을 정정했다. "섹스를 하는 건 좋은데, 키스할 때 좀 힘들어. 켈시 때문이 아니라 이전에 있었던 관계들 때문인 것 같아. 사실, 지금 생각이 든 건데, 이것 때문에 내 전희에 문제가 있었던 것 아닐까?"

여기에서 예술 활동 과정 및 작품은 이 커플이 그냥 얘기하기에는 너무 고통스러웠고 이전에 이야기를 시도했을 때 항상 싸움으로 끝났던 문제를 호기심을 갖고 탐구하도록 도왔다. 예술은 리비가 자신의 욕구를 새롭게 파악할 수 있게도 해 주었다. 덕분에 이후에는 보다 상세하게 이전의 성적 트라우마와 연결시켜 탐구할 수도 있었다. 또한 우리가 이 커플이 갖고 있는 성적 환희에 대한 감각과 장벽도 살펴볼 수 있게 도왔다.

애착 손상과 회복

애착 손상(attachment injury)은 사람들이 커플 치료를 찾는 아주 흔한 이유 중 하나이며, 배신, 외도 및 유기와 같은 다양한 경험과 관련되어 있을 수 있다(Johnson, Makinen, & Millikin, 2001). 이러한 경우 성치료 전문가는 파트너가 분명히 알 수도 있고 모를 수도 있는 애착관계가 상실된 강력한 경험과 이에 수반되는 외상 후 증상으로 감정과 기능 상실을 살펴봐야 하기 때문에 몇 가지 어려움을 공유하게 된다. 애착 손상을 다루는 대부분의 성치료 전문가는 상처 회복을 위해서 커플이 공감하는 대화를 통해 개인적인 트라우마, 슬픔, 상실의 경험을 다루어 낼 수 있도록 돕고, 그리고 외도로 이어진 요인을 이해하고, 신뢰와 안전감을 다시 찾기 시작할 수 있도록 지도를 해 주어야 한다.

몇 가지 치료 도구를 활용하면 사람들이 창의적인 표현을 하게 될 뿐만 아니라 핵심에 다가갈 수 있게 한다. 예술 작품은 커플이 다른 방식으로 관계를 볼 수 있게 하고, 실제로 강력한 감정(예: 분노, 슬픔, 두려움)을 담고 있어 파트너에게 이러한 감정을 바로 투사하지 않아도 된다. 예술은 자신의 고통을 설명하려는 파트너와 이 과정을 보고 있는 다른 파트너 모두에게 비난, 방어, 또는 회피를 하지 않고 그렇게 할 수 있는 방법을 제시할 수 있다. 이 과정에서 성치료 전문가가 충분히 안전감을 제공하고, 치료하는 과정에서 간직하고 있던 감정적 문제를 잘 다루어야 하는데, 예술은 시각적 단서를 통해 파트너에게 다른 파트너가 내면적으로 다루고 있는 모양, 색상, 공간을 체험할 수 있게 한다.

다음 사례와 여기에 나오는 예술 작품은 애착 손상에 따른 내면의 강력한 고통을 잘 보여 준다. 앤드류(Andrew)와 질(Jill)은 60대 커플로 5년간 함께 살고 있었다. 두 사람은 고등학교 때부터 친구였고 이전 관계가 깨지면서 둘 사이에 연애 감정으로 발전하게 되었다.

질과 앤드류는 서로에게 화가 난 상태로 치료에 왔을 때 이 특정 이미지([그림 5] 참조)를 그려 냈다. 두 사람은 깊이 상처를 받았고 오해받은 감정을 표현했다. 나는 이들의 갈등을 말로 표현하도록 시도해 봤지만, 두 사람 모두가 사려 깊은 대화하기가 어렵다는 사실을 곧 깨달았다. 그래서 나는 '지금 둘 사이에 무슨 일이 벌어지고 있는지' 그림을 그려 본 후에 얘기하자고 제안했다. 처음에는 꺼려 했지만 둘은 유채 파스텔을 선택했고 자신들의 예술 작품에 빠져들기 시작했다. 서로 가까이에서 조용히 그림을 그리는 것만으로도 고조된 감정이 좀 진정되는 것을 느낄 수 있었다. 예술 활동 자체가 표현적인 활동이기 때문에 이를 통해 자신의 생각과 감정을 비언어적 방식으로 다루어 내고 있었고, 이 이미지가 전달되고 서로 통할 것이라는 분명한 확신을 갖고 있기도 했다. 10분 정도 흘렀을 때 두 사람은 자연스럽게 그림 그리기를 중지할 시점이라고 느꼈다.

앤드류가 먼저 자신의 그림을 공유했다. 휠체어에 앉은 사람을 도와주고 있는 사람 머리 위에 커다란 물음표가 그려져 있었다. 앤드류는 노모를 돌보는 데 많은 시간을 할애하고 있고 최근에는 일주일에 며칠 밤을 거기에 머물러야 했다고 설명했다. 그는 질이 거기에 대해 왜 화를 내는지, 더 지지해 주는 입장이 아니라 왜 상처를 받

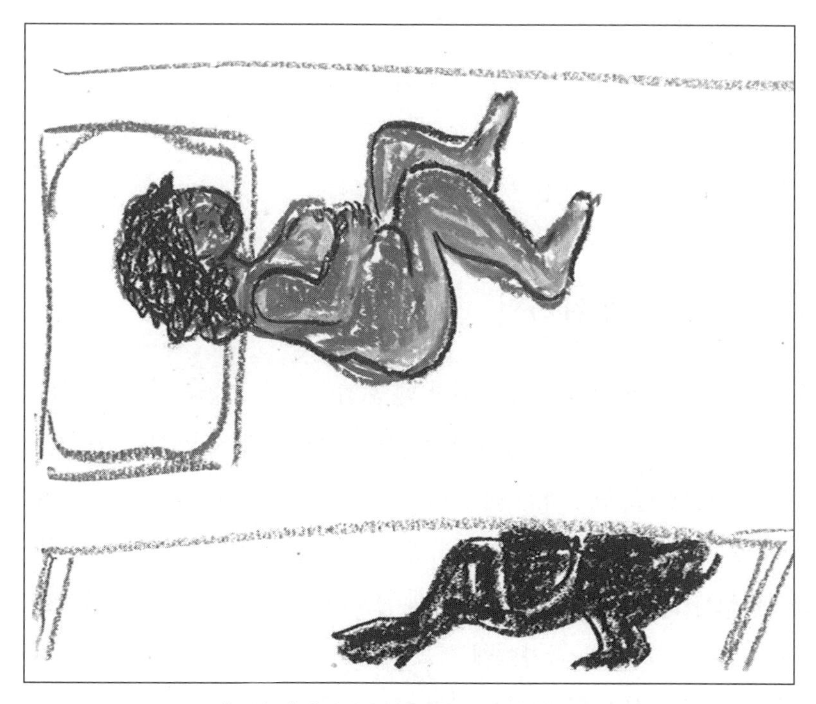

[그림 5] 내면의 고통을 반영하는 애착 손상

왔는지 이해할 수가 없었다고 말했다. 그러자 질은 눈물을 흘리며 말했다. 질은 앤드류가 없는 그 긴 밤들이 얼마나 무서웠는지 얼마나 버려진 기분이 들었는지에 대해 얘기했다. 그녀는 슬펐다고 얘기하면서 남편을 지지하고 싶었고 혹시 같이 가도 되는지, 아니면 친구 집에서 자도 되는지 물어보곤 했다고 했다. 질이 앤드류한테 물어볼 때마다 "이봐, 다 큰 어른이 무슨. 혼자 며칠 밤은 보낼 수 있잖아, 아니야?"라고 대답했었다고 말했다.

질은 침착하면서도 빠르게 대답했고, 그 이후에 두 사람은 질이 그린 그림을 바라보았다. 질은 침대에 벗은 채로 몸을 말고 누워 있는 자신과, 그 밑에 숨어 있는 희미하고 흐릿하며 어두운 형체를 그렸다. 앤드류는 침대 밑에 희미한 형체에 대해 궁금해하며 질에게 다가가 말했다. "미안해. 내가 진짜 당신을 이해하지 못했어. 당신이 이전에 나한테 말했는데 당신이 이렇게 취약하고 무서워하는지 몰랐어. 그런데 그림을 보니까 다르게 보이네. 혼자 내버려 두어서 정말 미안해." 질의 예술 작품은 앤드류에게 잘 전달될 수 있는 방식으로 그녀가 갖고 있던 고통에 대해 소통하도록 도와주었고, 분노와 좌절이라는 부차적인 감정도 잘 표현하고 있었다. 예술은 마법이 아니다. 하지만 사람들이 자신의 매우 깊숙이 자리하고 있는 상처를 새로운 방식으로 대면할 수 있는 길을 열어 주며, 함께 이런 일을 할 수 있게 되면 진짜 마법이 일어나기도 한다.

성적 욕구 또는 표현의 차이

커플이 특히 섹스 및 커플 치료를 원할 때 흔히 느끼는 도전은 성적 욕구나 표현에 차이를 느끼는 것이다. 이러한 경우 예술을 사용하면 커플이 자신의 욕구와 성적 표현(또는 이것의 결핍)을 탐구하는 데 놀라울 정도로 큰 도움이 될 수 있다. 이들은 먼저 나란히 앉아 개별적으로 그림을 그리면서, 예술 활동을 통해서 자신의 욕구와 희망사항, 그리고 이것이 자신들에게 어떻게 작용하는지를 창의적인 방식으로 스스로 이해할 수 있다. 이 과정은 각자에게 힘을 북돋아 주는 역할을 하는데, 그 이유는 이러한 활동을 통해 자신이 있던 '갇힌 공간'에서 자유롭게 해방시켜 주기 때문이다. 예술 창작 경험 자체를 통해, 그리고 창작된 이미지에 나타날 수 있는 자아의 잠재의식 측면을 통해 풍부한 통찰력도 얻게 된다. 그 이후 커플은 각자가 그린 예술 작품을 탐색할 기회를 갖게 된다. 여기에서 자신들의 작품이 갖고 있는 유사점과 차이점을 생각해 보고 만날 수 있는 교차 공간을 살펴보고, 변화 가능성을 확인하고, 서로에게 성적으로 어떻게 반응할 수 있을지 고려해 볼 수 있다.

[그림 6]은 자녀들이 어렸을 때 교통사고로 첫 번째 아내를 잃은 폴(Paul)의 경험을 그린 이미지이다. 그는 마침내 다른 사람을 만나기 시작한 30대 중반까지 한부모로 아이들을 키웠다. 바로 그때 폴은 지금 결혼한 줄리(Julie)라는 여성과 만났다.

폴에 의하면 두 사람은 만난 지는 4년, 결혼한 지는 2년이 된 이 시점에서 둘의 관계가 완전히 망가져서 치료를 찾게 되었다. 폴은 이렇게 말했다. "우리는 항상 싸워요. 공통점을 찾을 수가 없고요, 아무것도 즐겁지가 않아요. 우리 애들도 이 사람이랑 어울리지 못하고, 나와 섹스를 원하지 않는 여성과 함께하느라 내 남은 인생을 낭비

[그림 6] 성적 욕구나 표현에서 느껴지는 차이 탐구

하고 싶지 않습니다." 이에 대한 답으로 줄리는 몇 년 전부터 폐경기와 관련된 신체적 변화를 겪었을 뿐만 아니라 최근에는 등이 아프기 시작했다고 설명했다. 폴이 왜 답답해하는지 이해는 하지만 두 사람의 관계가 왜 '전부가 아니면 아무것도 없는 것이고, 섹스에 대해서도 성공 아니면 실패인지' 알 수 없었다고 말했다.

회기를 진행하면서 나는 두 사람 앞에 몇 가지 예술 자료를 놔두었고, 회기 동안에 그래야 할 것 같은 기분이 들면 이 자료를 활용하도록 제안했다. 폴이 그린 그림에는 폴이 의식적으로, 그리고 어느 정도는 잠재의식적으로 주장하는 인지 도식이 그려져 있었다. 폴은 이렇게 설명했다. "삶이 No분의 Yes의 합이라면 내 삶은 Yes가 엄청나게 작은 파편처럼 있는 것 같아요." 이 특정 사례의 경우 "No분의 Yes는 LIFE(인생)이다."라고 적힌 내 사무실에 있던 콜라주 이미지가 폴이 인생의 전반적인 목적과 삶의 질과 관련하여 기존에 갖고 있던 질문과 연관시키는 데 도움을 주었다. 이 등식 이면에 깔려 있는 감정을 탐구하면서 폴은 첫 번째 아내의 죽음에 관련해 다루어지지 않은 자신의 고통과 현재 자신이 느끼고 있는 빈 둥지 증후군, 그리고 얼마나 줄리가 이런 자기 인생의 부분을 더 Yes(괜찮다)라고 느끼도록 도와줬으면 하는지에 대해 표현할 수 있게 되었다. 줄리가 진지하게 이해심을 갖고 반응을 보여 주자 폴은 그녀가 보다 잘 자신을 이해할 수 방식으로 사랑을 나누지 않을 때 그가 거절당했다고 느끼고 좌절감을 느낀다는 것을 이런 맥락과 연결시켜 설명할 수 있었다.

이 특정 사례의 경우 폴이 직관적인 콜라주 작품을 활용함으로써 순수한 인식 수준으로 원래 갖고 있던 갈등을 표현할 수 있었다. 작품을 만들고 이를 살펴보는 활동에 실제로 참여하면서 그는 자신이 갖고 있던 감정적 · 감각 운동적 경험과 연결할 수 있었다. 이런 커플 회기의 맥락을 통해 그의 아내는 남편이 자신의 내면을 드러내는 과정에 참여할 수 있었고, 이를 통해 그녀는 인지, 감정, 관계 수준에서 남편의 욕구와 연결되고 '그가 그린 등식'에서 자신의 위치를 다시 살펴볼 수 있었다.

창의적인 공간 만들기

성치료 전문가는 내담자가 자신의 창의성과 표현하는 능력을 잘 활용하도록 독려할 때, 내담자가 호기심과 열정적인 감정 등 어떤 것이든 자신에게 떠오르는 감정을 접근하고 표현할 수 있도록 비판단적인 공간을 제공해 주는 것이 중요하다. 우리가 평가받고 있다는 느낌이 들거나 두려움 또는 수치심이 들면 더 위험을 감수하지 않으려 하거나 새로운 전략을 시도하지 않거나 심리학적이든, 예술적이든, 관계적이든 '이전에 이미 형성된 것'을 마음을 열고 탐구하려 하지 않는다는 것을 우리 모두가 직관적으로 알고 있다.

나는 스스로 통합적인 접근을 하고 있는 성치료 전문가라고 생각하긴 하지만, 커플 상담의 경우에는 EFT 접근 방식에서 많은 정보를 얻는다(Greenman & Johnson, 2013). 두 파트너가 서로를 신뢰하고, 나를 성치료 전문가로 신뢰하기 시작하고, 예술이 의미 있는 도구가 될 수 있고, 보다 수용적이고 모든 문제를 병리적으로 생각하지 않는 공간을 조성해 줄 때, 내담자는 자신들의 문제가 서로와의 '순환(cycle)'과 관련이 있다는 점을 보게 된다. 또한 이를 통해 이들은 이 순환이 상대 파트너와 연결되려 하고 간절히 그렇게 하려고 했을 때 상처를 받지 않으려는 자신의 욕구에 따른 결과라는 사실을 알 수 있다.

나는 내담자와 연결되어 있으면서 비판단적인 공간을 제공하기 위해, 대체로 자료 선택의 자유를 주고, 지시 사항도 함께 만들어 가는 등의 선택의 자유를 중시하는 편이다. 또한 최종 결과물보다는 예술을 창작하는 행위를 하는 과정과 말로 그 결과물이 갖는 의미를 살펴보는 데 매우 집중한다. 나는 의도적으로 권력 투쟁을 피하고(예: "이 자료나 지시 사항을 사용하셔야 할 것 같아요."), 긍정적이든 부정적이든 내 판단과 심미학적 기대사항이 추측할 수 있는 상황을 피하기 위해서 내가 스스로 학습한 방식으로 반응하지 않으려고 노력한다(예: "오, 정말 아름다운 작품이군요."). 그 대신 내담자가 창작을 하면서 하는 선택이나 반응에 관심을 가진다. 이때 내담자에게 본인의 창작 활동에서는 본인 자신이 전문가라고 말해 준다. 그뿐만 아니라 나는 커플이 관계적이고 공감적으로 연결된 부분도 중요하지만, 개인주의적 관점과 심리학적으로 분리된 개체를 함께 탐구할 수 있는 모델 역할을 한다. 나는 커플에게 서로가 상대방의 창의적 경험과 결과물을 자신과 유사하게 대하도록 제시한다.

섹스 및 커플 치료의 맥락에서 예술 기반 개입을 위한 공간을 조성하는 것을 고려할 때 성치료 전문가는 먼저 자신이 예술 자료, 예술적 지시 사항 및 이를 탐구하는 것과 관련된 교육을 받았는지, 그리고 이에 숙달되었는지 확인해야 한다. 예술 치료 교육을 받지 않은 성치료 전문가는 내담자에게 '예술 치료'를 제공할 수 없고 그래서도 안 된다는 것을 이해하는 것이 중요하다. 이 경우에 치료자는 예술 치료를 커플이 문제를 탐구하거나 다루어 내는 데 활용할 수 있도록 의도적으로 선택하는 창의적인 개입 방법으로 제시할 수 있다. 그리고 창의적인 개입이 자신이 예상한 반응대로 되지 않을 경우 정식 예술 성치료 전문가로부터 추가 교육과 상담을 받아야 한다.

더욱이 성치료 전문가는 창의적인 개입과 관련하여 항상 상담치료와 임상적 조화의 범위를 생각해야 한다. 성치료 전문가가 예술 기반 개입이 효과가 있는 듯하거나 계속된 요청이 있어서 이를 통해 커플을 치료하고 있고, 치료적 방식으로 어떻게 이를 수행해야 할지 길을 잃은 경우 내담자를 예술 성치료 전문가에게 보내는 것을 항상 고려해야 한다.

결론

커플 상담치료에 예술을 활용하는 것은 효과적이고 추가적인 도구가 될 수 있다. 기존에 대화를 기반으로 하는 치료와 창의적인 개입을 접목하면 커플이 편안하다고 느끼는 영역에서 벗어나면서, 커플 간의 안전한 공간으로 곧바로 변할 수 있다. 성치료 전문가와 충분한 신뢰가 쌓이고 예술 작업 활동 개입을 할 의도가 있으면, 내담자는 자신의 능력, 제한사항, 환상적인 감정과 좌절감도 직면하도록 안내받게 된다. 예술을 창작하는 과정과 그 결과물을 통해 내담자는 자신의 경험뿐만 아니라 은밀한 호기심이라고 할 수 있는 새로운 관점으로 파트너의 경험도 탐구해 볼 수 있다.

12장

LGB(Trans)QIA 커플 상담 교차적, 정신역동적, 다양한 성 친화적 접근 방식 사용

스테파니 킹(Stephanie King) PsyD

친밀한 관계 및 성적인 관계를 작업하는 것은 어떤 상황에서도 복잡할 수 있지만, 정체성이 교차될 수 있고 때로는 정체성을 바꿀 수도 있는 트랜스젠더 커플과의 상담은 더욱 복잡하다. 또한 다른 사람들처럼 트랜스젠더도 다양한 성적 지향을 갖고 있을 수 있다. 이들의 파트너도 트랜스젠더이거나 제3의 성을 갖고 있거나 시스젠더일 수 있으며, 동일한 성적 지향을 공유하고 있거나 완전히 다른 지향에 공감하고 있을 수도 있다.

이런 복잡성을 갖고 있기 때문에 파트너 중 1명 또는 2명 모두 트랜스젠더인 커플을 대하는 성치료 전문가는 각 개인의 과거 애착관계와 그 패턴이 현재 관계에 어떻게 영향을 미치는지, 그리고 치료 관계에도 미치는 영향이 있는지에 대해 잘 알고 있어야 한다.

흔히 트랜스젠더들의 경험이 양성애자, 레즈비언 또는 게이가 겪는 경험과 유사할 것이라고 생각하는데(Bigner & Wetchler, 2012), 항상 그런 것은 아니다. 이런 이유로 나는 이 장에서 트랜스젠더의 전형적인 예를 보여 주고, 흔히 교차되며 연관되는 정체성인 레즈비언, 게이, 양성애자, 동성애자(퀴어) 또는 성정체성을 의심하기(questioning), 중성(intersex) 및 무성(asexual)과 같은 다른 사람들과 어떻게 구분되는지 차별화하기 위한 시도로 'LGB(Trans)QIA'라는 용어를 새로 만들었다. 이러한 교차적인 정체성을 염두에 두는 것은 트랜스젠더 내담자를 상담치료할 때 필수적인 사항이다.

전반적으로 이 장에서는 성치료 전문가, 특히 시스젠더 성치료 전문가가 트랜스젠더의 요구사항을 보다 정확하게 이해할 수 있도록 하는 설명을 제시하고 섹스 및 커플 치료에서 효과적으로 개입하는 방법에 대해 논의하려고 한다. 특히 이 장에서는 임상적으로 자기성찰을 시도하고, 교차성을 이해하고, 젠더를 인정하고, 성을 긍정적으로 접근하는 방식을 지지하고, 정신역동적 시각을 활용하는 것이 얼마나 중요한지 살펴본다. 마지막으로, 이러한 방식의 사고를 강조하기 위해 두 가지 사례를 제시하겠다. 이 장을 읽을 때는 다음의 주요 용어를 기억해 두어야 한다.

시스젠더	태어날 때 주어진 성 또는 그 성정체성에 일치하는 신체를 가지는 사람을 말한다. 일반적으로 넌트랜스(non-trans, 트랜스젠더가 아님), 또는 생물학적인 남성/여성으로 더 많이 사용되는 용어이다.
트랜스젠더	태어날 때 정해진 성과 성정체성이 다른 사람을 묘사하는 포괄적인 용어이다. 이 용어는 명사나 대명사가 아니라 형용사이다.
트랜스우먼	태어날 때는 남성으로 성이 정해졌지만 성정체성이 여성인 사람을 말한다.
트랜스맨	태어날 때는 여성으로 성이 정해졌지만 성정체성이 남성인 사람을 말한다.
넌바이너리 (non binary)	성정체성이 엄격하게 말해서 남성도 아니고 여성도 아닌 사람을 말한다.

자기성찰 및 교차적 시각

트랜스젠더 내담자를 상담하는 치료자에게 필수적인 도구는 지속적으로 자기성찰을 할 수 있는 능력이며, 특히 시스젠더를 치료하는 상담사일 경우 더욱더 필수적인 도구이다. 시스젠더 치료자는 특히 사회적으로 지켜야 하는 성 규범, 성별 교육 및 성 사회화와 관련하여 지속적으로 자기성찰을 하고 평생 동안 학습을 이어 가는 데 최선을 다해야 한다.

이 과정 중 일부로 이미 받은 성 사회화와 성별 교육에서 벗어나는 것도 포함된다. 이 과정은 의도적으로 시간과 노력을 들여 시도해야 한다. 젠더 민감성 훈련은 외모, 행동, 감정 표현, 호감, 비호감, 다른 사람과 관계하는 방식에 대한 규칙을 포함해 남자나 여자의 역할에 대한 고정관념, 어린 시절부터 우리가 받아 온 확고하면서 우리 주위에 만연해 있는 성적인 메시지를 알아차리는 것이라고 정의한다(Chang, Singh, & Dickey, 2018). 얼핏 보기에는 사람들을 이러한 고정적인 방식으로 범주화하는 것이 왜 문제가 되는지 모를 수 있다. 하지만 문제는 어떤 대상이 이렇게 명확하게 정해진 행동 범주에 포함되지 않을 때 발생한다. 그럴 경우 그 사람은 학대를 당하거나 소외되거나 정신적으로 아픈 사람 취급을 받거나 심지어 악마 취급을 받을 수도 있다. 따라서 시스젠더 치료자가 성에 이러한 유해한 고정관념과 기대치에 대해 잊어버리는 것은 젠더 수용적인 접근 방식을 지향하기 위해 매우 중요하다.

성치료 전문가가 자신에게 주입되었던 젠더 민감성 훈련 및 성 사회화 과정 탐색을 시도하면, 시스젠더 정상적 입장(cisnormative), 시스젠더주의자(cisgenderist), 이성애 중심(heteronormative), 양성애 주의자(heteosexist) 등의 메시지를 어디에서나 발견할 수 있게 된다. 이러한 메시지는 포괄적 성별의 표현에 대한 편협성을 강화하고 '관행을 따르지 않는' 행동이나 외모를 보여 주는 사람에게 낙인을 찍는 성 역할을 강조한다. 이러한 인식을 높이는 것은 성치료 전문가에게 트랜스젠더 내담자가 일생에서 겪은 일을 이해할 수 있도록 해 주기 때문일 뿐만 아니라 **우리 모두**의 삶에 이러한 구조가 미치는 상당한 영향을 이해할 수 있기 때문에 매우 중요하다. 이를 통해 시스젠더 치료자는 또 다른 중요한 역할을 확보하게 된다. 또한 바로 자신의 시스젠더 특권을 되돌아볼 수 있는 기회도 얻게 된다. 흔히 자신이 이런 특권을 갖고 있는지는 보이지 않기 때문이다.

이성애 중심 및 시스젠더주의[1]가 커플 및 가족 치료 문헌에 많이 반영되어 있고, 결과적으로 여론에도 많이 영향을 준 것으로 이해할 수 있다. 1975년에서 1995년 사이에는 결혼 및 가족 학술지에서 단 0.006%의 기사만 LGB[Lesbian(레즈비언), Gay(게이), Bisexual(양성애)] 주제에 대해 직접적으로 언급하고 있으며 1996년에서 2010년 사이에도 단 2%뿐이다(Clark & Serovich, 1997; Hartwell, Serovich, Grafsky, & Kerr, 2012). 더욱이 특정 트랜스젠더 연구와 관련해서는 결혼 및 가족 학술지가 이제 막 트랜스젠더와 그들의 관계를 인지하고 알아 가기 시작했고, 이 주제에 대해서 단 9개의 논문(0.0008%)만 1997년에서 2009년 사이에 출간되었다(Blumer, Green, Knowles, & Williams, 2012).

성치료 전문가의 사고방식이 문화적 및 교육적인 영향으로 이성애 중심 및 시스젠더주의에 스며들어 있는 것은 내담자와의 상호작용에서 매우 부정적인 영향을 끼칠 수 있다. 그렇기 때문에 트랜스젠더 내담자를 상담할 때 지속적인 자기성찰과 지금까지 학습을 통해서 형성된 성에 대한 고정관념에서 벗어하는 태도가 중요하다. 성

---

1) 역자 주: 시스젠더주의는 생물학적 성과 본인의 실제 성정체성이 일치하는 것을 기본으로 한다.

치료 전문가로서 본인의 교차하는 정체성을 따라 내담자를 이해하는 것이 임상적으로 나아갈 최선의 길이라고 볼 수 있다.

교차성

1989년에 킴베를레 크렌쇼가 처음으로 소개한 교차성(intersectionality)이라는 용어는 어느 시점에서든 한 사람이 갖고 있는 모든 교차하는 정체성을 고려하는 이론적 접근 방식이다(7장 참조). 연령, 인종, 성정체성, 성적 지향, 종교, 능력 및 의료접근성과 같은 상호 연결된 특성의 범주를 말하며, 이는 차별과 특권으로 이어질 수 있으면서 중독되고 상호 의존적인 체계의 불이익을 만들어 낼 수 있다. 이런 교차성에 대한 지식은 성치료 전문가가 단순히 하나의 정체성으로 한 사람을 범주화하는 것과는 달리 이 사람의 경험을 보다 폭넓게 이해할 수 있도록 도와준다. 모든 사람이 그렇듯 트랜스젠더는 여러 가지 정체성을 갖고 있고 어떤 사람은 심지어 늘 정체성이 변하기도 한다.

예를 들어, 23세 레즈비언인 라티나(Latina)는 가톨릭교도 트랜스우먼으로 29세 백인 양성애자이자 무신론자 시스젠더인 여성과 관계를 맺고 있다. 이때 이 관계를 평가하는 접근 방식에 영향을 주는 요소는 아주 많다. 이 백인 트랜스우먼은 유색인 트랜스우먼과 만족한 관계를 유지하고 있었는데, 이 유색인 여성은 트렌스젠더 때문에 이전에 누리고 있었던 특권적 지위를 잃었고, 그녀의 공동체에서 이런 사람들을 억압하고, 트렌스젠더를 억압하는 종교와 정신적으로 연결감을 가지고 있었다. 또한 여성 트렌스젠더는 성전환 수술이 현재 관계에서 진행 중일 때, 지배적이고 사회적으로 '수용되는' 성적 지향인 이성애자에서 덜 수용적이고 특전을 잃은 레즈비언으로 바뀌면 그만이다.

이 트랜스우먼의 파트너는 백인이고 이성애자라는 기반에 기원한 특권 의식을 갖고 있지만, 트랜스우먼과 관계를 하고 있으므로, 가족과 친구들이 주시하고, 이성애자라는 정체성에 다른 사람이 의문을 가질 수 있는 여지가 있다. 그녀의 파트너가 무신론자라는 것은 상당히 중립적인 것처럼 보이지만 파트너가 정신적으로 갈등을 겪고 고립되었다는 느낌을 이해하는 데 어려움이 따를 수 있다. 모든 임상 상황에서 이렇게 여러 가지로 교차하는 정체성에 주의를 기울이는 것은 매우 중요하다. 또한 성치료 전문가는 아마 처음부터 본인의 교차하는 정체성을 인지하고 이성애자에 백인이라면 본인의 특권의식 상태를 확인하거나 내담자와 자신의 정체성이 어떻게 교차하는지도 살펴봐야 한다.

법과 차별

LGB(Trans)QIA 사람들을 상담치료하는 성치료 전문가는 특별한 교육을 받고 특정한 이론을 숙달하고 이를 근거로 상담하는 것 외에도, 우리가 살고 있는 세계의 과거와 현재의 사회문화적 및 사회정치적 특성도 이해해야 한다. 이렇게 해야 우리가 도와주는 사람의 교차적 정체성에 도움을 줄 수 있기 때문이다. 이를 위해서는 LGB(Trans)QIA에 속하는 사람들을 포함하거나 배제하는 현재 법률과 관련된 최신 정보도 잘 알고 있어야 한다. LGB(Trans)QIA인 사람들, 특히 그중에 트랜스젠더는 미국의 연방법의 보호를 덜 받고, 주의 법 아래 차별에 대해서도 보호를 잘 받지 못하고 있다. 이러한 법에 대해 잘 알고, 젠더의 동의하에 받을 수 있는 의료적 개입에 대한 접근성과 언급된 개입의 잠재적 결과에 대해서도 잘 알고 있으면 매우 도움이 된다. 하지만 이것 때문에 이러한 사람들에게 발생하는 폭넓고 다양한 정서적 욕구, 정신건강 문제, 관계적 현실을 간과해서는 안 된다.

트랜스젠더가 호의적인 치료를 받을 수 있는 장벽을 만든 정신의학 분야 전반에 만연한 낙인찍고 '감시하는 제도(gatekeeping)' 관행 때문에, 이들은 수년간 억압을 받고 어려움을 겪고 있다. 게이트키핑은 치료자가 누가 '진정한 트랜스젠더'인지 여부를 결정하는 개념으로 트랜스젠더인 사람들에게 유해한 관행이다. 다음은 미국 국가 공인 성교육자, 성상담사, 성치료 전문가 자격소지자 협회(American Association of Sexuality Educators, Counselors, and Therapists: AASECT) 인증을 위해 본 저자가 받은 텍스트 중 일부를 발췌한 것이다.

> 많은 성전환자의 경우, 특히 여성에서 남성으로 전환한 사람의 인생은 동성애 정체성을 수용하고 이에 편안함을 느낄 수 있을 경우에 훨씬 더 쉽다. 때때로 나타나는 동성애에 대한 극단적이고 강력하게 거부하는 사람은 수술 후 이전 성별을 내려놓는 데 어려움을 보이는 잘못된 특성이 나타날 수도 있다(Bancroft, 2009, p. 299).

이러한 사고는 문제가 될 수 있다. 이는 동성애 전환 치료와 유사하며 성정체성과 성적 지향성이 서로 상호적으로 교환될 수 있다는 것을 암시하기 때문이다. 이 텍스트는 치료자에게 더 나아가 내담자에게 잘못된 낙관론을 심어 주어서는 안 된다는 것을 시사해 주는 것 같다. 즉, 내담자가 '주시해야 할 부분(look the part)'에 대해 의사전달하는 과정의 어려움을 암시하기도 한다. 이러한 특정한 사고방식과 교육은 이분법적으로 성별을 구분하는 규범을 강화하고 성별을 표현하는 데는 지정된 두 가지 방식밖에 없음을 암시한다. 커플이나 개인을 치료하는 성치료 전문가로서 이런 잘못된 신념 체계를 활용하면 내담자가 남성적이 아니면 여성적이라는 이분법적 규범과 가치를 따르라는 부담을 줄 수 있고, 이는 성적 기능에 반드시 영향을 주게 된다.

이러한 게이트키핑의 관행은 무심코 포괄적인 트랜스젠더 처방전을 만들어 냈고, 이는 트랜스 커뮤니티 내부에서 전달되어 개인이 의료에 접근할 수 있는 유일한 방법으로 받아들여지는 경우가 많다. 이 처방전은 트랜스젠더 사람들이 성별과 관련하여 겪은 자신의 경험에 일치하지 않는 다양한 내용으로 구성되어 있기에 모든 개인에게 항상 적용되지는 않는다. 이렇게 많은 내용들은 대부분 이제 『DSM-5』에서 젠더 불편감(gender dysphoria) 증상으로 표현되고 있는데(American Psychiatric Association, 2013), 이는 개인이 필요한 서비스를 이용하기 위해 자신의 경험에는 맞지 않을 수 있는 처방전을 사용하도록 강요하기 때문에 유해하다고 볼 수 있다.

성별 호의적, 그리고 성 긍정적 치료

젠더를 긍정적으로 고려한 치료를 시도할 때, 치료 중에 사용하는 언어는 중요한 요소이며 지속적으로 변화한다는 것을 이해해야 한다. 트랜스젠더를 치료하는 사람은 사용하는 언어가 중요하고 이러한 언어는 지속적으로 변화하고 있다는 것을 알고 있어야 한다. 이 점을 잘 알고 있어야 치료자가 내담자를 포용하고, 유해하지 않은 언어를 사용해서 내담자가 겪는 경험이 불편하지 않도록 메시지를 내담자에게 전달해야 한다. 성치료 전문가로서 우리는 우리가 선택하는 단어에 누군가의 존재를 수용하거나 거부할 수 있는 힘이 있다는 점을 항상 염두에 두어야 한다.

치료자가 단어 선택에 신중하면 내담자가 치료 환경에서 안전하고 긍정적인 감정을 느낄 가능성이 높아진다. 섹스 및 커플 치료에서 트랜스젠더를 치료할 때 호의적인 언어를 사용하는 것은 특히 중요하다. 젠더 수용적인 언어의 가치가 정확한 대명사와 명칭을 뛰어넘더라도 올바른 이름과 대명사를 사용하는 것은 항상 중요하다. 누군가의 정체성을 알아보는 가장 좋은 방법은, "당신을 지칭할 때 어떤 대명사를 사용하나요?"라고 간단히 이렇게 물어보는 것이다.

누군가의 성정체성을 묘사하는 방법은 여러 가지가 있지만 일부 트랜스젠더의 경우 이분법적인 사고로는 정체성을 파악할 수 없다. 따라서 이분법적이 아닌 또는 성별에서 유연한 정체성을 가진 사람들을 위한 공간을 만드는 것도 중요하다. 다음은 더 이상 호의적이지 않은 것으로 간주되는 용어와 그 대안이 되는 호의적인 용어들의 예이다. 어떤 경우에도 잘 모를 때는 성치료 전문가가 존중하고자 하는 마음을 갖고 있고 내담자가 사용하는 언어를 듣고 그대로 사용하고 싶은 뜻을 내비치며 물어보는 것이 가장 좋다.

트랜스젠더의 경우 섹스에 관해서는 과도하게 성애화되거나(가끔 페티시즘됨), 같은 방식으로 성적 특성이 감소되기도 한다. 트랜스젠더인 사람들의 성적 치료 및 학대를 이해하는 한 가지 방법은 장애 이론(disability theory)을 들여다보는 것이다. 두 공동체 모두 '정상성'이라는 사고에 시달리고 있기 때문이다(Langer, 2019; Oliver,

호의적이지 않음	호의적임
• 남성에서 여성으로(male-to-female) • 남자로 '태어남'('born' a man) • 생물학적 남성(biological man) • 남성의 몸을 한(male-bodied) • 성전환자(transsexual)	• 트랜스젠더 우먼(transgender woman) • 트랜스우먼(transwoman) • 트랜스 여성(transfeminine) • 트랜스젠더 여성(transfemme) • 여성(woman)
• 여성에서 남성으로(female-to-male) • 여자로 '태어남'('born' a woman) • 생물학적 여성(biological woman) • 여성의 몸을 한(female-bodied) • 성전환자(transsexual)	• 트랜스젠더 맨(transgender man) • 트랜스맨(transman) • 트랜스 남성(transmasculine) • 트랜스젠더 남성(transmasc) • 남성(man)
• '진짜' 남성/여성('real' man/woman) • 트랜스가 아닌(non-trans)	• 시스젠더 남성(cisgender man) • 시스젠더 여성(cisgender woman)
• ……로 통하다(passing as……)	• ……로 해석되다(being read as……)
• 감추다, 비밀(stealth)	• 누군가의 정체성을 다른 사람과 공유/공개하거나 공유/공개하지 않는다(sharing/disclosing or not sharing/disclosing one's identity with other)
• '선호되는(preferred)' 대명사	• 대명사

1996). 장애 이론에 따르면 한 개인이 제한적 경험을 갖게 되는 이유는 장애를 가진 사람들을 적절하게 수용하지 않는 억압된 체계를 기반으로 세워진 사회로부터 발생한다. 다시 말해, 이 병리적 측면은 한 개인이 아닌 사회적 체계 내에 존재한다(Erickson-Schroth & Boylan, 2014; Langer, 2019). 이 사회적 체계가 적절하게 해결되고 폐지되면, 차별이 줄어들고 자원에 대한 접근성이 높아질 것이다. 이는 알아 두어야 할 중요한 차이점이다. 트랜스젠더인 사람들에 대한 학술적 자료나 사회적 태도가 오히려 이들에 대한 불이익을 주장하는 경우가 많다.

이런 방식으로 트랜스젠더인 사람들을 병리화하면 이들이 어쨌건 자신이 '제 기능을 못하는' 사람이라는 느낌과 관련된 사고방식이나 신념을 내면화하게 될 수 있으며 이는 특히 섹스와도 관련이 된다. 사회적 태도는 트랜스젠더인 사람들에게 '지나

가리라(passing)'라고 조언을 하지만 이러한 상태에서 성적으로 만족감을 느끼는 것을 기대하는 것은 '너무 많은 것을 요구하는' 것이다. 이런 일련의 사고 흐름으로 트랜스젠더인 사람들은 다양한 문제를 경험하게 되며, 그로 이러한 고충 때문에 치료를 찾게 된다.

트랜스젠더인 내담자들이 힘을 얻고 연결되어 있다는 느낌을 받고 성생활을 충분히 누리고 있다는 느낌을 받을 수 있게 돕는, 간단하면서도 사려 깊은 개입은 또다시 언어로 귀결된다. 젠더에 민감한 언어의 힘은 간과되어서는 안 된다. 예를 들어, 섹스 치료 내담자와 신체나 신체 부위에 대해 얘기해야 하는 경우 트랜스젠더 내담자에게 신체에 대해 어떻게 얘기하는 것이 좋겠냐고 물어봐야 한다. 어떤 단어를 사용하는 것이 좋겠는지 물어봐야 한다. 파트너 간에 대화를 나눌 때 각각이 가장 긍정적이고 호의적인 느낌의 단어를 사용하도록 독려해야 한다. 신체를 묘사할 때 알아 두어야 할 몇 가지 트랜스젠더 호의적인 용어가 있다. 유방(breast) 대신 가슴(chest)이라고 하거나 성기(penis)나 질(vagina) 대신 성기(genital) 또는 중요한 부위(private parts)라고 해야 한다. 내담자가 좀 더 선호하는 용어가 무엇인지 들을 때까지는 이러한 용어를 사용하는 것이 적절하다. 예를 들어, 음경을 갖고 있는 트랜스우먼은 이 부위를 음핵이라고 부르는 것이 위화감을 덜어 준다고 말할 수도 있다. 마찬가지로 트랜스맨은 음핵에 대해 얘기할 때 '음경(dick)' 또는 '성기(cock)'라는 단어를 사용하는 것이 편안할 수도 있다. 내담자가 자신의 몸이 온전히 자기 것이라고 느낄 수 있을 때 좀 더 능숙해지고 즐거움을 받아들이기에 익숙해진다.

이와 동시에 어떤 트랜스젠더는 신체 및 신체 부위에 대해 얘기하다가 감정적으로 화가 날 수 있기 때문에 이 점도 가장 존중하면서 신중한 태도로 이런 대화가 진행되어야 한다. 가장 좋은 방법은 질문할 만한 이유가 있지 않는 한, 성기에 대해 트랜스젠더 내담자에게 질문을 던지지 않는 것이다. 보통은 당사자가 스스로 그 주제를 꺼내고 관련이 있다고 밝히지 않는 이상 말하지 않는 것이 좋다.

트랜스젠더 내담자가 자신의 몸을 온전히 소유하도록 돕는 것 외에 다른 중요한 성에 대해 긍정적인 임상적 개입은 내담자가 자신의 몸을 기분 좋게 느끼는 방법을 찾도록 돕는 것이다. 그렇게 하기 위해 많은 트랜스젠더 내담자들이 또 기존에 알고 있던 것을 틀에 박힌 사고에서 벗어나도록 도와주어야 한다. 이번에는 섹스 및 성적 반응 주기에 관한 것이다. 윌리엄 마스터스와 버지니아 존슨(1966)이 제안한 전형적인 성적 반응 주기 모델은 섹스 중 흥분기(excitement), 고원기(plateau), 절정기(orgasm), 해소기(resolution)의 단계로 요약된다. 섹스 및 성적 자극 모델에 대한 과거 연구에는 트랜스젠더가 포함되어 있지 않다. 여기에는 '정상적인 섹스'는 시스젠더 섹스와 유사해야 한다는 기대가 무심코 내포되어 있는 것이다. 이러한 잘못된 인식으로 트랜스젠더 내담자는 자신을 별거 아닌 존재로 치부해 버릴 수 있다. 그 대신 내담자가 섹스 중에 어떤 기분을 느끼고 싶은지, 그리고 어떻게 만져 주는 것이 좋은지에 대해 집중하도록 도와야 한다. 이때 내담자의 불편감이 성적 기능이나 만족감에 어떻게 영향을 주거나 주지 않는지에 대한 질문을 해야 한다.

내담자가 상담치료실에서나 숙제를 냄으로써 파트너에게 물어볼 수 있는 질문지를 작성하는 것이 이 과정을 진행하는 첫발이 될 수 있다. 트랜스젠더 내담자가 자신의 '새로운' 성에 대해 경험이 없거나 위화감이 있어 두려움과 불편함을 느끼기 때문에 자신의 성적 요구사항을 잘 드러내지 않으려고 하는 것은 드문 일이 아니다. 이들은 어떻게 특정 희망사항이나 요구사항을 파트너에게 전하는가? 이들은 어떻게 자신의 특정 요구사항이 파트너에게 부담이 될 수 있다는 신념과 맞서 싸우는가? 한 가지 방법은 커플이 '좋음, 싫음, 아마도' 목록을 사용하는 것으로 시작하는 것이다. 이렇게 하면 내담자가 섹스와 관련하여 자신의 욕구, 요구사항 그리고 편안한 정도를 표현할 수 있다. 이것은 불안감, 당혹감 또는 거절당할 거라는 두려움을 완화해 주는 외부적인 도구 역할을 한다. 성치료 전문가는 이런 대화를 할 때 이러한 교차 역동에 민감해야 하고, 신뢰를 발휘해야 하며, 비판단적인 태도를 보여야 한다. 두려움과 취약한 부분이 있다는 것을 당연시하고 눈을 맞추도록 독려하고 이마고 대화 기법을 사용하는 것도 유용한 개입으로 작용한다.

트랜스이든 시스이든 파트너와는 자신의 정체성을 지지하고 파트너의 정체성과 요구사항도 알아 가는 구체화된 경험을 어떻게 쌓아 갈 수 있는지에 대해 논의해야 한다. 성에 대해서 불편감이 있든 없든 각각이 갖고 있는 신체가 성적 친밀감을 경험할 수 있는 다양한 방법이 있다는 것을 강조하면 성적인 즐거움과 만족감을 느끼는 상황으로

가는 길이 될 수 있다. 이러한 과정의 일환으로 섹스의 정의에 대해 창의적으로 생각하는 것도 좋다. 성치료 전문가에게는 섹스가 단순히 질에 성기를 삽입하는 것만이 아니라는 것이 분명할 수 있지만, 섹스는 한 가지 방식으로만 일어나고, 쉽고 빠르게 발생하기도 한다는 사회적 메시지에 젖어 있는 내담자는 자신의 성생활이 이와 같지 않을 경우 뭔가가 잘못되었다고 생각할 수 있다. 다양한 신체와 신체 부위로 일어날 수 있는 폭넓은 성적 활동에 대한 심리교육이 이루어져야 한다. 예를 들어, 키스와 애무뿐만 아니라 간지럽히거나 매질을 하는 것도 섹스라고 할 수 있음을 알려 줘야 한다.

인공 보형물(prosthetics), 스트랩 온(strap-ons), 바이브레이터, 펌프, 트랜스 성향의 포르노, 트랜스 성향의 성애물 등과 같이 내담자가 활용할 수 있는 성적 경험을 강화하거나 도와주는 것들에는 어떤 것들이 있는지 잘 알고 있어야 한다. 신체적 요구사항과 정서적 요구사항이 변화하는 것을 수용하는 데는 시간이 걸릴 수 있다는 것과, 이때 취할 수 있는 피임 방법도 알고 있어야 한다. 예를 들어, 호르몬 치료를 받는 많은 트랜스우먼이 욕구와 성적 자극의 감소를 경험하며, 신체, 욕구, 요구사항의 변화에 적응하는 데는 추가적으로 시간이 필요할 수 있다.

어떤 사람은 신체적 친밀감을 느끼는 행위를 시도하면 몸이 불편감을 느끼고 이로 인해 섹스 중에 분리되는 느낌을 경험할 수도 있다. 믿을 수 있는 파트너와 좋은 의사소통 기술, 그리고 안전한 환경의 도움이 있다면 이러한 결과에 대비하고 이를 피해 갈 수 있다. 이러한 의사소통 기술에는 섹스 전 협의, 섹스 중 새로운 정보 알리기, 그리고 섹스 후 확인하기가 포함될 수 있다. 어떤 섹스를 하든 좋은 의사소통은 항상 중요한 기반이 된다. 이를 위해 계획과 실천이 요구되는 경우도 있다.

섹스 전 협의

섹스 전 협의에는 경계선, 욕구, 금지되는 신체 부위, 신체를 묘사하는 데 사용해야 하는 단어, 뭔가 기분이 좋지 않을 때 상호작용을 멈추게 할 (안전한) 단어나 언어 문장과 관련된 다양한 논의가 포함될 수 있다. 예를 들어, 가슴을 만지는 것은 금지되지만 귓볼을 깨무는 것은 전혀 상관없다고 느낄 수 있다.

섹스 중 새로운 정보 나누기

섹스 전 협의 과정에서 동의를 얻었다고 해서 모든 것이 원활하게 이루어지는 것은 아닐 수 있음을 내담자에게 알려야 한다. 섹스를 경험하는 내내 연결감을 느끼고 서로가 괜찮은지 계속 확인하는 것이 중요하다. 파트너가 서로를 얼마나 잘 아는지에 따라 언어적으로도 함께 확인할 수 있다. 한 가지 방법으로 이렇게 물어볼 수 있다. "이렇게 하면 기분 좋아?"

서로를 관찰하고 얼굴 표정을 들여다보는 것도 중요하다. 어떤 파트너는 얼굴 표정의 변화를 보고 상대에게 뭔가 변화가 일어났을 수 있다는 것을 알 정도로 충분히 서로를 잘 알고 있다. 이런 경우에는 재빠르게 끼어들어 모든 것이 안전하고 편안하게 느껴지는지 물어볼 수 있다. 하지만 어떤 사람들은 얼굴 표정만 봐서는 상대가 진짜 어떤 상태인지 알 수 없기 때문에 언어적으로 확인하는 것도 좋은 연습일 수 있다. 다시 한번 말하지만, 이러한 것들을 이행할 때는 신뢰, 인내심, 그리고 좋은 의사소통이 요구된다.

섹스 후 확인하기

섹스 이후의 순간은 긴장을 풀고 기쁨을 느끼는 사랑스러운 순간일 수 있다. 이러한 경험이 두 사람에게 어떻게 느껴졌는지에 대해 서로 확인하는 좋은 시간이 되기도 한다. 섹스 전 협의를 하고 섹스 중 새로운 정보를 알리기도 했지만 이 단계에서 더 많은 것들이 이루어질 수 있다. 한 파트너가 그 순간에는 동의했지만 이루지 못한 희망사항이 있다는 것을 뒤늦게 알았을 수 있다. 또는 뭔가 진행되지 않게 멈췄고 이전에는 시도했던 희망사항을 이행하지 않았을 수 있다. 그런데 지금은 후회하고 부끄럽다는 느낌이 들 수 있다. 가장 중요하게 기억해야 하는 것은 이후에 협의할 때 이러한 모든 문제를 얘기하고 알아 가고 생각해 볼 수 있다는 것이다.

다음은 부부간 상담 시 진행된 성 긍정적 및 성별 호의적 접근 방식에 대한 임상적인 사례를 보여 준다. 리사(Lisa)는 시스젠더 여성이고, 마틴(Matin)은 트랜스젠더 남성이다.

리사: "저는 이제 정말 평범하게 성생활을 할 준비가 된 것 같아요. 지금은 그냥 성욕이 사라진 것 같은데, 전 더 했으면 좋겠어요."

성치료 전문가: "마틴, 어떻게 생각하세요?"

마틴: "전 그냥 좀 불안해요. 이상해요. 우리가 함께 산 지 정말 오래됐거든요. 근데 이제 제가 일이 좀 달라야 할 필요를 느껴요. 이처럼 바뀐 게 리사한테 좀 죄책감을 느껴요."

성치료 전문가: "리사, 마틴이 원하는 게 바뀌었다는 것을 알고 계신가요?"

리사: "좀 그런 것 같다고 느꼈는데, 실제로 말을 해 준 적은 없어요. 시작은 했는데, 갑자기 거기에 있지도 않은 사람처럼 굴었어요. 그래서 알 수 있었어요. 하던 것을 멈추고 물었죠. '무슨 일이야?' 그랬더니 '아무것도 아니야.'라고 하더라고요."

성치료 전문가: "그러니까 평소처럼 시작을 했는데 다가가려고 하는 중에 뭔가가 바뀌었다는 거죠?"

리사: "네, 결국 나한테 이제 관심이 없는 거 아니면 내가 그렇게 잘하지 못하거나 그런 거라는 생각밖에 안 들었어요."

마틴: "그런 게 아니야! 전에도 말했잖아. 왜 내 말을 안 듣는 거야?"

리사: "아니, 당신을 믿기 어려워! 섹스를 시작할 때마다 그냥 갑자기 멈추잖아. 나는 거기에 있어. 당신한테 입으로 해 주려고 하고 완전히 집중해 있는데, 당신은 그냥 가만히 얼어 버리잖아."

성치료 전문가: "마틴, 이런 것을 눈치 채고 계셨나요? 얼어 버리는 경험 같은 것 말이에요."

마틴: **[긴 정적 끝에]** "네……."

성치료 전문가: "그런 순간에 본인의 상태가 어땠는지 알고 계셨던 건가요?"

마틴: "모르겠어요. 그냥 기분이 이상해졌어요. 나한테 뭔가 문제가 있는 것 같기도 하고. 그냥 설명을 할 수가 없으니까 멈추게 되더라고요."

성치료 전문가: "본인한테 문제가 있는 것 같다니, 무슨 뜻이죠?"

마틴: "모르겠어요. 그냥 몸이 잘…… 뭔가 잘못된 느낌이에요. 그러니까 괜찮은 건 아는데…… 항상 했던 대로 섹스를 하는데 제가 남자로 잘 느껴지지 않는 기분이에요. 저 스스로와

연결이 끊긴 느낌이랄까……."

성치료 전문가: "성전환 후에 섹스를 다르게 하고 싶어 하는 것은 흔한 일이에요."

마틴: "아, 그런 게 맞는 것 같아요. 이제 뭐가 기분이 좋은 건지 모르겠어요."

성치료 전문가: "자, 리사 말을 들어 보면 두 분이서 시작을 하고 리사가 구강으로 하려고 하면 뭔가 문제가 생기는 것 같은데요. 아마도 이제 그게 더 이상 편안하지 않은 것 아닐까요?"

마틴: "네. 제 성기에 대한 생각이 들기 시작하고 거기서부터 흥분감이 떨어져요."

리사: "그렇지만, 자기야. 난 자기의 그 부분이 좋아. 알잖아."

마틴: "알아, 그런데 그 부분이 문제인 것 같아. 당신한테는 그냥 털이 복슬한 내 음부일 뿐이겠지만 나는 그게 싫어. 그 음부라는 단어가 내 몸과 관련되어 있다는 게 싫어."

성치료 전문가: "마틴, 그렇다면 신체 부위에 대해 어떻게 얘기했으면 하나요? 떠오르는 생각이 있나요?"

마틴: "저한테 테스토스테론이 부여되고 이것이 제 몸의 일부가 되고 있다는 것을 리사가 알아줬으면 좋겠어요."

성치료 전문가: "리사, 마틴이 T(테스토스테론)를 받고 난 후에 달라진 점이 있다는 것을 알고 계셨나요?"

리사: "네, 털이 더 자랐고 목소리가 더 깊어졌고, 음핵이 아주 커졌어요!" **[마틴은 음핵이라는 단어를 듣고 움찔했다.]**

성치료 전문가: "마틴, 그 단어는 듣기가 좀 그러신 것 같은데, 맞나요?"

마틴: "네."

성치료 전문가: "좀 더 기분이 괜찮을 수 있는 다른 단어나 말이 있을까요?"

마틴: "저는, 그냥…… 저 혼자만 생각해 본 건데요."

리사: "말해 봐."

마틴: "가끔 당신이 날 먹고 싶다고 말할 때 내 성기를 빨고 싶다고 말하면 어떨지 상상해 봐."

리사: **[웃으면서]** "어머나! 그렇게 당연히 말해 줄 수 있지, 자기야! 왜 그냥 말 안 했어?"

마틴: "두려웠으니까!"

성치료 전문가: "마틴, 두려움을 느끼는 건 당연히 그럴 수 있지만 리사는 본인에게는 안전감을 느꼈으면 하는 것 같아요. 리사에게 이런 얘기를 하는 것이 도움이 될 수 있습니다."

정신역동적 · 관계적 애착에 대한 접근 방식

내담자가 커플 치료를 찾아올 때는 각 내담자가 현재 맺고 있는 관계를 포함해 모든 관계에서 상호작용하는 방식에 영향을 준 애착관계 역사(attachment history)를 가져온다(Wallin, 2007). 이 과거의 애착관계가 드러나도록 하기 위해 성치료 전문가는 정신역동적 · 관계적 애착 렌즈를 활용해야 하는데, 이러한 시각을 통해 내담자의 애착 유형을 반영하는 데 숨겨진 단서를 발견할 수 있다. 이러한 단서는 회기 동안 무관해 보일 수 있는 작은 제스처부터 상담 내용이 너무 강력해서 완전히 해리적으로 표현되는 등 다양하다. 커플은 자기도 모르게 성치료 전문가에게 이런 애착 패턴을 보여 주는 경우가 많다.

애착을 자세히 들여다보는 이러한 과정에서 성치료 전문가는 회기 중에 역전이가 일어나지 않도록 유의해야 한다. 이 과정을 통해 성치료 전문가는 커플에 대해 파악하고, 어떤 패턴이 작용하는지 알 수 있고, 어떻게 개입하여 해결의 빛을 비춰 줄 수 있을지 그 방법을 알아낼 수 있다. 예를 들어, 마틴과 리사 커플을 상담치료하는 성치료 전문가는 이 커플의 과거에 대해 알고 각자의 애착 유형을 파악했다. 마틴의 원가족은 마틴이 레즈비언 정체성을 이들과 공유했을 때 표면적으로는 지지했다. 그들은 마틴을 지지한다고 했지만 자주 동성애 혐오적 발언을 했다. 리사가 그의 삶에 들어왔을 때 이 커플은 가족 행사에 잘 가지 않았다. 마틴이 트랜스젠더 정체성을 공개했을 때 가족들은 기꺼이 수용해 주기보다 '너무 심하다'는 표현으로 말다툼을 했다. 그나마 남아 있던 가족의 지지를 상실한 후 마틴은 리사도 언젠간 그럴 수도 있다는 생각에 계속해서 걱정하는 마음을 갖고 있었다. 마틴의 애착 유형은 회피형이었고 리사는 안정적이지만 때로는 불안형 애착 유형을 갖고 있었다. 이 힘의 양상(역동)은 마틴의 거부와 묵살에 대한 두려움, 그리고 리사의 혼란이라는 패턴이 반복되는 결과를 가져왔다.

다음 대화는 리사와 마틴 커플을 상담치료하는 성치료 전문가가 어떻게 회기 중에 정신역동적 · 관계적 애착에 계속해서 집중했는지에 대한 예를 보여 준다.

마틴: "가까워지는 게 정말 어려워요. 진짜 슬픈 게 5년 전만 해도 우리 사이에 아무것도 끼어들 수 없을 것 같았거든요."

성치료 전문가: "5년 동안 많은 일이 일어났으니까요. 뭔가 변화가 생긴 것도 무리는 아니죠."

리사: "정말 답답한 건 저도 여러 가지 일을 겪었는데, 제가 뭔가를 알아서는 안 되는 것 같은 기분이 들거든요. 저도 여기서 정말 노력하고 있는데, 저 사람은 자꾸 차가운 어깨만 보여 주잖아요. 우리가 처음 만났을 때 저 사람이 저한테 마음 열게 하는 데 정말 오래 걸렸거든요. 어떻게 보면 지금 다시 그때처럼 된 것 같아요."

마틴: **[눈을 돌림]**

성치료 전문가: "그러니까 지금 두 분이 느끼는 정서적 공간이 뭔가 친숙한 거죠? 친밀감을 느끼기가 어려운데 이런 경험이 전에도 있으신 거잖아요." **[마틴과 리사 두 사람 모두 고개를 끄덕였다.]**

마틴: "맞는 것 같아요. 근데 지금까지 전혀 몰랐어요."

성치료 전문가: "지금은 뭘 알아채셨나요?"

마틴: "우리가 처음 사귀기 시작했을 때요. 리사가 처음이었어요. 제가 가까워지려고 노력했던 여자가. 그래서 엄청 불안했습니다. 리사가 이렇게 나를 또 좋아해 주다니 믿을 수가 없었고요. 그냥 정말 너무 조심스러워서 리사와 접촉을 많이 하지 않으려고 노력했던 것 같아요. 그냥 깊게 엮이고 싶지 않았어요. 언젠간 리사도 '내가 이 사람이랑 지금 뭘 하고 있지?'라고 자문하면서 결국 날 떠날 거라 생각했거든요."

리사: "정말 힘들었어요. 저는 완전히 빠져서 온 시간을 다 쏟았는데 가까워지기가 마치 하늘의 별 따기 같았어요."

성치료 전문가: "마틴, 옛말에도 있듯이 전환을 한 후에 '반드시 일어나야 할 일', 가령 이별을 기다리기만 하고 계신 것 같네요. 리사가 마틴의 성정체성이 어떻게 되든 마틴의 모든 것을 사랑하고 있다는 것을 믿을 수가 없으시군요. 하지만 리사는 마틴의 바로 옆에 앉아 있어요. 지금 보시는 것처럼 리사는 아무 데도 가지 않습니다. 리사는 마틴과 가까워지고 싶고, 마틴이 그렇게 해 줬으면 하고 있어요."

마틴: "저는 가끔 그냥 너무 무서워요."

성치료 전문가: "뭐가 무서운지 리사에게 말해 주세요."

마틴: "내 인생 자체가 당신한테 짐이 되는 것 같고, 당신 의지와 상관없이 나를 지금까지 돌봐야 했잖아. 내가 강요한 거나 다름없지. 얼마나 힘들었을지 잘 알아. 당신이 더 이상은 그렇게 힘들게 살지 않았으면 좋겠어. 그래, 괜찮으니까 그만해도 돼. 가서 복잡하지 않은 인생을 살아." **[눈물]**

리사: "지금 장난해? 난 당신도, 우리의 복잡한 인생도 사랑해! 그래, 우리 인생이 소풍 같진 않았지. 그래도 내가 여기 있잖아. 이런 인생을 원하지 않았다면 난 여기에 없었을 거야. 내가 정말 여기 있길 원치 않았다면 이미 떠났을 거야. 당신도 내가 어떤 사람인지 알잖아. 뭔가 잘 되지 않으면 될 방법을 찾는 사람인 거. 그 망할 계약 건도 그랬잖아. 올해 초에, 기억하지?"

성치료 전문가: "마틴, 방금 리사의 얘기 들으셨나요?"

마틴: "모르겠어요. 그러니까, 네, 그런 거 같아요. 그냥 제가 불쌍한 비극의 주인공이 아니라는 걸 믿을 수가 없어요."

리사: "정말, 당신. 나 이제 진짜 화가 나. 당신이 불쌍하다고 생각했으면 여기 안 있었어. 난 당신의 모든 것을 사랑해. 난 당신을 있는 그대로 사랑하고 여기까지 올 수 있었던 당신 삶의 모든 여정을 사랑해. 그래, 엄청난 노력과 용기가 필요했던 거 맞아. 고통스럽기도 했지. 하지만 스스로에게 솔직해져야지. 난 그런 당신을 더 사랑하게 될 거야! 당신은 내가 내 인생에서 원하는 것을 절대 포기하지 않도록 해 줬어!"

마틴: "난 몰랐어. 아니 머리로는 알고 있었는데, 가끔 내 가슴은 뭔가 다른 얘기를 했던 것 같아.

성치료 전문가: "네, 가끔 두 사람이 같은 곳을 바라보는 데 시간이 걸리긴 하지만 두 분 다 맞는 길로 가는 중이신 것 같네요. 가족과 있었던 과거가 지금 눈앞에 있는 것과 다른 현실을 보여 줄 때 힘이 들긴 하지만 지금 눈앞의 현실이 완전히 다르고 멋진 방식으로 펼쳐져 있죠. 과거에 가족과 함께일 때는 자신을 보호해야 했지만 지금 여기 리사한테는 그러지 않으셔도 돼요."

가족사를 포함한 커플의 과거력를 염두에 두고, 관계 치료상담 과정에서 변화된 방식을 통해 무의식적으로 내재된 작동 모델이 지금 관계에서도 효과가 없었던 이전 패턴과 관련된 패턴을 반복하게 나타나는 방식에 문제를 해결할 수 있다는 희망을 주는 것도 잘 유의해야 한다.

외부로 의뢰하기: 위탁

계속 변화하는 트랜스젠더 커플과의 상담치료 양상을 인지하는 것이 중요한 만큼 이 장에서 설명한 내용만으로는 트랜스젠더를 능숙하고 윤리적으로 대하는 데 결코 충분하지 않다. 계속 교육을 받기 위한 몇 가지 길도 있고 전국에서 접촉할 수 있는 상담 그룹도 있다. 그 몇 가지 방법 중 하나로 세계 트랜스젠더 건강 전문가 협회(World Professional Association for Transgender Health: WPATH)와 미국 트랜스젠더 건강 전문가 협회(U. S. Professional Association for Transgender Health: USPATH)에 가입하는 방법이 있다. 성치료 전문가가 참석할 수 있는 국내 및 국외 콘퍼런스도 몇 가지가 있다. 예를 들어, 캘리포니아에서 매년 열리는 젠더 스펙트럼 콘퍼런스(Gender Spectrum Conference)가 그것이다. 또한 성치료 전문가는 상담 또는 상담 그룹 서비스를 제공하는 젠더 전문가인 현지 서비스 제공자를 찾아볼 수도 있다. 위탁(reffering out)해야 할 때를 아는 것은 트랜스젠더인 사람들이 받아야 할 적절한 치료를 받기 위해 매우 중요한 일이다.

13장

대안적 마음 챙김과 성생활의 통합

타미 넬슨(Tammy Nelson) PhD
도움 주신 분: 젠 군사울루스(Jen Gunsaullus) PhD

성적 개입으로서의 마음 챙김 기법

대안적 치료와 성과 커플 치료 간의 연관성에 대해 저술된 글은 그리 많지 않다. 하지만 로리 브로토(Lori Brotto)와 동료들은 마음 챙김(mindfullness)과 성생활에 대한 연구를 시도했는데, 마음 챙김 치료를 통해 성적 욕구가 낮은 여성, 부인과 암의 생존자, 그리고 만성 통증에 시달리는 여성을 포함하여 다양한 사람들의 성적 기능이 향상될 수 있다고 주장했다.

특히 마음 챙김 기법을 사용하면 자신을 평가적으로 관찰하고 회피하는 것이 성적인 흥분, 성적인 욕구, 만족감에 방해가 된다는 점을 언급해서 성적 즐거움을 높여 주고 불안을 감소해 줄 수 있다. 자기를 평가적으로 관찰하는 현상이란 섹스를 하는 행위 중에 섹스에 몰입하지 못하고 걱정하는 현상이다. 섹스 중에 그 사람이 경험하는 몸의 감각에 초점을 두는 것이 아니고, 성적 경험을 하는 자신의 감각에서 주의가 벗어나 성적인 행위 자체에 대해 평가하는 생각으로 전환하는 현상이다. 이런 유형의 수행 불안은 그 사람이 그 순간에 집중하지 못하도록 해, 성적인 즐거움을 적게 느끼게 하고, 오르가슴을 느끼는 것을 방해할 수 있으며, 특히 여성의 경우 더욱 그럴 수 있다.

마음 챙김 기법은 비판단적이고 열정적이고 현재 순간에 의도적으로 주의를 집중하도록 도와 이러한 문제를 해결한다(Kabat-Zinn, 1990). 이 기법을 활용하면 과거에 대해 집착하거나 미래에 대해 걱정하고 있는 자신의 주의를 지금 여기에 다시 집중할 수 있도록 해 준다.

사람이 마음 챙김의 태도를 실행에 옮기면 이 순간에 머물게 되는 방법을 배우고, 자신이 느끼는 감정을 수용하고, 이러한 감정이 지나가도록 하는 방법을 배우게 된다. 자신의 생각, 감정, 신체적 감각을 알아차리게 되고 비판단적으로 이들을 수용하게 된다. 즉각적으로 반응하기(예: 비난, 침묵, 주의 분산 또는 멍해짐)보다는 자신의 경험을 관찰함으로써 여유를 갖고 자신을 불행하거나, 불안하거나, 화나거나, 슬프거나, 불편하거나, 외롭거나, 두렵게 만드는 것이 무엇인지 숙고하기 시작한다.

마음 챙김은 누군가의 감정, 감각, 그리고 신념에 대해 미묘한 차이를 잘 인식하게 하기 때문에 섹스에 대한 고정된 패턴의 돌파구를 찾는 데 매우 적합하다. 특히 마음 챙김 기법을 섹스와 커플 치료에 적용할 때 이 마음을 집중해서 알아보는 것은 성적인 즐거움을 주고받는 데 주의를 집중할 수 있도록 해 준다. 특히 성적 욕구 저하로 어려움을 겪고 있는 커플은 마음 챙김을 성적인 어려움을 격고 있는 어려움의 두 가지 측면에 적용하라고 추천한다.

첫 번째, 성적 욕구와 흥분을 느끼는 신체적 경험에는 여러 가지 미묘한 차이가 있다는 것을 알아차리는 것이다. 성적 욕구 저하가 있는 파트너가 자신은 욕구나 성적인 흥분을 느껴 본 적이 없다고 생각하더라도, 마음 챙김 기법을 사용하여 감각의 세밀한 부분을 새롭게 관찰하면 그 파트너는 자신의 신체가 반응하는 방식을 보고 거기서부터 새로 시작하는 데 도움이 될 수 있다.

두 번째, 마음 챙김은 욕구의 차이가 부부 관계에서 흔히 있는 일이고, 커플에게 이런 현상이 어느 한쪽 파트너나 그 관계 전체가 잘못되었다는 것이 아니라는 점을 비판단적으로 수용하도록 도움을 줄 수 있다. 깊은 수준의 자아–관계–수용은 저항, 죄책감 및 거절의 부정적인 패턴을 깨고, 대화와 상호작용을 새로운 방향으로 향상시킬 수 있도록 한다.

이 두 가지 요소는 통합적 마음 챙김 치료를 구성하고 있는데, 이 요소는 질경련, 조루증 및 성전환 수술 후 증상 등 다양한 신체적 문제를 겪고 있는 사람들에게 도움이 될 수도 있다. 마음 챙김 기법은 자신의 신체적 반응을 세세하게 알아차릴 수 있게 한다. 거부하거나 멍해지거나 도망가지 않고 가만히 앉아서 즐거움과 불편한 정서적·신체적 감각을 부드럽게 느끼는 것이다. 또한 자신의 현재 상황을 수용할 수 있게 돕기도 한다(자기 자비를 통해). 이러한 접근 방식을 통해 몸과 마음이 서로를 적대시하여 싸우는 것이 아니라 하나로 같이 작용하도록 한다.

마음 챙김은 불교의 명상에 근간을 두고 있지만 1970년에 존 카밧 진(Jon Kabat-Zinn)에 의해 처음으로 정신치료법의 하나로 세상에 나오게 된다. 존 카밧 진은 불안

치료 시 다른 심리학적 개입이 그다지 효과적이지 않은 경우에, 마음 챙김 기반 스트레스 감소(Mindfulness-Based Stress Reduction: MBSR) 프로그램이 효과가 있을 수 있음을 발견했다. 불안 치료 중 마음 챙김의 효과는 성적 욕구 치료에서도 그 유용성이 있을 가능성을 설명해 준다. 불안은 발기 부전, 사정 기능장애, 오르가슴 부전 및 질경련을 포함해 남성과 여성 모두의 여러 가지 성기능 장애에 공통된 요인이기 때문이다.

정신-신체 연결의 힘을 고려해 보면 마음 챙김의 심리적 효과가 성적 만족감, 욕구 및 자극의 문제로까지 확대되는 것이 당연한 일이다. 사실상 양질의 성적 만족감은 일반적인 마음 챙김 경험과 연결되는 단계를 통해 측정되는 경우가 많다. 예를 들어, 사람들은 뛰어난 성적 경험을 묘사할 때 흔히 이렇게 말한다. "완전히 살아 있는 기분이었어요." "완전히 몰입되었어요." "내 파트너와 완벽한 조화를 이룬 것 같았어요." 또는 "모든 숨과 감각을 느낄 수 있었어요."

그래서 다음 장에서 성적 관계 측면에서 불안과 회피를 위한 치료적 개입으로서 마음 챙김의 유용성을 살펴보려고 한다. 6주 성관계 회복 프로토콜을 통해 커플이 어떻게 섹스 치료, 커플 치료, 마음 챙김, 감각초점 기법을 결합한 방법을 활용하여 성적 관계에서 연결성, 자극, 친밀감, 그리고 높아진 욕구를 달성할 수 있는지 살펴보겠다.

마음 챙김, 감각초점 훈련법, 그리고 신체 치료

『감각초점 훈련법: 터치, 마음 챙김, 신체 치료의 연금술(Sensate Focus: The Alchemy of Touch, Mindfulness, and Somatic Therapy)』에서 콘스탄스 에이버리-클라크(Constance Avery-Clark) 및 린다 와이너(Linda Weiner)는 감각초점 훈련법을 보다 현대적으로 해석하여 마음 챙김 및 섹스 치료를 통합해서 현대적으로 바라보는 시각을 제공한다. 특히 마음 챙김, 신체적 경험, 감각초점 훈련법이라는 섹스 치료 수행에서 세 가지 영역을 한데 엮어 성기능 장애 및 욕구 문제에 대해 전체론적인 개입[1]을

1) 역자 주: 성치료의 전체론적인 개입에 도움이 되는 『체계이론의 실제: 개인 · 부부 · 가족치료에의 적용』(강은

형성했다.

마음 챙김 측면에서의 목표는 커플이 느끼는 성적 즐거움의 감각에 집중하도록 하는 것이다. 프로토콜은 커플이 섹스를 해야 한다는 압박감이 없이 육체적으로 연결될 수 있는 환경을 조성하고 그 대신 두 사람이 터치를 주고받으면서 순수하게 그 터치에만 집중하도록 한다. **신체적 경험**은 이러한 과정 동안 내부감각(interoceptive) 및 고유감각(proprioceptive) 모두에 대한 인지를 높이는 것과 관련이 있다. 이 촉각적 알아차림에는 현재 순간 신체 안팎으로 느껴지는 것을 알아차리는 것을 말한다. 마지막으로, **감각초점 기법** 활용은 성적인 수행이 아니고, 성적인 즐거움을 느끼는 것이 목표가 되도록 섹스 자체에 대한 초점을 바꾸는 것이다. 집중 대상을 바꾼다는 것은 성적인 행동의 마지막 목표를 추구하기보다는 성적인 감각이 즐거움이든 불편함이든 간에 그 순간에 경험하는 감각에 계속 주의를 반복해서 기울인다는 의미이다. 섹스 시 '결승점'(이는 주로 남성의 오르가슴을 뜻함)에 도달하는 데 집중하는 문화에서는 이런 방식으로 섹스를 바라보는 것이 문화적으로 중요한 의미가 될 수 있다.

와이너와 에이버리-클라크는 이러한 세 가지 영역을 염두에 두고 커플에게 일정 기간 동안 터치, 친밀감, 즐거움을 느끼는 능력을 증가시키는 데 도움이 되는 점진적으로 수행할 수 있는 성적 과제를 내주었다. 궁극적으로 이 통합된 개입의 목표는 커플이 의도적인 마음을 내려놓고 자연스러운 성적 반응이 자신만의 방식으로 일어나게 돕는 것이다. 그렇게 하려면 커플이 성적으로 반응하도록 돕고, 성적인 감정을 다시 자극하고, 성적인 압박감, 기대, 수행 불안을 줄이도록 도와야 한다. 와이너와 에이버리-클라크가 말하는, 즉 가깝고 친밀한 감정을 다시 부활시키고 의미 있는 성적 흥미, 자극 및 친밀감을 회복할 기회를 제공한다.

호, 최정은 공역, 학지사, 2019)는 개인, 부부, 가족치료에의 주요 개념에 대한 이해의 길잡이가 된다. 이 책을 바탕으로 '나무와 숲'을 동시에 볼 수 있는 전체론적인 접근을 이해하면 성치료에 있어서도 신체 및 물리적이거나 심리적인 부분만을 각각 해결하려는 치료가 아닌 다학제적 접근의 통합적 성치료 전문가로 발전할 수 있다.

성과 커플 치료에서 마음 챙김 기법의 활용: 사례

조안(Joan)과 셰일라(Sheila)는 조안이 셰일라와 오르가슴을 느끼지 못해 내 사무실을 찾아왔고, 조안은 자위 행위를 해도 클라이막스에 도달하는 것에 대한 확신이 없었다. 이 성적인 문제는 침대 안에서든 밖에서든 둘의 관계를 괴롭혔다. 셰일라는 조안의 오르가슴 '문제'를 돕는 데 압박감을 느꼈고, 조안은 당황스러움을 느꼈고 '문제의 당사자'라는 느낌을 받았다. 조안은 자신이 성적 환희를 경험하는 데 방해가 되는 문제를 얘기하면서 다음과 같이 말했다.

조안: "한동안은 긴장을 풀 수가 있는데 셰일라가 그런 표정을, 그러니까 제가 오르가슴을 느꼈으면 한다는 표정을 지으면 불안한 감정이 올라오고 걱정이 돼요. 이런 생각이 들기 시작해요. '내가 너무 오래 걸리나? 이렇게 하는 게 싫은가? 피곤한가? 나한테 무슨 문제가 있는 걸까', 그리고 또 침실이 너무 춥다는 생각도 들고, 난방을 절대 켜지 않는 그녀에게 갑자기 막 화가 나요. 그러고 나면 난방비에 대해 생각이 들고 이 지역 난방비는 왜 이렇게 비싼지, 그리고 또 개는 어디에 있는지 이런 생각을 하게 되고요. …… 그런 식으로 되는 거예요. 그림이 그려지죠?

성치료 전문가: "그러니까 그 순간에 전혀 집중을 못하신 거네요. 혹시 긴장이 풀리고 그 순간의 즐거움을 느낄 수 있을 때, 셰일라가 조안을 만지면 기분이 좋은가요?"

조안: "모르겠어요. 잠깐은 기분이 좋은 것 같지만 오래가지 않는 것 같아요."

성치료 전문가: "정신이 산만하다는 것을 스스로 알게 된다면 셰일라가 만져 주는 그 감각에 다시 집중할 수 있을 것 같나요?"

조안: "어려워요. 전 정말 죄책감을 느끼거든요. 셰일라는 진짜 노력하고 있다는 걸 아니까요."

성치료 전문가: "셰일라는 어때요? 섹스 중에 조안이 다른 생각을 하기 시작하면 눈치를 채시나요?"

셰일라: "조안이 나에게 반응하는 것을 보면 알아차려요. 지금 잘되고 있다고 생각해요, 조안에게 자극을 잘해 주고 있다고 생각했는데, 제가 뭘 하든 아내는 이내 멈춰요. 저한테 더 이

상 반응을 하지 않아요. 그냥 거기 누워 있거나 굳어 있는 거예요."

성치료 전문가: "그럼 조안은 그런 순간에도 셰일라가 만져 주는 그 감각을 느끼시나요? 아니면 완전히 딴 생각을 하고 계신 건가요? 걱정이 드나요? 아니면 죄책감? 그 순간의 피부에 일어나는 감각을 느끼기에는 너무 많은 감정이 드나요?"

조안: "그냥 딴 생각이 들고 불안하고 걱정이 돼요."

그런 다음 나는 셰일라와 조안 커플과 성생활, 즉 친밀감의 질을 전반적으로 개선해 주는 마음 챙김 기법의 효과에 대해 이야기했다.

성치료 전문가: "마음 챙김 기법은 스트레스를 줄이고 그 순간에 집중하는 데 도움이 되는 것으로 밝혀졌습니다. 지금 당장 그 기법을 시도해 보시겠어요? 그리 대단한 건 아니고 제가 하는 말이 무슨 말인지 좀 이해시켜 드리려고요."

조안: "좋습니다."

셰일라: "괜찮을 것 같네요."

성치료 전문가: "지금 상담실을 한번 둘러보시고 이전에는 눈치 채지 못했던 뭔가 하나를 발견해 보세요. 이 사무실에 전에도 와 봤고, 지금도 45분 넘게 앉아 있었지만 전에는 안 보였던 무언가를 발견하신 게 있나요?"

셰일라: "네, 저기 노란색 공책이 있네요."

조안: "네, 저기 책상 옆에 그림자가 보이네요."

성치료 전문가: "잘하셨어요. 이것이 마음을 여기에 머무르게 하는 한 가지 방법이에요. 이 순간에 완전히 집중한 것이죠. 방금 그 기법을 사용하여 이 순간으로 마음을 가져온 것이에요. 이 방에 우리 함께 있는 이 순간 말입니다. 이제 성적인 경험을 할 때도 파트너의 몸에 집중하기 위해 이런 식의 기법을 사용하여 마음을 그 순간에 집중하는 방법이 상상이 되시나요? 성적으로 연결되려고 노력하는 그 순간으로 돌아오는 거죠."

두 사람은 이 간단한 연습을 시작으로 마음 챙김을 활용해 보는 데 동의했다. 두 사람이 이 간단한 연습에 더 익숙해지자 나는 상급 과정의 과제를 제안해 볼 준비가 되었다. 나는 특별히 나의 6주 성관계 회복 프로토콜(Nelson, 2014)을 소개해 주었다. 이 프로토콜은 일반적인 감각초점 접근 방식을 차용하여 통합적 성과 커플 치료의 측면에서 효과가 있도록 수정된 것이다. 다음에서 더 자세하게 논의될 이 프로토콜은 다시 연결되고자 하거나 성적 연결을 이루려 하고자 하는 커플에게 매우 적합하다.

6주 성관계 회복 프로토콜

치료를 찾는 커플 중에는 아직도 친밀감을 위한 삶보다는 일상의 활동을 우선으로 하는 경우가 많다. 커플에게 성생활을 할 일 중 가장 뒤로 미루게 되면 한 사람 또는 두 사람 모두의 관계가 중요하지 않다고 느끼게 되고 그 결과 자신이 파트너에게 더 이상 중요하지 않다고 생각할 수도 있다는 점을 얘기해 주는 것이 중요하다. 성생활에 대한 집중도가 줄어들면 재미나 친밀감도 줄어들기 시작할 수 있다. 나는 내담자에게 이런 단절을 막기 위해 섹스 데이트 일정을 잡는 것이 중요하다고 강조한다.

그에 대한 반응으로 일부 커플은 섹스를 계획해야 한다면 더 이상 자발적으로 발생하는 것이 아니기에 불만을 제기할 수도 있다. 나는 그럴 때 누군가는 일반적으로 섹스를 어떤 시점에서 계획하고 있다는 점을 지적하면서 솔직히 말해서 시간적 여유가 있어야만 섹스가 자발적으로 일어날 수 있다고 대답하곤 한다. 따라서 자발성은 누군가 그것을 위한 계획을 했을 때만 발생하는 것이며, 특히 두 파트너가 일정이 바쁘거나 집안일을 해야 하거나, 아이나 직장 일 때문에 바쁘면 더 그렇다. 바쁜 두 사람이 서로 연결된 성생활을 만들어 나가려고 노력할 때 일상적으로 바쁜 직장 일과 가족 일을 관리하는 것이 방해가 될 수 있다.

직장을 잃었거나 병을 앓거나 배신 행위로 정서적으로 거리가 생기게 되는 등의 관계 위기를 겪고 있는 커플의 경우 6주 성관계 회복 프로토콜이 다시 연결되고 성적 관계를 회복하는 데 도움이 될 수 있다. 강렬한 성적 연결을 시작해 본 적이 없는 커플의 경우에는 이 프로토콜이 완전히 새로운 방식, 아마도 훨씬 나은 방식으로 연결되는 데 도움이 될 수 있다.

프로토콜 소개

6주 성관계 회복 프로토콜을 설명할 때 단계를 성급하게 진행하지 않고 지침을 면밀히 준수하도록 커플에게 알려 주는 것이 중요하다. 몇 주는 커플이 천천히 부드러운 터치부터 보다 감각적인 터치에까지 이르는 과제를 시작으로 보다 성적인 터치 연습으로 이어지는 단계적인 연습을 하는 방식으로 계획되며, 커플이 서로에게 다가가는 것에 익숙해지고 밤에 성적인 기대가 더해지도록 설계된다. 각각의 주가 지나갈수록 반복해서 이러한 실습을 하게 되면 친밀하고 성적인 정서적 연결 단계로 발전하고, 성적인 에너지가 파트너 사이에 증가하게 된다. 나는 대개 커플에게 다음과 같이 프로토콜을 적용한다.

> 성적인 행동을 즐길 저녁 시간 데이트 날짜를 서로 정합니다. 성적인 데이트는 자발적으로 성을 끌어내는 데 중요한 역할을 하며, 관계적인 면에 특별한 시간을 제공해 줍니다. 이는 파트너에게 헌신과 의지를 보여 주며, 관계에 더 신경 쓰게 되고 좀 더 성적인 요소를 부여해 줍니다. 이러한 6주간의 성적인 데이트는 다시 새롭게 시작하고, 새로 무언가를 만들어 가는 데 도움이 됩니다.
>
> 매주 성적인 데이트의 밤은 주기적으로 두 사람 각자가 전념할 수 있는 합의된 밤(또는 낮)이어야 합니다. 매주 같은 날, 같은 시간에, 당장 어떤 기분이 들든 만나기로 합의를 합니다. 한 주는 피곤할 수도 화가 나 있을 수도 있고, 그다음 주에는 좌절감을 느끼고 있을 수 있습니다. 하지만 어쨌든 만나도록 서로에게 약속을 하세요.
>
> 성적인 데이트에 반드시 성교를 해야 하는 것은 아닙니다. 6주 뒤에는 대개 성교로 이어지게 되겠지만 매주 기대치를 훨씬 넘어서는 성적인 경험을 하게 되실 겁니다. 아니면 한 주는 실망감을 느끼고 낙담을 하게 되기도 하죠. 하지만 그렇다고 멈추면 안 됩니다.
>
> 성적인 데이트 밤은 두 사람이 바쁜 한 주에서 벗어나 함께 만들어 가는 특별하고 성스러운 시간입니다. 그리고 아무 방해 요소 없이 함께 서로에게, 그리고 두 사람의 성적인 관계에 집중할 수 있는 시간입니다. 성생활을 함께한다는 것은 두 사

람이 단순히 룸메이트나 친구, 또는 공동 부모가 아니라는 증거입니다. 두 사람은 연인입니다. 두 사람이 처음에 왜 함께하게 됐는지 기억하는 데 집중해야 합니다. 하지만 천천히 가세요. 매주 하룻밤 성적인 데이트를 하는 것부터 시작하세요.

만날 시간을 정하는 것이 가장 힘든 부분일 수 있습니다. 하루를 정하고 서로의 달력에 표시를 하고 서로에게, 또 자신에게 이때는 매주 성생활 연습을 해야 하는 시간이라고 약속을 하세요. 이 성적인 데이트를 계획하는 것은 몇 가지 효과가 있습니다. 일관성이 중요합니다. 이를 통해 파트너에게 자신이 그를 존중하고 존경함을 보여 줍니다. 또한 성적인 기대를 만들어 줍니다. 정신은 딴 데 가 있더라도 몸은 함께하는 그 시간을 기다리기 시작합니다.

데이트 밤이 오면 그 순간에 그러고 싶은 기분이 아니더라도 몇 가지 성적인 접촉이 있을 것을 알고 계세요. 때로는 성적인 욕구보다 흥분을 느낄 수 있습니다. 이때 흥분감은 욕구가 생길 때까지 기다리지 않습니다. 흥분감이 느껴지면 성적인 욕구가 증가할 수 있는 분위기를 조성하게 됩니다.

데이트 밤에 침실에서 여기는 두 사람이 함께할 신성하고 성적인 공간임을 상기해 주는 분위기를 조성하도록 하세요. 촛불을 켜고, 협탁에 신선한 꽃을 두고, 침대에는 부드러운 시트와 이불을 둡니다. 파트너가 좋아할 만한 음악을 고르는 노력도 좋습니다.

대망의 밤이 되면 열린 마음을 갖고 합리적 마음을 가지고 이 밤을 예상합니다. 이 저녁이 상상한 대로 이루어지면 좋은 것이고, 기대에 미치지 못해도 파트너와 연결된 느낌을 받았다면 이 밤은 성공한 것입니다.

처음에는 각 밤마다 성적인 접촉을 제한하면서 마사지를 하고 터치를 하세요. 성적인 연결감을 경험하는 방법은 많습니다. 함께 벗은 채로 누워 있거나, 부드럽게 만지거나, 마사지하거나, 감각적인 방식으로 파트너를 만지거나 파트너가 지켜보는 상태에서 자신의 몸을 즐겁게 해 주는 방법이 있습니다. 성적인 데이트 밤을 갖는 데 잘못된 방법은 없습니다. 하지만 성적인 접촉을 당장 부추기는 것은 원치 않을 것입니다. 지금은 그런 부담을 내려놓는 것이 좋습니다.

성적인 밤은 1주차부터 시작해 6주차까지 진행됩니다. 다음은 여섯 번의 데이트 밤마다 따라야 할 6주간의 제안 사항입니다.

첫 번째 실습, 첫 번째 밤

첫 번째 밤의 목표는 파트너가 '비키니 또는 수영복'을 입는 부위를 만지지 않고 파트너가 서로 마사지를 해 주는 것이다. 주는 사람은 마사지사 역할을 맡아 받는 사람에게 마사지를 받는 경험을 선사한다. 주는 사람은 기분 좋은 방법을 사용하여 부드럽고 다정하게 마사지하듯 받는 사람을 터치할 수 있다. 주는 사람은 성기 부위를 만지는 것을 피하면서 전체 몸을 마사지할 수 있다. 오르가슴을 피하는 것이 목표이다. 사실 오르가슴과 성교는 첫 번째 밤에는 금지 사항이다.

받는 사람은 마사지 오일로 손상되지 않을 시트나 이불이 깔려 있는 부드러운 침대 위나 바닥에 깔려 있는 마사지 매트 위, 또는 시트가 덮여 있는 마사지 테이블 위에 누워야 한다. 주는 사람은 자극을 피하기 위해 무향 마사지 오일을 사용하여 받는 사람의 몸을 마사지하기 시작해야 한다. 주는 사람은 받는 파트너의 등을 마사지하면서 확실하게 쓰다듬는다. 천천히 하다가 빠르게 하거나 부드럽게 하다가 단단하게 어루만져 준다. 이 과정이 진행되는 동안 마사지를 받는 파트너는 호흡과 마사지 받는 것에 집중하면서 어떤 생각과 감정이 수면에 떠오르는지 알아챈다. 이 첫 번째 성적인 밤을 위한 지침은 다음과 같다.

> 팔과 다리 외부로부터 시작해 안으로 들어가거나 목과 어깨부터 시작해 아래로 내려가 손이나 발로 이동하면서 감각적인 방식으로, 파트너가 좋아할 만하게 마사지를 받는 파트너를 어루만져 줍니다. 움직임이 성적이거나 감각적일 수 있지만 파트너의 비키니 또는 수영복 부위는 건드리면 안 된다는 점을 유념하세요.
>
> 이러한 제한이 본인과 파트너에게 얼마나 기쁨을 가져다주는지 놀라게 될 것이고, 서로의 몸을 어떤 목적 없이 단순히 즐기는 방식으로 탐색할 수 있게 됩니다. 만지고 싶은 부분을 만질 수 없다는 것을 알 때 기분 좋은 성적인 긴장감도 형성될 수 있습니다.

받는 사람이 되면 금지된 신체 부분을 만져 주기를 바라실 수 있습니다. 이 사랑스러운 성적인 긴장감에 집중하여 충분히 느끼면서 그 에너지를 만끽하세요. 바꾸거나 평가하거나 감정을 판단하려고 하지 마세요. 그냥 알아차리기만 하면 됩니다. 무엇이 환희를 가져다주는지 느끼기만 하세요.

주는 사람은 손끝에서 어떤 환희가 느껴지는지 알아 가세요. 파트너의 몸을 다시 한번 더 살필 때 주는 것도 받는 것도 모두 관대한 경험이라는 점을 기억하세요.

파트너의 피부와 그 부드러움, 몸의 시원한 질감을 느끼세요. 받는 사람은 파트너의 손이 자신의 피부에 닿는 것을 느끼면서 그 순간에 집중하세요. 마음이 불안해지면 상대의 손끝이 자신의 피부에 닿는 그 느낌에 다시 한번 집중합니다. 여기서 유일한 목표는 그 순간에 최대한 집중하는 것임을 잊지 마세요.

이 다음에는 어떻게 될지, 또는 파트너가 무슨 생각을 하고 있는지에 대해 걱정하지 않고 본인이 얼마나 그 순간의 쾌감을 즐길 수 있는지 보세요. 머릿속에 있는 생각을 알아채고, 그냥 지나가게 두세요. 붙잡아 둘 필요가 없습니다. 느끼는 감정을 바꾸려고 하지 말고 그대로 느껴 보세요. 저항, 분노 또는 좌절이 느껴지나요? 슬픔, 사랑 또는 갈망이 느껴지나요? 감정이 흘러가도록 하고 판단하거나 무언가를 성취하고자 하는 욕구를 가둬 두지 마세요. 마사지처럼 쓰다듬는 걸 느끼면서 본인의 신체 부위 중에 얼어 버리거나 저항감이 생기는 부위가 있다는 것을 눈치챌 수 있습니다. 아니면 아예 아무 느낌도 안 들 수도 있죠. 감각이 없을 수 있습니다. 그 어루만짐이 불쾌하게 느껴질 수도, 좋다고 느껴질 수도 있습니다. 모든 감각과 감정을 평가하지 말고 그대로 느끼면서 받아들이세요.

어떤 시점에서 서로 괜찮다면 받는 사람이 피드백을 줄 수도 있는데, 5점 피드백 기준만 활용하세요. 말을 통해 피드백을 하면 곤란해질 수 있습니다. 평가하거나, 비평하거나, 요구하거나, 뭘 더 원하는지 얘기할 위험이 있기 때문입니다. 다음 기준을 활용하여 느끼고 있는 감각의 경험을 묘사하고 말을 하지 않도록 합니다. 어떤 단어보다 숫자를 사용하면 대답할 말을 생각해야 해서 복잡해지지 않고 감각을 충분히 그대로 느낄 수 있습니다. 이렇게 하면 이해하려고 하고, 의미를 부여하려 하고, 언어로 바꾸려고 하여 결국 말하는 데 뇌를 쓰지 않아 그 경험을 온전히 느낄 수 있게 됩니다.

1. 1은 편하지 않거나 거의 고통스러운 느낌을 뜻하며, 파트너는 이를 알아차리고 곧바로 어루만짐이나 터치를 중단합니다.
2. 2는 다소 불편하다는 뜻이지만 좋지 않다는 것은 아닙니다.
3. 3은 아주 괜찮지만 좀 중간적인 느낌이라는 뜻입니다.
4. 4는 아주 좋고 환상적인 느낌을 말합니다.
5. 5는 극강의 환희를 느끼고 있고 계속해서 만져 주길 원한다는 뜻입니다. 경이로움이 느껴져 파트너가 더 해 줘야 하며, 다른 신체 부위도 마찬가지로 만져 주면 좋을 수 있습니다.

받는 사람은 마사지를 해 준 사람에게 이 5점 피드백 점수를 사용해서만 피드백을 줘야 합니다. 말로 하는 것은 금지 사항입니다. 이 점수표를 사용하여 받는 사람은 주는 사람에게 기분 좋은 부위로 유도하고 불쾌한 부위에서 손을 떼게 할 수 있습니다. 받는 사람이 4 또는 5를 경험하도록 노력하는 것은 바람직하지만 필수적인 것은 아닙니다. 내면의 감정을 알아차리는 것이 더욱 중요합니다. 억울함, 죄책감 또는 경이로움이 느껴지나요? 마사지에 대해 피드백을 받으면 내면에서 어떤 일이 일어나나요?

주는 사람일 때 파트너가 더 기분이 좋도록 바꿔서 쓰다듬을 수 있나요? 파트너가 쓰다듬는 방식에 보인 반응에 놀랐나요? 아니면 그렇게 짐작하셨나요? 수행 능력이나 파트너의 수용력을 평가하지 않고 최대한 많은 정보를 습득하고 계속해서 움직이면서 쓰다듬는 느낌이 본인에게 어떻게 다가오는지 살피세요. 음악이 재생되고 있으면 음악의 리듬과 함께 움직이려 해 보세요. 아니면 호흡의 리듬에 맞춰 움직입니다. 호흡을 들이쉬고 내쉬면서 파트너의 몸을 손으로 앞뒤로 쓰다듬으세요. 파트너의 호흡에 본인의 호흡을 맞추려고 하세요. 호흡은 이 연습에서 중요한 부분입니다.

손으로 쓰다듬으면서 호흡을 들이쉬고 내쉬는 타이밍을 맞출 수 있으면, 파트너에 대한 마사지의 효과가 커지고 더 많이 알아 가게 될 것입니다. 본인이 자신의 호흡과 파트너의 호흡에 연결되면 받는 사람과 더욱 깊고 강렬한 연결감을 느낄 수 있습니다. 숨을 들이쉬고 내쉬면서 호흡의 리듬에 연결할 수 있으면 고유하게 순환되는 리듬을 경험할 수 있습니다. 파트너가 숨을 내쉬면 숨을 들이쉬고, 파트너가 숨을 들이쉬면 내쉬세요. 어떤 시점에는 마사지가 거의 명상하는 것과 같이 느껴질 수도 있습니다.

파트너의 심장박동이 점점 느려지기 시작하는 것을 알아차리게 될 것입니다. 파트너의 맥박이 느려지는 것이 느껴지고 파트너가 끝내 한숨을 뱉을 수 있습니다. 파트너가 근육의 긴장이 풀어지고 몸 전체가 침대나 바닥에 완전히 자리 잡은 것을 느낄 수 있습니다. 여기서 더 긴장을 풀게 만들 수 있나요? 어떻게 하면 파트너가 긴장을 푸나요? 강하고 깊게 만졌을 때, 또는 가볍게 애무하면서 만졌을 때인가요?

파트너를 마사지하면서 파트너의 감정을 일부 느낄 수도 있습니다. 갑자기 슬프거나 불안하다고 느껴지면 스스로에게 본인의 감정인지 파트너의 감정을 고스란히 느낀 것인지 자문해 보세요. 파트너의 피부, 머리의 기울어짐, 어깨 또는 허벅지를 통해 파트너의 감정을 느낄 수 있는지 보세요. 지금 파트너가 어떻게 느끼고 있다고 생각하나요? 터치를 통해 파트너를 진정시키고 파트너의 감정적 공간에 변화를 가져올 수 있나요? 더욱 다정하게, 더 꽉 안고, 더욱 섬세하게 애무할 수 있나요? 파트너가 지금 당장 필요한 게 뭐라고 생각하나요?

일반적으로 사랑을 나누고 강렬한 성적 환희에 집중할 때 파트너가 감정적으로 겪는 미묘한 변화 또는 파트너의 몸이 보내는 많은 신호를 놓칠 수 있음을 간과합니다. 이제 파트너의 피부 바로 아래에 있는 내면의 자아에 깊게 몰두하면서 무엇을 놓치고 있었을 수 있는지 확인해 보세요. 지금 이 순간에 파트너에 대해 어떤 걸 느낄 수 있나요? 파트너에게서 어떤 성적인 감정을 느낄 수 있을 것이며, 스스로 그러한 욕구나 흥분감의 감정을 느낄 수 있을 것입니다. 이번 주, 그러니까 첫째 주에 성교 없이 파트너에 집중하는 노력을 보였으니 이러한 감정을 고스란히 느끼면서 그냥 숨을 들이쉬고 내쉬면 됩니다. 이러한 감정을 알아채고, 이번에는 어떠한 판단이나 행동을 취하지 마세요.

그 감정이나 느낌을 스스로 들이쉬며 품고 그 에너지를 느끼세요. 이런 방식으로 본인이 파트너에게 얼마나 감사하고 있는지 느끼고 파트너에게 이끌리는 대로 스스로를 흘러가게 두세요. 이 순간 파트너를 사랑하는 마음을 그대로 두고 손을 통해 감정을 파트너에게 전달하세요. 두 사람이 합의한 경계를 넘지 않도록 하고 비키니 부위를 건드리지 않아야 함을 잊지 마세요.

파트너를 만지고 파트너가 본인을 만지는 연습을 하면서 파트너에 대해 감사하고 긍정적인 생각과 감정을 가지면 이 연습이 더 효과적일 수 있습니다. 파트너가 흰색 빛으로 둘러싸여 있다고 상상하면서 파트너에 대해 분명하고 다정한 생각만 하세요. 파트너가 본인을 만지거나 본인이 파트너를 만지는 동안 그 에너지는 본인의 에너지와 섞여 들어갑니다.

이 에너지가 서로 갈등 없이 명확하고, 사랑스럽고, 힐링이 되길 원하실 것입니다. 그 에너지를 흰색 빛으로 시각화하고 파트너를 긍정적이고 다정하게 생각하면, 일시적으로라도 두 사람 사이의 에너지를 분명히 느낄 수 있습니다.

주는 사람이 쓰다듬는 속도를 더욱 늦추고 더 깊이 호흡하면서 연습을 끝냅니다. 주는 사람은 받는 사람 위에 몸 전체를 천천히 누이고, 깊게 심호흡하고 눈을 감으면서 이 경험을 마무리합니다. 3분 이상 호흡하거나 10번 깊게 호흡합니다. 파트너의 손을 잡거나 손바닥을 펴고 파트너의 손바닥에 올려놓으면 에너지가 더 완벽하게 봉인됩니다. 마지막 한 숨을 깊게 들이쉬었다 내뱉고, 받는 사람 위에서 내려오고 파트너에게 터치를 하게 해 줘서 고맙다고 말하고 화답할 부담을 주지 않고 파트너가 잠에 들게 합니다.

한 사람이 이 첫 번째 밤에 주는 사람 역할을 하고 다음 데이트 밤에 그 사람이 받는 사람의 역할을 하도록 아껴 두는 것이 좋습니다. 이렇게 하면 받는 사람이 완전히 긴장을 풀고 화답할 부담 없이 잠에 들 수 있습니다. 하룻밤에 주고받고를 모두 할 수 있다고 해도 공공연한 성적인 행위는 이 주에 하지 않는다는 점을 기억하세요. 두 사람 모두 흥분감을 얻거나 더 성적인 행위에 대한 욕구가 생겼다고 해도 말입니다. 이번에는 절대 가슴이나 성기를 만지면 안 된다는 점을 잊지 마세요. 비키니 부위에서 멀리 떨어지고 성교를 해서는 안 됩니다. 그 욕구를 가둬 두고 받아들이세요. 오늘 밤은 그런 밤이 아니라는 점을 겸허히 받아들이세요.

감사한 마음을 표현하는 것도 이 실습에서 중요한 부분이다. 사람은 항상 감사를 표현할 때 상대방에게서 많은 것을 받게 된다. 그렇기 때문에 커플이 이러한 감사함을 표현하는 언어를 의사소통할 때나 성적인 데이트 밤에도 활용할 수 있도록 통합하는 것이 매우 중요하다. 성적인 연결과 쾌감을 경험한 저녁 이후에 각 파트너는 그 밤에 무엇이 감사했는지 서로 공유해야 한다. 이상적으로는 커플이 그 밤, 그리고 서로에 대해 감사한 점 세 가지를 각각 공유할 수 있는지 생각해 보라. 이렇게 감사함을 전달하는 것은 그 데이트 밤 또는 그다음 날에 해도 된다.

커플은 감각적 경험을 할 때마다 서로에게 감사함을 전하거나, 말이나 행동으로 매일 감사함을 실천할 수 있다. 커플이 매일 파트너에 대해 감사한 점을 세 가지 말하면 그 관계는 완전히 새로운 수준으로 발전하게 될 수 있고, 커플이 6주간 형성하려고 하는 연결감을 유지해 줄 수 있다.

두 번째 연습, 두 번째 밤

두 번째 밤의 지침은 첫 번째 밤과 같다. 하지만 이제 주는 사람이 받는 사람의 가슴이나 성기를 터치하고 마사지해도 된다. 단, 다른 신체 부위와 동일하게 주의를 기울이고 동일한 방향으로 이 부위를 만져야 한다. 이번 주는 보다 민감한 신체 부위가 추가되기 때문에 부드럽게 터치해야 하며, 마사지는 쾌감과 감각적인 터치여야만 한다. 이것은 성적인 마사지가 아니고 감각에 집중하는 마사지이다.

주는 사람이 받는 사람을 마사지할 때 처음에는 가슴과 성기를 제외한 나머지 모든 신체 부위에 집중해야 한다. 다른 신체 부위의 긴장이 풀리고 터치를 더 하고 싶다는 마음이 들었을 때에만 보다 예민한 신체 부위로 진행할 수 있다. 그러면 주는 사람이 바깥 가장자리부터 가슴을 천천히 마사지하다가 젖꼭지 부위로 더욱 가까이 이동하면서 여전히 부드럽고 다정하게 만져 준 후 다른 신체 부위로 다시 넘어간다. 주는 사람은 너무 긴 시간 가슴에 집중해서는 안 된다.

주는 사람은 상대 파트너의 몸을 존중하고 몸 전체 마사지에 적응하도록 시간을 주는 것이 중요하다. 주는 사람은 저항감이 없을 때만 성기 부위로 넘어가야 한다. 5점 피드백 점수 중 3점 미만의 숫자이면 저항감이 있다고 봐야 한다. 따라서 받는 파트너가 주는 사람이 성기를 마사지하기 시작했을 때 '2'라고 말하면 다른 부위로 넘어갔다가 나중에 보다 부드럽고 덜 거슬리는 방식으로 돌아와야 한다.

어떤 조건에서든 이 단계에서는 주는 사람이 질이나 항문 삽입을 시도하면 안 된다. 삽입이나 오르가슴이 있어서는 안 된다. 이 주는 마사지만 해야 하며, 마사지는 감각적인 쾌감을 느끼기 위해서만 진행되어야 한다. 신체를 터치하는 것이 유일한 목표이다. 오르가슴이 우발적으로 또는 자연스럽게 일어난다면 파트너가 오르가슴을 느끼는 동안 파트너와 함께 있고 잘 끝내도록 돕고 기분 좋은 경험을 하도록 파트너가 뭔가 도움을 요청하면 들어주는 것이 파트너를 존중하는 방법이다. 하지만 파트너가 오르가슴에 들어가도록, 또는 스스로 오르가슴을 느끼도록 강압하거나, 강제하거나, 조종하거나, 교묘한 수를 써서는 안 된다. 실습을 하기 전에 그었던 경계를 넘을 걱정이나 두려움을 느끼지 않는 경험이 되어야 한다.

이 실습에서 커플은 두 사람이 주는 사람과 받는 사람으로서 서로 즐기는 감각적 터치를 즐겨야 한다. 커플이 이날 밤에 역할을 바꾸고 싶다면 각 파트너는 주는 사람과 받는 사람 역할을 번갈아 한 번씩 할 수 있다. 커플이 이 실습을 두 주, 즉 두 번에 걸쳐 나눠서 하고 싶다면 받는 사람은 처음 실습 후에 긴장을 풀고 각 파트너는 서로 안은 채로 잠에 들면 된다.

세 번째 실습, 세 번째 밤

이 주의 과제는 2주차 및 3주차의 지침이 동일하게 적용된다. 단, 성기와 가슴 또는 터치할 때 가장 즐거움을 주는 신체 부위에 보다 집중한다. 예를 들어, 주는 사람이 가슴 마사지를 즐긴다면 이 주에는 가슴에서 좋은 기분을 느끼도록 좀 더 시간을 쓸 수 있다.

하지만 주는 사람은 받는 파트너가 이 경험이 즐겁다고 느끼는지 알기 위해 피드백을 요청해야 한다. 이 실습에서도 대화는 금기 사항이다. 그렇기 때문에 주는 사람은 파트너에게 5점 점수표에 따라 피드백을 주어야 한다. 간단하게 "몇 번?"이라고 묻고 터치를 받는 파트너의 반응을 주의 깊게 들으면 된다. 예를 들어, 주는 사람은 파트너의 호흡에 주의를 기울이고 호흡이 깊어지는지, 빨라지는지, 또는 얕아지는지를 알아본다. 받는 사람이 터치를 즐기고 있음을 나타낼 수 있는 신음이나 다른 소리를 들어볼 수 있다.

이번 주의 주요 사항은 주는 사람이 오르가슴에 이르게 하지 **않고** 가능한 기분 좋은 경험을 받는 사람에게 최대한 선사하는 것이다. 주는 사람은 오르가슴 바로 직전의 기분 좋은 정체기로 파트너를 데려다주도록 해 볼 수 있지만 그 끝을 넘어서는 안 된다. 목표는 오르가슴 직전에 멈추는 것이다. 중요한 것은 파트너가 돌이킬 수 없는 흥분점, 즉 사정이 불가피한 그 문턱까지 서로를 데려가지 않는 것이다. 목표는 오르가슴을 피하되, 기분 좋은 경험을 선사하는 것이다. 이 단계에서 삽입은 허용되지 **않는다**는 점을 잊지 않아야 한다.

전 주와 마찬가지로 커플은 그날 밤에 주는 사람과 받는 사람 역할을 번갈아 가며 할지, 또는 다른 밤에 걸쳐 실습을 나눠 할지 결정할 수 있다.

네 번째 실습, 네 번째 밤

커플이 네 번째 실습을 이행할 준비가 되면 이 6주간의 성적인 데이트에서 중요한 단계에 도달한 것이다. 이제까지는 제한 속에서 감각적 터치를 실습하고 5점 피드백 점수를 사용하는 새로운 방식으로 의사소통을 했다. 이번 주에는 뭔가 더 흥분되는 활동이 추가된다. 특별히 이전에 진행한 마사지 실습과 그에 수반되는 단계를 모두 반복하고, 두 파트너가 원한다면 오르가슴을 추가할 수도 있다. 하지만 어떤 종류의 삽입도 있어서는 안 된다. 이 주의 실습에서는 삽입하지 않는 오르가슴과 손을 사용하는 것만 허용된다.

이성애자 커플의 경우 여성은 항상 먼저 받는 사람 역할을 해야 하므로 남성 오르가슴보다 먼저 오르가슴에 도달할 수 있다. 주는 사람은 1주차의 기법을 사용하여 시간을 들여 받는 사람에게 천천히 감각적인 마사지를 해 줘야 한다. 주는 사람은 받는 파트너의 피드백을 주의 깊게 들어 어떤 것이 통하고 무엇이 파트너의 기분을 좋게 하는지 파악하면서 가슴이나 성기에 집중하면 된다.

받는 사람이 긴장을 풀고 흥분하고 터치를 즐기면, 주는 사람은 여성을 터치할 경우에는 팔다리부터 시작하여 안쪽 음핵으로 이동하고, 남성을 터치할 경우에는 가벼운 어루만짐으로 시작하여 더 강하게 성기를 어루만지며 계속해서 성기를 마사지를 하면 된다. 주는 사람은 파트너를 직접 오르가슴에 오르게 한 후 꼭 껴안고 성적 경험으로 고조된 상태를 진정시키고 그 순간에 화답하거나 뭔가 수행해야 할 부담 없이 넘치는 성적 쾌감을 잘 느껴 보도록 한다.[2)]

받는 사람이 준비되면 커플이 역할을 바꿔 다시 보낸 사람과 받는 사람으로 실습을 시작하거나 이 실습을 두 밤으로 나눠서 진행하기로 결정할 수도 있다. 후자의 경우 서로 또는 그날 겪은 일에 대해 더 묻지 않고 그 순간의 성적 쾌감을 그대로 느끼게 두면서 서로 안고 잠에 드는 것이 좋다.

다섯 번째 실습, 다섯 번째 밤

커플이 5주차에 도달하면 두 사람이 성적인 행위를 할 준비가 되고 원할 것이라고 예상하고, 감각적이고 성적인 데이트 밤에 삽입하는 행위를 추가할 수 있다. 하지만 이 단계에서 삽입은 손가락으로만 할 수 있고, 보낸 사람이 받는 사람에게 마사지를 해 주고 난 뒤에만 손으로 해 줄 수 있다. 충분히 손으로 자극을 준 후에 질이나 항문에 삽입하도록 해야 한다.

따뜻하거나 차갑거나 발열이 되거나 냄새 또는 맛이 나지 않는, 좋은 윤활제가 중요한 주이다. 가능하면 평이하고 젤과 같은 윤활제를 사용하는 것이 좋다. 깨끗하게

2) 이안 커너(Ian Kerner)는 두 권의 저서 『여성을 즐겁게 해 주려는 남성들에 대한 가이드(She Comes First: The Thinking Man's Guide to Pleasuring a Woman)』(2004) 및 『남성을 즐겁게 해 주려는 여성들에 대한 가이드(He Comes Next: The Thinking Woman's Guide to Pleasuring a Man)』(2006)를 통해 손으로 자극하는 방법에 대한 좋은 참조 정보를 제공한다.

하기 위해 수성 윤활제가 가장 좋다. 주는 사람은 손을 깨끗하게 하고 두 파트너가 밤 데이트를 하기 전에 충분한 자극을 원할 경우에 성기를 만지고 손가락을 넣는 데 합의하도록 해야 한다. 질이 삽입될 준비가 되도록 충분한 자극이 있어야 하고 항문 자극을 원할 경우 충분히 긴장이 풀리고 준비가 되도록 하는 것이 중요하다. 항상 자극과 삽입은 받는 사람이 원해야 한다.

4주차와 마찬가지로 커플은 이 주차에도 오르가슴을 접목할 수 있다. 주는 사람이 받는 파트너에게 오르가슴을 선사하면 그와 동시에 받는 파트너가 삽입을 원하게 될 것이다. 이 실습을 완전히 새로운 수준으로 나아가게 하길 원하면 오르가슴을 거치는 동안 계속 눈을 맞추는 것도 가능하다. 이 과정이 진행되는 동안 두 파트너는 함께 호흡을 맞추고 서로의 눈을 계속 맞춰야 한다. 한 파트너가 두 눈을 계속해서 맞출 수 없으면 파트너의 왼쪽 눈을 바라볼 수도 있다. 두 눈을 모두 맞추기보다는 한쪽 눈만 맞추는 것이 더 쉽다. 왼쪽 눈을 응시하는 에너지는 두 파트너가 오르가슴의 순간을 함께 느낄 수 있게 하고, 여러 수준으로 연결되어 감각적 순간을 공유할 수 있다.

이 경험을 진행하면서 주는 사람은 만지고, 듣고, 보고, 냄새 맡고, 또는 다른 감각도 경험하게 된다. 주는 사람이 파트너에게 삽입을 하면 모든 감각에 주의를 집중해야 한다. 최대한 여러 가지 방법으로 파트너와 그 환희를 만끽할 수 있게 하면서 파트너와 함께해야 한다. 기쁨을 주는 것은 기쁨을 받고 기쁨에 열린 마음을 갖는 것만큼이나 강력한 선물일 수 있다.

주는 사람이 어떤 이유로든(예: 피곤하거나 부끄럽거나 따갑거나 바쁘거나 답답한 마음 때문일 수 있음) 파트너에게 오르가슴을 선사할 수 없으면 주는 사람이 할 수 있는 몇 가지 선택지가 있다. 받는 사람이 스스로 오르가슴에 오르게 할 수 있다. 받는 사람의 손에 주는 사람의 손을 올려 본인의 성기를 만지도록 안내하는 것이다. 또는 커플이 오르가슴이라는 목표를 완전히 내려놓을 수 있다. 오르가슴은 항상 선택지임을 기억해야 한다. 필수적인 요소가 아니다. 실습의 목적이 되지도 않는다. 오르가슴은 일어날 수도 일어나지 않을 수도 있다.

받는 사람이 남성 파트너이고 발기가 되지 않으면 그것을 추구하거나 억지로 이루려고 하거나 강압적으로 시도하지 않는 것이 중요하다. 너무 압박적으로 할 필요성을 내려놓고 주는 사람이 손으로 이완된 성기의 감촉을 즐기도록 두어야 한다. 받는 사람이 여성 파트너이고 오르가슴에 도달할 수 없으면 파트너가 삽입을 하는 동안 스스로 오르가슴에 도달하거나 그냥 내려놓고 성기 마사지나 성기 삽입을 그냥 즐기면 된다. 중요한 것은 커플이 눈을 계속 맞추면서 어떤 일이 일어나는 그 순간을 가치 있게 여기고, 파트너에 대해 긍정적으로 생각하고, 서로 꼭 안으면서 그 경험을 끝내는 것이다.

지난주와 마찬가지로 커플은 데이트 밤을 시작하기 전에 같은 날 받는 사람과 주는 사람의 역할을 바꿔서 실습을 진행할지, 아니면 두 밤으로 나눠서 진행할지 결정할 수 있다.

여섯 번째 실습, 여섯 번째 밤

커플이 이 마지막 단계의 프로토콜에 도달하면 손가락 삽입(digital penetration), 오르가슴, 가슴 및 성기 터치, 감각적 마사지가 모두 허용된다. 이 주차의 핵심은 커플이 그 밤을 함께 어떻게 보낼지 선택할 수 있다는 점이다. 주는 사람은 주는 감각을 즐길 수 있고 그 파트너는 받는 감각을 즐길 수 있다. 주는 사람은 파트너에게 마사지를 해 주거나 오르가슴에 도달하는 감각적 마사지를 파트너에게 해 줄 수도 있다. 하지만 항문이나 질 삽입은 피하거나 지연하려고 노력해야 한다. 성교 또는 삽입이 목표는 아니다. 이 순간에 성적인 쾌감에 집중하는 것 외에 다른 목표는 모두 내려놓아야 한다.

또한 이 주차에는 과정에 감정 표현(emotional disclosure)이라는 새로운 요소가 추가된다. 이 마지막 성적인 데이트 동안 두 파트너는 실습하는 과정에서 느낀 감정에 대해 얘기해야 한다. 커플은 "지금 어떤 기분이야?"라는 질문을 던지면서 서로 얘기할 수 있다. 어떤 시점에서든 파트너가 어떤 감정을 느꼈다면 그것이 부정적이든 긍정적이든 그 순간에 그 감정을 묘사하려고 해야 한다. 예를 들어, "지금 너무 행복하고 긴장이 풀려."라고 할 수 있다. 또는 파트너가 회피하거나 그만두고 싶은 감정이 들면 이렇게 말할 수 있다. "잠깐 멈춰야 할 것 같아." 또는 "처음부터 다시 시작해도 될까?"

파트너가 그 순간 불쾌한 감정이 들어서 이 감정을 공유한다고 해도 그 밤이 그렇게 끝난다는 의미는 아니다. 커플이 전혀 새로운 수준으로 연결되고 있음을 뜻할 수 있으며, 이 새로운 수준의 감정 표현이 감각적 터치와 함께 이루어질 수 있다. 어느 한 사람이 휴식이 필요하면 감정이 진정되거나 바뀔 때까지 성적인 터치를 멈추고 다시 마사지 실습으로 돌아갈 수 있다. 마사지를 하다가 특정 시점에 파트너의 긴장이 풀리고 감정이 변화될 수 있다. 그러면 오르가슴이나 눈 맞춤과 같은 더 강렬한 경험을 할 준비가 된 것 같은 느낌이 들 것이다.

커플은 그들이 느끼는 감정을 이 실습 경험 전에, 도중에, 그리고 이후에 얘기해야 한다. 성교할 준비가 되었는지 여부에 대해 서로를 평가하려고 하면 안 된다. 파트너의 감정을 지성적으로 분석하려 하거나 특정 감정 상태에서 벗어나게 하려고 하지 않는 것이 중요하다. 목표는 상대 파트너를 '고치는 것'이 아니다. 따라서 "슬퍼하지 마." 또는 "화내면 안 돼."라는 말은 적절하지 않다. 그렇게 하면 상대는 자신의 감정이 잘못되었다고 느낄 수 있다.

그보다는 이러한 경우에 인정하고 공감하는 말로 대응하는 것이 중요하다. 예를 들어, 파트너가 "갇힌 기분이야. 행복하지 않아."라고 말하면 "그렇구나. 행복하지 않은 기분이 드는 거네."라고 간단하게 인정해 주는 말을 한다. 그 시점에서 파트너에게 좀 쉬어야 하냐고 물을 수 있고 그렇다고 하면 실습 경험의 속도를 늦추고 파트너를 그저 안아 줄 수 있다. 두 상대가 다시 마사지를 주거나 받을 준비가 되면 다시 실습으로 돌아가 성기 마사지, 삽입 및 오르가슴을 원하는 대로 이어 나갈 수 있다.

친밀감 실습

조안과 셰일라 6주 성관계 회복 프토토콜에 대해 얘기했을 때 한 주 전체를 이 프로토콜에 전념하는 데 합의를 보았다. 프로토콜 중에 어떤 종류의 성교든 연기하고 여섯 번의 밤 데이트 동안 지침을 따르겠다고 했다. 프로토콜에 전념하겠다고 결정한 후 두 사람은 둘 모두에게 언제가 좋을지 결정하기 위해 또 한 주를 보냈다. 결국 목요일 밤으로 합의했다. 두 사람은 달력에 날짜를 표시하여 치료와 서로에 대해 성적으로 노력하여 진전을 이루겠다는 것을 스스로 다시 한번 마음에 새겼다. 프로토콜은 6주 후에 끝나지만 조안과 셰일라는 각 주의 실습을 두 밤에 나눠서 하여 12주간의 실습으로 늘리기로 했다. 이렇게 함으로써 두 사람은 당일 밤에 역할을 번갈아 가며 할 필요 없이 주는 사람 또는 받는 사람으로서 온전히 집중할 수 있었다.

프로토콜 완료 시 내가 피드백을 요청했더니 셰일라는 이렇게 대답했다. "조안이 저를 더 신뢰하게 된 것 같아요. 우리의 심장이 보다 조화를 이루게 되었습니다. 한두 번의 데이트가 지나자 수행에 대한 부담이 없어졌다는 것을 깨달았고, 온전히 내려놓을 수 있었습니다. 기대나 판단도 하지 않게 되었죠. 완전히 자유를 찾았어요."

조안도 비슷하게 이렇게 말했다. "다섯 번째 회기에서 뭔가 새로운 감정을 느꼈는데, 그때 정말로 우리가 연결된 느낌을 받았어요. 확실히 그 순간에 집중할 수 있었고 셰일라를 피하려고 하지 않았어요. 머릿속으로도 방을 나가지 않았어요. 그 시간 내내 셰일라와 함께할 수 있었습니다."

내가 두 사람에게 언제든 연결된 느낌을 갖고 싶거나 서로 다시 조화를 이루고 싶으면 다시 실습을 하면 된다고 말했더니 두 사람 모두 이 데이트가 관계에 언제든 도움을 줄 것이라는 데에 동의했다. "오, 매주 이런 데이트 밤을 가질 생각이에요!" 조안이 말했다.

커플이 6주 프로토콜을 어떻게 이행하든 관계없이 이 실습은 친밀감, 가까워짐, 그리고 그 순간에 집중할 방법을 찾는 데 주력한다. 이 실습을 어떻게 이행할지 얘기하고 협의하는 것이 사랑을 나누기 위한 준비의 시작이다. 일주일에 한 번의 성적인 데이트로 시작되는 이 6주의 실습은 커플이 이전에는 잘 되지 않았던 원활한 성생활로 돌아가도록 지도해 준다. 감각, 친밀감 및 연결을 위한 평생의 실습에 안내자 역할을 해 준다.

결론

어떤 친밀한 상호작용에서도, 정서적이든 성적이든 파트너와의 순간에 집중하려고 하면 각 파트너가 느끼는 연결감, 흥분감, 친밀감, 욕구의 수준이 높아질 수 있다. 실제로 양질의 '좋은 섹스' 또는 '최적의 성생활'을 묘사해 달라고 사람들에게 요청하면 나타나는 중요한 주제 중 하나가 현재에 집중하는 것이다(Kleinplatz et al., 2009). 커플의 관계가 어떻게 돌아가든 관계없이 또는 성적 기능과 관련하여 온 정신을 현재에 집중하는 것이 궁극적으로 열정과 좋은 섹스로 이어진다.

14장

섹스의 미래: 폴리아모리와 과학 기술이 모노가미에게 어떤 의미가 있는가

타미 넬슨(Tammy Nelson) PhD

새로운 형태의 결혼: 새로운 일부일처제

모노가미(monogamy, 일부일처제 또는 일대일 독점적 연애 관계)는 그 어느 때보다 그 개념이 융통성 있게 정의되며, 관계에서 수용될 수 있는 정의가 광범위하다. 커플들은 모노가미에 대해 새로운 접근 방식으로 서로 타협하고 있다. 그중 하나는 폴리아모리(다자간 연애)를 포함하는 것이다. 즉, 폴리아모리 커플은 한 파트너에게만 성적인 정절(fidelity)을 유지하기보다 자신의 성적 대상에 대한 성적인 정절을 투명하게 공개하는 사람들이다. 점점 더 많은 사람들이 기존에 없던 이러한 관계의 생활양식을 선호하여 스스로를 이렇게 정의하고 있으며, 일부 연구자들에 의하면 미국에서 약 4% 정도가 폴리아모리 관계에 있다고 집계된다고 한다(Rubin, Moors, Matsick, Ziegler, & Conley, 2014). 이 추정치는 미국에 이미 천만 명이 넘는 사람들이 폴리아모리로 해석되며, 이들을 모으면 맨해튼 섬을 충분히 가득 채울 수 있다는 뜻이다.

어떤 연구자들은 이런 폴리아모리가 증가하는 현상이 장기간 관계를 유지하다보니 성적 욕구 저하 현상이 발생해서 대안으로 폴리아모리 선택을 반영할 수도 있고, 외도 발생율이 여성의 경우 20~55%, 남성의 경우 40~65%로 나타나는 높은 비율에 대한 세대적인 대응 방식이라고 주장한다(Schmitt & Buss, 2001; Tafoya & Spitzberg, 2007; Vaughan, 2003).

하지만 킨제이 연구소의 생물인류학자 헬렌 피셔(Helen Fisher)에 따르면 혼외 정사는 항상 높은 비율로 발생하고 있었으며, 이제야 정확하게 보고되어서 높다고 주장한다(Fisher, 1992). 외도 현상이 새로운 개념이 아니라면 폴리아모리의 급증은 세기를 거듭하며 길어진 인간의 수명 때문일 수 있다. 오늘의 사회에서 사람들은 수명이 더 연장되었다. 평균 기대 수명은 78세이며, 동일한 파트너와 최대 50, 60, 또는 70년까지 모노가미 형태로 육체적인 정절을 지키면서 결혼생활을 유지해야 한다. 그에 따라 커플은 한 사람에게 흥미를 잃었을 때 이를 대처하는 새로운 방식을 찾고 있을 수 있다. 장기간 한 사람에게 헌신하며 공동 생활을 한 데 따른 불가피한 결과인 것이다.

폴리아모리스트는 자신을 윤리적으로 모노가미는 아니고 바람을 피우거나 '스윙잉(swinging, 무분별하게 성생활을 하는)' 커플들과는 다르다고 구분 짓는다. 폴리아모리스트에 따르면 스윙어(swinger, 무분별한 성생활을 하는 사람)는 새로운 파트너와 섹스하는 것에 이끌려 여러 명과 성관계를 즐기는 것이라고 한다. 그에 반해 '폴리' 커플들은 자신들을 특별한 진보주의자라고 정의한다. 이들은 장기간 결혼 관계를 유지하려는 비결이 여러 명의 파트너를 갖고, 질투심과 소유욕을 극복하고, 동시에 이러한 모든 파트너와 조화를 이루며 살아가는 것이라고 주장한다. 개방적 결혼생활과 폴리아모리를 특징짓는 새로운 규칙의 애착관계에서는 주요 파트너와 연결되는 것에 있어 보다 유연한 사고를 갖는다. 폴리아모리 관계에서는 1차적 파트너를 주요 애착관계로 유지하되, 이 주요 애착관계에 영향을 주지 않고 2차, 3차, 그리고 그 외 애착관계를 형성할 수 있다고 가정한다. 어떤 폴리 관계는 비계층적(nonhierachical)이라고 하며, 특정 대상에 대한 주요 파트너십을 인정하지 않고, 모든 관계는 동등하게 중요한 것으로 보기도 한다.

실제로 폴리들은 이러한 다자 관계를 통해서 주요 애착관계의 파트너로서 질투심을 극복할 수 있을 뿐만 아니라 갈등으로 인한 감정 소모가 적고, 파트너가 다른 사람과 기쁨을 누릴 수 있다면 그러한 상황에서도 실제로 행복감을 느낄 수 있다고 주장한다. 이들은 이러한 과정을 **다자 연애**(compersion) 관계라고 부른다. 이 단어는 캘리포니아 지역에서 처음 나온 단어로 '파트너가 행복할 때 자신도 만족감을 느끼려는 욕구'를 뜻한다. 파트너가 다른 사람과 섹스를 하거나 정서적인 만족을 느끼는 경우가 여기에 해당한다. 다자 연애라는 용어는 질투의 반대말로 사용되기도 하고, 폴리 커플은 이것이 성숙한 관계를 대변하는 목표라고 믿는다.[1]

---

1) 폴리아모리 관계에 대한 거침없는 비평가 헬렌 피셔는 인간이 질투심과 모노가미를 타고나며, 폴리아모리 커플은 이 본능적 반응을 극복하려 하면서 "천성에 대항해 투쟁하는 사람들"이라고 주장한다(Bennett, 2009). 실제로 어떤 사람들은 관계에서 질투심과 소유욕이 부족하지만 이것이 다자 연애를 의미하는 것은 아닐 수 있다. 그보다는 기저에 있는 문제가 나타난 것이라고 볼 수 있다. 애착관계와 관련된 병리학적 장애를 반영할 수도 있

폴리 커플은 여러 가지 형태, 규모, 두 쌍, 세 쌍, 네 쌍, 그리고 군집(cluster) 또는 '폴리시스템(polysystems)'이라고 하는 더 큰 그룹으로 형성된다. 어떤 군집 또는 폴리 무리는 서로 상대방을 성적으로 공유하는 커플들로 구성되기도 한다. 이런 경우를 '유니콘(unicorn)'이라고도 하는데, 이들은 양성애자들이 아주 선호한다. 어떤 군집은 주요 파트너십과 교차점이 없는 연인을 만난다. 결혼을 한 주요 파트너와 연인을 공유하지 않고 아마 만난 적도 없을 것이다. 많은 폴리 커플이 다자간 정절관계(polyfidelity)를 시도한다. 즉, 이 시스템은 폐쇄적으로 다른 연인이 들어오지 못하게 개방되어 있지 않다. 이들은 서로와 그 시스템에만 헌신한다.

하지만 이런 커플들은 폴리아모리일까, 아니면 '폴리섹슈얼(polysexual)'일까? 폴리들은 여러 파트너와의 성적 접촉을 통해 기쁨을 느끼고 다자간의 사랑이라고 하는 뭔가 보다 폭넓은 사회적 구조 아래 자신들의 행위를 합리화하는 것이 아닐까? 나는 폴리 커플과 개방적 성관계를 맺는 커플과 상담하면서 장기간의 헌신 그리고 성생활을 다루는 독특한 방식으로 폴리아모리를 묘사하는 남성, 여성, 이성애자, 게이 등 여러 층의 사람들과 얘기를 나눠 봤다. 어떤 이에게 폴리아모리는 어려운 개념처럼 느껴질 수 있지만 또 어떤 이들에게는 장기간의 모노가미에 대한 의문점에 대한 해답이 되기도 한다.

개방적 성관계를 맺으면서 사는 커플, 그리고 폴리아모리스트 생활양식을 갖고 있는 커플들은 타협을 통해서 정절을 유지하려는 문화적인 변화를 반영한다. 나는 이것을 '새로운 모노가미'라고 부른다(Nelson, 2012).[2] 상담에서 만난 커플 중 몇몇은 결혼생활을 유지하기 위한 것이 상담의 목적이 아니고 여러 파트너십 간에 복잡한 의사소통을 잘 이어 나갈 방법에 대한 도움을 받기 위해 나를 찾아왔다. 이들은 주요한 파트너 관계에 대한 친밀감을 잘 유지하고 있고 법적으로 결혼한 상태이다. 그러나 혼외로 다양한 성적 연애 파트너를 사귀고 있는 것이다.

다. 짝짓기 경쟁에서 느낄 수 있는 위협에 대한 반응이 없는 관계는 반사회적 성격장애(소시오패스), 공감능력 부족, 만성적인 독신주의 관념의 비애착적 특성, 혼전 짝이 없는 청년에서 나타나는 징후일 수 있다.

2) 새로운 모노가미와 관련된 TEDx Talk를 https://www.youtube.com/watch?v=3JMioYaBJDc에서 확인할 수 있다.

예를 들어, 내가 상담했던 한 커플인 마크(Mark)와 로라(Laura)는 'V'형 관계를 갖고 있었다. 이들의 폴리시스템에 제3자인 젊은 남자 저스틴(Justin)이 있었고, 그는 마크와 사랑에 빠져 있는 상태였다. 저스틴은 로라와 섹스를 했지만 매일 토요일 밤에는 로라가 게스트룸에서 자고 있는 사이에 마크와 침대에서 시간을 보냈다. 저스틴이 그 집에서 잘 때면 마크와 저스틴이 함께 비디오 게임을 즐기고 친구들과도 어울렸다.

로라에게 혹시 외로움이나 질투심, 소외감을 느끼냐고 물었을 때 로라는 이렇게 대답했다. "가끔 그럴 때가 있는데, 그건 저한테 뭘 하는지 얘기를 안 해 줬을 때만 그래요. 옆 방에 두 사람이 있는 걸 알면 저도 거기에 참여하는 것 같고 솔직히 말하면 흥분감까지 느껴져요. 두 사람이 잘 지내서 기뻐요. 그리고 나머지 날에는 제가 마크와 섹스를 하니까요. 뭔가 마크에게 선물을 주는 기분이랄까요. 원하는 대로 할 수 있는데, 저를 속이고 바람을 필 이유가 뭐가 있겠어요?"

폴리아모리 관계의 수명

폴리아모리 관계가 증가한다는 것은 문화적 관점에서 어떤 의미가 있을까? 결혼에서 정절이나 충실함에 대한 새로운 정의가 포용되도록 결혼 문화가 변화하는 것일까? 아니면 1970년대 스윙잉 현상처럼 잠깐 등장했다가 사라지는 성적인 관습일 뿐일까? 철저한 종단 연구를 하지 않고도 우리는 이런 성적으로 '개방된' 관계가 장기적으로 살아남을 수 있을지에 대해 몇 가지 추측을 해 볼 수 있지만 이는 과거 문화적 변화에 기초에서 한 가설을 제시해 본다.

1970년대에 '스윙잉' 바람은 결국 성병 증가로 이어졌으며, 그 결과로 그저 말장난이 아니라 더욱더 보수적인 성생활로 돌아가게 되었고, 또한 그 결과 이혼율이 높아지게 되었다. 이혼율이 높아지면서 AIDS가 증가했고, 연속 결혼(배우자를 연속에서 바꾸는 일부일처제)이 증가했다. 사람들은 그 어느 때보다 빠르게 재혼을 했고 1960년대 '자유 사랑' 바람과 유사하게 섹스와 더불어 마약 사용이 증가하는 추세가 나타났다.

1990년대에 새 밀레니엄의 데이트 성범죄를 위한 마약으로 '루피스(roofies)'가 등장하면서 특히 여대생의 성생활이 더욱 위험해졌다. 이와 동시에 1970년대에 그랬던 것처럼 현재 성생활 그리고 여성이 쾌감과 오르가슴을 느낄 권리에 대한 교육이 증가하고 있다. 또한 커플이 여러 파트너와 자유롭게 성적 활동을 할 수 있는 새로운 세대의 스윙잉 클럽도 있다. 이러한 클럽은 과거 수십 년 동안의 스윙잉 그룹, 즉 누군가의 파트너와 관계를 맺거나 그룹 섹스를 즐기는 데 집중한 그룹과는 차별화된다. 폴리아모리라는 개념에는 사람이 1명의 파트너 외에 더 많은 사람과 사랑을 할 수 있고 그럼에도 주요 파트너에게 신의와 정절을 지킬 수 있다는 의미를 내포하고 있다. 성적인 문제보다는 애착관계의 문제를 강조하는 것이다.

유명인사와 관련된 폴리아모리스트가 매일 뉴스를 장식하기도 한다. 모노가미, 정절, 결혼에 대한 한 사람의 신념과 관계없이 개방적 관계에 있거나 있고 싶어 하는 사람 중 최소 1명은 성치료 전문가의 상담치료실 문을 두드릴 가능성이 높다. 성치료 전문가가 이러한 관계에 대해 어떻게 생각하든, 이런 일은 일어나고 있고, 이런 커플, 세 사람, 네 사람, 그리고 그 시스템은 관계적 스트레스 요인의 영향을 받는 다른 사람들처럼, 아니, 어쩌면 그 상황 자체로 인한 순수한 복잡성 때문에 다른 사람들보다 더 치료를 필요로 할 수 있다.

폴리아모리 커플 상담치료 시 고려사항

성치료 전문가는 치료의 관점에서 이 새로운 형태의 관계적 어려움에 어떻게 대처할 수 있을까? 최소한 폴리아모리 커플을 상담치료하는 성치료 전문가는 결혼생활 또는 파트너십이 어떻게 이루어져야 하는지에 대해 치료자로서 갖고 있는 가치관과 가정을 알아차리고 있어야 한다. 폴리아모리 관계의 구조와 철학에 친숙하지 않은 성치료 전문가는 상담치료를 찾아온 커플을 정신병리적으로 해석하거나 거리를 둘 수 있다. 그러므로 합의와 개방적 관계를 유지할 수 있다고 서로 타협하고 있는 커플과 상담하기 전에 성치료 전문가는 스스로 자신의 내면에 있는 가치관, 가정, 기대치를 평가해 보아야 한다. 또한 성치료 전문가가 주도하는 것이 아니라 커플이 자신들의 관계에서 '규칙'을 결정한다는 점을 기억해야 한다. 정절이나 충실함에 대한 규칙 이야기를 꺼낼 때도 성치료 전문가가 아닌 커플에게 그것이 어떤 의미인지가 더 중요하다.

사례를 들어 보겠다. 줄리아(Julia)는 36세 아내이고, 두 아이의 엄마이다. 줄리아는 내 사무실에 앉아 남자친구 재스퍼(Jasper), 남편 로렌스(Lawrence)와의 관계에 대해 나에게 말했다. 줄리아는 이렇게 얘기했다. "여러 파트너와 정서적이고 성적인 만족감을 추구하는 것은 타고난 우리의 권리잖아요? 2명 이상을 사랑하면 안 된다고 누가 말한 건가요? 저는 개방적인 관계를 원하고 제 남편도 그러길 바랍니다. 그렇게 쉬운 문제는 아니지만요. 제 이웃들만 봐도 모두들 서로 바람을 피고 있어요. 누가 더 나은 건가요? 저도 원하면 누구와도 잘 수 있는 것 아니겠어요? 저는 남편한테 거짓말을 하지 않아요. 그 사람은 제가 밤에 어디에 있는지 다 알고 있죠. 분명히 이런 개방적 결혼생활에 힘든 점은 있어요. 질투심이 느껴지기도 하지만 어쨌든 이 방향으로 가고 있죠. 이런 식으로 모두 다 공개하고 있어요."

나는 줄리아에게 직접적으로 물었다. "폴리아모리의 개방적 결혼생활이 남편과의 친밀함을 피하는 길이라고 생각하시나요?"

줄리아는 화가 난 듯해 보였다. "성치료 전문가들은 왜 하나같이 개방적 관계를 평가적으로 대하죠? 당신도 마찬가지네요."

나는 고개를 끄덕였다. "맞아요. 줄리아가 맺고 있는 관계를 평가하는 것처럼 들렸을 수 있습니다. 하지만 줄리아랑 남편 로렌스는 감정을 공유하는 데 문제가 있는 거잖아요."

"네, 그건 맞아요." 줄리아는 말했다.

줄리아와 로렌스는 서로에게, 그리고 개방적 관계에 헌신했지만 주요 파트너십에 관련해서 상담치료가 필요했다. 나는 줄리아에게 남편을 치료에 데려오고 싶은지 물었다. 두 사람이 내 사무실에 들어왔을 때 나는 로렌스에게 줄리아의 관계에 대해 어떻게 느끼는지 물었다. "줄리아와 재스퍼에 대해 묻는 것이라면 전 괜찮아요. 그런데 줄리아는 자신이 느끼는 감정에 대해 저한테 털어놓지 않는 것 같습니다."

그러고 나서 나는 줄리아에게 지금 여기 회기에서 로렌스와 어떤 얘기를 나누고 싶은지 물었다.

"재스퍼와 만난 이후로 로렌스가 온라인에서 얘기 나누는 여자 중 1명과 관계를 맺을까 봐 걱정돼요."

로렌스가 말했다. "난 혼란스러워. 내가 다른 여자와 감정적으로 너무 많은 시간만 보내지 않으면 여자 친구를 만나는 거 괜찮게 생각하는 줄 알았는데. 헷갈리네."

나는 두 사람이 처음 개방적 관계를 시작할 때 결정했던 관계에 대한 '규칙'을 다시 상기해 보라고 했다. 두 사람은 보통의 헌신적인 관계와 마찬가지로 폴리 관계에서도 정절이 중요하다고 대답했다. 합의한 파트너와 데이트를 하든 다른 누군가와 성적인 관계를 맺을 때 상대에게 얘기를 하지 않고 '속이면' 이는 상대와 결혼생활의 온전함에 대한 배신으로 간주되는 것이다.

줄리아와 로렌스의 사례에서 볼 수 있듯, 합의된 비모노가미(nonmonogamy)가 바람을 피우는 것과는 다른 개념이다. 이 경우는 자녀를 낳기 위한 섹스도 아니고, 재미로 즐기는 섹스가 아니며, 성적인 쾌감을 개선하기 위한 섹스도 아니다. 두 헌신적인 파트너 간의 협상을 통해서 선택한 비모노가미이다. 두 성인 간의 사적이고 개인적인 결정인 것이다. 폴리아모리스트와의 섹스 및 커플 치료는 커플과의 상담과 유사하지만 비모노가미의 협상에 대해 이해해야 하며, 그룹 치료적 요소도 허용할 필요가 있다.

관계가 변하고 정직과 공개의 규칙이 변하지만 서로 간의 솔직한 투명성이 중요한 규칙이 된다. 투명성이 협의되면 전체 시스템의 경계선에 영향을 미친다. 이 경계 문제는 커플이 주요 파트너 또는 2차 파트너와 친밀함을 유지하려 할 때, 또는 폴리시스템 내 3명 이상의 사람이 친밀한 관계 및 정서적 애착관계를 형성하려고 할 때 가장 중요한 문제이다. 흔히 시간이 지남에 따라 폴리 관계가 발전함에 따라 주요 파트너 간 또는 시스템 내에서 분열이 발생할 수 있다.

건강한 폴리 관계의 발전적 단계는 다른 대인관계의 단계와 동일하게 나타난다. 파트너가 서로에게 완전히 반하고, 성적으로 빠져들고, 함께 시간을 보내는 데 집착하고, 다른 가족 구성원과 책임감을 무시할 수 있는 새로운 관계적 단계, 또는 사랑에 빠지는 단계가 있다. 이 단계는 대개 어디서든 3~24개월 지속된다. 이 단계가 끝나면 커플(또는 3인조 연인)은 갈등 단계에 들어선다. 이때 멀어지고, 싸우고, 폴리 시스템의 다른 구성원 사이에서 삼각 관계를 재어 보는 결과가 나타난다.

임상적으로 이 단계의 치료에는 폴리시스템의 역동 관계와 그것이 육아, 가정 돌보기, 협의에 들이는 시간, 금전적 의무에 어떻게 영향을 미치는지 확인하기 위해 그룹 모임이 포함될 수 있다. 주요 파트너는 이 시점에 두 번째 파트너를 유지하거나 떨쳐 버리는 것에 대해 상의하려고 상담치료를 찾아올 수 있다. 많은 경우에 갈등 단계에 있는 파트너가 자신의 연인이 아는 배우자에게 답답함을 보이고 2차적 관계를 끝내게 된 데에 대해 배우자를 탓한다.

예를 들어, 마크와 로라는 'V' 시스템에 있는 폴리는 결국 저스틴과의 관계를 끝냈다. 로라는 저스틴이 주말 밤 외에도 마크와 더 시간을 보내고 싶어 한다는 것을 알고, 저스틴이 잔디를 깎는 일과 같이 해야 할 집안일을 하지 않아서 화가 났다. 치료에서 마크는 저스틴이 자신의 음식을 모두 먹고 모든 맥주를 마시는 게 싫었다고 말했고, 로라는 이 말에 꽂혀서 마크가 저스틴에게 느낀 '부당함'을 계기로 이 2차적 관계를 끝내는 것을 정당화했다. 마크는 로라가 저스틴과의 관계를 끝냈다는 것을 알았을 때 로라가 자기와 먼저 상의하지도 않고 일을 저질러 버려서 놀랐다. 로라는 마크 때문에 관계가 파탄났다고 저스틴에게 말했다. 그래서 마크는 이 말에 더 화가 났고 상처를 받았다. 치료에서는 이 갈등의 원인을 다뤘고 로라가 마크를 비난하는 대신 자신의 행동에 책임을 지도록 도왔다.

폴리 시스템에서 주요 파트너 한 사람이 더 이상 폴리 생활양식에 몰입하고 싶지 않거나 관계를 지속하지 않고 중단하고자 하면 갈등이 발생할 수 있다. 내 사무실에 찾아오는 커플을 보면 한 파트너는 적극적으로 폴리 생활양식을 지지하면서 파트너나 배우자에게 참여하도록 설득하는 경우가 많다. 흔히 남성 파트너가 첫 외부 파트너를 들여오는 경우가 많은데, 결국은 그 시스템이 지겨워지거나 지루해지거나 약간 위협을 느끼거나 나이가 들면서 다시 주요한 1차 파트너에게 다시 정착하기를 원할 수 있다. 그때 그 아내 또는 주요 여성 파트너는 처음에는 좀 꺼려 했지만 이제는 모노가미의 대안을 경험하고 나서 그 생활양식에 완전히 빠져들어서 그녀의 외부 연인과 헤어지는 것을 거부한다. 이러한 입장 차이 때문에 스트레스와 실망감이 유발될 수 있고 때로는 헤어지고 이혼하는 그 시발점이 되기도 한다.

사례를 들어 보자면 알라나(Alana)와 트렌트(Trent)는 트렌트가 자기는 "모노가미가 싫어."라고 말하면서 알라나에게 개방적 결혼생활을 하면서 다른 외부 관계도 맺고 싶다고 말하면서부터 폴리 관계를 시작했다. 알라나는 그들이 어떻게 갈등, 질투심, 정서적 연결감을 외부 파트너들과 다뤄야 할지에 대해 3~4번의 깊은 대화가 있기 전까지는 그 생각에 반대했다. 알라나는 트렌트가 자신과 계속 연결되어 있을 것이고 자기를 대신할 다른 아내를 찾는 데 흥미가 없다는 점을 믿게 되자 이에 동의하게 되었다.

트렌트는 폴리 웹사이트에서 만난 3명의 여성과 교제했고 알라나가 집에서 혼자 그를 기다릴 때마다 다른 여성과 데이트를 하고 있었다. 알라나는 거의 9개월 동안 데이트하는 것을 거부했다. 알라나가 드디어 직장에서 누군가를 만나 사귀기 시작했을 때 알라나는 트렌트에게 이 사람에게 마음이 있고 다른 사람과는 데이트하고 싶지 않다고 말했다. 알라나는 현재의 관계에 매우 만족했다. 치료에서 트렌트는 알라나와 이 남자의 관계에 대해 불안감을 느낀다고 말했다. 트렌트는 이 관계가 자신의 결혼생활을 망칠까 봐 두렵고 자기는 더 이상 외부 관계를 이어 나가는 데 관심이 없다고 했다. 그러자 알라나는 이렇게 말했다. "안됐지만 전 지금 만족스러워요. 되돌리기엔 너무 늦었어요. 트렌트가 먼저 문을 열었고 전 그 문을 열고 나가고 싶지 않았어요. 이제 저는 완전히 밖으로 나왔고 다신 돌아갈 수가 없어요."

모노가미의 다양한 연속체

새로운 개념의 모노가미에서 **모노가미**라는 용어는 그 의미가 연속선상에 있다. 모노가미는 단일한 것이라기보다 다양한 연속체라고 할 수 있다. 이는 매일의 '선택'에 좌우되는 관계를 묘사한다고 볼 수 있다. 다시 말해, 모노가미는 결혼식장에서 커플이 "네. 나는 일생 동안 당신만 사랑하겠습니다!"라고 선서했을 때, 한 번의 선택으로 끝나고, 다시는 언급해서는 안 되는 것이 아니다. 한 번의 선택으로 그친다면 바로 이렇게 말하는 것과 유사한 것이다. "내가 당신과 결혼할 때 당신을 사랑한다고 말했으니까 다시는 그 말을 하거나 그 생각을 다시 상기해 보거나 우리 인생의 다른 때에 또는 다른 상황에서 그게 무슨 의미인지에 대해 얘기하지 않아야 해."

그와 반대로 사실 **모노가미**는 유동적인 단어이다. 때로는 동사가 되고 어떤 때는 형용사가 된다. 예를 들어, '모노가미의, 모노가미적인(monogamous, 형용사)' '모노가미쉬(monogamish, 명사)' '아주 모노가미적이다' 또는 '덜 모노가미적이다'와 같이 쓸 수 있다. 고정되고 영구적인 명사, 고정된 상태, 또는 일회성의 꼬리표 같은 것이 아니다. 매일 모노가미에 대해 선택을 해야 하고 개인, 커플 그리고 그들의 관계에 적합한 모노가미 유형은 상황이나 어떤 날에 따라 달라질 수 있다.

다양한 연속체로서 모노가미는 완전히 폐쇄적인 상태, 즉 결혼 상대 외 다른 사람과의 어떠한 성적 · 감각적 또는 정서적 연결이 없는 상태에서, 완전히 개방적인 상태, 즉 두 파트너가 주요 파트너 외에 다른 삶들과 성적 · 감각적 · 정서적 연결을 마음껏 탐색하도록 허용되었지만 그 주요 파트너를 항상 최우선으로 하는 상태(이런 이유로 '모노가미'라고 할 수 있음)까지 연속적으로 다양하게 이어진다. 이 연속체에는 두 파트너가 서로에게 집중하고 있는 상태라면 다른 사람과 섹스를 하거나 성적으로 즐기지 않고 외부 관계와 신체적으로 또는 정서적으로 애정을 갖고 연결되는 것 또는 두 파트너가 다른 사람과 무제한으로 성적이거나 정서적인 관계를 허용하는 완전히 열린 관계까지 포함될 수 있다.

모노가미 합의

모노가미 합의는 파트너에게 정절을 지키겠다는 책임감과 기대치와 관련하여 상대와 맺는 암묵적이고 명시적인 약속이다. '커플'이라고 자신들을 정의하는 모든 파트너(관계 외부 파트너가 있는 커플도 포함됨)는 완전하게 실현이 되었든 아직 표현되지 않았든 관계없이 자신들의 모노가미에 대해 명시적이거나 암묵적이거나, 아니면 둘 다인 일종의 합의를 해야 한다.

명시적 모노가미 합의는 관계의 명시적인 '규칙'이나 구조를 정의하는 두 파트너가 하는 약속이다. 여기에는 대개는 추정되고 때로는 분명히 표현되는 개인적 · 법적 서약인 혼인 서약 또는 파트너십 합의가 포함될 수 있다. 우리는 다른 상대에게 충실할 것을 약속한다. 이는 커플이 가족, 커뮤니티, 교회, 유대교 회당, 이슬람교 사원 앞에서 서약하는 합의이다. 또한 가족, 문화, 혈통을 거치면서 이들에게 관례적이고 개인적인 말을 조정하여 사용하는 부족 형태의 약속이다. 이는 세대를 거쳐 계승되었을 수 있다. 그 말에는 의미가 있고 여러 가지 수준으로 진실처럼 들린다. 옳은 것 같은 기분이 들고, 진실인 것 같다. 하지만 그렇지 않을 경우 사람들은 이를 바꾸고 그에 적응하려고 한다. 성장할 때 그 말의 의미가 변하기도 한다. 예를 들어, 결혼서약에 '순종'이라는 전통적 언어를 얘기하는 커플은 거의 없다("사랑하고, 존중하고 순종할 것을 맹세합니다."). 이것이 50년 전만 해도 기독교 결혼식에서 흔히 찾아볼 수 있는 관례였다.

커플은 일반적으로 이 명시적 모노가미 합의를 계약으로 간주한다. 결혼생활이나 파트너십 중 어떤 시점에 이를 결국 깨거나 변경할지라도 진지하게 다룬다. 이 계약은 대개 타임라인이 있다. 많은 경우에 계약의 기간은 '죽을 때까지' 계속된다. 이는 한 파트너가 죽거나 관계 자체가 끝나는 것을 말한다. 대개 다른 사람과 연애 감정을 느끼거나 성적으로 연결되는 것은 금기로 여겨진다. 커플은 이 합의를 지킬 필요가 없어도 이를 신뢰한다. 이들은 모노가미를 신뢰하고 이 합의에 적용한다.

대조적으로 **암묵적 모노가미 합의**는 말은 하지 않았지만 서로가 모노가미의 진정한 의미에 대해 이해하고 있음을 나타내며, 이는 파트너 간에 언급된 명시적 모노가미 합의와는 다를 수 있다. 이 암묵적 합의는 문화 풍습, 종교적 신념(또는 그것의 결핍), 전통적인 성 역할, 가족 배경 및 개인의 윤리적 가치를 기반으로 한다. 이러한 암묵적 신념은 약혼식 전에 또는 그 후에도 개방적으로 논의되지 않을 수 있다.

모노가미는 사람마다 다른 의미를 갖고 있을 수 있으므로 이 합의가 무엇을 의미하는지에 대해 각 파트너의 생각이 다르거나 아예 반대로 이해하고 있을 수도 있다. 예를 들어, 암묵적 모노가미 합의에는 이런 것이 포함될 수 있다. "한 사람이 다른 사람에게 지치기 전까지 서로 신의를 지킬 것을 약속해야 한다. 지치게 되면 변화를 위해 노력하고 다른 파트너를 찾거나 헤어져야 한다." 또는 "나는 바람을 피지 않을 것이지만 온라인으로 사람들을 살펴볼 수는 있다." 또는 "스트립클럽에 가는 것 외에는 신의를 지킬 것이다. 이 행위는 신의에 포함하지 마라."

커플이 모노가미의 의미에 대해 암묵적으로 다르게 생각하는 경우가 흔하기 때문에 실제로 다르게 설정된 가이드라인을 따르고 있는 때도 각 파트너는 명시적 모노가미 합의에 충실하다고 믿고 있을 수 있다. 이들은 파트너도 같은 가이드라인을 따르고 있다고 생각하고 그 규칙을 한 번도 서로 상의하지 않을 수도 있다. 그로 인해 상대가 자기도 모르게 설정해 둔 언급되지 않은 경계를 파트너가 넘게 되면 부부 관계에 균열이 생기게 될 수 있다. 어떤 사람들은 내재된 암묵적 생각으로 성차별주의 또는 여성 혐오주의적 신념(예: "난 남자니까 바람을 펴도 돼. 그게 남자가 할 일이지. 앞으로의 관계는 어떻게 되겠지.")을 갖고 있다. 하지만 파트너에게 이러한 신념을 내비치지는 않는다. 관계에 갈등이 생기기 전까지는 이러한 신념이 수면 위로 떠오르지 않는데, 그렇게 되면 두 파트너 모두 모노가미에 대한 두 사람의 암묵적 생각에 영향을 주는 이 숨겨진 신념에 많이 놀랄 수 있다. 대부분의 커플은 문제가 발생하기 전까지 이 생각에 대해 절대 얘기하지 않는다.

오해로 비롯된 위기를 피하기 위해 각 파트너는 이러한 암묵적 생각을 명시적으로 드러내어야 한다. 그래야 소통, 기대치 및 실망감에 대한 문제를 대처할 수 있다. 커플은 각자가 어떤 약속을 하고 있는지 확실하게 밝혀야 하고 모노가미 합의 내용을 변경할 것을 고려해야 할 수 있다. 결혼을 하거나 파트너십 관계에 들어갈 때 상대에게 반드시 모든 의무를 다할 책임은 없다. 그러나 그 합의 내용에 대해 의무를 다하는 것이다. 따라서 내담자가 관계에 문제를 겪고 있거나 자신이 올바른 파트너를 선택한 것인지 의심을 갖고 있는 경우에도 반드시 잘못된 사람에게 의무를 다하고 있었다는 징후는 아닌 것이다. 잘못된 합의 내용에 의무를 다하고 있었던 것이다.

이 경우 커플은 그 모노가미 합의서를 다시 작성하면 된다. 이 과정은 누구나, 그리고 누구와도 진행할 수 있다. 필요한 것은 개방적인 마음, 대화, 공감, 이해뿐이다. 잘 적용될 수 있는 모노가미를 설정하려면 두 파트너 모두 자신들에게 가능한 부분에 대해 합의해야 한다. 이 새로운 모노가미 합의서는 명시적 그리고 암묵적 모노가미 합의를 둘 다 통합할 수 있다. 따라서 언급된 것과 생각한 것 사이에 흔히 존재하는 '모노가미 기대 차이점'을 해소해 준다. 이 새로운 합의서는 다른 사람과의 연애 관계 및 성적 관계를 포함해 관계에 대한 정의가 있는 특정하고 상호 합의된 기대치와 제한 사항을 담고 있어야 한다. 이런 질문에 대한 답이 되어야 한다. "혼외적으로 관계를 가질 것인가?" 또는 "온라인에서 낯선 사람과 대화를 할 것인가?" 또는 "소셜 미디어 관계를 맺어도 괜찮은가?"

커플이 자신들의 규칙을 정하고 계속해서 다시 상기함으로써 자신들이 세운 가치를 충분히 준수할 수 있도록 하는 것이 요령이다. 당사자인 커플 말고는 누구도 '개방적인 모노가미 관계'의 의미가 무엇인지 정의할 수 없다. 관계의 경계를 정의함으로써 각 파트너는 다른 사람의 입장이 어떤지 이해하고 상대가 성장할 수 있는 충분한 자유를 누릴 수 있게 해 줄 수 있다. 각 개인은 애착을 느끼기 위한 안전, 그리고 관계 안팎에서 성장을 이룰 수 있음을 느끼기 위한 자유가 필요하다. 커플은 이 합의서를 한 달에 한 번, 1년에 한 번, 또는 적어도 몇 년에 한 번은 계속 반복해서 다시 상기해야 한다. 심지어 매주 확인하는 것도 좋을 것이다. 중요한 것은 모노가미 합의서가 의논할 수 있는 관계적 측면이라는 점이다.

기술의 발전이 우리가 섹스를 바라보는 방식에 변화를 주었는가

기술 측면에서 모노가미를 본다면 어떨까? 전자장치와 로봇으로 가득한 시대에서도 사람들이 모노가미를 계속 유지할 수 있을까? 기술은 모노가미에게 새로운 당면 문제를 제시할까? 아니면 새로운 형태의 개방적 관계를 의미할까?

기술의 발달은 우리가 삶을 바라보는 방식뿐만 아니라 인간으로서 우리 자신이 누구인지에 대한 정체성에도 변화를 가져왔다. 스마트폰, 컴퓨터, 스마트워치 및 다른 휴대용 장치의 사용으로 우리 모두는 부분적 하이브리드 인간이 되었다. 우리는 거의 사이보그(cyborgs)가 되었다. 우리 몸에 로봇 기계 장치가 부착된 것과 다름없고 휴대폰은 우리 팔다리의 비영구적인 하이테크 부분의 연장 장치와 같다. 거의 항상 체크인(check in), 게시물 올리기(post), 스와이프(swipe), 업데이트(up-date) 및 체크아웃(check-ot)을 해야 할 것만 같다. 우리는 심지어 잘 때도 기술 장치를 내려놓거나 끄는 경우가 드물다.

오늘날의 기술은 우리 모두를 단순한 인간에서 하이테크 디지털 존재로 탈바꿈시켰다. 이와 같은 방식으로 성생활에도 이런 디지털 장치에 강박적으로 주의를 기울이게 되면 어떻게 될까? 많은 사람들이 그러는 것으로 드러났다. 포르노의 소비는 지난 15년간 75%나 증가했고, 그 어느 때보다 개인의 성적인 정체성이 디지털 활동에 많은 영향을 받고 있다. 또한 보다 고차원적인 하이테크 원격 전자 섹스 토이(teledildonics)[3] 및 로봇 섹스 파트너의 발전으로 포르노물이 그 어느 때보다 상호작용적으로 진화했다.

실제 인간과 컴퓨터 간의 이런 새로운 형태의 상호작용으로 인해 섹스와 관계에 애매모호한 부분이 생겨났고 흑백으로 다소 명확했던 모노가미에도 약간 혼동이 생겼다. 모노아미 규칙은 분명했다. "만져서는 안 돼! 만지면 바람피우는 것이다."라는 말이 유행했지만 지금은 바람의 의미가 어떠한가? 파트너와 침대에 누워 있는 상태에서 바람을 필 수가 있는가? 많은 경우에 포르노와 웹캠 섹스가 모노가미를 유지하는 한 방법이 되고 있다. 컴퓨터화된 디지털 형태를 통해 상대를 만지지 않고도 다양한 형태의 섹스와 흥분감을 즐길 수 있기 때문이다. 하지만 포르노는 접근하기가 매우 용이하고 거의 현실적이다. 실제로 다른 사람을 만날 필요 없이 파트너를 속이고 바람을 필 수가 있다. 이런 이유로 포르노가 더욱 상호작용적이고 매력적인 매체가 된 것이다.

조(Joe)와 밥(Bob) 커플의 사례를 들자면 이 두 사람은 조가 컴퓨터 앞에서 포르노를 보며 자위 행위를 하다가 들켜 내 사무실을 찾게 되었다. 조와 밥은 그들의 관계 중 일부로 포르노를 포함한 암묵적 모노가미 합의를 했다. 각자 포르노를 볼 수는 있

3) 원격 전자 섹스 토이는 인터넷 연결을 통해 제어할 수 있는 섹스 토이로 다른 사람을 원격으로 자극하는 데 필요한 기술을 제공한다.

지만 서로에게 이에 대해 얘기를 해야 했고, 서로의 성생활을 대체하는 데 사용해서는 안 된다는 것이었다. 그런데 밥은 조가 원격 전자 섹스 토이를 사용해 웹캠을 통해 누군가와 상호작용을 하면서 포르노를 보고 있는 장면을 목격한 것이다. 밥은 그냥 순수하게 포르노를 본 것보다 더 심하다고 느꼈다. 두 사람의 합의를 깬, 뭔가 다른 형태의 관계처럼 느껴졌다.

조는 이렇게 설명했다. "밥이 마음에 안 들어 한다는 건 알았지만 이 손으로 사용할 수 있는 장치를 그 회사에서 무료로 받았거든요. 우편으로 보내 주셨는데, 저도 한 번 사용해 보고 싶었어요. 포르노 영화와 연결할 수 있는 장치거든요. 다른 누군가도 보고 있으면 웹캠을 클릭할 수 있어요. 그게 참 매력적이더라고요. 그래서 꼭 해 보고 싶었어요."

밥은 이렇게 말했다. "조가 기술 제품에 빠진 것을 알고 있어서 핸드헬드 딜도에 빠졌다는 것이 놀랍지는 않아요. 그런데 이게 진동이 오는데 그 다른 사람이랑 움직임을 같이하고 있잖아요. 이게 실제 사람이랑 뭔가 즐기는 것과 뭐가 다른가요?"

"두 사람의 모노가미 합의에 대해 얘기해 봅시다." 내가 말했다. "그 합의서에 새로 추가하고 싶은 내용이 있나요?"

조는 이렇게 말했다. "서로 모노가미 합의에 대해 공개해야 할 것 같네. 가상의 존재라면 다른 사람을 포함해야 할 것 같아. 서로 실제로 만지는 게 아니잖아."

밥은 대답했다. "난 거기에 동의하지 않아. 가상일지라도 다른 누군가가 우리 모노가미 관계에 들어오는 걸 원치 않아."

밥과 조는 세 번의 치료 회기를 거친 후에야 모노가미에 대한 합의를 이루었다. 우리는 계속해서 가상 현실과 기술, 그리고 포르노가 두 사람의 관계에 미칠 영향에 대해 이야기했다.

신기술은 사용자에게 완전한 성적 만족감을 줄 수 있다

오늘날에는 가상 현실 포르노가 등장하고 있다. 2014년 8월에 성인 영화 스트리밍 서비스 제공업체 슈가인스턴트[SugarInstant, 이전 명칭은 슈가DVD(SugarDVD)]는 오큘러스(Oculus)와 파트너십을 시작하여 성인 영화를 3D로 제작할 것이며, 보다 상호작용적인 이점이 추가될 것이라고 발표했다. 이와 동시에 성인 엔터테인먼트 산업에서는 이러한 3D 영화와 더불어 가상 성인형(virtual doll)이라는 실제 크기의 새로운 섹스 토이를 만들기 시작했다. 주로 남성을 타겟팅하는 가상 인형은 상대방과 상호작용적이고 기술적인 로봇 섹스 파트너이다.

가상 현실 및 인공 지능(AI) 모델을 대중이 점점 더 쉽게 이용 가능해지면서 가격이 합리적이고 일상적인 수준으로 떨어지고 있다. 예를 들어, 너티 아메리카(Naughty America, 포르노 사이트) 및 플레시라이트(Fleshlight, 섹스 토이 회사)는 협업을 통해 포르노 영화와 섹스 토이를 통합함으로써 가상 현실 포르노의 경험을 실제의 시각적 경험과 결합했다.

이와 마찬가지로 섹스 토이 제조업체 키이로(Kiiro)는 비디오 회사와 협업하여 4D 영화를 가상 현실 헤드셋과 통합하여 풀 360도 몰입형 시각적 경험을 선사한다(토이를 사용하면 상호작용적 경험도 할 수 있음). 또한 원격 전자 섹스 토이의 특허가 만료되면서 보다 많은 발명가들이 포르노 콘텐츠 또는 컨트롤러를 갖고 있는 원격 파트너와 연결될 수 있는 좀 더 실물과 같은 섹스 토이를 만들 길이 열렸다. 섹스의 미래(Future of Sex)의 창립자인 브리오니 콜(Bryony Cole)에 따르면 이러한 인간과 기술의 상호작용으로 사용자는 완전한 성행위 경험을 느낄 수 있다고 한다. 온라인 섹스의 경험은 이전과 완전히 다른 전혀 새로운 수준으로 진화하고 있다.

이것이 미래의 성적 관계에 어떤 의미가 있는가

지금은 섹스와 기술에 대해 정해진 해답보다는 알 수 없는 질문이 더 많이 남아 있다. 가상 현실 로봇과 AI 인형 때문에 사람들이 더욱 고립되고 서로 간의 연결되는 일이 줄어들어 외로움의 문화가 더 촉진될 것인가? 로봇이 급증하는 외로움과 고립의 산물인 것인가, 아니면 그 해결책인가? 눈 맞춤이 없으면, 회로판 말고는 응시하거나 공감을 표할 상대가 없으면 실제 친밀감에 어떤 일이 생기는가?

이러한 질문을 끊임없이 하고, 우리가 하는 일과 섹스 테크 분야가 어디로 향하는지에 대해 윤리적으로 평가하기 위해 계속해서 열린 마음으로 호기심을 갖는 것이 중요하다. 섹스 테크 산업은 개인이 실제 친밀감 활동을 실천할 수 있는 방법을 제시하면서 보다 연결감을 높여 줄 수 있다. 예를 들어, 섹스 테크를 활용하여 남성, 여성, 게이, 이성애자, 트랜스젠더, 양성중인 사람 모두에게 섹스에 대한 지식이 필요할 경우 성교육을 제공할 수 있다. 오르가슴에 도달하는 방법, 성기능 장애를 자가 치료하는 방법, 그리고 판타지를 실행하는 방법 또는 전반적으로 성생활을 향상하는 방법을 가르쳐 줄 수 있다.

일부 로봇 회사에서는 이미 이러한 아이디어를 실현하기 위해 시험을 해 보고 있다. 섹스 테크 시장에서의 모범 사례로는 리얼보틱스(RealBotix)라는 회사가 있다. 이 회사에서는 '리얼돌(RealDoll)'이라는 실물 크기의 섹스 돌과 함께 사용할 수 있는 가상 현실 헤드셋을 만들었다. 곧 AI가 탑재된 이 로봇 섹스 돌을 20,000달러 정도에 구입할 수 있게 된다.[4] 이안 피어슨(Ian Pearson)과 같은 미래학자는 2050년쯤에는 로봇과의 섹스가 인간 대 인간의 섹스를 넘어설 것이라고 전망하고 있고, AI 전문가 데이비드 레비(David Levy)는 그때쯤에는 로봇과 결혼을 하기도 할 것이라고 예측하고 있다. 일본에서는 이런 일이 이미 일어나고 있다.

하지만 여전히 섹스 테크와의 관계가 우리의 인간성을 저하할 것이라는 이해할 만한 두려움이 자리하고 있다. 이러한 두려움은 수년에 걸쳐 발전함에 따라 우리가 가져왔던 걱정과 유사하다. 예를 들어, 1800년대 말 전화기가 처음 발명되었을 때, 눈맞춤을 하지 않게 될까 봐 걱정했었다. 1900년대 말과 2000년대 초, 문자가 유행할 때도 모든 사람이 음성을 통한 대화가 없어질까 봐 걱정했다. 현재 그리고 미래에는 로봇과의 섹스가 우리의 인간성을 앗아 갈 것인지에 대한 의문이 남아 있다.

가장 큰 걱정은 로봇이 언젠간 우리를 대체하고, 심지어 우리의 관계도 대체한다

---

4)이러한 AI 섹스 로봇을 미리 보려면 https://abcnews.go.com/Nightline/video/buy-sex-robot-equipped-artificial-intelligence-20000-54712355에서 확인할 수 있다.

는 것이다. 우리가 사랑하는 연인과 가족을 대체할까 봐 두렵다. 우리를 완전히 대체하게 되는 것이 두려운 것이다. 우리는 '완벽한' 로봇에 필적할 수 없다. 인간의 감정을 생명이 없는 기기에 투입할 수밖에 없게 될 것이다. 우리는 우리와 생긴 것은 똑같지만 인간이 가진 기본적인 도덕심이 부족하여 우리와 같이 생각하거나 느낄 수 없는 로봇이 있는 세상을 두려워하는 것이다.

그럼에도 섹스 테크의 미래가 전 세대의 커플, 그리고 이들이 서로 관계하는 방식에 영향을 줄 것임은 분명하다. 기술의 흐름을 거역하려고 하는 대신, 이렇게 변화하는 적용 분야를 통합하는 방식을 포용하고 우리가 두려워하는 것이 결국은 우리에게 좋은 영향을 줄 수 있다는 가능성을 그저 즐기는 것이 어떨까?

결론

새로운 기술은 우리 관계와 섹스의 미래에 확실하게 영향을 줄 것이다. 우리 모두는 보다 혁신적이고 연결된 세상으로 나아가고 있다. 새로운 유형의 관계를 맺을 기회가 있고, 전 세계적인 수준으로 연결될 수 있고, 그렇기 때문에 개인적인 수준으로는 친밀감을 유지하는 새로운 방법을 찾기가 어렵고 우리의 성적인 에너지를 일대일 파트너십에 쏟기가 힘든 세상이 오고 있다. 우리는 비모노가미에 대해 더 많은 선택지에 노출되어 있고, 우리의 관계를 인공 지능을 가진 대상, 그리고 성적 경험과 결과를 향상할 방법을 포함하도록 확장할 수 있다. 그 덕분에 장애가 있고, 트라우마를 갖고 있고, 고립되어 혼자이고, 권리를 박탈당한 사람, 그리고 정서적 · 신체적으로 친밀해진다는 것이 어떤 것인지 더 배우고 싶어 하지만 어떤 이유에서인지 기술이 부족하거나 건강한 성교육을 제대로 받지 못한 사람들에게 도움이 될 수 있다.

통합된 성과 커플 치료 전문가들은 이러한 도구를 보다 시야를 넓히는 데 활용해야 할 의무가 있다. 이렇게 시야를 확장함으로써 협조적이고 보다 연결된 관계를 향해 나아가기 위해 성치료 전문가의 도움이 필요한 사람들을 도울 수 있고, 궁극적으로는 대립과 외로움이 줄어들고 성취와 행복감이 높아진 사회를 만들 수 있다.

결론
통합된 성과 커플 치료

•

타미 넬슨(Tammy Nelson) PhD

이 책의 14개 장에서는 커플이 관계적 · 성적 어려움을 치료하는 데 도움이 되도록 성과 커플 치료를 어떻게 활용했는지에 대해 전문가의 실제 경험을 바탕으로 한 사례 및 일화적 이야기와 더불어 다양하고 실용적인 임상적 개입을 소개하고 있다. 이 책의 개입을 통해 수천 쌍의 커플이 가장 은밀한 성적인 문제에서 도움을 받고 있다.

커플의 성적 · 관계적 어려움을 해결할 때 대안이 되는 치료와 부가적인 치료가 어떻게 적용될 수 있고 적용되어야 하는지에 대해서도 이 책에서 설명을 하고 있지만 그 내용만으로는 부족하다. 고려해 볼 더 많은 기법과 개입이 있으며, 계속해서 성과 커플 치료에 대해 심리학적 · 생리학적 · 사회적 · 성적 접근 방식을 연구함으로써 이 분야에서 그 어느 때보다 많은 이론에 접근하게 될 것이다. 또한 대부분의 성치료 전문가들은 아직도 성치료 또는 관계 상담 부문에서 적절한 교육을 못 받고 있으며 오늘날의 현대적 커플이 직면한 모든 어려움을 고려했을 때 우리 전문가들이 이 두 분야 모두에서 교육이 필요한 것은 분명하다.

그 결과, 나는 워싱턴 DC에 통합 성치료 협회(Integrative Sex Therapy Institute)라는 새로운 교육 기관을 설립했고, 여기에서 성치료 전문가들이 검증된 성과 커플 치료 전문가로 거듭나도록 지원하기 위해 자료와 통합된 교육을 제공하고 연결해 주는 학습 커뮤니티와 개발 프로그램을 운영하고 있다. 이 기관에서는 이 새롭고 도전적인 세계에서 성치료 전문가에게 필요한 것들을 제공하기 위해 이 분야 최고의 성치료 전문가를 온라인이든 직접 대면하든 한자리에 모았다. 여기서 진행되는 교육은 성치료 전문가로서 지낸 나의 30년 경험은 물론이고, 이 책의 일부 저자들, 그리고 자신의 경험과 전문성을 기여해 주고 계신 오늘날 이 분야에서 가장 세밀한 연구가들, 교수님들, 성치료사들, 커플 치료사들의 경험을 바탕으로 마련되었다.

이 기관을 통해 우리는 새로운 자격증인 성과 커플 치료 자격증(Certification in Sex and Couples Therapy: CSCT)을 개발했다. 이 자격증은 앞으로 몇 십 년간 모든 성치료 전문가들이 갖춰야 할 것으로 생각이 된다. CSCT는 통합 성치료 협회에서만 제공되며, 이 자격증은 전문가 커뮤니티와 내담자에게도 성치료 및 관계 치료 두 분야 모두에서 경험이 있고 교육을 받은 치료자라는 증빙용으로 사용할 수 있다. 이 책과 CSCT 프로그램이 통합된 관계 치료의 미래로 나아가는 데 필요한 기준점이 될 수 있기를 바란다.

자료

통합된 성과 커플 치료

- 미국 국가 공인 성교육자, 성상담사, 성치료 전문가 자격소지자 협회(American Association of Sexuality Educators, Counselors, and Therapists: AASECT): 성치료, 성교육 및 성생활 상담에 대한 교육을 제공한다. 자세한 내용을 보려면 https://www.aasect.org를 방문하십시오.
- 통합 성치료 협회(Integrative Sex Therapy Institute): 치료사들이 공인 섹스 치료 및 공인 성과 커플 치료사가 될 수 있는 교육을 제공한다. 자세한 내용은 https://www.integrativesextherapyinstitute.com에서 확인할 수 있습니다.
- 통합된 성과 커플 치료에 대한 자세한 내용을 알고 싶은 내담자는 www.DrTammyNelson.com을 방문해 주시기 바랍니다.

성의학

- 국제여성성건강연구학회(International Society for the Study of Women's Sexual Health: ISSWSH): 여성 성 건강에 주력하는 ISSWSH에서는 임상적 가이드라인을

만들고, 여성 관련 성의학 연구에 앞장서며, 연간 집중 교육과정을 통해, 그리고 콘퍼런스에서 정신 및 의학 건강 제공업체를 위한 탁월한 교육을 제공한다. 제공업체의 목록은 http://www.isswsh.org에서 확인할 수 있다.

- 미국성의학회(Sexual Medicine Society of North America: SMSNA): 이 학회에서는 비뇨의학에 주력하고 있는 한편, 콘퍼런스에서는 성의학 주제를 보다 일반적으로 다룬다. 제공업체의 목록은 http://www.smsna.org/V1/index.php에서 확인할 수 있다.
- 유럽성의학회(European Society for Sexual Medicine: ESSM): 탁월한 기본 및 고급 성의학 과정을 갖춘 ESSM에서는 비뇨기학과, 산부인과, 일차 진료, 내분비학과, 신경학과, 정신의학과, 종양학과를 포함해 폭넓은 학문 분야에서의 교육을 의료 제공업체에 제공한다. 성의학 종합합동위원회(Multidisciplinary Joint Committee on Sexual Medicine: MJCSM)에서는 펠로우십 시험 및 인증 프로세스를 관장한다. 추가 정보는 https://www.essm.org에서 확인할 수 있다.
- 세계성의학회(International Society for Sexual Medicine: ISSM): ISSM은 인간 성생활 분야의 연구를 촉구한다. 이 학회의 웹사이트에서는 환자 정보, 성의학 제공업체의 목록뿐만 아니라 점점 커지는 의료 제공업체를 위한 임상적 가이드라인에 대한 라이브러리도 https://www.issm.info에서 찾아볼 수 있다.

일반 성의학 환자 정보

- Sexual Health Matters(www.SexHealthMatters.org)
- WomanLab(WomanLab.org)

성교 통증

- 앤드류 골드슈타인(Andrew Goldstein), 캐롤라인 푸칼(Caroline Pukall), 어윈 골

드슈타인(Irwin Goldstein)의 『When Sex Hurts: A Woman's Guide to Banishing Sexual Pain』은 내담자 및 치료자 모두에게 도움이 되는 성교 통증의 원인과 치료법이 일목요연하게 정리되어 있는 훌륭한 책이다.

- 에이미 슈타인(Amy Stein)이 집필한 『Heal Pelvic Pain』에서는 골반저 물리치료 분야에 대해 설명하고, 치료법을 소개하며, 내담자가 스스로 해 볼 수 있는 일련의 스트레칭, 운동 및 치료 기법을 알려 준다. 내담자와 치료자 모두에게 훌륭한 자료가 된다.

트랜스젠더 내담자

- **세계 트랜스젠더 건강 전문가 협회(World Professional Association for Transgender Health: WPATH)**: 이전에 해리 벤자민 국제 성 위화감 협회(Harry Benjamin International Gender Dysphoria Association)로 알려졌든 WPATH는 트랜스젠더 건강에 주력하는 501(c)(3)의 비영리 복합학문 전문 및 교육 기관이다. 이 협회의 전문가 멤버, 지원 멤버, 학생 멤버는 증거중심의학의 발전을 위한 임상적 · 학문적 연구에 참여하고, 전 세계적으로 트랜스젠더 및 생물학적 성에 불응하는 개인을 위한 양질의 치료를 제공하려고 노력하고 있다. 이 협회는 주로 멤버십의 지원을 통해, 그리고 기부금과 보조금을 통해 자금을 지원받고, 비영리적 출처로부터 협찬을 받는다.
- **미국 트랜스젠더 건강 전문가 협회(U. S. Professional Association for Transgender Health: USPATH)**: USPATH 및 WPATH는 트랜스젠더 건강에 대한 전 세계적 문제에 집중하는 국제적 기관이다. WPATH 제휴 지역 연합에서 보다 지역적인 지원과 정책을 가장 잘 이루어 내는 경우가 많다. 각 PATH에는 WPATH 제휴의 이점을 활용하면서도 해당 지역에 가장 중요한 문제에 대한 활동과 지지에 집중할 수 있다.

참고문헌

1장 성과 커플 치료: 생물심리사회적 관계 치료

Annon, J. S. (1976). The PLISSIT model: A proposed conceptual scheme for the behavioral treatment of sexual problems. *Journal of Sex Education and Therapy, 2*(1), 1-15.

Buber, M. (2010). *I and thou.* Eastford, CT: Martino Books.

Johnson, S. (2004). *The practice of emotionally focused couples therapy.* London, UK: Routledge.

Johnson, S. (2008). *Hold me tight: Conversations for a lifetime of love.* New York: Little, Brown and Company.

Kaplan, H. S. (1974). *The new sex therapy: Active treatment of sexual dysfunctions.* New York: Brunner/Mazel.

Kinsey, A., Pomeroy, W. B., & Martin, C. E. (1948). *Sexual behavior in the human male.* Bloomington, IN: Indiana University Press.

Kinsey, A., Pomeroy, W. B., Martin, C. E., & Gebhard, P. H. (1953). *Sexual behavior in the human female.* Bloomington, IN: Indiana University Press.

Masters, W. H., & Johnson, V. E. (1966). *Human sexual response.* New York: Bantam Books.

Masters, W. H., & Johnson, V. E. (1970). *Human sexual inadequacy.* New York: Bantam Books.

Schwartz, R. C. (2001). *Introduction to the Internal Family Systems Model.* Oak Park, IL: Trailheads Publishing.

2장 성치료와 커플 성의학: 협력적 성 건강 모델

Annon, J. (1976). *The behavioral treatment of sexual problems* (Vol. 2). New York: Harper & Row.

Bitzer, J., Giraldi, A., & Pfaus, J. (2013). A standardized diagnostic interview for hypoactive sexual desire disorder in women: Standard operating procedure (SOP Part 2). *Journal of Sexual Medicine, 10*(1), 50-57.

Engel, G. (1977). The need for a new medical model: A challenge for biomedicine. *Science, 196,* 129-136.

Goldstein, I., Clayton, A., Goldstein, A., Kim, N., & Kingsberg, S. (2018). *Textbook of female sexual function and dysfunction: Diagnosis and treatment.* Hoboken, NJ: John Wiley & Sons.

McCarthy, B. (2015). *Sex made simple: Clinical strategies for sexual issues in therapy.* Eau Claire, WI: PESI Publishing & Media.

Miller, S., & Donahey, K. (2012). Feedback-Informed Treatment: Improving the outcome of sex therapy one person at a time. In P. J. Kleinplatz (Ed.), *New directions in sex therapy: Innovations and alternatives* (pp. 195-212). New York: Routledge.

Moser, C. (1999). *Health care without shame: A handbook for the sexually diverse and their caregivers.* Emeryville, CA: Greenery Press.

Ruddy, N., Borresen, D., & Gunn, W. (2008). *The collaborative psychotherapist: Creating reciprocal relationships with medical professionals.* Washington, DC: American Psychological Association.

World Health Organization. (2006). *Sexual and reproductive health: Defining sexual health*. Retrieved from https://www.who.int/reproductivehealth/topics/sexual_health/sh_definitions/en/

3장 섹스리스 커플 치료: 정서중심치료와 성생활 상담의 통합

Bader, M. (2002). *Arousal: The secret logic of sexual fantasies*. New York: Thomas Dunne Books.

Basson, R. (2001). Human sex response cycles. *Journal of Sex and Marital Therapy, 27*(1), 33-43.

Bowlby, J. (1969). *Attachment and loss: Attachment* (Vol. 1). New York: Basic Books.

Bowlby, J. (1988). *A secure base: Parent-child attachment and healthy human development*. New York: Basic Books.

Eagle, M. (2007). Attachment and sexuality. In D. Diamond, S. J. Blatt, & J. D. Lichtenberg (Eds.), *Attachment and sexuality*. New York: Taylor & Francis Group.

Goldner, V. (2004). Review essay: Attachment and eros: Opposed or synergistic? *Psychoanalytic Dialogues, 14*(3), 381-396.

Greenberg, L., & Johnson, S. (1988). *Emotionally focused therapy for couples*. New York Guilford Press.

Iasenza, S. (2006). Low sexual desire in gay, lesbian and heterosexual peer marriages. In J. S. Scharff & D. E. Scharff (Eds.), *New paradigms for treating relationships* (pp. 375-383). New York: Jason Aronson.

Iasenza, S. (2010). What is queer about sex? Expanding sexual frames in theory and practice. *Family Process, 49*(3), 291-308.

Johnson, S. (2004). *The practice of emotionally focused couple therapy: Creating connection*. New York: Brunner Routledge.

Johnson, S., Simakodskya, Z., & Moran, M. (2018). Addressing issues of sexuality in couples therapy: Emotionally focused therapy meets sex therapy. *Current Sexual Health Reports, 10*(3), 65-71.

Kleinplatz, P. J. (2003). Optimal erotic intimacy: Lessons from great lovers. In S. B. Levine & S. E. Althof (Eds.), *Handbook of clinical sexuality for mental health professions* (3rd ed., pp. 310-317). New York: Routledge.

Kleinplatz, P. J. (2012). *New directions in sex therapy: Innovations and alternatives* (2nd ed.). New York: Routledge.

Kleinplatz, P. J., Menard, A. D., Paquet, M. P., Paradis, N., Campbell, M., Zuccarini, D., & Mehak, L. (2009). The components of optimal sexuality: A portrait of "great sex." *Canadian Journal of Human Sexuality, 18*(1-2), 1-13.

Masters, W. H., & Johnson, V. E. (1966). *Human sexual response.* New York: Bantam Books.

Morin, J. (1995). *The erotic mind.* New York: HarperPerennial.

Mitchell, S. A. (2002). *Can love last? The fate of romance over time.* New York: W. W. Norton.

Perel, E. (2006). *Mating in captivity: Unlocking erotic intelligence.* New York: Harper Collins.

Schwartz, P. (1994). *Peer marriage: How long between equals really works.* New York: Simon & Schuster.

Weiner, L., & Avery-Clark, C. (2017). *Sensate focus in sex therapy.* New York: Routledge.

4장 성과 이마고 관계 치료

American Psychiatric Association. (2013). *Diagnostic and statistical manual of mental disorders* (5th ed.). Arlington, VA: Author.

Bader, J. (2002). *Arousal: The secret logic of sexual fantasies.* New York: Thomas Dunne

Books.

Hendrix, H. (1988). *Getting the love you want.* New York: Holt Paperbacks.

Masters, W. H., Johnson, V. E., & Kolodny, R. C. (1982). *On sex and human loving.* New York: Little, Brown and Company.

Nelson, T. (2008). *Getting the sex you want: Shed your inhibitions and reach new heights of passion together.* Rockport, MA: Fairwinds Press.

Rosenfeld, S., & Slade, S. (2019). *Finding the sex you lost.* Training sponsored by the American Association of Sexuality Educators, Counselors and Therapists, Original Material.

5장 내면적 가족체계 성치료

Berne, E. (1964). *Games people play: The psychology of human relationships.* New York: Groves Press.

Herbine-Blank, T. (2015). *Intimacy from the inside out.* New York: Routledge.

Jung, C. G. (1970). *The structure and dynamics of the psyche* (Collected Works, Vol. 8). Princeton, NJ: Princeton University Press.

McCarthy, B., & Metz, M. (2004). *Coping with premature ejaculation: How to overcome PE, please your partner, & and have great sex.* Oakland, CA: New Harbinger Publications.

Rowan, J. (1990). *Subpersonalities: The people inside us.* London, UK: Routledge.

Schwartz, R. C. (1997). *Internal family systems therapy.* New York: Guilford Press.

Schwartz, R. C. (2001). *Introduction to the internal family systems model.* Oak Park, IL: Trailhead Publishing.

6장 그룹 커플 치료를 통한 성적 트라우마 치료

Brotto, L. A. (2018). *Better sex through mindfulness: How women can cultivate desire.* Berkeley, CA: Greystone Books.

Buchele, B. J. (2000). Group psychotherapy for survivors of sexual and physical abuse. In R. H. Klein & V. L. Schermer (Eds.), *Group psychotherapy for psychological trauma* (pp. 170-187). New York: Guilford Press.

Shapiro, F. (2001). *Eye movement desensitization and reprocessing: Basic principles, protocols and procedures* (2nd ed.). New York: Guilford Press.

Solomon, M. F. (2003). Connection, disruption, repair: Treating the effects of attachment trauma on intimate relationships. In M. F. Solomon & D. J. Siegel (Eds.), *Healing trauma: Attachment, mind, body and brain* (pp. 322-346). New York: Norton.

Yalom, I. D. (1995). *The theory and practice of group psychotherapy.* New York: Basic Books.

7장 성과 커플 치료사를 위한 교차성 101

Adams, D. M., & Lott, E. H. (2019). Black women: Then and now. *Women & Therapy, 42*(3-4), 1-20.

Arrendondo, P. (1994). Multicultural training: A response. *The Counseling Psychologist, 22,* 308-314.

Carastathis, A. (2014). The concept of intersectionality in feminist theory. *Philosophy Compass, 9*(5), 304-314.

Cayleff, S. E. (1986). Ethical issues in counseling gender, race, and culturally distinct groups. *Journal of Counseling and Development, 64,* 345-347.

Collins, P. H., & Bilge, S. (2016). *Intersectionality.* New York: John Wiley & Sons.

Crenshaw, K. (1991). Mapping the margins: Intersectionality, identity politics and violence against women of color. *Stanford Law Review, 43,* 1241-1299.

Helmeke, K., & Sprenkle, D. (2000). Clients' perceptions of pivotal moments in couples therapy: A qualitative study of change in therapy. *Journal of Marital and Family Therapy, 26,* 469-483.

Hooks, B. (1989). *Talking back: Thinking feminist, thinking black.* Toronto: Between the Lines.

McIntosh, P. (1990). White privilege: Unpacking the invisible knapsack. *Independent School, 49,* 31-39.

Mbilishaka, A. M. (2018). Strands of intimacy: Black women's narratives of hair and intimate relationships with men. *Journal of Black Sexuality and Relationships, 5*(1), 43-61.

Nouwen, H. (1972). *The wounded healer.* New York: Doubleday.

Parker, L. (2009). Disrupting power and privilege in couples therapy. *Clinical Social Work Journal, 37*(3), 248-255.

Roberson, Q. M. (2013). *The oxford handbook of diversity and work.* New York: Oxford University Press.

Ryabov, I. (2019). How much does physical attractiveness matter for blacks? Linking skin color, physical attractiveness, and black status attainment. *Race and Social Problems, 11*(1), 68-79.

Sue, D. (2015). Therapeutic harm and cultural oppression. *The Counseling Psychologist, 43*(3), 359-369.

Sue, D. W., Ivey, A. E., & Pedersen, P. B. (Eds.). (1996). *A theory of multicultural counseling and therapy.* Belmont, CA: Thomson Brooks/Cole Publishing.

Williams, N. A., & Ware, C. (2019). A tale of two "halfs": Being black, while being biracial. *International Journal of Qualitative Studies in Education, 32*(1), 85-106.

Wohl, J. (1995). Traditional individual psychotherapy and ethnic minorities. In J. F.

Aponte, R. Young Rivers, & J. Wohl (Eds.), *Psychological interventions and cultural diversity* (pp. 74-91). Boston: Allyn & Bacon.

8장 특이한 성적 취향을 가진(킹키한) 내담자를 위한 관계 상담과 성치료

Blow, A. J., Sprenkle, D. H., & Davis, S. D. (2007). Is who delivers the therapy more important than the treatment itself? The role of the therapist in common factors. *Journal of Marital and Family Therapy, 33*(3), 298-317.

Cannon, N. (2011, April). *Lost libido: Effective & creative interventions for treating couples with low libido and gaps in sexual desire.* Workshop given for members of the American Association of Sexuality Educators, Counselors, and Therapists (AASECT) Denver, CO.

Kolmes, K., Stock, W., & Moser, C. (2006). Investigating bias in psychotherapy with BDSM clients. *Journal of Homosexuality, 50*(2/3), 301-324.

Meyer, I. (2003). Prejudice, social stress, and mental health in lesbian, gay, and bisexual populations: Conceptual issues and research evidence. *Psychological Bulletin, 129*(5), 674-697.

Nagoski, E. (2015). *Come as you are: The surprising new science that will transform your sex life.* New York: Simon & Schuster.

Pillai-Friedman, S., Pollitt, J. L., & Castaldo, A. (2015). Becoming kink-aware-a necessity for sexuality professionals. *Sexual and Relationship Therapy, 30*(2), 196-210.

Richters, J., de Visser, R. O., Rissel, C. E., Grulich, A. E., & Smith, A. M. (2008). Demographic and psychosocial features of participants in bondage and discipline "sadomasochism," or dominance and submission (BDSM): Data from a national survey. *The Journal of Sexual Medicine, 5*(7), 1660-1668.

Rogers, C. R. (2007). The necessary and sufficient conditions of therapeutic personality

change. *Psychotherapy: Theory, Research, Practice, Training, 44*(3), 240-248.
Sprott, R. A., Randall, A., Davison, K., Cannon, N., & Witherspoon, R. G. (2017). Alternative or nontraditional sexualities and therapy: A case report. *Journal of Clinical Psychology, 73*(8), 929-937.
Zamboni, B. D. (2017). A qualitative exploration of adult baby/diaper lover behavior from an online community sample. *The Journal of Sex Research, 56*(2), 191-202.

9장 몸-마음 연결: 커플, 섹스, 신체 치료

Fosha, D. (2000). *The transforming power of affect: A model for accelerated change.* New York: Basic Books.
Kurtz, R. (1990). *Body-centered psychotherapy: The Hakomi method.* Mendocino, CA: LifeRhythm.
Levine, P. (2010). *In an unspoken voice: How the body releases trauma and restores goodness.* Berkeley, CA: North Atlantic Books.
Ogden, P., & Fisher, J. (2015). *Sensorimotor psychotherapy: Interventions for trauma and attachment.* New York: W. W. Norton.
Porges, S. W. (2011). *The polyvagal theory: Neurophysiological foundations of emotions, attachment, communication, and self-regulation.* New York: W. W. Norton.
Rothschild, B. (2000). *The body remembers.* New York: W. W. Norton.
van der Kolk, B. (2014). *The body keeps the score.* New York: Penguin Books.

10장 영양-성 건강 모델

Aarseth, H., & Olsen, B. M. (2008). Food and masculinity in dual-career couples. *Journal of Gender Studies, 17*(4), 277-287.

Bergeron, S., Merwin, K., Dubé, J., & Rosen, N. (2018). Couples sex therapy versus group therapy for women with genito-pelvic pain. *Current Sexual Health Reports, 10*(3), 79-87.

Betchen, S. J. (2009). Premature ejaculation: An integrative, intersystems approach for couples. *Journal of Family Psychotherapy, 20*(2/3), 241-260.

Bove, C. F., & Sobal, J. (2006). Foodwork in newly married couples: Making family meals. *Food, Culture & Society, 9*(1), 69-89.

Di Francesco, S., & Tenaglia, R. L. (2017). Mediterranean diet and erectile dysfunction: A current perspective. *Central European Journal of Urology, 70*(2), 185-187.

Eddy, K. T., Novotny, C. M., & Westen, D. (2004). Sexuality, personality, and eating disorders. *Eating Disorders, 12*(3), 191-208.

Esposito, K., Giugliano, F., Maiorino, M. I., & Giugliano, D. (2010). Dietary factors, Mediterranean diet and erectile dysfunction. *The Journal of Sexual Medicine, 7*(7), 2338-2345.

Gehring, D. (2003). Couples therapy for low sexual desire: A systemic approach. *Journal of Sex & Marital Therapy, 29*(1), 25-38.

Germer, C., & Neff, K. (2013). Self-compassion in clinical practice. *Journal of Clinical Psychology, 69*(8), 856-867.

Giugliano, F., Maiorino, M. I., Di Palo, C., Autorino, R., De Sio, M., Giugliano, D., & Esposito, K. (2010). Women's sexual health: Adherence to Mediterranean diet and sexual function in women with type 2 diabetes. *The Journal of Sexual Medicine, 7*(5), 1883-1890.

Höijer, K., Hjälmeskog, K., & Fjellström, C. (2014). The role of food selection in Swedish home economics: The educational visions and cultural meaning. *Ecology of Food and Nutrition, 53*(5), 484-502.

Johnson, S., Simakhodskaya, Z., & Moran, M. (2018). Addressing issues of sexuality in couples therapy: Emotionally focused therapy meets sex therapy. *Current Sexual Health Reports, 10*(2), 65-71.

Lange, D., Corbett, J., Lippke, S., Knoll, N., & Schwarzer, R. (2015). The interplay of intention, autonomy, and sex with dietary planning: A conditional process model to predict fruit and vegetable intake. *British Journal of Health Psychology, 20*(4), 859-876.

Leach, M. (2005). Rapport: A key to treatment success. *Complementary Therapies in Clinical Practice, 11*(4), 262-265.

Maiorino, M. I., Bellastella, G., Chiodini, P., Romano, O., Scappaticcio, L., Giugliano, D., & Esposito, K. (2016). Primary prevention of sexual dysfunction with Mediterranean diet in type 2 diabetes: The MÈDITA randomized trial. *Diabetes Care, 39*(9), e143-e144.

McCarthy, B. W., Ginsberg, R. L., & Fucito, L. M. (2006). Resilient sexual desire in heterosexual couples. *The Family Journal, 14*(1), 59-64.

Neault, R. A., & Pickerell, D. A. (2005). Dual-career couples: The juggling act. *Canadian Journal of Counselling and Psychotherapy/Revue Canadienne de Counseling a de Psychothérapie, 39*(3), 187-198.

Rosen, R., Leiblum, S., & Spector, I. (1994). Psychologically based treatment for male erectile disorder: A cognitive-interpersonal model. *Journal of Sex & Marital Therapy, 20*(2), 67-85.

Salyer, J., Schubert, C., & Chiaranai, C. (2012). Supportive relationships, self-care confidence, and heart failure self-care. *The Journal of Cardiovascular Nursing, 27*(5) 384-393.

Tahan, H., & Sminkey, P. (2012). Motivational interviewing. *Professional Case Management, 17*(4), 164-172.

Tye, M. (2013). *Sexuality and our diversity.* New York: FlatWorld Knowledge.

Weiner, L., & Avery-Clark, C. (2017). *Sensate focus in sex therapy.* New York: Routledge.

11장 예술 치료와 성치료: 창의적 도구를 사용한 커플 치료

Barth, R. J., & Kinder, B. N. (1985). The use of art therapy in marital and sex therapy. *Journal of Marital and Sex Therapy, 11*(3), 192-198.

Bat Or, M., Ishai, R., & Levi, N. (2015). The symbolic content in adults' PPAT as related to attachment styles and achievement motivation. *The Arts in Psychotherapy, 43*, 49-60.

Chapman, L. (2014). *Neurobiologically informed trauma therapy with children and adolescents: Understanding mechanisms of change.* New York: W. W. Norton.

Dailey, D. (1981). Sexual expression and aging. In F. Berghorn & D. Schafer (Eds.), *The dynamics of aging: Original essays on the processes and experiences of growing old* (pp. 311-330). Boulder, CO: Westview Press.

Dissanayake, E. (2012). *Art and intimacy: How the arts began.* Seattle, WA: University of Washington Press.

Goldner, L., Gazit, O., & Scharf, M. (2017). Separateness and closeness as expressed in bird's nest drawings: Relationships with partners and with the unborn child among expectant parents. *The Arts in Psychotherapy, 53*, 1-11.

Gottman, J. (2004). *The seven principles for making marriage work.* New York: Three Rivers.

Greenman, P. S., & Johnson, S. M. (2013). Process research on emotionally focused therapy (EFT) for couples: Linking theory to practice. *Family Process, 52*(1), 46-61.

Harriss, M., & Landgarten, H. (1973). Art therapy as an innovative approach to conjoint treatment: A case study. *Art Psychotherapy, 1*(3-4), 221-228.

Hinkle, M. S., Radomski, J. G., & Decker, K. M. (2015). Creative experiential interventions to heighten emotion and process in emotionally focused couples therapy. *The Family Journal, 23*(3), 239-246.

Johnson, S. M., Makinen, J. A., & Millikin, J. W. (2001). Attachment injuries in couple relationships: A new perspective on impasses in couples therapy. *Journal of Marital and Family Therapy, 27*(2), 145-155.

Kaiser, D. H. (1996). Indications of attachment security in a drawing task. *The Arts in Psychotherapy, 23*(4), 333-340.

Kaplan, F. F. (1983). Drawing together. *American Journal of Art Therapy, 22,* 79-85.

Kwiatkowska, H. Y. (1978). *Family therapy and evaluation through art.* Springfield, IL: C.C. Thomas.

Lubbers, D. (2017). *Bodymap protocol: Integrating art therapy and focusing in the treatment of adults with trauma* (Doctoral dissertation). Available from Dissertation Abstracts International. (Publication No. 10830077)

Metzl, E. S. (2009). The role of creative thinking in resilience after hurricane Katrina. *Psychology of Aesthetics, Creativity, and the Arts, 3*(2), 112-123.

Metzl, E. S. (2016). *When art therapy meets sex therapy: Creative explorations of sexuality, gender and relationships.* New York: Routledge.

Sarrel, P. M., Sarrel, L. J., & Berman, S. (1981). Using the Draw-a-Person Test in sex therapy. *Journal of Sex and Marital Therapy, 7,* 163-183.

Snir, S., & Wiseman, H. (2010). Attachment in romantic couples and perceptions of a joint drawing session. *The Family Journal, 18*(2), 116-126.

Snir, S., & Wiseman, H. (2013). Relationship patterns of connectedness and individuality in couples as expressed in the couple joint drawing method. *The Arts in Psychotherapy, 40*(5), 501-508.

Snir, S., & Wiseman, H. (2016). Couples' joint drawing patterns: Associations with self-report measures of interpersonal patterns and attachment styles. *The Arts in Psychotherapy, 48,* 28-37.

Wadeson, H. (1972). Conjoint marital art therapy techniques. *Psychiatry, 35,* 89-98.

Zoldbrod, A. P. (1998). *SexSmart: How your childhood shaped your sexual life and what to do with it.* Oakland, CA: New Harbinger Publications.

12장 LGB(Trans)QIA 커플 상담 교차적, 정신역동적, 다양한 성 친화적 접근 방식 사용

American Psychiatric Association. (2013). *Diagnostic and statistical manual of mental disorders* (5th ed). Arlington, VA: Author.

Bancroft, J. (2009). *Human sexuality and its problems* (3rd ed.). Edinburgh, UK: Elsevier.

Bigner, J. J., & Wetchler, J. L. (2012). *Handbook of LGBT-affirmative couple and family therapy.* New York: Routledge.

Blumer, M. L. C., Green, M. S., Knowles, S. J., & Williams, A. (2012). Shedding light on thirteen years of darkness: Content analysis of articles pertaining to transgender issues in marriage/couple family therapy journals. *Journal of Marital and Family Therapy, 38,* 244-256.

Chang, S., Singh, A., & Dickey, I. (2018). *A clinician's guide to gender-affirming care.* Oakland, CA: New Harbinger.

Clark, W., & Serovich, J. M. (1997). Twenty years and still in the dark? Content analysis of articles pertaining to gay, lesbian, and bisexual issues in marriage and family therapy journals. *Journal of Marital and Family Therapy, 23,* 239-253.

Crenshaw, K. (1989). Demarginalizing the intersection of race and sex: A black feminist critique of antidiscrimination doctrine, feminist theory and antiracist politics. *University of Chicago Legal Forum, 1*(8), 139-167.

Erickson-Schroth, L., & Boylan, J. F. (2014). *Trans bodies, trans selves: A resource for the transgender community.* New York: Oxford University Press.

Hartwell, E. E., Serovich, J. M., Grafsky, E. L., & Kerr, Z. Y. (2012). Coming out of the dark: Content analysis of articles pertaining to gay, lesbian, and bisexual issues in couple and family therapy journals. *Journal of Marital and Family Therapy, 38,* 227-243.

Langer, S. J. (2019). *Theorizing transgender identity for clinical practice: A new model for understanding gender.* Philadelphia, PA: Jessica Kingsley Publishers.

Masters, W. H., & Johnson, V. E. (1966). *Human sexual response.* New York: Bantam Books.

Oliver, M. (1996). *Understanding disability: From theory to practice.* London, UK: Palgrave MacMillan.

Wallin, J. (2007). *Attachment in psychotherapy.* New York: Guilford Press.

13장 대안적 마음 챙김과 성생활의 통합

Avery-Clark, C., & Weiner, L. (2018, July). *Sensate focus: The alchemy of touch, mindfulne & somatic therapy.* Training sponsored by The Integrative Sex Therapy Institute, Training Program, Washington, DC.

Brotto, L. (2018). *Better sex through mindfulness: How women can cultivate desire.* Berkeley, CA: Greystone Books.

Brotto, L. A., & Basson, R. (2014). Group mindfulness-based therapy significantly improves sexual desire in women. *Behaviour Research and Therapy, 57,* 43-54.

Brotto, L. A., Basson, R., Smith, K. B., Driscoll, M., & Sadownik, L. (2015). Mindfulness-based group therapy for women with provoked vestibulodynia. *Mindfulness, 6*(3), 417-432.

Brotto, L. A., & Heiman, J. R. (2007). Mindfulness in sex therapy: Applications for women with sexual difficulties following gynecologic cancer. *Sexual and Relationship Therapy, 22*(1), 3-11.

Brotto, L. A., Heiman, J. R., Goff, B., Greer, B., Lentz, G. M., Swisher, E., & van Blaricom, A. (2008). A psychoeducational intervention for sexual dysfunction in women with gynecologic cancer. *Archives of Sexual Behavior, 37*(2), 317-329.

Brotto, L. A., Krychman, M., & Jacobson, P. (2008). Eastern approaches for enhancing women's sexuality: Mindfulness, acupuncture, and yoga. *Journal of Sexual Medicine,*

5, 2741-2748.

Kabat-Zinn, J. (1990). *Full catastrophe living: Using the wisdom of your body and mind to face stress, pain, and illness.* New York: Delacorte Press.

Kerner, I. (2004). *She comes first: The thinking man's guide to pleasuring a woman.* New York: HarperCollins.

Kerner, I. (2006). *He comes next: The thinking woman's guide to pleasuring a man.* New York: HarperCollins.

Kleinplatz, P. J., Ménard, A. D., Paquet, M. P., Paradis, N., Campbell, M., Zuccarino, D., & Mehak, L. (2009). The components of optimal sexuality: A portrait of "great sex." *Canadian Journal of Human Sexuality, 18*(1-2), 1-13.

Nelson, T. (2014). *Six weeks of erotic dates & a protocol for erotic recovery.* Retrieved from https://drtammynelson.com/product/ebook-six-weeks-of-erotic-dates-a-protocol-for-erotic-recovery/

Weiner, L., & Avery-Clark, C. (2017). *Sensate focus in sex therapy.* New York: Routledge.

14장 섹스의 미래: 폴리아모리와 과학 기술이 모노가미에게 어떤 의미가 있는가

Bennett, J. (2009, July 28). Polyamory: The next sexual revolution? *Newsweek.* Retrieved from https://www.newsweek.com/polyamory-next-sexual-revolution-82053

Fisher, H. (1992). *Anatomy of love: A natural history of mating, marriage, and why we stray.* New York: Random House.

Nelson, T. (2012). *The new monogamy: Redefining your relationship after infidelity.* Oakland, CA: New Harbinger.

Rubin, J. D., Moors, A. C., Matsick, J. L., Ziegler, A., & Conley, T. D. (2014). On the margins: Considering diversity among consensually non-monogamous relationships. [Special Issue on Polyamory]. *Journal für Psychologie, 22*(1), 19-37.

Schmitt, D. P., & Buss, D. M. (2001). Human mate poaching: Tactics and temptations for infiltrating existing mateships. *Journal of Personality and Social Psychology, 80,* 894-917.

Tafoya, M. A., & Spitzberg, B. H. (2007). The dark side of infidelity: Its nature, prevalence and communicative functions. In B. H. Spitzberg & W. R. Cupach (Eds.), *The dark side of interpersonal communication* (2nd ed., pp. 201-242). Mahwah, NJ: Lawrence Erlbaum Associates.

Vaughan, P. (2003). *The monogamy myth: A personal handbook for recovering from affair* (3rd ed.). New York: William Morrow Paperback.

기여자 소개

자넷 브리토(Janet Brito) PhD는 AASECT 인증 성치료사로 임상심리학 및 사회복지 관련 자격증도 보유하고 있다. 퍼시피카 그레쥬에이트 인스티튜트(Pacifica Graduate Institute)를 졸업하고 전 세계에 몇 안 되는 성 관련 교육에 집중하는 대학 프로그램 중 하나를 운영하고 있는 미네소타 메디컬 스쿨 대학교(University of Minnesota Medical School)의 박사 후 펠로우를 마쳤다. 현재 하와이 호놀룰루에 거주하고 있으며 성 건강과 생식 건강 센터(Center for Sexual and Reproductive Health)의 창립자이다. 브리토 박사는 『오, 더 오프라 매거진(O, The Oprah Magazine)』『더 허핑턴 포스트(The Huffington Post)』『플레이보이(Playboy)』『헬스라인(Healthline)』『우먼스 헬스 매거진(Women's Health Magazine)』『스라이브 글로벌(Thrive Global)』『미드위크 퍼블리케이션즈(MidWeek Publications)』를 포함한 많은 매체에 등장했다.

닐 캐논(Neil Cannon) PhD, LMFT는 콜로라도주 덴버의 AASECT 인증 성치료사 겸 지도교수이다. 캐논 박사는 미시간 대학교 사회복지 성 건강 인증 프로그램의 교수이자, 선도적인 결혼 및 가족 치료 스쿨인 덴버 패밀리 인스티튜트(Denver Family Institute)의 결혼 및 가족 치료(Marriage and Family Therapy)를 담당하는 교수이다. 캐논 박사는 마스터 커플 상담사이자 BDSM 및 킹크 프랙티셔너이다.

파멜라 피널티(Pamela Finnerty) PhD는 관계 문제 분야의 전문 심리치료 전문가로 워싱턴 DC에서 30년이 넘게 개인 진료를 보고 있다. 또한 AASECT 인증 성치료사로, 공인된 섹스 및 커플 치료사이다. 이전에는 조지 워싱턴 대학교에서 상담 분야의 정년보장 부교수, 정신의학 분야의 연구 부교수로 일했다. 피널티는 커플 및 그룹 치료에 주력했을 뿐만 아니라 섹스, 노화 및 삶과 같은 분야의 글을 쓰거나 강의를 하는 등 왕성하게 활동하고 있다.

데보라 폭스(Deborah Fox) MSW는 AASECT 인증 성치료사 겸 공인 이마고 관계 치료사로 워싱턴 DC에서 개인 진료를 보고 있다. 폭스는 개인, 커플, 그리고 그룹 정신치료를 이행할 뿐만 아니라 임상 상담도 진행하고 있다. 또한 커플 치료 및 섹스 치료를 위해 세미나를 열고 상담 그룹을 만든다. 폭스는 워싱턴 정신과학 학교(Washington School of Psychiatry), 임상사회복지사를 위한 더 좋은 워싱턴 단체(Greater Washington Society for Clinical Social

Workers), 정신분석 및 심리치료 기관(Institute for Psychoanalysis and Psychotherapy), 통합 성치료 협회(Integrative Sex Therapy Institute), 그리고 2018년 국제 이마고 관계 치료 콘퍼런스(International Imago Relationship Therapy Conference)에서 이러한 주제를 발표했다. 또한 AASECT의 지속적인 교육 제공자 겸 AASECT 인증 섹스 치료 교육 지도자이다. 보다 심층적인 수준의 감정에까지 섹스 및 커플 치료를 적용하고 보다 높은 친밀감과 만족감을 달성하도록 하는 데 열정을 갖고 있다.

게일 거트먼(Gail Guttman) LCSW는 섹스 및 커플 치료 통합을 전문적으로 다룬다. 거트먼은 1984년부터 인증된 성치료사로, 1994년부터는 공인 이마고 치료사로도 활동했다. 거트먼은 그룹 상담 및 지도를 진행한다. 섹스 및 커플 치료 분야의 '최고 치료사'로 선정되어 『워싱터니언(Washingtonian)』 매거진에 소개된 적도 있다. 또한 AASECT의 지속적인 교육 제공자 겸 AASECT 인증 성치료 지도자이자, 이마고 임상 컨설턴트이기도 하다. 그뿐만 아니라 열정적으로 치료사들이 성과 커플 치료를 통합하도록 돕고 있다. 거트먼은 통합 성치료 협회(Integrative Sex Therapy Institute), 임상사회복지사를 위한 더 좋은 워싱턴 단체, 이전의 이마고 치료 콘퍼런스, 메릴랜드 대학교(University of Maryland) 및 다른 전문 기관에서 섹스 및 커플 치료를 주제로 발표를 한 적이 있다.

아만다 홈버그-사세크(Amanda Holmberg-Sasek) MS, LMFT는 결혼 및 가족 치료사 자격증을 소지하고 있으며, 미국 결혼 및 가족 치료 협회(American Association of Marriage and Family Therapy: AAMFT)의 승인을 받은 지도자이다. 또한 미네소타주 플리머스의 성적 웰빙 협회(Sexual Wellness Institute)의 소유주이자 치료사이며, 위스콘신 대학교-스타우트에서 진행되는 섹스 치료 프로그램 석사 수료 과정의 초빙 교수 및 시간강사도 겸하고 있다.

스테파니 킹(Stephanie King) PsyD는 정식 면허증을 보유한 심리학자로, 캘리포니아주 마린 카운티에서 개인 진료를 보고 있다. 젠더 스페셜리스트이자 섹스 및 커플 치료사로 활동하고 있으며, 나르시시즘 어머니 밑에서 자라 성인이 된 딸들의 상담도 맡고 있다. 킹 박사는 현지 북부 캘리포니아의 정신분석 심리학 단체(Northern California Society for Psychoanalytic Psychology)의 대표로 당선되었고, 세계 트랜스젠더 건강 전문가 협회(World Professional Association for Transgender Health)의 회원이자, 트랜스젠더와 포괄적 성별의 젊은이들을 보살피고 지지하는 데 전념하는 정신건강 전문가들의 UCSF 컨소시엄인 Mind the Gap에서 회원으로 활발하게 활동하고 있다. 개인 진료 외에도 킹 박사는 본인이 창립한 기관 트랜스젠더 지지 및 자각 교육(Transgender Advocacy & Consciousness Training: TACT)을 통해 성 친화적 치료에 대해 치료자, 교육자 및 의료 전문가에게 교육을 제공하고 있다.

페블 크란츠(Pebble Kranz) MD, FECSM은 전문 인증을 받은 가정의이자 성의학 유럽 위원회의 펠로우이다. 또한 일차 진료의 심리사회적 측면을 집중해서 다루는 로체스터 대학교 가정의학과 전공의 수련 프로그램(University of Rochester Family Medicine Residency Program)에서 의학 교육을 마쳤다. 페블 크란츠는 성적 웰니스를 위한 로체스터 센터(Rochester Center for Sexual Wellness)에서 메디컬 디렉터(전문의)를 역임하고 있고 로체스터 대학교 의료 센터(University of Rochester Medical Center)의 부인종양학 부서에서 성의학 클리닉을 운영하고 있다. 그뿐만 아니라 로체스터 대학교 가정의학과와 산부인과에서 진료 상담 예약을 받으며 성의학을 더 많이 노출시키기 위해 로체스터 대학교 의과 대학 및 레지던트 교육과정에도 참여하고 있다.

에이낫 메츨(Einat Metzl) PhD, LMFT, ATR-BC, RPT-S는 공인 면허증이 있는 결혼 및 가족 치료사이자, 등록된 전문 인증을 받은 예술 치료사이며, 등록된 놀이치료사로, 성치료, 정서중심치료법, 요가 지도에서 추가 교육을 받기도 했다. 그녀는 로욜라 메리마운트 대학교(Loyola Marymount University) 부부 가족 치료와 예술 치료 대학원 과정의 부교수이자 의장이다. 메츨 박사는 치료 연구 및 관행을 확장하고 현재의 전형적인 패턴과 관련된 학문을 연결하는 데 최선을 다하고 있다. 그녀는 학문적 역할뿐만 아니라 모든 연령대의 가족, 커플, 개인을 상담하는 개인 진료도 보고 있다.

웬디 E. 밀러(Wendy E. Miller) PhD는 개인과 커플 치료에 35년간의 경험이 있는 임상심리학자이다. 밀러는 조지 워싱턴 대학교에서 1985년에 PhD를 수료했고 NYU 심리치료 및 정신분석학 박사 후 과정을 졸업했다. 또한 AASECT 인증 성치료사로, 30년 넘게 성 관련 치료 분야에서 일하고 있다. 밀러 박사는 여성 치료 센터 협회(Women's Therapy Centre Institute)의 교수로, 이 협회에서 인간 성생활 관련 강의를 하고 뉴욕시의 최적의 삶을 위한 센터(The Center for Optimal Living)에서 성생활과 약물 사용의 연관성과 관련된 문제에 대해 상담을 진행하고 있다. 최근에 오타와 대학교 페기 클라인플라츠 박사의 최적의 성 경험 연구 팀과 치료 및 연구를 공동으로 진행하게 되었고, 이 모델을 기반으로 커플 치료 그룹을 운영하고 있다.

타미 넬슨(Tammy Nelson) PhD는 세계적으로 칭송받는 심리치료 전문가이자, 전문 인증을 받은 성과학자이고, 공인 성치료사 및 공인 이마고 관계 치료사이다. TEDx에서 강연을 하고 있고 〈섹스 문제(The Trouble with Sex)〉라는 팟캐스트를 진행하고 있으며, 『Getting the Sex You Want: Shed Your Inhibitions and Reach New Heights of Passion Together』『The New Monogamy: Redefining Your Relationship After Infidelity』 및 『When You're the One Who Cheats: Ten Things You Need to Know』를 포함해 몇 권의 저서를 집필한 저자이다. 또한 통합 성치료 협회(Integrative Sex Therapy Institute)의 창립자이자 상임 이사로, 심리치료 전문가들이 성과 커플 치료사가 되도록 교육하고 인증하는 데 참여하고 있다. 『뉴욕 타임스 매거진(The New York Times Magazine)』『워싱턴 포스트(The Washington Post)』『월스트리트 저널(The Wall Street Journal)』『CNN』『롤링 스톤(Rolling Stone)』『레드북(Redbook)』『글래머(Glamour)』『더 선(The Sun)』『런던 타임스(The London Times)』 그리고 오리지널 『TIME』 매거진에서 전문가로 소개된 적도 있다.

말리카 오닐(Malika O'Neill) MS는 와이드너 대학교(Widener University)의 졸업생으로, 이 대학교에서 성치료를 전공으로 인간의 성생활에 대한 석사 과정을 밟고 있다. 그녀의 연구와 임상적 관심은 교차성 및 페미니즘을 임상적으로 다루고 협의로 이뤄 나가는 친밀함에 이것이 미치는 영향에 집중되어 있다. 또한 말리카는 성적 자존감, 킹크 인지, 경계 협의 및 사회적 정의 간의 융합점을 연구하는 데 관심을 갖고 있다. 문화적으로 경쟁력 있는 통합적 치료사인 말리카의 임상 진료는 다양한 배경의 개인, 가족 및 그룹을 대상으로 한다.

다니엘 로젠(Daniel Rosen) LCSW-R, CST는 뉴욕 대학교(New York University)에서 사회복지 석사 학위를 취득했고 2014년에 공인 성치료 전문가가 되었다. 그는 2016년부터 2018년까지 AASECT 윤리자문위원회(AASECT Ethics Advisory Committee)의 의장을 지냈고 2008년부터 심리치료 전문가와 의학 레지던트에게 현지 교육을 제공하고 있다. 2016년부터 2017년까지는 버팔로 대학교(University of Buffalo)에서 성치료 강의를 하는 강사로도 활동했다. 성적 웰니스를 위한 로체스터 센터(Rochester Center for Sexual Wellness) 팀원인 그와 크란츠 박사는 성 건강에 대한 이 범세계적 시각을 뉴욕 서부에까지 가져오고 있다. 로젠과 크란츠 박사는 페기 클라인플라츠(Peggy Kleinplatz) 박사와 함께 교육을 받으며 오타와 대학교(University of Ottawa)의 최적의 성 경험 연구 팀과 공동 작업을 진행했다.

제임스 C. 와들리(James C. Wadley) PhD, CST, CST-S는 링컨 대학교(Lincoln University) 상담 및 휴먼서비스 학과의 교수이자 의장이다. 그는 펜실베이니아 대학교(University of Pennsylvania)에서 교육 리더십 및 휴먼 성과학 교육에 주력하는 박사 학위를 취득했다. 또한 펜실베이니아주와 뉴저지주에서 공인 전문 상담사로서 개인 진료를 보고 있다. 와들리 박사는 통합적 치료사로 미국 최고 성치료사 중 1명으로 등장했으며, 관계에서 친밀함을 형성하는 일, 중독 및 가치 명료화에 주력하고 있다. 그가 공동으로 저술한 『The Art of Sex Therapy Supervision』은 AASECT에서 2019년 올해의 책으로 선정되었고, 이번에 새롭게 출판한 서적인 『The Handbook of Sexuality Leadership: Inspiring Community Engagement, Social Empowerment and Transformational Influence』에서는 새로운 성생활 리더가 성공하기 위한 전략적 청사진을 제공한다. 마지막으로, 와들리 박사는 델라웨어 밸리 지역의 여러 에이전시와 기관에서 교육 상담사로서 활동하고 있다.

역자 소개

최정은(Choi, Jeong-Eun)

성신여자대학교 심리학과 학사

한국방송통신대학교 대학원 법학과 석사과정 9기

전 순천향대학교 천안병원 및 가톨릭대학교 여의도 성모병원 외
보건복지부 정신건강 임상심리사 및 임상심리연구원

현 '빛과 사랑' 치유공동체 비영리 연구소 대표
보건복지부 정신건강 임상심리사 1급
법과 체계론적 상담 및 치유, 융합 연구

〈역서〉

『체계이론의 실제: 개인 · 부부 · 가족치료에의 적용』(공역, 학지사, 2019)

채규만(Paul Kyuman Chae)
서울대학교 심리학과 대학원 석사
lllinois Institute of Technology Clinical Psychology Ph.D
전 한국임상심리학회장
대한성학회장
한국인지행동치료학회장
한국정신건강전문요원협회장
한국인터넷중독학회장
한국사이버대학교 석좌교수
현 성신여자대학교 심리학과 명예교수

〈수료/취득 경력〉
한국 및 미국 임상심리전문가
한국 상담심리 1급 전문가
한국 인지행동치료 1급 전문가
정신건강 임상심리사 1급
한국 기독교상담 전문가

〈주요 저서〉
『성피해 심리치료』(2판, 학지사, 2004)
『성행동 심리학』(2판, 학지사, 2018) 외 다수

〈전문 분야〉
부부 및 성치료
아동 ADHD
우울 및 불안치료
PTSD 치료
부부대화

통합적 성(性)과 커플 치료
-근거중심 기반 다학제적 커플 성치료-
Integrative Sex & Couples Therapy
-A Therapist's Guide to New and Innovative Approaches-

2024년 11월 5일 1판 1쇄 인쇄
2024년 11월 15일 1판 1쇄 발행

엮은이 • Tammy Nelson
옮긴이 • 최정은 · 채규만
펴낸이 • 김진환
펴낸곳 • (주)학지사
04031 서울특별시 마포구 양화로 15길 20 마인드월드빌딩
대표전화 • 02-330-5114 팩스 • 02-324-2345
등록번호 • 제313-2006-000265호

홈페이지 • http://www.hakjisa.co.kr
인스타그램 • https://www.instagram.com/hakjisabook

ISBN 978-89-997-3273-7 93180

정가 24,000원

역자와의 협약으로 인지는 생략합니다.
파본은 구입처에서 교환해 드립니다.